창업과 법

김 대 연 저

도서출판 동방문화사

머리말

저자가 창업에 관심을 가지게 된 계기는 2010년대 초 무렵부터 울산청년창업센터 등에서 창업자문위원으로 청년창업을 지원하는 활동을 하고, 또 몇 해 전부터 대학에서 '창업과 법률'이라는 교과목을 강의하면서부터이다. 창업을 지원하는 컨설팅을 하면서 창업자의 의지나 창업의 필요성에 비해 창업아이템이 빈약하고 제반 여건이 준비되지 않았음을 알게 되었다. 준비되지 않은 창업은 경쟁력이 떨어져 시장에서 생존하기 어렵고, 또 설령 생존한다 하더라도 미비점이 많아 창업 이후에 엄청나게 고생하는 것을 많이 보았다. '창업과 법'은 창업준비작업의 하나로서 창업에 필요한 법적 내용과 장래 일어날 수 있는 법적 위험성을 대비할 수 있는 법률적 지식을 제공하는 데 있다. 법치주의 사회에서는 누구든지 법의 지배를 받고 법의 적용을 받을 수밖에 없다. 창업은 법률에서 시작하여 법률로 끝을 맺는다고 할 수 있다. 창업자는 좋아하든 싫어하든 관계없이 자신이 창업하는 업종을 규율하는 주된 법률을 이해하고 있어야 한다. 만약 그렇지 않으면 법률적 지식의 불비로 인하여 본인의 의사와는 관계없이 엄청난 피해를 입을 수 있기 때문이다.

고용환경의 변화와 인간수명의 연장으로 인해 이제 창업은 선택이 아니라 필수인 시대가 되었다. 과거 농경사회와 산업화사회에서는 삶은 고달플지 몰라도 일자리 걱정은 하지 않아도 되는 시절이었다. 그러나 정보화 사회 내지 지식기반사회에서는 삶의 여건은 과거보다 훨씬 풍족해졌음에도 불구하고 자기 일자리를 스스로 개척해야 하는 무거운 짐을 짊어지는 시대가 되었다. 어쩌면 현대인이 과거보다 더 고달픈 삶을 살고 있는지도 모른다. 변화가 심한 현대사회는 창업자에게 기회가 될 수도 있고 위기로 다가올 수도 있다. 변화가 심한 만큼 새로운 아이템이 계속 생기고 이를 바탕으로 새로이 창업하는 자에게는 행운이 될 수 있다. 변화의 시대에는 어제 통하던 공식이 오늘과 내일까지 통한다는 보장이 없기 때문에 창업 후에도 늘 변화의 물결을 주시해야 하는 부담감도 있다. 기회와 위기는 창업자의 준비와 자세에 따라 얼마든지 바꿀 수 있는 영역이다. 오죽했으면 강한 자가 살아남는 것이 아니라 살아남는 자가 강하다고 했을까. 창업 후에도 변화에 대응하고 적응하는 기업만이 장수기업으로 존속할 수밖에 없는 것은 모든 기업이 짊어지고 가야 하는 숙명적 과제이다.

이 책은 크게 두 부분으로 구분된다. 첫째 부분은 창업의 여러 형태인 벤처기업 창업, 가맹사업 창업, 인수창업, 영리적 협동조합과 사회적 기업의 창업, 동업 등에 대하여 각각 관계되는 법률을 중점적으로 고찰하는 것이고, 둘째 부분은 모든 창업자가 알아야 할 기본적인 법률 지식인 계약서의 구조와 기본적 내용의 이해, 지식재산권의 내용과 그 보호방법, 영업주의 의무와 책임에 관한 내용, 창업과정에서의 국가의 역할과 창업지원정책, 기업의 자본조달과 투자금의 회수, 기업승계의 법리 등을 기술하는 것이다. 특히 제1장, 제2장, 제3장의 내용은 창업에 필요한 법률지식에 관한 것과 그 외의 것이 혼재되어 있다. 이는 어려운 창업여건 속에서 창업한 창업자의 창업의지를 고양시킴과 아울러 실패창업을 줄이기 위해 최소한의 범위 내에서 기술한 것이므로 독자의 양해를 구하는 바이다. 창업과 영업에 필요한 법률은 무수히 많지만 이 책에서는 창업에 필요한 중요 법률의 내용을 기술하면서 이와 관련된 판례와 사례를 간략히 소개하는 방식으로 기술한다.

이 책의 내용 중 일정 부분은 다른 분들이 연구한 결과물을 그대로 인용하거나 참고한 것도 있다. 전문서적이라면 일일이 참고문헌을 표기해야 하나 교양서적의 특성상 그렇게 처리하지 못하고 맨 마지막 참고문헌에서 일괄적으로 표시한 점 널리 양해하기 바란다. 저자가 책을 쓰면서 가장 고민한 사항은 책의 수준을 어느 정도로 서술할 것인가에 관한 것이다. 책을 평이하게 서술할 경우 법조문과 서식 위주로 되어 책을 집필할 이유가 없어지는 단점이 있고, 반대로 책을 어렵게 저술할 경우 외국 문헌과 판례 위주로 되어 현실성이 떨어지는 단점이 있다. 결국 대학교 교양서적 정도의 수준으로 방침을 정하고 창업에 필요한 법률과 판례 중심으로 서술하는 방향으로 기술하였다. 이 책은 2017년 1월에 출간돼 독자의 호응을 받은 「창업과 법률 이야기」의 재판 격으로 초판의 내용을 수정·보완하여 책명을 「창업과 법」으로 바꾸어 출간한 것이다. 어려운 출판환경에도 불구하고 영업이익을 염두에 두지 않고 이 책의 출간을 허락하여 주신 도서출판 동방문화사 조형근 사장님과 편집을 도와준 동방문화사 편집부에 진심으로 감사드리는 바이다.

2019. 1.

대진대학교 연구동에서

저자 삼가 씀

목 차

제1장 창업에 들어서며 ·· 1

제2장 창업이란 ··· 7
   1. 창업의 다양성과 어려움 ··· 7
   2. 창업의 유형 ··· 17
   3. 기업형태와 창업절차 ·· 22
   4. 창업과 법률 ··· 33
   5. 성공창업과 실패창업 ·· 36
   6. 실패에서 무엇을 배울 것인가 ··· 38

제3장 기업가정신과 창업전략 ··· 42
   1. 기업가정신이란 ··· 42
   2. 사내 기업가정신의 함양 ··· 48
   3. 창업전략 ·· 51
   4. 창업자의 자질 ··· 58

제4장 벤처기업 창업 ·· 61
   1. 벤처기업 창업이란 ··· 61
   2. 벤처기업의 특성과 과제 ··· 65
   3. 벤처기업의 확인제도 ··· 68
   4. 벤처기업에 대한 지원 ··· 72
   5. 사내벤처창업 ·· 80
   6. 벤처기업은 만년설이다. ·· 84

제5장 가맹사업(프랜차이즈) 창업 ··· 86
   1. 가맹사업(프랜차이즈) 창업이란 ··· 86
   2. 가맹사업의 특성과 법적 규제 ·· 90

3. 정보공개서 … 93
4. 가맹계약 … 105
5. 불공정거래행위의 금지 … 113
6. 산이 높으면 골은 깊다 … 118

제6장 인수창업 … 122

1. 인수창업이란 … 122
2. 영업양도의 의미와 이해관계인의 보호 … 124
3. 영업양(수)도 계약서의 작성 … 127
4. 영업양도인의 경업금지의무 … 130
5. 영업양수인의 책임 … 135

제7장 영리적 협동조합과 사회적 기업의 창업 … 142

1. 기업형태의 다양성 … 142
2. 사회적 경제영역과 사회적 기업의 출현 … 143
3. 협동조합의 정체성과 그 변화 … 146
4. 영리적 협동조합의 등장 … 155
5. 사회적 기업의 출현 … 164

제8장 동업창업 … 167

1. 동업이란 … 167
2. 동업의 성공요인과 실패요인 … 170
3. 동업의 법률관계와 조합법의 적용 … 178
4. 동업의 법률관계와 상법의 적용 … 183
5. 동업계약서의 작성 … 188
6. 아름답게 헤어지는 법을 배우다 … 194

제9장 모든 답은 계약서에 있다 … 196

1. 계약이란 … 196
2. 임대차계약 … 201

3. 상임법상 상인의 보호 ·· 208
　　4. 근로계약 ·· 225
　　5. 기타 계약 ·· 229

제10장 내 재산은 내가 지켜야 내 것이 된다 ···················· 232
　　1. 나만의 기술과 비법 또 이를 나타내는 영업표지는 나의 중요한 재산이다
　　　 ·· 232
　　2. 산업재산권 ·· 240
　　3. 상호권 ·· 247
　　4. 영업비밀 ·· 251
　　5. 부정경쟁행위 ·· 262
　　6. 직무발명 ·· 265
　　7. 저작권의 확대적용 ·· 271

제11장 창업주의 책임과 창업할 때 주의할 사항 ················ 274
　　1. 영업주는 어디까지 책임을 져야 하는가 ·················· 274
　　2. 공중접객업자의 책임 ·· 277
　　3. 부당한 고객정보 활용에 대한 책임 ·························· 281
　　4. 주차에 대한 책임 ·· 285
　　5. 명의대여자의 책임 ·· 288
　　6. 주식의 명의신탁 ·· 292
　　7. 악성 민원인에 대한 대처방법 ···································· 296

제12장 이 세상에 국가로부터 자유로운 사업은 없다 ·········· 300
　　1. 사업에 대한 규제는 어디까지인가 ···························· 300
　　2. 공무원의 재량권 범위와 그 한계 ······························ 305
　　3. 옥외광고의 허용범위 ·· 310
　　4. 악화가 양화를 몰아내는 자영업 세계 ······················ 315
　　5. 유산을 남길 것인가 유산비용을 남길 것인가 ·········· 320

제13장 창업자금의 조달과 그 회수 ·· 323
1. 자금조달이란 ·· 323
2. 자본조달의 유형 ·· 328
3. 정책자금의 활용 ·· 335
4. 투자금의 회수 ·· 337

제14장 기업의 승계 ·· 342
1. 기업승계란 ·· 342
2. 소유와 경영의 분리 논쟁 ·· 349
3. 기업승계의 준비 ·· 356
4. 기업승계와 비용 ·· 360

제 1 장 창업에 들어서며

세상만사가 제행무상(諸行無常)이라고 했던가. 우주 만물은 시시각각으로 변하여 한 모양으로 계속 그대로 머물러 있지 않은 법이다. 현대사회는 변화의 폭과 속도가 너무 크고 빨라서 어디로 변화될지 또한 어떻게 변화될지는 그 방향조차 가늠하기 힘들다. 변화의 시대에 살아가는 사람은 누구나 힘이 들고 안주할 수 없는 삶을 살고 있는 셈이다. 세상의 변화를 기회로 활용하는 적극적인 자세와 노력이 있어야만 자신의 삶을 개척할 수 있을 것이다. 변화를 탐구하고 변화에 대응하며 변화를 기회로 이용하는 안목과 능력을 갖추고 있을 때 성공의 열매를 맛볼 수 있는 세상이 되었다.

변화가 많다는 것은 사업가에게 사업기회를 포착하는 단서가 되기도 하고, 또 반대로 사업상 위기를 불러오는 원인이 되기도 한다. 성공한 창업자는 시대의 변화를 자신의 사업기회로 포착하여 활용한 운이 좋은 사람이다. 정보와 기술의 변화가 매우 빠른 정보화 사회 내지 지식기반사회에서는 속도경쟁에서 뒤처지면 경쟁에서 살아남을 수 없는 것이 냉혹한 현실이다. 사업세계에서 변화의 흐름에 따라가지 못하면 기업은 쇠퇴하고 소멸하는 것이 역사적 경험이다. 변한다고 반드시 성공하는 것은 아니지만 변하지 않으면 반드시 사라질 운명을 맞이하는 것이 사업세계의 이치이다. 사업세계에서 변화가 심하다는 것은 창업의 성공과 실패를 거듭하는 이유이기도 하다. 변화의 시대에는 어제의 성공공식이 내일의 성공까지 보장하는 공식이 되지 못한다. 성공창업이라는 열매를 맛보는 꿀맛도 잠시일 뿐 그 변화를 따라가지 못하면 금방 시대에 뒤처지게 된다. '성공의 덫(Success trap)'에 걸려 안주하는 기업은 자신도 모르게 시장에서 사라질 운명을 맞이할 것이다. 뛰어난 창업자는 자신의 경험과 기술을 살리는 것도 중요하지만 잘못된 부분을 수정하고 변화를 수용하는 자세와 능력까지 갖추고 있어야만 된다.

변화의 시대는 개인은 물론 국가도 힘들기는 마찬가지이다. 종래에는 경제가 성장하면 일자리가 창출되고 국가의 부가 증가되었기 때문에 어느 시대 또는 어느 국가든지 경제성장에 목을 매달 수밖에 없었다. 그러나 현대사회는 경제가 성장한다고 해서 반드시 고용이 늘어나거나 세수가 증가되지 않은 복잡 미묘한 시대로 변한 것이 문제이다. 이러한 상황들은 미래에 더 많아지고 가속화되는 것이 경제상황을 더욱 어렵게 만들 것이다. 고용환경의 변화와 인간수명의 연장으로 인하여 안정된 일자리를 더 이상 만들 수 없거나 찾을 수 없는 것이 오늘날의 경제상황이다. 현대사회는 '평생직장'이라는 안락한 자리에서 '평생직업'이라는 험난한 자리로 옮겨가는 시대이다. 평생 동안 한 직장에서 일하는 것이 아니라 평생 동안 한 직업인으로서 자신이 만든 일터에서 일을 해야 하는 운명이다. 이제 우리는 창업이 선택이 아니라 필수인 시대에 살고 있는 셈이다. 학교 교육도 시대의 변화에 맞추어 취업준비생을 양성하는 기관이 아니라 자신의 일터를 만들 수 있는 창의력을 갖춘 혁신준비생을 양성하는 기관이 되어야 한다.

변화하는 세상에 스스로 살아갈 수 있는 내공을 길러주어야 자신의 삶을 개척할 수 있는 건강한 사람이 된다. 자신의 운명을 스스로 개척할 수 있는 내공을 키우는 방안으로는 창업만큼 좋은 방법이 없다. 미래는 일자리를 찾아야 하는(Find a job) 시대가 아니라 만들어야 하는(Invent a job) 시대로 변할 것이다. 미국 유수의 MBA과정에서 실무과목으로 창업을 경험하게 하는 것도 인간의 창의성과 혁신성을 키우는 데 창업만큼 좋은 방법이 없기 때문이다. 선진국에서 일찍부터 창업교육을 시키고 창업의 중요성을 강조하는 것도 간접적으로나 현실 세계를 좀 더 잘 이해하고 기업가 정신을 고취시키기 위함이다.

누구든지 실패하기 위해 창업하지는 않는다. 성공창업을 이끌기 위해서는 만반의 준비를 갖추고 도전하는 정신이 선행되어야 한다. 흔히들 "창업을 하면 나의 삶을 사는 것이고 취업을 하면 남의 삶을 사는 것이다"고 하면서 창업의 당위성과 정당성을 역설하는 사람이 있다. 그러나 자신의 삶을 살기 위해서는 준비해야 할 내용이 너무 많고 또한 책임을 져야 하는 일이 많다는 것이 문제이다. 창업자가 창업할 때 가장 먼저 고민하는 사항은 창업아이템을 무엇으로 선정하여 사업을 할 것인가이다. 창업아이템의 선정은 창업자의 재능과 열정을 살릴 수 있으면서 사회적으로 유익한 결과를 가져올 수 있는 것이면 더할 나위 없이 좋다. 그러나 세상의 모든 일이 그러하듯이 창업자가 잘 할 수 있는 분야와 하고 싶은 분야가 다른 경우에 갈등과 고민에 빠지게 된다. 창업자가 가장 잘할 수 있는 영역(재능)과 가장 하고 싶은 영역(열정)이 다른 때에는 우선 재능이 있는 분야를 선택하는 것이 바람직하다. 재능이 있다는 것은 그 분야에서 다른 사람보다 뛰어난 성과를 낼 수 능력과 자질이 있다는 말이다. 능력과 자질이 있는 분야라면 그 일에 흥미와 열정을 불러오는 것은 어렵지 않을 것이다. 창업에서 가장 중요한 것은 창업한 기업이 생존을 할 수 있어야 다른 가치를 실현할 수 있다는 점이다. 아생연후(我生然後)에 살타(殺他)라고 했던가. 바둑의 명언을 기록한 왕적신의 「위기십결(圍棋十訣)」에 나오는 말로 자신이 먼저 살아야 다른 무엇을 할 수 있다는 말이다. 창업기업의 뿌리를 튼튼히 내린 후에 열정을 살릴 수 있는 분야나 사회적으로 필요성이 있는 분야를 찾아도 늦지는 않을 것이다. 창업자는 육하원칙에 따라 '누가, 언제, 어디서, 무엇을, 어떻게, 왜'라는 것을 스스로 물어서 답할 수 있어야 창업 준비를 제대로 했다고 할 수 있다.

창업과 창업 후 사업을 하는 과정에서 생길 수 있는 법적 위험성(Legal

risk)을 줄이는 것도 창업 준비작업의 하나임에 틀림없다. 현대의학이 큰 틀에서 치료의학에서 예방의학으로 변했듯이 법률 분야에서도 분쟁의 해결에서 분쟁의 예방으로 변해야 한다. 법적 분쟁이 발생하여 소송으로 가서 해결하는 사후적 방법보다 분쟁이 생길 수 있는 여지를 없애는 사전적 방법이 훨씬 유익하고 실효적인 결과를 가져오기 때문이다. 창업을 하면서 뜻하지 않게 계약서를 잘못 작성하거나 또는 지적재산이나 영업비밀에 대한 법적 안전장치를 마련하지 못해 큰 손해를 입은 후 창업이 실패로 끝나는 일도 있다. 세상은 아는 만큼 보이고 보이는 만큼 위험을 대비할 수 있는 것은 상식에 속한다. 오래된 법언 중에 "법률의 부지는 용서받지 못한다"라는 말이 있다. 이는 법률을 몰랐다고 해서 변명이 되거나 책임이 없어지는 것이 아니라는 뜻이다. 창업을 하는 자는 누구든지 기본적인 법적 상황을 이해할 수 있는 법적 능력을 갖추고 있어야 된다. 창업자가 갖추어야 할 기본적인 법적 능력에는 계약서 작성능력, 지적재산권 관리능력, 영업비밀 보호능력 등이 있다. 현대인의 삶은 대부분 계약으로 이루어지기 때문에, 누구든지 계약의 구조와 기본내용을 이해한 후에 계약을 체결할 수 있어야 한다. 창업을 해서 그 사업에서 성공하면 할수록 알아야 할 법률이 더 많아지는 것은 다른 분야와 유사하다. 영업 성적이 그저 그만인 때에는 법적인 문제가 수면 위로 부각되지 않을 가능성이 있다. 그러나 창업에 성공했을 때에는 평소 법적으로 문제되지 않았던 사항이 법적인 문제로 등장하여 창업자의 골치를 썩이는 일이 많아진다. 창업에 성공했다는 것은 자신이 지켜야 할 내용이 많아짐과 아울러 타인의 주목을 받아 준수해야 하는 법률이 많아지기 때문이다.

　창업과 영업에서 반드시 알아야 할 법적 지식은 매우 다양하고 많은 것이 현실이다. 여기서 안다는 것은 전문적이고 세부적인 내용까지 다 알아야 되는 것은 아니다. 법률전문가인 변호사도 자신이 관심을 가지는 분야 이외에 다른 분야를 잘 알지 못하는 것이 법률이다. 따라서 창업자가 갖추

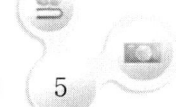

어야 할 법적 지식은 해당 법규의 대략적인 구조와 골격을 이해하는 것으로 충분하다. '창업과 법'에서 알아야 할 법적 지식에는 창업 자체에 필요한 법적 지식도 있지만 창업한 이후 사업을 영위함에 있어 필요한 법적 지식도 있다. 창업 자체에 필요한 법적 지식은 창업에 관한 기본법규와 벤처창업, 가맹사업 창업(프랜차이즈창업), 인수창업, 영리적 협동조합과 사회적기업의 창업, 동업 등 각각의 창업에 필요한 법규의 이해가 그 내용이다. 창업 후 사업을 영위함에 필요한 법적 지식은 계약서의 구조와 그 내용에 대한 이해, 지적재산권의 유형과 그 내용, 영업주의 의무와 책임, 사업가와 국가와의 관계, 창업자금의 조달과 그 회수, 기업승계의 법리 등이 그 내용이다.

　법적인 관점에서 보면 창업 자체는 그리 어려운 일이 아님을 알 수 있다. 창업은 크게 세 단계 절차를 거치면서 진행된다. 첫째는 창업자가 수행할 영업에 국가의 인·허가 등이 필요한 경우 이를 취득한 후에 창업을 하는 것이고, 둘째는 자신이 수행할 사업체의 형태를 어떤 것으로 할 것인가를 결정하는 것이고, 셋째는 개인사업자인 자영업은 사업자등록만으로, 또 법인사업자인 법인은 법인설립등기와 사업자등록을 하는 것이다.

　법은 타율적 규범으로 창업자의 의사와 관계없이 중립적인 위치에서 자기 임무를 수행하고 심판관 역할을 하는 잣대이다. 법을 잘 활용하면 자신의 이익을 지키는 무기로서 활용할 수 있음에 반해, 법을 잘못 활용하면 자신의 모든 것을 빼앗아가는 흉기로 돌변할 수도 있다. 법은 사업가의 이익을 지켜주는 방패막이 역할을 함과 아울러 타인의 이익을 침해하지 못하도록 경계선을 지키는 울타리 역할을 한다. 성공창업을 이끌기 위해서는 철저한 준비와 마음가짐이 있을 때 창업의 필요요건을 갖춘 것으로 평가된다. 준비된 창업은 영업을 할 장소인 매장을 얻는 것은 물론 아이템의 선정과 그 법적 보호 장치를 마련하는 것까지 거의 모든 사항에 대하여 법적인 대비책을 세우는 것을 의미한다. 창업은 자신이 주인이 되어서 모든 사항을 스스로 결정하고 그 결정에 종국적인 책임을 지는 길이다. 자신의 매장에서 일어난 일은 기본적으로 주인이 책임져야 하고, 또 아르바이트생을 고용하더라도 최저임금을 지급해야 하는 등 근로기준법을 준수해야 된다. 이처럼 사장이 되면 자신이 부담해야 할 의무와 책임이 무거워지는 것을 알고 있어야 한다. 자신의 삶을 스스로 산다는 것은 자신의 인생을 자신이 책임을 지는 것과 같은 말이기도 하다.

창업자는 변화하는 창업환경을 정확하게 볼 수 있는 안목을 키워야 하고, 또 끊임없이 사업기회를 찾을 수 있어야 자신의 운명을 스스로 개척할 수 있는 진정한 사업가로 발전할 수 있다. 창업 후에는 독기를 품고 죽고 살기로 자신이 하는 사업에 미치도록 일을 해야 성공창업으로 이끌 수 있다. 창업자는 변화가 심한 세상을 정확히 이해하기 위하여 배움에 대한 투자를 아끼지 않은 자세와 노력이 필요하다. 늘 배우려고 하는 자세와 각오가 있어야만 새로운 사업기회를 찾을 수 있다. 무슨 일이던 준비되어 있는 경우와 준비되지 않는 경우에 그 결과가 천양지차로 되는 것은 당연하다. 창업자의 배움에 대한 투자는 사회기회가 왔을 때 그 기회를 잡을 수 있는 준비를 갖추게 하는 일이다. 창업자가 자신이 창업한 분야에서 열과 성을 다해서 열심히 노력하는 모습을 보일 때 창업자에게 사업운도 따라올 것이다. 사업세계의 평가는 과정보다는 결과를 중시하는 결과론적 사고방식이 우선시됨을 알고 법이 허용하는 범위 내에서 최선을 다해야 한다.

국가도 경제 활성화와 고용창출을 위한 방안으로 창업 이외에 별다른 방법이 없음을 인식하고 창업활성화에 필요한 각종 정책과 지원을 다해야 한다. 정부의 지원정책과 창업자의 의지가 맞아떨어질 때 창업의 꽃을 피울 수 있는 창업환경이 조성되었다고 할 수 있다. 정부의 지원과 보조는 어디까지나 창업을 보조하는 역할에 그쳐야지 창업의 중심이 되어서는 아니 된다.

제 2 장 창업이란

1. 창업의 다양성과 어려움

(1) 창업이란

　옛날에는 창업하면 이성계가 조선왕조를 개국했듯이 새로운 왕조국가를 만드는 것과 같은 의미로 매우 거창하고 무거운 말로 사용되었다. 그러나 오늘날의 창업은 새로운 국가를 만드는 경우보다는 국가경제에서 생산을 담당하는 기업을 만드는 의미로 사용된다. 우리나라에서 창업생태계 조성의 지침서가 된 댄세노르와 사울싱어가 쓴 「창업국가」는 기업의 창업을 장려하고 조장하는 국가적·사회적 시스템이 얼마나 잘 구축되어 있는가를 나타내는 표현이다. 이스라엘은 적대적 환경에 둘러싸인 지정학적 특성에서 나온 사회문화적 요인과 정책적 요인이 상호작용을 해서 벤처생태계를 잘 구축하고 있는 국가이다.

　기업의 창업은 자영업자나 중소기업처럼 작은 기업을 창업하는 것에서부터 대기업에서 풍부한 자금과 인력을 갖고서 규모나 시스템에서 잘 정비된 기업을 창업하는 것까지 일률적인 모습이 아니다. 그러나 작은 구멍가게의 창업도 대규모 기업의 창업 못지않게 창업에 따르는 고통과 어려움이 따르는 것은 마찬가지이다. 대체로 사람들은 자기 수준에 알맞은 아이템을 골라 자신이 조달할 수 있는 자본과 인력을 동원하여 창업세계에 들어서는 것이 보통이다. 창업과정에서 느끼는 고통과 두려움은 기업이 크든 작든 관계없이 모두 비슷한 것으로 생각된다. 다만 창업 시 준비해야 할 내용은 기업규모에 따라 차이가 있는 것은 사실이고, 법적 리스크를 대비하여 법률적으로 검토해야 할 사항과 준비해야 할 내용이 다른 것은 사실이다.

사전적 의미의 창업은 '사업 따위를 처음으로 시작함'을 가리키는 말이다. 무언가를 새롭게 시작할 때 창업이라는 말을 사용할 수 있다. 영리사업체를 만드는 것뿐만 아니라 비영리사업체나 친목단체를 만드는 것도 창업의 하나일 수 있다. 그러나 여기서는 창업을 좁게 해석하여 누군가가 어떤 사업을 수행할 영리사업체를 새로이 만드는 의미로 사용한다. 창업이란 개인 또는 집단이 자신의 책임 하에 자본과 인력을 동원하여 새로운 사업을 수행할 중소기업을 설립하는 것을 뜻한다. '중소기업창업지원법' 제2조 1호에서는 "중소기업을 새로 설립하는 것"을 창업이라 하고, 동조 2호에서는 "중소기업을 창업하는 자와 중소기업을 창업하여 사업을 개시한 날부터 7년이 지나지 아니한 자"를 창업자로 규정하고 있다. 현재 창업지원 정책과 관련하여 창업의 의미는 법률마다 또는 사업마다 다소 다르게 규정하여 해석상 주의를 요한다. 지원형 창업을 신청할 때에는 각 지원사업의 유형과 요건에 맞추어 창업을 해야 소기의 목적을 달성할 수 있다.[1]

일반적으로 창업은 기업을 설립하여 새로운 가치를 창출하고 사회적으로 의미 있는 결과를 산출해야 하는 어려운 과업이다. 창업은 업(業)을 만드는 것이어서 관심이 있거나 적성에 맞는 업종을 선택하여 자신의 역할

---

[1] '중소기업창업지원법'은 중소기업 설립 후 7년 이내의 기업을 창업기업으로 보고, 또 '1인창조기업육성에관한법률'은 그 사유가 없어진 연도의 다음 연도 3년까지를 1인창조기업으로 규정하고 있다. 그리고 소상공인에 대한 지원사업도 사업자등록 후 6개월 또는 1년 이내로 규정하는 등 각 지원사업마다 창업자의 범위를 달리 규정하고 있다. 그러나 창업 중에서 ① 타인의 사업을 승계하여 동일한 유형의 사업을 계속 행하는 경우, ② 개인사업자가 법인형태로 전환하거나 법인의 조직변경 등 기업형태를 변경하여 이전과 동일한 유형의 사업을 계속 행하는 경우, ③ 폐업했다가 이전과 동일한 유형의 사업을 계속 행하는 경우 등은 창업에 포함되지 않은 것으로 규정하고 있다('중소기업창업지원법' 시행령 2조).

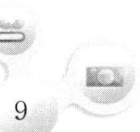

을 만들 수 있어야 성공으로 이어진다. 창업자는 자신이 설립한 기업의 생존은 물론 성장을 시켜야 하는 강한 압박감과 중압감에 시달리는 것은 당연하다. 창업 시 수행해야 할 업무량이 엄청나서 육체적으로 피곤하고 정신적으로 심한 스트레스를 받는 것은 어쩔 수 없는 현상이다. 창업자는 창업 시 필요한 자본과 인력을 혼자서 준비함과 아울러 그것이 잘못될 때에는 그 책임도 스스로 감당해야 하는 신세이다. 기업의 규모가 커져서 타인을 도움을 받을 수 있을 때까지는 창업자가 팔방미인이 되어 모든 역할과 직무를 수행할 수 있어야 된다. 창업이 빠른 것이 좋은 이유도 창업에 따르는 육체적·정신적 부담을 이겨낼 수 있는 능력은 젊은이들이 다른 연령층보다 우수한 것에도 원인이 있다.

산업화 사회에서 정보화 사회로, 또 정보화 사회에서 지식기반사회로 변화됨에 따라 거의 모든 국가에서 창업이 불가피한 시대로 변한 것이 현재의 실정이다. 산업사회는 대량생산체제를 갖춘 대기업에 유리한 산업구조이고, 또 대기업의 생산시스템은 바로 고용창출로도 이어졌다. 그러나 오늘날 대기업의 생산시스템은 자동화로 인해 노동의존도가 현저히 줄어들었고, 또 자동화시설이나 로봇이 단순노동을 대신 수행하는 고용 없는 생산체제가 마련된 것이 문제이다. 정보화 사회 내지 지식기반사회는 정보와 지식을 기반으로 해서 발전하는 사회이므로, 정보와 지식에서 우위를 점하는 자가 승리자가 되는 시대이다. 정보와 지식사업은 장치산업이 아니기 때문에 대기업보다 중소기업에 유리한 측면이 있다. 지식기반사회의 생산시스템은 소품종 대량생산을 지향하는 산업사회와는 달리 다품종 소량 생산시스템이 각광을 받는다. 감성과 스토리를 파는 작업은 로봇이나 기계는 할 수 없는 일이며 오직 감성을 가진 인간만이 할 수 있는 일이다. 이러한 일은 규모가 작고 민첩하게 대응할 수 있는 중소기업에 적합한 업종이라 할 수 있다.

<표1> 시대별 창업 구분[2]

구분	창업시기	부의 척도	부의 창출	창업 원동력
산업화 시대	70~80년대	자본	대량생산	3저 호황
정보화 시대	90~2000년대	접속(access)	시스템·네트워킹	인터넷·IT붐
지식기반사회 시대	2000년대 이후	존재(being)	감성·스토리	소셜·네트워킹

　국가도 중소기업의 창업이 안정적인 산업구조구축 및 경제 활성화와 일자리창출에 도움이 된다는 사실을 인식하고 그 저변을 확대하려고 노력하고 있다. 중소기업은 기업 수에서 99.9%를 차지할 정도로 그 비중이 높고, 또 고용 근로자 수에서도 90% 정도를 차지하는 것으로 보고된다. 대기업은 화려한 조명을 받을지 몰라도 고용창출 면에서 도저히 중소기업을 따라갈 수 없는 사업체이다. 국가가 중소기업을 보호하고 육성해야 하는 이유도 바로 여기에 있다. 보수 쪽에서 정권을 잡든 진보 쪽에서 정권을 잡든 어떤 정부와 관계없이 고용창출 면에서 효과가 큰 중소기업을 보호하지 않을 수 없는 이유이기도 하다.

　오늘날 창업은 선택이 아니라 필수인 시대가 되었다. 인간수명이 연장되고 대기업의 고용의존도가 낮아진 현재 상황에서는 창업 이외에 달리 선택할 길이 없다. 창업은 청년은 물론 노인이나 여성에게도 필수품이 되는 시대에 살고 있는 셈이다. 흔히들 창업은 '남의 일'이 아닌 '나의 일'을 하는 것이라면서 창업을 장려하는 경우도 있다. 창업은 자신이 할 일을 선택하는 것이어서 창업자의 적성과 경험을 최대한 살릴 수 있는 업종을 선택하는 것이 유리하다.

　창업자는 창업하기 전에 돈에 대한 철학을 확실히 가지는 것도 중요하다. 단순히 돈을 벌기 위해 창업을 할 경우에는 돈벌이가 되지 않으면 자신이 하는 일에 흥미를 잃어버리거나 쉽게 지친다. 하는 사업이 뜻대로 되

---

[2] 롤프 옌센(서정환 옮김), 드림 소사이어티 : 꿈과 감성을 파는 사회, 한국능률협회(2000), 참조.

지 않거나 또는 사업은 되는 데 돈을 벌지 못하면 쉽게 그 일을 그만둘 수 있다. 돈보다 더 소중한 가치를 추구해야 의미 있는 일을 지속적으로 수행할 수 있는 힘이 생긴다. 좋게 이야기하면 이를 기업의 사명(Mission) 또는 비전(Vision)이라 할 수 있다.3) 여기서 소중한 가치란 '인류의 삶의 질 향상', '사회적 약자들에 대한 생활의 편의제공', '지구 온난화의 방지'와 같은 거창한 구호일 필요는 없다. '이웃에게 좀 더 맛있는 음식을 제공한다' 또는 '다른 사람의 삶을 재미있게 만들어준다'와 같이 의미를 부여할 수 있는 것이면 무언이든 관계없다. 혹자는 '많은 돈을 벌어보겠다' 또는 '누군가에게 본때를 보여주겠다'와 같은 다소 원초적이고 불순한 동기를 가지는 것도 괜찮다고 한다. 이렇게 해야 사업을 지탱시키는 추진력이 생긴다는 것이다. 간혹 언론에 성공한 기업인이 지속적으로 비상식적인 행동을 해서 눈살을 찌푸리게 하는 일이 보도된다. 알고 보면 돈의 위력을 이용해서 갑질을 해대는 것이다. 사람의 본성이 쉽게 변할 수 없듯이 기업의 사명이나 비전도 쉽게 변하지 않기 때문에 처음부터 잘 설계하는 것이 중요하다.

  신은 인간이 만든 물건 중에서 가장 싫어하는 것은 돈이라고 한다. 왜냐하면 신의 피조물인 인간이 자신을 섬기는 대신에 돈을 너무 섬기고 좋아하기 때문이라고 한다. 돈은 욕심대로 벌 수 있는 것도 아니고, 또 돈은 서두르면 달아나버리는 속성을 가진 영물(?)이다. 돈에 대한 철학은 세상을 멀리 보고 인생을 크게 생각하는 습관이 몸에 익혀야 확고하게 자리 잡을 수 있다. 돈을 벌기 위해 눈앞에 아른거리는 나쁜 이익에 집착하지 말고 장기적으로 사업을 키우는데 힘을 쓰고, 창업자의 소득은 월급보다는 자본소득 위주로 형성되어야 의미가 있다. 농부가 씨앗을 뿌리고 정성스럽게

---

3) 기업의 사명은 그 기업이 왜 존재하는지와 같은 기업의 존재이유(why)를 규명하는 작업을 뜻하고, 기업의 비전은 장래 어떤 기업이 될 것인가와 같은 달성 가능한 꿈을 그리는 작업을 뜻한다.

거름을 준 후에 좋은 열매를 얻을 수 있듯이 사업도 고객을 만족시키는 노력과 정성이 있는 후에 성과를 거둘 수 있다. 거래를 할 때마다 고객의 지갑을 바라보는 것은 금물이다. 창업자의 관심이 온통 돈에 집중되어 있는 것을 고객이 눈치를 채는 순간 고객은 다시 그 가게를 찾지 않는다.

(2) 창업의 다양성

근래 창업은 일반창업, 벤처기업창업, 청년창업, 여성창업, 시니어창업, 1인기업창업, 소호창업, 동업창업, 사회적 기업 또는 협동조합 창업, 온라인 쇼핑몰창업, 인수창업, 가맹사업 창업, 직접창업과 지원형 창업 등 다양한 유형으로 소개된다. 이는 업종의 선택, 창업자의 기술 보유 여부, 창업자의 성별이나 연령, 창업의 규모, 기업의 역할, 창업의 형태 등 다양한 기준과 방식으로 유형화한 것이다. 창업의 유형 중 특징이 있는 몇 가지 창업에 대하여 좀 더 구체적으로 알아보자.

소호창업(Small office home office)은 공간적 의미를 내포하는 개념이지만 실제로 업무나 근무형태를 표현하여 사용되는 말이기도 하다. 즉 소호창업은 1인 내지 소수의 인원이 작은 사무실 또는 자택에서 최소의 시설을 갖추고 창업을 하는 것을 뜻한다. 소호창업은 지식, 아이디어, 정보, 경험 등 창업자가 가진 핵심역량을 사업화하여 다양한 네트워크를 활용하여 수익을 창출하는 기업을 창설하는 의미로 사용된다. 소호창업은 정보와 네트워크[4]을 기반으로 해서 창업하는 점에서 기술과 아이디어를 기반으로 해서 창업하는 벤처창업과는 약간 다른 의미이다. 그러나 벤처창업도 출발 시에는 작은 규모로 시작하는 점에서 소호창업과 유사하고 양자를 혼용해

---

[4] 사회적 연결망(Social network) 또는 사회적 자원(Social resource) 등 다양한 명칭으로 표현되는 사회적 자본은 제4의 창업요소로 작용하여 창업자에게 유형·무형의 가치를 창출하는 수단으로 활용된다. 연고의식이 강한 한국 사회에서 사회적 자본은 우리 사회를 움직이는 중요한 작동장치의 하나임을 알아야 사업에서 성공가능성이 높아진다고 할 수 있다.

서 사용하기도 한다. 인터넷 검색엔진 하나로 억만장자가 된 야후의 제리 양(Jerry Yang)과 인터넷 서점으로 급성장한 아마존의 제프 베조스(Jeff Bezos)도 창업 시에는 소호기업으로 출범한 기업이다. '1인창조기업육성에관한법률'에서 말하는 1인창조기업은 소호창업의 전형적인 모습이라 할 수 있다. 동법 제2조에서는 "1인창조기업은 창의성과 전문성을 갖춘 1인 또는 5인 미만의 공동사업자로서 상시근로자 없이 사업을 영위하는 자"라고 규정하고 있다. 1인창조기업이 할 수 있는 사업은 소프트웨어 개발과 같은 IT 서비스분야, 만화드라마영화제작과 같은 문화 콘텐츠 서비스분야, 전통 소재의 제조업 등이 있다. 반면에 거대한 자본이 소요되는 장치사업, 대규모 인력이 필요한 제조업, 부동산업이나 임대업처럼 창의성이 별로 요구되지 않은 사업이나 업종은 당연히 그 대상에서 제외된다. 1인창조기업은 규모가 작더라도 창의성과 아이디어만 있으면 경쟁력을 유지할 수 있는 사업이어야 한다. 다양한 정보와 기술을 습득하고 경쟁력을 갖춘 자들이 기존 역량을 바탕으로 해서 사업에 도전해야 1인창조기업으로 성공할 수 있다. 종래의 1인기업 중에서 전문적인 역량과 영역을 가지고 사업을 수행하는 자는 1인창조기업이 될 것이다.

청년창업은 주로 20~30대의 젊은이들이 자신의 꿈과 이상을 실현하기 위해 적극적으로 사업세계에 뛰어들어 새로운 사업체를 만드는 것을 뜻한다. 청년창업은 취직을 하지 못한 젊은이들이 차선책으로 선택하는 생계형 창업이 아니라 자신의 꿈과 이상을 실현하는 기회형 창업이 되어야 의미가 있다. 국가적으로도 청년창업이 신성장 동력확보와 고용창출로 연결될 수 있는 기회형 창업이 되는 것이 바람직하다. 왜냐하면 청년창업의 활성화가 곧 경제 활성화와 일자리 창출로 연결되어야 선순환의 경제구조를 만들 수 있기 때문이다. 국가에서 청년창업을 적극적으로 권장하고 지원하는 것도 바로 여기에 있다. 혹자는 우리나라 젊은이들이 창업을 꺼리는 이유로 질보다 양을 중시하고 창의성 교육을 등한시하는 교육 현실, 실패를 용납하지 않은 사회적 분위기, 주류사회 또는 주류문화에 대한 편향된 시각이 있는 등 복합적 요인이 작용한 결과로 분석한다.

젊은이들은 시간적으로나 금전적으로 넉넉지 않아 항상 쫓기는 세대이므로, 자신이 하는 일에 몰두하고 미치는 것도 하나의 돌파구가 될 수 있다. 일중독자(Workaholic)는 바람직한 모습이 아니지만 성공한 창업자 중에는 의외로 일중독자가 많다. 빌 게이츠나 스티브 잡스와 같은 초일류 기업의 창업자도 한창 일할 때의 모습은 상상을 초월하는 수준이었다고 한다. 밖에서 볼 때는 일중독자처럼 보이지만 자신은 하는 일에 재미를 느끼고 힘든 노역으로 생각하지 않았을지도 모른다. 흔히들 일은 힘들고 하기 싫은 고역이지만 취미생활은 하고 싶은 즐거운 오락으로 생각하는 경향이 있다. 그러나 반대의 경우도 얼마든지 있을 수 있다. 취미생활에 싫증이 나거나 또는 하는 일에 재미를 느끼는 경우 말이다. 창업은 '남의 일'이 아니고 '나의 일'을 하는 것이어서 일을 힘든 노역으로 여기지 않고 자신의 꿈과 이상을 실현하는 수단으로 생각할 수 있다. 창업을 단순히 돈만 버는 수단이 아니라 자유를 추구하는 삶을 개척하는 길로 여길 때 힘든 노역이 되지 않을 수 있다. 창업은 아이템과 입지 선정, 인테리어, 거래처의 확보 등 하나부터 열까지 모두 창업자가 개척해야 하는 일이다. 창업을 해서 수익을 내는 것은 어쩌면 무에서 유를 창조하는 것과 같은 어려운 과제이다. 젊은이들은 아직 기술과 경험이 부족하고, 또 자금도 부족하기 때문에 발품을 팔아서 모든 것을 해결해야 함과 아울러 부족한 부분을 노력으로 보완해야 하는 신세이다. 승마는 매뉴얼이 아니라 몸으로 체득해야 올바로 배울 수 있듯이 창업도 넘어지고 깨지면서 몸으로 배워야 올바로 배울 수 있다. 특히 겉으로 보이는 화려함이나 규모에 휘둘리지 않고 자신만의 길을 걸어가는 자세와 노력이 있을 때 성공창업의 길이 열릴 것이다.

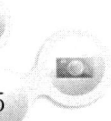

(3) 창업의 어려움

　창업은 일생에 몇 번밖에 할 수 있는 큰 승부임에 틀림없다. 창업은 현실이고 성공과 실패의 결과는 냉혹하다. 창업의 여건이 성숙되고 창업의 필요성이 인정됨에도 불구하고 대한민국에서 창업해서 성공하기 어렵다는 것이 문제이다. 자영업자는 창업 후 1년 후에 40%가 실패하고, 5년 후에는 80%가 실패하고 겨우 20%만이 살아남는 것으로 보고된다.5) 현재 우리나라 창업시장은 경쟁이 치열하여 창업자 중 열에 일곱 여덟이 5년 내에 폐업하는 것은 정상적인 상황은 아니다. 창업시장의 어려움은 어제 오늘의 일이 아니다. 창업의 주류 형태인 자영업 시장을 하나의 산업으로 간주할 때 마치 제로 섬 게임(Zero-sum game)을 하는 것과 같다. 고객의 구매량은 한정되어 있는데도 불구하고 창업자 수가 너무 많아서 창업자 개인에게 돌아가는 몫이 줄어드는 것이 현 창업시장의 현황이다. 현재 창업과 폐업이 빈번히 발생하는 요식업과 외식업, 커피점시장과 편의점, 숙박업 등 대부분의 업종은 이에 해당한다.

　미국 하버드대학교 마이클 포터(Michael Porter) 교수의 산업구조분석 모형으로 산업의 매력도와 수익성을 분석해보면 자영업 시장의 어려움을 이해할 수 있다. 포터 교수는 산업의 매력도와 수익성은 기존 기업 간의 경쟁 정도, 신규 기업의 진입 위협, 대체재의 위협, 공급자의 협상력, 구매자의 협상력 등 다섯 가지 요인에 의하여 결정된다고 한다. 경쟁력이란 어떤 시장에서 기존경쟁자, 신규 진입자, 구매자, 공급자, 대체품과의 힘의 관계에서 우위에 서는 것을 의미한다. 사업자의 수가 많고 대체재가 풍부하며 공급과 구매의 협상력이 없는 사업일수록 해당 사업의 평균수익률이

---

5) 물론 창업자가 수성에 실패했다고 해서 모두가 경제적으로 손해를 입는 것은 아닐 것이다. 창업해서 사업이 그럭저럭 되는 경우에도 다른 사람이 엄청난 권리금을 제시하여 영업권이나 점포를 넘기는 경우 또는 더 좋은 사업기회가 있어 전직을 하는 경우 등도 포함되어 있을 것이다. 결국 여기서의 실패는 창업자가 초기의 사업을 그대로 지탱하지 못한 점에서 실패로 간주하여 통계에 잡힌 수치에 불과한 것일 수 있다.

낮아질 수밖에 없는 구조이다.

<표2> 마이클 포터 교수의 산업구조분석모형

```
                        대체재의 존재
                             ↓
    공급자의 협상력 → 기존 기업 간의 경쟁정도 ← 수요자의 협상력
                       신규 기업의 진입 위협
```

　자영업 시장을 하나의 산업으로 간주하고 포터 교수의 모형을 분석해보면 그 결과는 참담한 수준이다. 자영업자가 취급하는 상품이나 서비스는 완전경쟁시장에 가까워 무한경쟁이 이루어져 수익성이 낮을 수밖에 없는 사업이고, 진입장벽은 거의 없기 때문에 돈이 된다는 소문이 돌면 벌떼처럼 달려들어 곧 포화상태가 되는 사업이고, 상품이나 서비스에 별다른 차이가 없으므로 쉽게 다른 상품이나 서비스로 대체할 수 사업이고, 대부분의 자영업자는 자본이 영세하고 구매량이나 판매량이 적어서 구매나 공급 부분에서 협상력을 발휘하기 힘든 사업이다. 더군다나 자영업 시장이 좁은데도 대기업이 들어와 시장 자체를 교란하는 경우도 있다. 정부가 중소기업 적합 업종을 지정하여 대기업이 이 시장에 들어오지 못하게 하는 것도 자영업자의 자생력과 경쟁력을 지켜주기 위한 고육지책인 셈이다.

　자영업으로 창업할 때 틈새시장(Niche market)을 공략하라고 한다. 여기서 틈새시장이란 '남이 아직 모르는 좋은 낚시터'처럼 특정한 성격을 가진 고객을 대상으로 제품이나 서비스를 공급하는 시장을 뜻한다. 틈새시장은 시장 규모가 작아서 기존의 큰 업체가 뛰어들기가 부적합하여 나름대로의 경쟁력을 유지할 수 있는 곳이다. 틈새시장의 공략은 트렌드의 변화를 꿰뚫어보는 눈이 있어야 하고 고객의 욕구와 라이프스타일의 변화를 끊임없이 추적해야 가능한 일이다. 차별화를 강조하는 것도 자신이 제공하는 상품이

나 서비스의 경쟁력을 유지하여 더 많은 단골고객을 유치하기 위함이다. 청년창업은 기술과 경험이 부족하고 자본이 적은 상태에서 출발하기 때문에 틈새시장을 공략하는 것도 하나의 방법이기도 하다. 자신만의 아이디어와 전략으로 승부해야 승산이 있는 사업이 청년창업이다. 남이 하는 것을 그대로 따라 하는 것은 기존 업체에 비해 우월성을 확보할 수 없기 때문에 도저히 경쟁에서 이길 수 없다. 여기서 틈새란 반드시 새로운 제품이나 서비스로 승부하라는 것이 아니고 기존 업체에 비해 차별성을 낼 수 있는 것이면 무엇이든 관계가 없다.

창업자가 창업 시 고민해야 할 사항은 창업을 언제 할 것인가, 누구와 함께 할 것인가, 공동창업자의 지분과 역할을 어떻게 정할 것인가 등 무수히 많을 것이다. 창업자는 창업기업의 주인으로서 기업에서 일어나는 모든 일을 고민하면서 결정해야 하는 위치에 있다. 창업 시 인력구성이 잘못되었을 때에도 해결이 쉽지 않는 것이 문제이다. 어려운 일을 함께 겪은 동료를 능력이 없다고 해서 함부로 내보내는 것은 생각보다 어려운 일이다. 좋은 파트너를 만나는 것은 사업에서 반은 성공했다고 할 수 있다. 회사의 규모가 커짐에 따라 창업 멤버가 하나 둘 회사를 떠나는 것은 자연스러운 현상으로 받아들어야 한다. 창업 시 실무를 맡은 직원이 관리자의 역량을 갖추지 못할 경우 관리자의 직책을 맡길 수 없는 것은 당연한 이치이다. 인간적 정을 중시하는 우리 문화의 특성상 창업 멤버와 헤어지는 것을 창업의 실패로 간주하는 것은 잘못된 생각이다. 인간사 모든 것이 그러하듯이 회사의 자리와 직책도 맡을 사람이 맡아야 회사가 정상적으로 발전할 수 있을 것이다.

2. 창업의 유형

(1) 창업의 형태

창업의 형태는 다양한 기준에 의하여 여러 유형으로 분류할 수 있다. 창업은 기술의 보유여부, 창업의 동기, 발전가능성 등을 기준으로 해서 기술창업 내지 기회형 창업과 일반창업 내지 생계형 창업으로 구분할 수 있다. 여기서 기술창업 내지 기회형 창업이란 소수의 예비 기술창업자가 참신한 아이디어나 기술을 갖고서 이의 상업화를 위해 창업을 하는 것을 뜻한다. 반면에 일반창업 내지 생계형 창업이란 생계를 유지할 목적으로 특별한 아이디어나 기술 없이 창업을 하는 것을 뜻한다. 물론 일반창업 내지 생계형 창업이라고 해서 발전가능성이 없고 성공하지 못하는 사업도 아니고, 또 기술창업 내지 기회형 창업이라고 해서 모두가 성공할 수 있는 사업은 아니다. 그러나 기술창업 내지 기회형 창업은 참신한 아이디어나 기술을 가지고 창업하는 것이어서 기술적 또는 법적 장벽으로 인해 누구든지 쉽게 따라하지 못하는 이점을 누릴 수 있다. 반대로 일반창업 내지 생계형 창업은 진입장벽이 없어 누구든지 쉽게 창업할 수 있으므로 완전경쟁시장의 특성상 수익률이 낮을 수밖에 없는 사업이다. 수익률이 낮기 때문에 성공가능성도 그만큼 낮아지고, 설령 성공을 한다고 해도 고용창출로 이어지지 않는 것이 약점으로 작용한다. 일반창업 내지 생계형 창업은 낮은 수익률로 인하여 창업과 폐업이 빈번히 일어나는 것도 이러한 특징에서 기인한다.

　기회형 창업은 생계비 이상의 소득을 목표로 하고 또한 창업 시 창업자의 준비가 되어 있다는 점에서 생계형 창업과는 구별된다. 기회형 창업도 몇 가지 유형으로 분류할 수 있다. 특별한 아이디어나 기술을 기반으로 해서 창업하는 기술창업, 자신의 경력을 기반으로 해서 창업하는 경력형 창업. 취미나 동호회 활동을 기반으로 해서 창업하는 취미형 창업 등이 있다. 기회형 창업은 창업 시 사업기회를 확실히 포착했다는 점, 또 기술이나 경력을 기반으로 하기 때문에 성공가능성이 높다는 점에서 생계형 창업과는 구별되는 창업이다 반대로 생계형 창업은 자신과 가족의 생계를 유지하기 위한 창업이다. '목구멍이 포도청'이라는 말의 비참함을 느낄 수 있는 창업이다. 사람이 어려움에 빠지면 못할 것이 없듯이 먹고살기 위해 마지못해 하는 창업이 생계형 창업이다. 생계형 창업도 몇 가지 유형으로 분류할 수 있다. 자녀의 학원비를 벌기 위해서 또는 해외여행을 가기 위하여 부업의 형태로 하는 부업형 창업, 미취업이나 실업상태를 벗어나기 위해 도피처로 창업하는 탈출형 창업, 기존 사업이 부진해지자 업종을 바꾸기 위해 창업하는 전환형 창업 등이 있다. 어느 것도 생계비 이상의 소득을 창출하지 못하는 점에서 유사한 면이 있다. 기술창업과 일반창업의 특징과 사업형태는 <표3>에서 제시하는 바와 같다.

<표3> 기술창업과 일반창업[6]

창업 분류	사업유형	사업수행형태	내용
기술 창업	제조 전문서비스업 지식문화사업	신기술 또는 새로운 아이디어를 갖고서 제품(용역)의 생산·판매활동을 하는 형태	· 고위험 고수익 사업 분야 · 소규모 창업, 고성장을 통해 중견기업 성장가능성
일반 창업	일반서비스업 도·소매업	요식업, 이·미용업, 기타 일반상품을 단순히 유통하는 등의 일반 사업 형태	· 낮은 진입장벽, 빈번한 창업과 폐업 · 소자본 창업으로 인한 영세규모, 낮은 부가가치

청년창업은 열정과 패기를 갖고 있는 청년들이 도전하는 창업이어서 가능한 기술창업 내지 기회형 창업이 되는 것이 바람직하다. 청년창업은 취직을 하지 못한 젊은이들이 차선책으로 선택하는 일반창업 내지 생계형 창업이 되어서는 아니 된다. 청년창업은 취업의 대안이 되어서도 안 되고, 더군다나 고달픈 직장생활의 도피처가 되어서도 아니 된다. 젊은이들은 원대한 목표를 설정하고 그 목표를 달성하기 위해 끊임없이 도전하고 노력하는 자이어야 한다. 이것은 젊은이들이 가진 특권이자 혜택이다. 자신의 꿈을 실현할 사업기회를 발견하고 적극적으로 도전할 수 있는 기회의 장이 마련될

---

[6] 이승배, 기업가정신과 청년창업, 조명문화사(2013), 112면.

때 청년창업이 활성화된다. 국가적으로도 생계형 창업보다 기회형 창업이 많아야 고용창출로 이어지기 때문에 좋은 일이다. 세상은 항상 변하기 때문에 노력하는 자는 반드시 그 기회를 포착할 수 있을 것이다. 먹고살기에 급급해 치킨집이나 호프집 같은 프랜차이즈 창업은 중장년층에게 맡기고, 혁신적인 아이디어나 기술로 사업화해서 기존 소득수준을 뛰어넘을 수 있는 기회형 창업을 추구해야 참다운 젊은이의 모습이라 할 수 있다.

(2) 창업형태와 고용창출

창업형태에 따른 고용유발효과는 저자의 능력을 뛰어넘는 분야이므로 자세히 분석하기는 힘든 주제이다. 여기서는 통계청이 발표한 <표4> 조직형태별 사업체 수와 종사자 수를 기초로 해서 창업형태와 고용창출에 관한 내용을 간략히 소개한다. 현재 우리나라 창업시장은 대체로 일반창업 내지 생계형 창업은 주로 개인사업자인 자영업으로 출발하고, 반대로 기술창업 내지 기회형 창업은 법인사업자인 회사형태로 출발하는 경향이 있다. 물론 일반창업 내지 생계형 창업이라고 해서 법인형태로 사업을 할 수 없는 것이 아니고, 또 기술창업 내지 기회형 창업도 자영업으로 출발해서 법인으로 전환하는 경우도 있다. 어디까지나 대략적인 내용을 분석하는 것임을 밝혀둔다. <표4>의 내용을 보면 2014년 현재 사업체 수는 자영업자인 개인사업자가 3,057,482개이고, 회사 수는 511,798개사로 자영업자 수가 회사 수보다 대략 6배 정도 많은 것으로 분석된다. 자영업자 중에는 사업자등록을 하지 않아 통계에 잡히지 않은 업체도 있을 것이고, 또 자영업은 대부분 가족 위주로 운영되기 때문에 실제 자영업에 종사하는 수는 이보다 더 많을 것으로 추측된다. 사업체에 종사하는 근로자 수는 자영업에 종사하는 자가 7,661,885명이고 회사에 종사하는 자는 8,777,990명이다. 회사에 종사하는 근로자 수는 자영업에 종사하는 자보다 약간 더 많은 것으로 집계된다. 개인사업자는 점포 당 2.5명 정도 고용하고, 회사법인은 회사 당 17명 정도 고용하는 것으로 집계된다. 단순 수치로도 대략 7배 정도 회사가 자영업보다 고용창출효과가 큰 것으로 분석된다.

<표4> 조직형태별 사업체수 및 종사자수(단위: 개, 명, %, p)

조직 형태별	사업체수				종사자수			
	2013년 (A)	2014년 (B)	증감률 (C=B/A)	기여율	2013년 (A)	2014년 (B)	증감률 (C=B/A)	기여율
합 계	3,676,876 (100)	3,817,266 (100)	3.8	100	19,173,474 (100)	19,970,299 (100)	4.2	100
개 인	2,986,641 (81.2)	3,057,482 (80.1)	2.4 (-1.1)	50.5	7,437,962 (38.8)	7,661,885 (38.4)	3.0 (-0.4)	28.1
회사 법인	454,080 (12.3)	511,798 (13.4)	12.7 (1.1)	41.1	8,337,507 (43.5)	8,777,990 (44.0)	5.3 (0.5)	55.3
회사이 외법인	106,309 (2.9)	116,624 (3.1)	9.7 (0.2)	7.3	2,874,328 (15.0)	2,967,627 (14.9)	3.2 (-0.1)	11.7
비법인 단체	129,846 (3.5)	131,362 (3.4)	1.2 (-0.1)	1.1	523,677 (2.7)	562,797 (2.8)	7.5 (0.1)	4.9

국가가 기술창업 내지 기회형 창업을 권장하고 지원해야 하는 이유도 일반창업 내지 생계형 창업보다 고용창출효과가 더 크기 때문이다. 고용창출 이외에 국제경쟁력과 기업의 영속성을 생각할 때 기술창업 내지 기회형 창업이 더 바람직한 모습이다. 과거에는 국내 1등으로 만족할 수 있었지만 시장이 개방된 오늘날에는 세계 1등이 되지 않은 한 경쟁력을 갖추었다고 할 수 없다. 기업의 국제경쟁력이란 세계 1등을 추구하는 것이어서 기술창업 내지 기회형 창업이 될 수밖에 없는 경제환경이 되었다고 할 수 있다. 개방사회에서 성공창업을 이끄는 것은 폐쇄사회보다 훨씬 어려운 일

임이 분명하다. 종래에는 양으로 하는 승부가 가능했으나 현재는 질로 승부를 하지 않으면 경쟁력을 갖출 수 없는 시대가 되었다.

3. 기업형태와 창업절차

(1) 기업형태

창업자가 창업 시 고민해야 할 사항은 어떤 형태로 창업하는 것이 자신에게 유리한 기업이 되는가 여부이다. 기업은 크게 종합소득세가 부과되는 개인사업자(자영업자)와 법인세가 부과되는 법인사업자(회사)로 구분된다. 개인사업자와 법인사업자 중 어떤 형태로 창업을 할 것인가는 창업자 수, 사업내용, 창업자의 의사 등 여러 요인을 종합해서 결정하는 것이 일반적이다. 기업형태를 선택함에 있어 가장 중요한 요소는 어떤 형태로 창업하는 것이 창업자에게 더 많은 수익을 안겨줄 것인가 여부이다. 소득세법이 적용되는 개인사업자와 법인세법이 적용되는 법인사업자는 세법상의 비용·편익분석 등을 토대로 자신에게 유리한 기업형태를 선택할 수 있다. 개인사업자가 납부하는 종합소득세는 과세표준에 따라서 세율을 7단계로 구분되고 각 단계별로 6%~42%씩 부과된다.[7] 법인세는 과세표준이 2억원 이하인 경우에는 10%, 2억원을 초과하고 200억원 이하인 경우에는 20%,

---

[7] 종합소득에 대한 소득세는 해당 연도의 종합소득과세표준에 다음의 세율을 적용하여 계산한 금액을 그 세액으로 한다. 개인사업자나 법인사업자가 부담하는 세액의 10%는 별도로 주민세로 납부해야 하는 점은 공통된다.

종합소득 과세표준	세율
1,200만원 이하	과세표준의 6%
1,200만원 초과 4,600만원 이하	72만원+(1,200만원을 초과하는 금액의 15%)
4,600만원 초과 8,800만원 이하	582만원+(4,600만원을 초과하는 금액의 24%)
8,800만원 초과 1억 5천만원 이하	1590만원+(8,800만원을 초과하는 금액의 35%)
1억 5천만원 초과 3억원 이하	3760만원+(1억 5천만원을 초과하는 금액의 38%)
3억원 초과 5억원 이하	9460만원+(3억원을 초과하는 금액의 40%)
5억원 초과	1억 7,460만원+(5억원을 초과하는 금액의 42%)

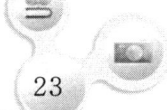

200억원을 초과하고 3,000억원 이하인 경우에는 22%, 3,000억원을 초과한 경우에는 25%씩 부과된다. 통상 연수익이 일정 금액 이상일 경우에는 법인사업자가 개인사업자보다 세금 면에서 유리한 것으로 평가된다.[8]

기업의 영속성과 성장성을 고려할 때 법인사업자가 개인사업자보다 바람직한 유형이다. 통상 법인사업자는 창업자가 수인이어서 지분관계를 명확하게 정리할 필요가 있는 경우, 매출과 수익이 일정 한도를 넘는 경우, 외부투자자로부터 투자금의 유치를 받는 경우, 사업상 대외적으로 신용평가가 필요한 경우 등의 이유로 선호된다. 앞의 <표4> 조직형태별 사업체 수에서 본 것처럼 공식적 통계로는 법인사업자의 수는 개인사업자의 수보다 대략 6배 정도 적은 것으로 보고된다. 그러나 개인사업자는 실제로 사업을 하고 있지만 사업자등록을 하지 않은 경우도 있으므로 대략 10배 이상의 차이가 있을 것으로 추측된다. 법인사업자는 개인사업자보다 규모가 크고 매출액과 이익이 많은 것이어서 자본금이 많이 필요한 것으로 생각한다. 그러나 2009년 2월 개정상법에서 기존의 최저자본금제도(5,000만원)가 폐지되었기 때문에 법인사업자가 개인사업자보다 규모가 작은 경우는 얼마든지 있다. 법인사업자의 대표적인 형태인 주식회사는 어느 정도의 자본금이 있어야 설립할 수 있는지가 궁금하다. 이론상은 주식 1주의 액면가에 해당하는 100원 이상이면 주식회사를 설립할 수 있다. 그러나 실제로 사업자등록과정에서 하고자 하는 사업에 비해 자본금의 규모가 터무니없이 적을 때에는 사업자등록을 받아주지 않는 경향이 있다. 회사를 남용적으로 설립하는 것은 사회적으로도 바람직한 현상이 아니기 때문에 적정 규모의 자본금을 갖춘 회사가 설립되는 것이 좋다. 법무사를 통해 회사설

---

[8] 개인사업자와 법인사업자의 경계선상에 있는 금액은 대략 5천만원 내외로 보고 있다. 단순하게 평가하면 법인사업자의 창업자는 법인세와 소득세를 이중으로 납부해야 되기 때문에 세금 면에서 불리한 것처럼 보인다. 그러나 법인사업자는 개인사업자보다 비용으로 처리할 수 있는 항목이 다양하고 포괄적이어서 일정 금액 이상의 수익이 발생할 경우에는 법인사업자로 하는 것이 유리한 구조이다.

립을 위임하는 경우 그 비용이 대략 40~50만원 정도 소요되므로 설립 후 바로 자본잠식상태에 빠지는 자본금이어서는 아니 된다. 실무상은 매출액과 이익이 꽤 괜찮은 수준이어서 세법상 법인으로 운영하는 것이 유리할 것 같지만 자영업으로 운영되는 경우를 볼 수 있다. 매출액 중 현금거래 비중이 높을 때에는 일부를 숨기고 신고하는 것이 가능한 경우에는 자영업이 유리하다. 이러한 자영업자는 외부에서 평가하는 수준과 세무당국이 파악하는 수준이 다른 경우이고, 탈세가 의심스러운 사업장이라 할 수 있다. 그러나 현재는 거의 모든 거래에서 카드사용이 일반화되어 세원을 숨기는 것이 쉽지가 않아서 이런 사업자는 점점 줄어드는 추세에 있다. 영세사업자[9]가 아닌데도 현금결제를 요구할 경우에는 일단 탈세가 의심스러운 사업장으로 볼 여지가 충분하다. 개인사업자와 법인사업자의 장점과 단점은 아래 <표5>에서 설명하는 바와 같다.

<표5> 개인사업자와 법인사업자의 장점과 단점

구분	개인사업자	법인사업자
장점	· 설립절차가 간단하고 저비용 구조 · 이익의 독점 · 신속하고 자유로운 의사결정 · 영업상법 비밀유지 용이 · 인적 관계 긴밀	· 자본조달의 용이 · 주주의 유한책임 · 주식양도의 자유 · 소유와 경영의 분리 · 세법상법 이익(낮은 세율)
단점	· 사업자의 무한책임 · 기업의 영속성 부족 · 자본조달과 경영능력의 한계 · 자산양도의 어려움 · 세법상 불이익(높은 세율)	· 설립절차가 복잡하고 고비용 구조 · 이익의 분산과 대표자의 이익축소 · 의사결정의 지연 · 대표자의 형사책임 가능성 · 주주 간의 의사대립 우려

---

9) 사업자는 고객이 카드로 결제할 경우 카드수수료를 공제한 나머지를 대금으로 받는 것이어서 영세사업자 입장에서는 카드결제에 민감한 반응을 보일 수 있다. 카드수수료는 업종별 또는 금액별로 차이가 있으나 1%~4% 정도로 대략 1.5% 내지 2.5%% 남짓인 것으로 전해진다. 마진율이 5%도 되지 영세사업자의 경우 카드로 결제하면 수익률이 거의 제로 상태가 되어서 줄곧 카드수수료율의 인하를 요구하고 있는 것이다.

(2) 법인격의 특성

법인이란 자연인이 아니면서 권리의무의 주체가 될 수 있는 권리능력을 가진 자를 뜻한다. 법인은 말 그대로 법에서 인정한 권리능력자이므로 법에서 인정한 범위 내에서만 권리능력을 갖는다. 상법상 모든 회사는 법인으로 되어 있다(상 제169조). 회사는 법적으로 사원과는 분리되어 독자적으로 권리의무의 주체가 되는 법인격을 가지고 있다. 오늘날 영리기업에 대한 법인격의 부여는 그 단체의 실질에 따라 정하지 않고 입법의 편의에 따라 정하는 입법정책상의 문제로 본다. 상법상의 합명회사·합자회사·유한책임회사와 합동조합기본법상의 영리조합은 그 실질이 조합이거나 조합에 가까운 단체임에도 불구하고 법인격이 부여되고 있는 것도 이러한 이유에서 비롯된다.

어떤 단체에 법인격이 부여되면 그 단체는 법인의 속성을 갖는 것은 당연하다. 법인의 속성은 대략 세 가지 정도로 이해할 수 있다. 첫째는 어떤 단체에 법인격이 부여되면 법인은 사원과는 분리하여 독자적인 권리·의무의 귀속주체가 된다.10) 법인이 되면 법인 명의로 소유권을 취득할 수 있고, 계약주체로 등장하여 각종 계약을 체결할 수 있으며, 법인에 근무하는 근로자는 법인의 직원이 된다. 대표이사가 법인 직원을 불러서 대표이사 개인 일을 함부로 시킬 수 없는 것도 법인은 대표이사와는 분리된 권리주체이기 때문이다. 둘째는 법인의 재산은 사원의 재산과 법적으로 분리되므로 사원이 마음대로 처분할 수 없고 또한 사원에 대한 개인적인 채권자도 함부로 법인 재산에 대하여 권리를 행사할 수 없다. 예컨대 갑이 100% 출자해서 K주식회사를 설립했을 경우를 가정해보자. 갑은 K회사의 지분을 100% 가진 것이어서 개인회사라고 생각하고 회사 돈을 자기 개인 돈처럼

---

10) 대법원 1990. 11. 27. 선고 90다카10862 판결(회사가 그 소유의 골프장을 운영함에 있어 소위 주주회원제를 채택하기로 하였다고 할지라도 골프장이용권(회원권)을 판매하여 그 대금(가입금)을 취득할 권리는 원칙적으로 회사에 귀속된다고 할 것이다).

사용했다가는 심한 곤욕을 치룰 수 있다. 갑과 K회사는 법적으로 분리되므로 K회사의 돈은 갑 개인의 돈이 아니다. K회사의 돈을 갑의 돈으로 하기 위해서는 적법한 절차를 밟아 회사로부터 분리시켜야 한다. 갑은 가지급금 형식으로 K회사의 돈을 빌리고 갚아야 하는 것이지 K회사 돈을 개념 없이 사용했다가는 형법상 횡령죄나 배임죄로 처벌될 수 있다. 창업자가 법인의 대표가 되는 경우 자신의 인건비를 챙기지 않은 대신에 비용처리에 공사를 구별하지 못하는 일이 있다. 자신은 월급도 받지 않고 일했다고 주장할지 몰라도 개인적 경비를 회사 경비로 처리하는 것은 배임죄에 해당하는 행위이다. 대법원도 "피고인이 사실상 자기 소유인 1인주주 회사들 중의 한 개 회사 소유의 금원을 자기 소유의 다른 회사의 채무변제를 위하여 지출하거나 그 다른 회사의 어음결제대금으로 사용한 경우, 주식회사의 주식이 사실상 1인의 주주에 귀속하는 1인회사에 있어서는 행위의 주체와 그 본인 및 다른 회사와는 별개의 인격체이므로, 그 법인인 주식회사 소유의 금원은 임의로 소비하면 횡령죄가 성립되고 그 본인 및 주식회사에게 손해가 발생하였을 때에는 배임죄가 성립한다"라고 한다(대법원 1996. 8. 23. 선고 96도1525 판결). 셋째는 법인이 되면 법인의 이름으로 소를 제기하는 등 소송법상 당사자능력이 인정된다.

법인제도의 편의성에도 불구하고 일부에서는 법인제도를 악용하여 제3자에게 피해를 주는 일이 있다. 의료보험료를 적게 내기 위해서 영세한 법인을 설립하는 경우 또는 법인제도와 유한책임법리가 결합해서 회사 돈을 뒤로 빼돌리고 회사를 유명무실하게 만드는 경우 등이 이에 해당한다. 회사채권자의 이익을 보호하기 위해 일정한 요건을 갖춘 때에는 회사의 법인격이 부인되는 경우도 있다. 이를 법인격부인이론이라고 한다. 법인격부인이론(Piercing the corporate veil)이란 회사의 법인격 그 자체를 박탈하지 않고 법인격이 남용된 특정한 경우에만 회사 법인격을 일시적·잠정적으로 부인하는 것을 뜻한다. 대법원도 "회사가 외형상으로는 법인의 형식을 갖추고 있으나 법인의 형태를 빌리고 있는 것에 지나지 아니하고 실질적으로는 완전히 그 법인격의 배후에 있는 타인의 개인기업에 불과하거나, 그것이 배후자에 대한 법률적용을 회피하기 위한 수단으로 함부로 이용되는 경우에는, 비록 외견상으로는 회사의 행위라 할지라도 회사와 그 배후자가 별개의 인격체임을 내세워 회사에게만 그로 인한 법적 효과가 귀속됨을 주장하면서 배후자의 책임을 부정하는 것은 신의성실의 원칙에 위반되는 법인격의 남용으로서 심히 정의와 형평에 반하여 허용될 수 없고, 따라서 회사는 물론 그 배후자인 타인에 대하여도 회사의 행위에 관한 책임을 물을 수 있다고 보아야 한다"라고 한다(대법원 2010. 2 .25. 선고 2008다82490 판결).

그리고 법인사업자는 개인사업자와 달리 법인이 설립되고 사업자로 등록하면 법적 의무가 생기고 비용이 발생하는 점이 문제이다. 법인이 되면 다른 사업자와 거래할 때 세금계산서를 발급해주어야 하고, 직원을 고용하면 급여를 지급해야 함과 아울러 각종 사회보험에 가입해야 하고, 회계처리와 관련하여 각종 기장을 작성해야 하는 등 법적으로 처리해야 할 내용이 많아진다. 이들 모두에는 비용이 들어가는 만큼 비용을 아끼기 위하여 법인설립과 사업자등록을 최대한 늦추는 것도 하나의 방법이다. 사업아이템이 정해져서 공동창업자와 헤어질 수 없는 관계로 되었을 경우, 매출이 생겨 세금계산서를 발급해주어야 할 경우, 외부투자를 받게 되는 경우 등의 사정이 있을 때에 법인설립과 사업자등록을 하는 것이 바람직하다. 아이템의 선정과 사업방향 등을 논의할 단계에서는 법인이 설립되지 않더라도 해결이 가능한 일이다. 간혹 법인을 먼저 설립하고 아이템 선정과 사업의 전개방향을 논의하는 경우가 있는 데, 이러한 방식은 창업자의 올바른 자세가 아닌 것으로 판단된다. 창업 시는 물론 경영을 함에도 불필요한 비용을 줄이는 것이 사업가의 기본자세이다.

(3) 법인과 거래할 때 주의할 사항

법인과 거래하는 경우 그 법인이 진짜인가 가짜인가를 구별해야 하는 것도 중요하다. 자연인은 가짜가 있을 수 없지만 법인은 법에서 허용한 권리능력자이어서 가짜가 얼마든지 있을 수 있다. 주식회사에 대한 사회적 신용을 악용하여 회사를 위장으로 설립하는 경우가 이에 해당한다. 근래 유사금융기관 내지 다단계 판매 등을 목적으로 등기부상의 내용과는 달리 실제로는 껍데기뿐인 회사를 위장으로 설립하여 사회적 문제를 일으키는 일이 있다. 상법은 주식회사의 설립과정을 엄격히 규정하여 주식회사의 남용적 설립을 방지하고 있지만 법적 규율에도 한계가 있다. 현행법상 회사설립은 준칙주의를 채택하므로 누구든지 일정한 요건만 갖추면 회사를 설립할 수 있다. 회사의 설립과정에서 주금을 위장으로 납입하는 위장설립이 가짜 회사의 전형적인 모습이다. 위장설립은 납입금보관은행 이외의 제3자로부터 금전을 차용하여 은행에 주금으로 납입하고 회사의 설립등기 후 즉시 그 납입금을 인출하여 제3자에게 변제하는 가장납입방식으로 이루어진다.[11] 가장납입에 해당되는가 여부는 인출자금의 사용처, 납입과 인출까지의 기간 등 여러 사정을 종합적으로 고려한 후에 판단한다. 가장납입의 문제는 명문의 규정이 없기 때문에 이론적으로 해결할 수밖에 없는 내용이다. 발기인이나 회사의 이사가 주금의 위장납입을 하여 회사 또는 제3자에 손해를 입힌 경우에는 손해배상책임을 부담하고(상 제322조, 제323조), 또 형사법적으로도 납입가장죄(상 제628조 1항)로 처벌된다. 대법원은 "주금으로 납입할 의사 없이 마치 주식 인수인들이 그 인수주식의 주금으로 납입하는 양 돈을 은행에 예치하여 주금납입보관증을 교부받아 회사설

---

[11] 가장납입의 변형된 형태로는 발기인대표가 개인자격으로 납입금보관은행으로부터 납입금에 해당하는 금액을 대출받아 주금으로 납입한 후, 회사의 설립등기를 마치고 회사가 은행으로부터 납입금을 반환받아서 대출을 받은 발기인대표에게 빌려주고 그가 은행의 대출금을 변제하는 방식으로 이루어진다.

립요건을 갖춘 듯이 등기신청을 하여 상업등기부의 원본에 그 기재를 하게 한 다음 그 예치한 돈을 바로 인출하였다면 이를 회사를 위하여 사용하였다는 등 특별한 사정이 없는 한 상법 제628조 제1항에 정한 이른바 납입가장죄가 성립된다"고 한다(대법원 1986. 9. 9. 선고 85도2297 판결).

(4) 창업절차

창업절차는 법인사업자로 등록하는 경우가 개인사업자보다 더 복잡하고 결정해야 할 내용이 많은 것은 사실하다. 개인사업자로 하든 법인사업자로 하든 국가의 인·허가가 필요한 사업을 할 때에는 사업자등록 전에 먼저 행정당국으로부터 사업 인·허가를 받아야 하는 점은 양자 모두 동일하다. 왜냐하면 사업자등록을 신청할 때 업종에 따라 인·허가가 필요한 경우 이들 사본을 요구하고 있기 때문이다. 개인사업자는 사업자등록만으로, 법인사업자는 법인설립과 사업자등록을 마쳐야 사업을 시작할 수 있다. 사업자등록은 국가로부터 세적을 부여받는 것으로 볼 수 있다. 사업자등록을 세무서에서 하는 것도 바로 이 때문이다. 사업자등록을 신청할 때 사업장 소재지를 기재해야 되는 데, 출입구에 적힌 호수와 건축물대장에 적힌 호수가 달라서 잘못 기재되는 일이 있다. 이 경우에는 법적으로 보호받지 못할 가능성이 높다. 간혹 불법건축물에 사무실을 두고 사업자등록은 다른 지번으로 신고를 하여 본의 아니게 연락을 받지 못해 해를 입는 일도 있다. 사업자등록을 하지 않고 사업을 할 수 없는 것은 아니다. 그러나 사업자등록을 하지 않고 사업을 할 경우 거래 자체는 유효할지 몰라도 세법 등을 위반하여 형사상 또는 행정상 처벌을 받을 수 있음을 각오해야 한다. 할머니들이 노점상에서 채소를 파는 것과 같은 아주 영세한 사업을 하는 경우를 제외하고는 반드시 사업자등록을 하고 사업을 하여야 한다.

개인사업자는 세무서에 사업자등록만으로 사업을 개시할 수 있음은 앞서 본 바와 같다. 사업자등록을 하기 위해서는 사업장이 필요하고 임차한 건물이나 자택도 사업장이 될 수 있다. 타인의 건물을 임차할 때에는 임대차계약서를, 자택인 경우에는 등기부등본을 사업자등록을 신청할 때 함께 제출하면 된다. 사업자등록신청서에는 상호, 대표자 성명, 생년월일, 개업연월일, 사업장 소재지, 사업의 종류, 사무실 임대차계약의 내용 등을 기재하여야 한다. 등록신청서를 접수한 후 대략 3일 이내에 세무서는 사업자등록증을 발급해준다. 사업자등록은 간단한 절차로 이루어지나 창업 시 주의해야 할 사항은 상호권 분쟁이다. 타인의 상호와 유사상호를 사용하여 상호권 분쟁이 생기는 것을 방지하는 것도 중요하다. 상호는 일정한 지역에서 동일업종 동일상호가 아니면 어떤 명칭이든 사용 또는 등록이 가능하다. 그러나 이미 타인이 선정한 상호와 유사상호를 사용해서 타인의 영업권을 침해할 때에는 상호권 침해로 민사상·형사상 책임을 지는 일이 생길 수 있음을 각오해야 한다.

 법인사업자는 사업자등록 전에 먼저 법인설립등기를 먼저 하여야 한다. 법인설립은 정관의 작성, 사원의 확정과 출자금의 인수 및 이행, 초대 이사와 감사의 선임, 설립등기 순으로 진행된다. 법인설립절차도 그렇게 복잡하지 않는 것이어서 직접 할 수도 있지만 사업규모가 큰 경우에는 법무사에게 위임하여 처리하는 것이 보통이다.

 법인설립 시 주의해야 할 사항 몇 가지에 대하여 알아보자. 첫째는 정관을 작성할 때 상호선정 등 정관작성에 관한 일이다. 상호는 인터넷 대법원 등기소에서 상호검색을 통해 동일업종에 동일상호가 아니면 어떤 명칭이던 이용이 가능하고 등기를 할 수 있다. 법인의 경우에도 유사상호의 사용으로 인해 상호권 분쟁에 휘말리지 않도록 해야 한다. 사무실 소재지는 법인의 본점에 해당되므로 등기 전에 반드시 임대차계약을 체결하여야 한다. 임대차계약을 체결할 때 아직 법인이 설립되지 않았기 때문에 법인 명의로 임차하는 것이 불가능하다. 통상 대표이사를 맡을 사람이 개인 명의로 임차하고 나중에 법인으로부터 정산을 받거나 또는 계약 시 약간의 계약금만 지불하고 별도 조항을 통해 나중에 법인이 설립되면 법인 명의로 계약서를 작성하는 경우도 있다. 정관에는 어떤 사업을 할 것인지와 같이 회사가 영위할 목적사항이 기재되어야 한다. 회사의 목적은 한 가지로 기재할 필요는 없고 주된 목적 이외에 가능한 여러 목적사항을 기재하는 것이 유리하다. 법인설립등기가 되어 정관이 확정되면 정관변경에는 절차가 복잡하고 비용이 소요되므로 설립 시 깔끔하게 처리하는 것이 합리적이다. 둘째는 회사의 자본금 규모와 지분율을 결정할 때 주의해야 할 사항이다. 법인 자본금이 하고자 하는 사업에 비해 너무 적을 때에는 처음부터 자본잠식에 빠져서 재무제표가 엉망진창이 된다. 나중에 법인 명의로 대출을 신청하거나 수주를 받을 때 재무제표의 성적이 나쁠 경우 불이익을 받을 수 있음을 각오해야 한다. 자본금의 확정과 함께 초대 주주가 될 사람과 그 지분율의 결정, 회사 내에서 주주가 맡아야 할 직책과 역할을 정하는 것도 쉽지 않는 일이다. 복수의 출자자가 있을 경우 각자의 지분율과 회사 내에서 담당할 직책과 역할을 분명히 정해야 뒤탈이 생기지 않는다. 아직 회사설립 전이기 때문에 주주가 아니므로 주주계약은 할 수 없고 투자자 약정서 형식으로 계약을 체결하면 된다. 투자자 약정서의 내용은 정관에 반영할 것은 정관에 기재하여 이를 실천하도록 해야 된다. 회사가 설립되면 회사법이 적용되므로 회사법에 맞게끔 조직을 꾸리고 운영할 필요가 있다. 현행법상 1인이 100% 출자해서 주식회사를 설립하는 것이 가능하고, 또 자본금 10억원 미만의 주식회사를 설립하는 경우 나 홀로 이사가 되는 것도 가능하다. 이사가 1명뿐인 회사는 법적으로 대표이사라는 명칭을 사용할 수 없으나 실무상은 꼭 그렇지만은 않은 것 같다. 이사 1인으로 회사를 설립하는 경우 설립과정에서 조사보고를 하는 일에 곤란을 겪을 수 있다. 조사보고는 발기인이 아닌 이사 및 감사가 해야 하는 데, 그러한 자가 없을 경우 공증인이 조사보고를 해야 한다. 공증인이 하는 조사보고에는 상당한 비용이 소요되므로 발기인이 아닌 이사나 감사를 선임하는 것이 비용 면에서 유리하다. 셋째는 법인인감 등을 준비하고 은행에서 잔고증명서를 발급받은 후 관할구청 세무과에 등록세를 납부하는 것 등이다. 법인인감도장은 개인의 인감도장과 마찬가지로 중요한 법률행위를 할 때 사용하고, 또 법인인감증명서를 첨부하여 사용하는 것이 보통이다. 개인도 인감도장과 막도장을 구별해서 사용하듯이 법인도 법인인감증명서가 첨부되는 법인인감도장과 일상적인 업무에 사용하는 법인사용인감을 구분해서 사용하는 것이 유용하다. 법인설립은 중요한 행위이므로 일정한 서류(정관, 총회의사록, 조사보고서, 이사회의사록)에 대하여 공증을 받도록 하고 있다. 여기서 공증은 일정한 서류가 본인에 의해 작성되었고, 또 그 서류가 존재한다는 사실을 공증사무소가 증명하는 것을 뜻한다. 마지막으로 법인설립에 필요한 서류가 구비되면 첨부자료를 붙여서 관할 등기소에 접수하면 몇 일내에 등기가 완료되고, 법인등기가 되면 법인인감카드 등을 발급받은 후 관할 세무서에 사업자등록을 하면 설립절차가 완료된다. 법인이 설립되면 당연히 등기부가 작성되고 등기부는 회사의 이력서로 작용한다. 실무상 1인주식회사 내지 소규모 주식회사를 설립하여 운영하는 경우 뜻하지 않은 실수를 하여 손해를 입을 수 있다. 예컨데 이사 또는 감사의 중임등기 내지 대표이사의 주소지변경 등은 등기사항이므로, 기간 내에 등기를 하지 않아 과태료가 부과되는 일이 있으므로 주의를 요한다. 회사의 등기를 해태한 때에는 회사 자체가 아니라 회사의 대표자가 과태료 부과대상자로 되는 것도 명심해야 할 사항이다.[12]

---

12) 대법원 2009. 4. 23. 자 2009마120 결정(회사의 등기사항에 변경이 있는 때에는 본점소재지에서는 2주간 내, 지점소재지에서는 3주간 내에 변경등기를 하여야 하는바(상 183조), 본점소재지와 지점소재지의 관할 등기소가 동일하지 아니한 때에는 그 등기도 각각 신청하여야 하는 것이므로, 그 등기 해태에 따른 과태료도 본점소재지와 지점소재지의 등기 해태에 따라 각각 부과되는 것이다. 또한 회사의 등기는 법령에 다른 규정이 있는 경우를 제외하고는 그 대표자가 신청의무를 부담하므로(상등17조), 회사의 등기를 해태한 때에는 등기 해태 당시 회사의 대표자가 과태료 부과대상자가 되고, 등기 해태 기간이 지속되는 중에 대표자의 지위를 상실한 경우에는 대표자의

4. 창업과 법률

　법치국가에서 모든 사람은 법의 지배를 받고 법에서 허용된 행위만을 할 수 있다. 창업도 그 예외가 될 수 없으며, 창업은 법률로 시작하여 법률로 끝을 맺는다고 할 수 있다. 대다수의 국가에서는 각종 업마다 해당 업법(業法)을 정하여 사업자가 할 수 있는 행위와 하지 못할 행위를 규제하고 있다. 「창업과 법」이라고 해서 창업 자체에 필요한 법률만 고찰하는 것이 아니라 창업 후 사업을 영위함에 있어 필요한 법률도 함께 고찰한다. 창업자는 어떤 업종을 선택하던 창업에 관련된 법률을 준수해야 하고 혹시 잘 모르는 내용이 있을 때에는 관할구청이나 세무서에 문의해서 정확히 알고 사업을 시작하는 것이 바람직하다. 법률은 몰랐다고 해서 변명되거나 그 책임이 면제되는 것은 아니다. 창업의 업종이나 형태가 매우 다양하기 때문에 이에 관계되는 법률도 무수히 많고 복잡하다. 창업에 관련된 법규를 다 안다는 것은 거의 불가능한 일이다. 법률전문가도 자기 분야 이외에는 다 알지 못하는 것이 법률세계이다. 창업자는 자신의 사업이 어떤 제도나 법의 영향을 받는지에 대하여 정확히 알고 있는 정도이면 충분하다.

　생계형 창업을 해서 그럭저럭 생계를 유지하는 수준에 머무는 경우에는 법적 문제가 특별히 부각되지 않을 수 있다. 이것은 법적인 문제가 없어서가 아니라 법을 적용할 실효성이 없어서 단지 적용하지 않을 뿐이다. 그러나 사업이 어느 정도 안정되고 성공을 거둘 즈음에는 종래 문제가 되지 않았던 것이 법적 문제로 다시 수면 위로 떠오르는 일이 있다. 이 세상에는 공짜가 없는 법이다. 법은 만인에게 공평하게 작용되지만 법의 집행은 사람에 따라 또는 지역에 따라 다를 수 있다. 동일한 법위반이라고 해서 누가 언제 어디에서 위반을 했는가에 따라 달리 적용될 수 있다는 말이다. 타인의 사진이나 음악을 컴퓨터로 다운로드 받아 무료로 사용하더라도 영

　지위에 있으면서 등기를 해태한 기간에 대하여만 과태료 책임을 부담한다).

세업자가 사용하는 경우와 상당한 수익을 내는 업체가 사용하는 경우에는 다르게 처리될 수 있다. 기업의 규모에 따라 적용되는 법이 다를 수 있으므로 창업자는 그 규모에 알맞은 법적 안전장치를 마련하는 것이 중요하다. 짝퉁이 아닌 정품을 사용하고 주인이 있을 경우 주인의 허락을 받아야 하는 것은 창업자의 기본자세이다. 창업에 관한 법률로는 <표6>과 같이 창업을 지원하는 법, 모든 창업에 공통적으로 적용되는 기본법과 세법, 특정 업종에 개별적으로 적용되는 법 등이 있다.

<표6> 각종 창업에 필요한 법률

구분	사업분야	적용법규
창업 지원법	중소기업	중소기업창업 지원법
	1인기업	1인 창조기업 육성에 관한 법률
기본법	기본 내용	민법, 상법, 상가건물임대차보호법, 소방기본법, 옥외광고물 등 관리법
세법	개인기업	소득세법, 부가가치세법 등
	법인기업	법인세법, 부가가치세법 등
각종 업법 및 규제법	농업 부분	농어업경영체 육성 및 지원에 관한 법률
	벤처 부분	벤처기업육성에 관한 특별조치법
	통신판매·인터넷 쇼핑몰	소비자기본법, 전자상거래 등에서의 소비자 보호에 관한 법률 등
	프랜차이즈 창업	가맹사업거래의 공정화에 관한 법률
	음식점·제과점·주점	식품위생법/축산물 위생관리법 등
	숙박업·목욕장업·이·미용업·세탁업	공중위생관리법
	영화관·비디오물 감상실	영화 및 비디오물의 진흥에 관한 법률
	노래연습장	음악산업진흥에 관한 법률
	학원·독서실	학원의 설립·운영 및 과외교습에 관한 법률
	게임제작업/PC방	게임산업진흥에 관한 법률
	체육관·스크린 골프장	체육시설의 설치 및 이용에 관한 법률
	부동산 중개업소	공인중개사법
	산후조리원	모자보건법

창업자는 자기 분야에서 사업을 잘할 수 있는 영업능력은 물론 관리능력을 갖추고 있어야 한다. 영업을 못하면 서서히 망하지만 관리를 못하면 한 순간에 망할 수 있는 것이 사업이다. 창업자의 관리능력 중 법적 리스크를 줄일 수 있는 법적 관리능력은 계약서 작성능력, 영업비밀 보호능력, 지적재산권 관리능력 등이 있다. 창업자 본인이 이러한 능력을 갖추고 있으면 좋지만 본인이 능력이 없거나 시간이 없을 때에는 창업자의 보조자라도 이러한 능력을 갖추어야 한다. 창업을 해서 사업이 본격적으로 도약될 시점에서 계약서가 잘못 작성된 것이 들어나거나 또는 영업비밀 또는 지적재산권을 제대로 관리하지 못해 잘 나가던 사업을 하루아침에 망치는 일도 있다. 심지어는 기업의 문을 닫아야 되는 치명적인 손실을 입는 일도 있다.

무엇보다 계약서 작성 능력이 중요하다. 창업자는 창업 시는 물론 영업활동을 하는 동안 여러 유형의 계약을 체결할 기회를 갖는다. 계약서는 분쟁이 발생할 경우 이를 증명하는 유력한 증거가 되는 것이어서 계약서에 정답이 있다고 할 수 있다. 계약서를 잘 작성하는 경우 분쟁이 생겨도 상대방으로부터 소송을 당하지 않을 수도 있다. 왜냐하면 소송은 일말의 가능성이 있을 때 제기하는 것이지 전혀 승산이 없는데도 소를 제기할 사람은 없기 때문이다. 법적 리스크를 감당하는 대책과 이에 소요되는 비용도 사후보다는 사전에 대책을 마련하는 것이 효과적이다. 즉 법적인 문제가 생겨 소송을 통해 해결하는 사후적·교정적 방법보다는 법적인 문제가 발생하기 전에 미리 대비하는 사전적·예방적 방법이 바람직하다. 간혹 상대방이 터무니없는 일로 소를 제기하더라도 당황하지 말고 비용·편익분석에 입각해서 처리하는 현명한 자세가 필요하다. 소가 제기되면 전 재산을 투입해서라도 반드시 이기겠다는 생각은 바람직한 모습이 아니다. 때로는 화해나 조정을 통해 소를 빨리 끝내는 것이 이익이 되는 경우가 있다. 뛰어난 장수는 전투에서 실패를 하더라도 전쟁에서는 실패하지 않은 법이다.

5. 성공창업과 실패창업

　창업자는 누구든지 성공창업으로 이끌어 명성을 떨치기를 원한다. 그러나 창업을 해서 안정적으로 정착되고 성공한다는 것은 보통 어려운 일이 아니다. 창업은 누구나 할 수 있는 일이지만 성공창업은 누구에게나 보장되는 것은 아니다. 성공은 누구나 원하는 일이지만 모든 사람에게 성공의 열매가 주어지는 것은 아니다. 중국 역사에서 뛰어난 업적을 남긴 당태종 이세민이 남긴 어록 중에 '創業易, 守成難'이라는 말이 있다. 당태종과 현신인 방현령, 위징과의 나눈 대화 속에서 창업이 어렵다는 방현령의 대답과 수성이 어렵다는 위징의 대답에 대하여 답한 말이다. 창업도 어렵지만 성공창업으로 이끄는 수성이 창업보다 더 어렵다는 것을 나타내는 표현이기도 하다. 창업 자체는 쉬울지 몰라도 창업을 해서 이를 정착시키고 성공시키기는 지극히 어려운 과업임에 틀림없다. 창업세계에서 국가를 창업하든 기업을 창업하든 수성의 어려움은 매한가지일 것이다.

　성공창업을 어떤 의미로 해석할 것인가는 학자마다 다르게 이해할 수 있다. 여기서는 장기적으로 수익을 내는 사업체를 만드는 것이야말로 성공창업으로 정의하고자 한다. 성공창업은 긴 과정을 통해 서서히 다가오지만 실패창업은 순식간에 다가오는 특징이 있다. 사업이란 긴 호흡을 가지고 꾸준히 해나가지 않으면 성공이 보장되지 않는 곳이다. 누가 끈질기게 버틸 수 있느냐에 따라 창업의 성공과 실패를 좌우하는 결정적인 요인이 된다. 어떤 창업이든지 창업에서 성공까지는 시간이 걸린다는 사실을 아는 것이 중요하다. 창업은 쉽게 돈을 빨리 벌 수 있는 수단이 아니라 자신이 하고 싶은 일을 하면서 돈도 벌 수 있는 일임을 알아야 한다. 창업자는 사소한 일에 일희일비하지 말고 다소 느긋한 마음으로 미래를 바라보면서 자신의 사업에 매진해야 한다. 흔히들 성공과 실패의 차이는 종이 한 장이라고 하지만 그 한 장의 차이를 아는 것은 그만큼 힘이 드는 일이다. 창업자는 자신의 경험과 능력에 비추어 알맞은 업종을 선택하여 상황에 맞는 사업을 시작해야 하는 것은 두말할 필요가 없다. 진짜 실패는 성공하지 못한 것이 아니라 아무것도 시도하지 않는 것임을 아는 것도 중요하다. 성공은 저절로 얻을 수 있는 것이 아니므로 창업을 철저히 준비하고 실행하는 사람만이 그 성공의 열매를 맛볼 수 있다. 사업을 하다보면 '세상은 만만한 곳이 아니다', '빈틈이 별로 없다', '내 능력이 생각보다 대단한 것이 아니다'라는 사실을 알기까지는 그리 오래 걸리지 않는다. 창업자는 항상 겸손하고 진지한 자세로 사업에 임해야 실수를 적게 해서 성공에 가까워졌다고 할 수 있다. 겸손이 미덕이라는 사실은 누구나 알고 있는 사실이지만 진짜 겸손한 사람이 되기는 어려운 법이다. 사업이 좀 된다고 자랑하거나 거만을 떨다가는 자기도 모르게 나가떨어질 수 있다. 도처에 깔린 것이 경쟁자이고, 이들은 언제든지 나의 영역을 침범할 수 있는 잠재적인 적이다. 사업은 과학적인 방법과 노력의 결과로 성공을 이루는 것이지 도박처럼 우연에 기대어 사업을 해서는 아니 된다. 우연에 기대하여 대박을 꿈꾸는 자는 사업을 하지 말고 차라리 로또를 하는 것이 현명하지 않겠는가.

실패를 원하는 사람은 아무도 없다. 그러나 유감스럽게도 창업해서 성공했다는 소식보다 실패했다는 소식이 더 자주 들리는 것이 현재의 상황이다. 창업실패요인에는 잘못된 아이템 선정, 자금부족, 경험과 준비부족, 기술미달, 과잉경쟁 등의 사유가 있을 것이다. 어떤 사유로 실패를 했던 간에 경험과 준비가 부족한 경우이면 정도의 차이는 있을지언정 보완이 가능한 사유이다. 창업자는 자신이 선정한 아이템이 있다면 창업 전에 실제로 그 일을 직접 해보는 것도 좋은 방법이다. 알고 있는 것과 현실에서 할 수 있는 것과는 현저한 차이가 있다. 즉 겉으로 보이는 것과 직접 해보는 것에는 엄청난 차이가 있다는 말이다. 창업자에게 필요한 것은 단순한 지식이 아니라 실제로 사업을 해서 수익을 내야 하는 일이다. 어떤 업종이나 직업에서 성공한 사람의 공통점은 그 분야에서 통용되는 암묵지를 정확히 알고 있다는 사실이다. 여기서 암묵지(Tacit knowledge)란 학습과 체험을 통해 습득은 할 수 있지만 겉으로 쉽게 들어나지 않은 지식을 뜻한다. 암묵지는 말이나 글로 표현하기는 어렵지만 자신의 경험을 통해 몸으로 체득해야 하는 지식이다. 창업자는 창업하는 업종이나 그 분야의 암묵지를 알고 있어야 진정으로 안다고 할 수 있다. 문서나 매뉴얼처럼 글이나 말로 표현되는 지식인 형식지(Explicit knowledge)를 아는 것만으로는 부족하다. 경험을 통해 몸으로 체득된 지식이야말로 그 분야의 고수가 되는 지름길임을 명심해야 된다. 창업을 하기 전에 충분히 현장경험을 통해 그 사업의 성공요인과 위험요인을 분석한 후에 창업을 하는 것도 실패를 줄이는 하나의 방법이다. 창업자는 각종 정보를 수집한 후 직접 몸으로 부딪혀 체득한 지식인 암묵지가 있을 때 비로소 창업의 준비가 되었다고 할 수 있다.

오늘날 기업의 성공신화는 대부분 창업신화이다. 신화를 만들 수 있는 자는 오직 창업자뿐이라고 해도 과언이 아니다. 처음에는 자기 고용 정도로 출발했지만 나중에 규모를 키워서 수많은 사람을 고용하고 큰 성과를 내는 기업을 만들어야 신화의 주인공이 될 수 있다. 영화 속의 주인공보다 더 극적인 삶을 살다간 애플의 창업자 스티브 잡스는 21세기 초반의 최대 창업신화의 주인공이다. 그는 2005년에 스탠포드 대학교 졸업식 연설문 마지막 문장에서 'Stay hungry, stay foolish'라는 명언을 남기고 조용히 떠났다. 해석상 뉘앙스는 다르지만 현재의 성과에 만족하지 말고 항상 우직하게 전진하라는 말로 번역되는 말이다. 모든 창업자는 이 말의 속뜻을 알아차리고 계속 자기의 길을 걸어갈 때만이 성공의 길이 보일 것이다.

6. 실패에서 무엇을 배울 것인가

성공창업 못지않게 실패창업의 원인에도 여러 가지가 있을 수 있다. 일반적으로 실패창업의 유형으로는 판로개척 실패형, 수익모델 실패형, 무경험 실패형, 법률지식부족 실패형, 관리능력부족 실패형, 현실안주 실패형 등으로 구분할 수 있다. 실패의 유형을 분석해보면 섣불리 창업을 했거나 창업 준비를 제대로 갖추지 않은 채 창업한 경우가 대부분이다. 창업의 성공은 실패요인을 줄이고 성공요인을 얼마나 증가시킬 수 있느냐에 달려있다. 준비되지 않은 창업은 뒤로 미루는 한이 있더라도 절대로 창업을 서둘러서는 아니 된다. 준비되지 않은 창업은 실패의 지름길임을 인식하는 것이 중요하다. 그러한 점에서 창업을 너무 가볍게 생각하는 태도는 좋은 자세가 아니며, 때로는 쓰라린 실패를 맛보고 후회를 하기도 한다.

한때 우리 사회에서 나쁜 남자가 인기를 끈 적이 있다. 나쁜 남자가 인기 있다고 해서 이를 따라하면 모든 남자가 인기를 끌 수 있는 것이 아니다. 나쁜 남자가 인기를 끌려면 모든 걸 다 갖추고 있으면서 여자를 대하는 태도만이 나빠야 하는 것이 전제되어 있다. 창업에서 남이 성공했다고 해서 그 아이템을 무조건 따라하는 것은 나쁜 남자를 따라하는 것과 비슷하다. 인기를 끌 수 있는 나쁜 남자가 이미 정해져 있듯이 남의 아이템을 따라 한다고 해서 모든 창업자가 성공할 수 있는 것은 아니다. 창업에 실패했다 하더라도 환경과 남을 탓하기보다는 자신의 판단착오와 능력부족으로 받아들이는 자세가 필요하다. 심리학 용어 중에 '이기적 편향' 내지 '자기위주편향(Self serving bias)'이라는 말이 있다. 나에게 일어난 긍정적인 일의 원인은 '나의 능력이 출중해서' 또는 '나의 노력이 있었기 때문이다'와 같이 내부적인 요인으로 돌리고, 반면에 부정적인 일의 원인은 '운이 나빠서' 또는 '제도와 환경이 변해서'와 같이 외부적인 요인으로 돌리는 성향을 가리키는 말이다. '잘되면 자기 탓, 못되면 조상 탓'이라는 우리 속담의 내용과 비슷한 말이다. 누구든지 창업을 하기 전에 성공가능성이 있느냐고 물어보면 평균 수준 이상이 될 것이라고 대답한다. 특별한 근거도 없이 자기만은 예외로 여기는 오류에 빠지게 된다. 창업자가 선택한 아이템과 창업방식을 주위로부터 검증을 받아보아야 하는 이유도 이러한 편향성으로부터 벗어나기 위함이다. 이러한 조치는 개관적 의미에서 창업 준비가 부족한가 여부를 평가하는 것이며, 준비가 부족한 창업은 실패를 불어올 수 있으므로 이를 방지하기 위한 대책이다. 객관성을 갖춘다는 것은 생각만큼 쉽지 않은 일임은 창업에서도 경험하게 될 것이다.

실패라고 해서 다 같은 실패가 아님을 알아야 한다. 실패에는 재기할 수 있는 좋은 실패와 재기할 수 없는 나쁜 실패가 있다. 재기할 수 있는 좋은 실패에는 창업자가 최대한 노력했으나 결과적으로 실패한 경우 또는 투자자나 거래처 등에게 성심성의를 다했으나 결과로서 실패한 경우 등이 있고, 반대로 재기할 수 없는 나쁜 실패에는 창업자가 불성실하여 실패한 경우 또는 투자자 등을 납득시킬 수 없는 사유로 실패한 경우 등이 있다. 가장 나쁜 실패는 '시장여건이 좋지 않았다'와 같이 실패의 원인을 창업자가 통제할 수 없는 원인으로 책임을 전가하는 경우이다. 창업자는 실패에서 자신의 성장에 필요한 디딤돌로 활용하는 힘인 실패력을 키우는 것도 중요하다. 실패력은 실패를 경험하면서 자신의 성장에 도움이 되는 기회를 얻거나 실패를 극복할 수 있는 내공을 키우는 능력을 말한다. 실패에서 무엇인가를 배우지 못하면 실패는 그냥 지나가는 실패일 뿐이다.

현재 우리 기업들이 한 단계 더 도약하기 위해서는 과거에 사용한 '빠른 추격자 전략(Fast follow)'에서 벗어나 '선도자 전략(First mover)'으로 전환하여 먼저 움직이는 전략이 필요하다. 선도자 전략은 남들이 쉽게 흉내를 내거나 따라할 수 없는 독창성과 창의성을 갖추었을 때 사용할 수 있는 전략이다. 독창성과 창의성은 미지의 세계를 개척하는 것이기 때문에 그 과정에서 실수 내지 실패가 수반되는 것은 당연하다. 빠른 추격자 전략에서는 다른 업체가 경험한 실패를 피할 수도 있었지만 선도자 전략에서는 이를 피할 방법이 없다. 과거에는 실패를 좋지 못한 일로 여겨 이를 숨기거나 보고하지 않는 방향으로 처리하기도 했다. 그러나 선도자 전략에서는 실패에 대하여 과거와는 다르게 생각해야 하고 또한 이를 집중적으로 관리하여 실패에서 새로운 기회를 찾아 재창업과 새로운 사업아이템의 기틀을 마련하는 것이 중요하다. 실패를 바라보는 시각도 일부 사람들의 잘못된 행위의 결과로 볼 것이 아니라 미지의 세계를 개척하다보며 누구나 저지를 수 있는 것임을 알아야 하고 또한 이를 관대하게 처리하는 사회적 분위기 내지 문화도 필요하다.

실패학의 창시자 하타무라 요타로 동경대 교수는 "실패는 이상한 속성을 가지고 있다. 감출수록 커지고 악화되다가도 일단 드러내기 시작하면 성공과 창조를 가져오는 일도 있다"고 한다. 실패학의 목적은 실패를 알고 실패를 극복하고 실패를 통해 더 큰 성공을 창조하는 것이라고 한다.[13] 성공한 사람과 실패한 사람의 차이는 모두가 겪는 실패를 성공의 원동력으로 삼을 수 있는가 여부에 달려 있다. 실패를 해 본 사람만이 성공의 열매를 맛볼 수 있는 것은 당연하다. 사람들은 성공보다는 실패에 집착하는 경향이 있다. 이는 실패한 사람들의 감춰진 이면을 보면서 위안을 얻거나 다른 형태의 용기를 가질 수 있기 때문일지도 모른다. 사업에서 영원한 성공이 없듯이 영원한 실패도 없다. 창업해서 한 번 실패하면 패가망신을 하거나 재수 없으면 금융사기범이 되어 평생 재기할 수 없는 환경 아래에서는 아무도 위험이 수반되는 창업을 시도하지 않을 것이다. 창업생태계를 건강하게 조성하려면 실패를 관대하게 받아들이는 분위기가 필요하고 실패자가 재기할 수 있는 제도적 뒷받침이 있어야 한다. 설령 실패를 했다 하더라도 성실하게 도덕적으로 기업을 운영했을 경우에는 재기할 기회를 줄 수 있어야 실패자는 물론 국가 사회적으로도 도움이 되는 구조로 변할 것이다.

---

13) 하타무라 요타로(정성택 옮김), 실패를 감추는 사람, 실패를 살리는 사람, 세종서적 (2001), 41면.

제3장 기업가정신과 창업전략

1. 기업가정신이란

　기업가에 관한 정의는 국가와 시대마다 다양하게 해석되는 다의적인 개념이다. 기업가는 단순히 이익만을 추구하는 자본가와는 구별되고, 또 계획적으로 기업을 운영하는 경영자와도 구별되는 개념이다. 기업가는 사업기회를 포착하여 혁신적인 사고와 태도로 새로운 가치를 창출하는 점에서 다소 진취적이고 혁신적인 위험수용자(Risk taker)라 할 수 있다. 기업가정신은 기업과 정신이 결합된 용어로서 '정신'을 강조하면 다소 추상적이고 관념적으로 해석될 수 개념이다. 그러나 기업가정신은 행동으로 이어지고 성과를 내어야 의미가 있는 것이어서 행동을 유발하는 가치관이 중심에 있어야 한다. 기업가에게는 과정보다는 결과를 중시하는 결과론적 사고가 중심이 될 수밖에 없는 것이 현실적 요청이다. 일반적으로 기업가정신(Entrepreneurship)이란 새로운 사업에 도전하여 자신의 목표를 달성하고자 하는 태도와 행동을 총칭하는 것을 뜻한다. 기업가정신은 자원이나 인력의 제약을 받으면서 새로운 기회를 포착해 사업화하려는 행위 또는 과정으로 정의되기도 한다. 오늘날 기업가정신은 노동, 자본, 지식에 이은 제4의 생산요소로서 이를 어떻게 함양하고 기업조직 내에 내재화시킬 수 있는지가 중요시되고 있다.
　성공한 기업은 창업자의 진취적이고 혁신적인 기업가정신으로 태어난다고 볼 수 있다. 기업가정신 없이 창업을 성공으로 이끄는 경우는 거의 없다. 기업신화가 곧 창업자신화로 이어지는 것도 바로 이러한 구조 때문이다. 왕조국가에서 기이하고 비범한 시조신화를 가지고 있듯이 위대한 기업에는 대부분 창업자신화가 남아 있다. 성공한 창업자는 기업가정신을 지닌 사람으로 여러 난관을 극복하고 자기 분야에서 의미 있는 성과를 창출하는 자임이 분명하다. 기업가정신의 함양이 창업을 성공으로 이끄는 필수요소임이 명백하고, 기업가정신은 역사를 바꾸는 원동력이 되기에도 충분하다. 창업자는 강한 도전정신을 가지며 모험심을 기꺼이 받아들이는 자이어야 된다. 위험회피적 성향을 가진 사람은 '지금은 타이밍이 좋지 않아' 또는 '실패하기 싫은데'라고 말하는 데 반해, 위험수용적 성향을 가진 기업가는 '완벽한 타이밍은 절대로 없어' 또는 '실패가 없으면 성공도 없어'라고 말한다. 강력한 실행력을 가진 현대그룹 창업자인 정주영은 '이봐, 해보기는 해봤어?'라고 말했다고 한다. 이는 기업가정신의 대표적 특징인 '할 수 있다 정신(Can do spirit)'을 표현하는 말이기도 하다. 기업은 기업가의 그릇만큼 성장한다는 말이 있다. 뛰어난 기업가는 자신의 능력을 정확히 파악할 뿐만 아니라 부족한 능력을 적은 비용으로 보완할 줄 아는 자이다. 기업가의 그릇을 키워야 기업을 키울 수 있음을 누구보다 먼저 알고 이를 실천하는 자라야 기업가정신이 충만한 자라고 할 수 있다.

　기업가는 위험수용적이고 혁신적인 활동을 통해 새로운 가치를 창출하는 자임에 반해, 경영자는 기업목표를 달성하기 위해 관리기능을 통해 효율적으로 기업을 운영하는 자이다. 즉 기업가는 아주 어려운 일이 아니면 위험에 도전하여 사업기회를 찾고 실패를 발전의 기회로 생각하는 성향이 강한 사람임에 반해, 경영자는 어떤 일을 시작하기 전에 비용·편익분석을 통해 위험한 일은 회피하고 실패를 인정하기 싫어하는 성향이 강한 사람이다.14) 우리나라 대기업의 성장과정을 살펴볼 때 창업자와 전문경영인의

---

14) 물론 경영자라고 해서 기업가정신이 없는 자로 단정할 이유나 필요성은 없다. 그러나 경영자는 기존의 상품이나 서비스에 대하여 원가는 더 낮게 품질은 더 높게 하는 식

역할이 다르다는 것을 알 수 있다. 삼성그룹의 창업자 이병철 회장이 1960년대에 전자산업에 진출하고 1980년대 그룹의 사운을 걸고 반도체산업에 진출한 것은 오직 기업가정신을 지닌 창업자만이 할 수 있는 일이다. 경영자는 여건의 제약을 받으면서 현재의 상황에서 수익의 극대화를 목표로 하는 자라는 점에서 분명히 기업가와는 구별되는 존재이다.

자본주의경제는 많은 문제점이 있음에도 불구하고 세계경제의 중심이 된 것은 기업가정신을 발휘할 수 있는 좋은 시스템을 갖추고 있기 때문이다. 자본주의경제는 기업가정신이 충만하고 자유로운 경쟁과 창의성이 있어야만 제대로 돌아갈 수 있는 구조이다. 선진국들은 일찍부터 기업가정신을 국가경쟁력의 원동력으로 보고 다각도로 이를 살리려고 노력하고 있다. 미국은 기업가정신이 가장 활발한 국가로서 매년 수많은 기업이 탄생하여 경제에 역동성을 부여함과 아울러 양질의 일자리를 창출하고 있다. 창조적 파괴이론을 주장한 경제학자 조지프 슘페터(Joseph Alois Schumpeter)는 기업가라는 존재와 기업가정신이 경제발전의 원동력이 된다고 한다. 슘페터는 창업을 새로운 상품, 새로운 서비스, 새로운 자원, 새로운 생산방법, 새로운 시장, 새로운 조직형태를 기업형 조직으로 창조하는 행위라고 한다. 기업가는 혁신을 통해 생산성을 향상하여 새로운 시장을 개척하고 노동자의 소득을 증가시키는 것을 목표로 한다. 슘페터는 무언가를 창조해내고 자신의 에너지와 재능을 발휘하는 데에서 즐거움을 느끼며 어려움을 피하지 않고 변화를 모색하는 것을 기업가정신이라고 한다. 현대경영학의 창시자이자 경영이론을 새롭게 수립한 피터 드러커(Peter F. Drucker)는 기업가정신을 위험과 불확실성에도 이윤을 추구하려 하는 모험과 창의적인 정신이라고 한다. 피터 드러커는 변화를 탐구하고 변화에 대응하며 변

으로 사업을 잘 하는 것을 통해 기업을 발전시키는 역할을 수행하는 관리자임에 반해, 기업가는 기존에 존재하지 않는 제품이나 서비스를 제공함으로써 기업을 발전시키는 역할을 수행하는 혁신가의 성격을 강하게 가진 자라고 할 수 있다.

화를 기회로 활용하는 것을 기업가정신이라고 한다. 기업가정신이야말로 경제를 지속적으로 발전시킬 수 있는 핵심 요소가 된다는 주장이다. 즉 혁신과 기업가정신은 어떤 파국도 일으키지 않으면서 일정한 목적과 방향을 갖고 통제범위를 벗어나지 않으면서 각각의 세대가 달성하고자 하는 것을 실현 가능하게 하는 것이다.

기업가정신은 다양한 관점에서 다양한 의미로 해석될 수 있는 개념이다. 커닝햄(Cunningham)과 리체론(Lischeron)은 위인, 심리적 특성, 고전적, 관리, 리더십, 사내창업관점에서 각각의 정의를 내리고 있다. <표7>에서 설명하는 내용은 개인적 특질, 기회추구행위, 기존 기업의 적응 등 각각에 따라 기업가정신의 정의를 다양한 관점에서 분류한 내용이다.

<표7> **기업가정신 정의의 다양한 관점**[15]

관점	핵심 초점 또는 목적	가정	정의
위인 관점	기업가는 태어날 때부터 기업가적 능력을 가진다.	기업가의 기질은 선천적인 것이다	특출한 성취자
심리적 특성 관점	기업가들은 독특한 가치관·태도·욕구를 가진다.	사람은 자신의 가치관에 따라 행동한다.	설립자 생산수단의 통제
고전적 관점	기업가적 행동의 핵심 특징은 혁신이다.	기업가정신의 중요성은 소유보다는 행동에 있다.	위험과 불확실 하에서 혁신, 창조적 파괴자
관리 관점	기업가는 기업을 조직하고 소유하고 관리하며 위험을 감수하는 사람이다.	기업가정신은 개발되고 훈련에 의해 강화된다.	의사소통, 위험관리, 기회 인식을 통해 가치 창출
리더십 관점	기업가는 조직원의 리더이며, 그들의 욕구에 자신의 스타일을 적응한다.	기업가는 목적을 혼자 달성하지 못하고 다른 사람에 의존한다.	사회적 건축가 가치의 촉진과 방법
사내창업 관점	기업가적 기질은 복잡한 조직에 유용하며, 시장창조를 위해 독립적 단위를 개발한다.	조직은 생존하기 위해 적응이 필요하다. 기업가적 행동은 조직적 수준의 행동이다.	혁신을 촉진하기 위한 협력의 도모

---

15) 한정화, 기업가정신의 힘, 21세기북스(2011), 48면(재인용).

기업가정신은 성공한 기업가에서 찾아볼 수 있는 공통적적 특징이다. 기업가정신의 핵심 요소로는 강한 승부욕, 인내심, 판단력, 선택과 집중, 네트워크 능력, 인성과 소통능력, 위기대처능력, 책임감 등이 있다. 기업가정신은 새로운 가치를 창출하기 위하여 모험정신과 도전의식, 열정을 가지고 위험을 감수하며 진취적인 자세로 신사업을 개척하고 혁신을 주도하는 정신이기도 하다. 기업가는 사업의 성공을 위해 강한 승부욕과 인내심을 가지고 있어야 한다. 통닭 프랜차이즈로 유명한 KFC를 창업한 커넬 샌더스(Colonel Sanders)의 삶은 집념의 표본이 되기에 충분하다. 성공과 실패를 거듭하다가 아들이 먼저 죽고 아내마저 떠난 60대의 몰락한 노신사 샌더스는 닭고기를 압력솥에서 튀기는 방식과 새로운 양념을 개발하여 투자자를 찾기 시작하였다. 3년 동안 1008번이나 거절당하고 1009번째 겨우 새로운 투자자의 승낙을 얻어 사업을 시작할 수 있었다. 이것이 오늘날 전 세계에 수 만개의 가맹점을 가진 프랜차이즈로 유명한 KFC의 시초이다. 아들과 아내를 잃고 66세의 늦은 나이에 사업을 시작해서 이를 성공시킨 샌더스는 승부욕과 인내심의 화신이라 할 수 있다. 오늘날 미국인들은 그에게 '패스트 푸드의 아버지'라는 칭호를 붙이고 있는 것도 바로 이 때문이다. 인생에서 역경을 겪으면서 이를 극복하고 더 큰 성장의 기회를 갖는 자는 회복탄력성이 높은 사람이라 할 수 있다. 여기서 회복탄력성이란 스트레스나 도전적 상황, 역경을 딛고 일어서는 힘을 뜻한다.16) 오늘날 회복탄력성은 복원력뿐만 아니라 위기상황 대처능력, 적응력, 에너지 비축력, 수용력을 포함하는 개념으로 발전되고 있다. 회복탄력성은 선천적으로 타고난 것이 아니라 교육과 훈련을 통해 길러지는 후천적인 면이 강한 것이 특징이다.

우리나라에서 자영업이나 중소기업을 창업하는 자는 온실 속의 화초가 아니라 잡초와 같은 강인한 생명력을 지닌 존재이어야 한다. 넘어지면 일

---

16) 최성애, 회복탄력성, 해냄(2015), 13면.

어서고 넘어지면 또다시 일어서는 강인함 없이는 자기 사업에서 성공창업으로 이끌기는 힘들다. 잡초가 야생에서 아름다움을 피우듯이 창업자는 누가 알아주지 않더라도 자기 분야에서 불굴의 정신으로 끝까지 버티는 강인함을 가지고 있어야 된다. 창업자는 언론이나 주변의 평가에 신경을 쓰지 말고 오직 자기 제품을 이용하는 고객만을 중시하는 정신을 지니고 있어야 한다. 창업을 해서 어느 정도 성공을 거두게 되면 동료나 주변으로부터 인정을 받고서 자기 스스로 과대평가를 해 본업이 아닌 다른 분야에 에너지를 소비하는 일이 있다. 경쟁기업을 쓰러뜨리는 방법은 경쟁기업에 흠집을 내어 망하게 하는 경우도 있지만 경쟁기업에 칭찬을 하여 창업자가 엉뚱한 분야에 에너지를 쏟게 하여 망하게 할 수 있음을 명심해야 하는 일이다.

기업가정신은 성공한 창업자에서 쉽게 찾을 수 있는 특성이다. 기업이 성장한 이후에는 기업가정신이 없어도 되는지가 궁금하다. 기업가정신은 창업은 물론 수성에도 요구되는 정신으로 보아야 한다. 경쟁이 치열한 시장에서 건강하게 생존하려면 항상 긴장의 끈을 놓지 않고 창의적인 분야를 개척할 수 정신이 살아있어야 된다. 창의성이 없어지는 순간 기업은 순식간에 사라지는 운명을 맞이하게 될 것이다. 한때 전 세계 휴대폰시장의 절반 이상을 장악했던 노키아의 몰락과 20세기 후반 최고의 혁신기업이었던 소니의 쇠락은 창의성이 떨어지는 순간 기업이 어떻게 몰락하는지를 생생하게 보여주는 사례이다. 일부이가는 하지만 우리나라 기업가들이 욕을 얻어먹는 이유는 무슨 2세, 3세라 칭하면서 단순한 자본논리에 따라 자신의 수익만을 추구하는 모습을 보이기 때문이다. 기업이 성장하여 다양한 이해관계자들이 관여하게 되면 그 기업은 창업주와 그 후손의 것만이 될 수 없는 것은 당연하다. 이해관계자 모두의 헌신과 노력으로 성장한 기업은 모두의 것이 되어야지 창업주와 그 후손의 것만이 되어서는 아니 된다. 특히 법인사업자는 창업자 혼자만의 것이 아니라 법인에 속한 모든 사람의 것이라는 마인드를 가지는 것이 중요하다. 그러나 창업자나 그 후손들이 '이 기업은 내 것'이라고 주장할 때 사회적 비난은 그들은 물론 다른 기업가에게도 번져 함께 욕을 얻어먹는 신세가 되기도 한다.

창업자신화는 신화로 남겨둘 때 아름다운 법이다. 창업자신화를 후손들이 자기 배를 채우기 위해 이용하는 순간 독단과 비난의 화살을 받기 시작하고, 신화의 의미는 추해지고 퇴색되어 버리는 성향이 있다. 이제 우리 기업들은 새로운 도전에 직면하고 있다. 과거에는 외국기업을 무조건 추종하는 '따라잡기 전략(Catch-up)'이나 '빠른 추격자 전략(Fast follow)'을 구사하여도 성장할 수 있었다. 그러나 현재는 우리 경제와 기업이 어느 정도 성장을 하였기 때문에 외부의 견제도 만만치 않아 과거의 전략을 더 이상 사용할 수 없게 되었다. 그리하여 창의성과 혁신성을 갖추고 먼저 움직이는 '선도자 전략(First mover)'을 구사해야 살아남을 수 있는 시대가 되었다. 그러나 이는 말처럼 그리 쉬운 일이 아님을 알아야 된다. 피터 언더우드(Peter Underwood)의 책 「퍼스트 무버」에서 "퍼스트 무버의 핵심은 창의성이고 창의성은 도전정신에서 출발한다"고 한다. 이제 우리 기업들은 남의 것이 아닌 내 것을 가지고 외국기업과 경쟁을 하는 시대가 되었음을 인식해야 한다. 기업도 개인도 창의성과 혁신을 핵심 요소로 하는 기업가정신으로 재무장해야 하는 시대에 살고 있는 셈이다. 경쟁은 역사를 발전시키는 원동력이 되는 것이지만 끊임없이 인간을 괴롭히는 괴물(?)이기도 하다.

2. 사내 기업가정신의 함양

창업 시에는 창업자의 기업가정신이 중요하지만 창업 후에는 창업자 못지않게 기업의 구성원 모두가 기업가정신으로 무장해야 더 큰 기업으로 성장할 수 있다. 오늘날 최첨단에서 선두를 달리는 기업의 대부분은 최고경영자(CEO, Chief Executive Officer)부터 신참직원까지 모두 업(業)의 변화에 대한 인식을 공유하면서 위기를 극복하고자 하는 아이디어 산출과 이를 실행하는 기업가정신으로 무장하고 있다. 과거에는 1인당 노동생산성의 향상과 같은 관리기능에 중점을 두는 회사가 최종승리자가 되었으나, 현재는 조직원 모두가 창의적인 아이디어를 내고 고객감동으로 이어지는 감성기능과 고객만족에 중점을 두는 회사가 최종승리자가 되는 추세이다. 창업자 내지 최고경영자 혼자가 아니라 모든 직원이 아이디어를 내고 이를 실행할 수 있는 조직 내 시스템과 문화를 갖추고 있을 때 최고기업으로 성장할 수 있다. 이러한 기업은 직원을 비용으로 계산하지 않고 투자로 생각하기 때문에 직원의 창의성 개발이 무엇보다 중요한 요인으로 여기는 경향이 있다.

사내 기업가정신(Intrapreneurship)이란 조직원들이 기업가적 요소를 지니고 보다 창의적이고 주도적으로 아이디어를 내고 이를 실행하여 각자가 자기 업무의 주인이 되는 것을 뜻한다.17) 사내 기업가정신은 이미 설립된 기업 내에서 직원들이 현재의 자원상황에 구애받지 않고 새로운 기회를 포착하여 활용하는 과정으로서 구글은 사내기업가정신을 가장 잘 활용하는 기업으로 알려져 있다. 주인이 아닌 직원에게 주인의식을 가지라는 것은 무리한 주장일 수도 있다. 성공의 열매를 주인 혼자서가 아니라 직원과 함께 공유할 수 있는 여건과 상황을 만들어 놓았을 때 사용할 수 있는 말이다. 직원이 주인처럼 활동할 수 있는 여건과 환경을 갖추고 있을 때 직원의 성장과 회사의 성장이 동시에 이룰 수 있을 것이다. 사내 기업가정신이 충만한 회사는 직원들의 에너지를 어디에 어떻게 사용해야 효율적인지를 알아서 우수한 제품과 서비스를 생산하고 가치를 창출한다. 반대로 사내 기업가정신이 미비한 회사는 많은 에너지를 사용하면서도 가치를 창출하지 못하여 고객감동으로 이어지지 않고 형식적인 임무수행에 그치는 경우가 대부분이다.

정보통신기술(ICT, Information & Communication Technology)의 발달은 기업들에게 새로운 과제와 도전을 부여하여 이를 잘 활용하는 기업

---

17) 임진혁/이장희, 사내 기업가정신, 좋은땅(2017), 97면.

은 도약할 수 있음에 반해, 그렇지 못한 기업은 정체되거나 도태되는 위협을 맞이할 수 있다. 정보통신기술의 발달은 기업 내·외부에서 정보와 소통이 잘 이루어지는 기업에게 유리하게 작용한다. 과거처럼 제왕적 리더십을 가진 최고경영자 한 사람이 아니라 직원들이 주인의식과 책임감을 가진 상태에서 아이디어를 실행할 수 있는 사내 기업가정신을 구비하는 것이 중요해지고 있다. 직원들의 독창성과 창의성을 장려하고 그들의 삶의 질과 행복을 중시하는 데도 어느 순간 시장에서 앞서 나가는 기업은 사내 기업가정신이 충만한 기업임에 틀림없다. 사내 기업가정신은 체계적인과 교육과 훈련, 팀웍(Teamwork)의 중시, 기업가정신의 함양에 필요한 기술과 지원을 통한 동기부여와 같은 과정과 요건을 갖추고 있을 때 발전된다. 사내 기업가정신은 유연성·통합성·집단지향성을 갖춘 조직구조, 개방성·협력성·위험감수성을 갖춘 조직문화, 기폭제 역할을 하는 사내 프로그램이나 보상제도 등을 구비한 경우에 활성화된다.[18]

사내 기업가정신이 충만한 조직은 수많은 아이디어가 생성되어 이를 실행하는 가운데 혁신[19]이 일어난다. 오늘날 혁신하지 않는 기업은 정체되는 것이 아니라 생존을 포기하는 것이나 마찬가지이다. 혁신을 너무 거창하게 생각할 것이 아니라 내가 맡고 있는 업무범위 내에서 생길 수 있음을 이해하는 것이 필요하다. 혁신의 범주와 유형을 새롭게 정의할 때 그 의미를 보다 정확하고 쉽게 접근할 수 있다. 혁신은 크게 새로운 제품이나 서비스를 생산하는 제품혁신(Product Innovation), 생산과 유통 과정에서 일어나는 프로세스 혁신(Process Innovation), 제품과 서비스의 위치와 맥락

---

[18] 임진혁/이장희, 앞의 책, 97~101면.
[19] 우리 사회에서는 성장이 먼저라는 보수진영과 분배가 먼저라는 진보진영 간의 갈등과 대립은 이미 오래 전부터 있었다. 양 진영 모두가 공통적으로 주장하는 부분은 혁신의 필요성과 중요성을 강조하는 말이다. 이러한 점에서 혁신은 우리 경제가 한 단계 더 도약하고 성숙되기 위해 갖추어야 할 필수요소임에 틀림이 없다. 혁신은 조직의 건강과 발전을 위해 기업뿐만 아니라 정부와 같은 공공기관, 비영리기관, 종교기관 등 관료주의 병폐가 들어나는 모든 조직에 요구되는 보약(?)과 같은 것이다.

을 전체적으로 바꾸는 패러다임 혁신(Paradigm Innovation), 제품이나 서비스를 구매할 고객을 다시 정의하는 가운데 생기는 포지션 혁신(Position Innovation) 등으로 분류할 수 있다. 혁신은 기존의 제품이나 방법 등에 문제가 발생하여 새로운 해결책과 기회를 찾는 과정에서 이루어지는 경우가 대부분이다.

3. 창업전략

(1) 사업기회의 발견

창업 시 사업기회는 어디서 찾는지가 궁금하다. 창업자는 자신이 창업할 아이템을 계속 찾아야 하는 운명이다. 우리나라 창업기업을 대상으로 한 연구에 의하면 창업 아이디어의 50% 이상이 전직 직장에서 얻은 것이라고 한다. 그러한 의미에서 직장은 '창업사관학교'라 부를 수도 있다. 직장은 일을 하고 그 결과로 평가를 받는 진짜 학교인 셈이다. 학교의 성적은 가상을 전제로 하는 성과이지만 직장의 성적은 실제의 일을 평가하는 성과이어서 진짜 성적이라 할 수 있다. 직장에서 열심히 일해야 하는 이유는 승진도 중요하지만 창업 아이디어도 얻을 수 있기 때문이다. 다음으로 전공분야 또는 교육을 통해 배운 기능분야에서 창업기회를 얻고, 또 취미생활이나 우연한 기회를 통해서도 사업기회를 얻는 경우도 있다.

사업기회는 항상 주어지는 것이 아니라 어느 시점에서만 의미가 있기 때문에 타이밍을 맞추는 것이 중요하다. 창업은 시장의 수요와 창업자가 동원할 수 있는 자원이 결합되어야 사업기회를 현실화시킬 수 있다. 창업자가 가진 인적 네트워크도 사업기회를 얻는데 중요한 역할을 한다. 네트워크의 중요성은 창업만큼 절실히 필요한 분야가 없고, 창업 시 해야 하는 많은 일은 네트워크를 통해 저렴한 비용으로 해결할 수 있다. 사회적 네트워크는 사업기회의 발견뿐만 아니라 그 기회를 살리는데도 중요하므로 창업자는 네트워크를 구축하고 관리할 수 있어야 한다. 사업기회는 현재 창업의 여건이 마련되고 준비를 갖춘 경우와 전혀 그렇지 않은 경우에는 전혀 다른 결과를 초래한다. 창업의지가 있을 때에만 그 기회를 살릴 수 있는 것이므로, 사업기회와 창업의지가 맞아야 의미 있는 사업기회가 될 수 있다. 사업기회가 와도 그 기회를 살리지 못하는 경우는 주변에서 흔히 들을 수 있는 이야기이다.

사업기회는 기술적 발견, 가치관과 생활양식의 변화, 정부규제의 변화, 천재지변, 새로운 자원의 발견 등 다양한 원천에서 찾을 수 있다. 창업의도를 가진 자는 항상 사업기회가 어디서 나오는지를 면밀히 관찰하는 것이 중요하다. 벤처기업의 창업은 첨단기술이나 신기술 분야에서 혁신이 일어나는 경우에 활성화되는 경향이 있다. 1990년대 말 인터넷 사용의 일반화로 인해 이에 관련된 창업과 2010년대 스마트폰의 대중화로 인해 앱에 관련된 창업이 많이 이루어진 것이 그 예이다. 그러나 신기술이 등장했다고 해서 바로 성공적인 창업이 이루어지는 것은 아니다. 신기술을 바탕으로 하는 제품이나 서비스를 이용할 고객이 먼저 생겨야 성공적 창업으로 연결될 수 있기 때문이다. 최초로 기술개발을 하고도 사업에서 실패를 하는 것도 바로 이 때문이다. 사업기회의 발견은 <표8>과 같이 다양한 기회의 원천에서 제시하는 바와 같다.

<표8> 기회의 원천[20]

기회의 원천	사업 기회
기술적 발견	· 사회 경제의 패러다임 변화와 사업 기회의 원천 · 과거 반도체와 마이크로프로세서의 개발은 많은 기회를 창출 · 향후 바이오와 나노 분야의 혁신 활동 기대
가치관과 생활양식의 변화	· 소득의 증가, 교육 수준의 향상, 정보와 지식의 증가, 인구구성의 변화 등 · 삶의 질을 중시하는 사회적 욕구 증가는 레저, 문화, 생활정보, 주택정보화, 홈 네트워크, 의료복지, 건강관리 등 새로운 사업 기회 창출

---

[20] 한정화, 앞의 책, 198면(재인용).

정부규제의 변화	· 규제의 강화와 완화 속에 사업 기회 창출 · 환경 분야의 지속적인 정부 규제로 인해 폐기물 처리, 배기가스 처리, 리사이클, 환경컨설팅, 신에너지 등의 관련 사업 창출 · 불법 소프트웨어의 규제 속에 정품 소프트웨어의 수요증가
천재지변	· 전쟁이나 자연재해의 발생 · 세계 제2차대전 후 조선업의 발달과 미국의 화산을 이용한 관광사업
자원의 발견	· 미국 알래스카의 유전 발견으로 인한 관련 사업 발달 · 금 가격 상승으로 폐광촌의 산업 부활

(2) 사업기회의 구체화

주변을 보면 사업기회를 담은 사업계획서들이 수없이 돌아다니고 있음을 알 수 있다. 혹자는 1,000개의 사업계획서 중에서 현실화되는 것은 서너 개 정도에 불과하다고 한다. 사업 아이디어는 다듬는 과정에서 구체화되어 사업 아이템이 되고, 그 사업 아이템은 사업자와 만나야 사업기회로 발전된다. 여기서 아이디어란 인간의 활동을 지배하고 발전시키는 창의적인 생각을 뜻한다. 아이디어는 새로운 관점을 통한 '이상적인(ideal)'인 것에 대한 개인의 의견으로 실행가능성과는 별개이다. 아이디어는 새로운 제품이나 서비스의 생산, 새로운 판매방법 등 어느 것이라도 관계가 없다. 창의적인 아이디어에 현실성과 논리성을 더해서 생산적인 사업기회로 발전될 수 있다. 아이디어는 어느 날 갑자기 떠오르는 것이 아니라 현재의 문제점을 생각하고 고민하는 과정에서 아이디어가 떠오르는 경우가 많다. 좋은 아이디어가 있더라도 실행력이 없다면 사업기회로 발전하지 못하여 성과창출로 연결되기는 힘들다. 창업자는 평소에도 무엇이든 직접 해보는 습관을 익혀야 실행력을 키울 수 있다.

통상 아이디어는 기존에 없던 완전히 새로운 것을 생각해내는 경우는 드물고 기존의 제품에 새로운 것을 더하는 경우가 대부분이다. 아이디어는 기존의 것을 다르게 바라볼 때 기존의 것과는 다른 생각이 떠오른다. 때로는 모방도 아이디어의 원천이 될 수 있으므로 모방을 계속 하다 보면 창의적인 아이디어가 떠오르는 일이 있다. 세계적 유통기업의 대명사격인 월마트의 창업자 샘 월튼(Sam Walton)은 그의 자서전에서 "내가 한 일의 대부분은 다른 사람의 것을 베낀 것이다"라고 한다. 사업에서 성공한 사례와 방법론을 벤치마킹하여 자기 사업에 응용하는 것도 창조의 한 방법이다.

"하늘 아래 새로운 것이 없다(there is nothing under the sun)"라는 말이 있다. 이는 구약성경에 나오는 말로 세상에 없던 전혀 새로운 것을 만들 수 없다는 말이다. 세상에 100% 새로운 것은 창조주가 아닌 한 창조할 수 없는 것일지도 모른다. 창조의 대부분은 편집에 불과한 것이어서 완전한 창조는 이 세상에 존재하지 않는 법이다. 인류의 역사는 앞 사람이 남긴 흔적을 바탕으로 해서 조금씩 자신의 색깔을 더하여 서서히 발전되어 온 과정으로 볼 수 있다. 이미 존재했던 것들이 새로운 형태로 등장하는 것이지 완전히 새로운 것은 만들 수 없다는 말이다. 모든 상품이나 서비스는 다른 것을 모방하면서 자신의 아이디어를 접목시켜 개량이나 개선을 이루는 가운데 혁신이 일어나곤 한다. 상품이나 서비스의 개량도 종래의 불만을 해결할 수 있는 창의성이 있어야 가능한 일이다. 창의성은 자신이 원하는 분야를 즐겁게 일할 때 발휘되는 속성을 가지고 있다. 천재는 노력하는 사람을 이길 수 없고, 노력하는 사람은 즐기는 사람을 이길 수 없다고 했던가. 이는 논어 옹야편에 나오는 '知之者 不如好之者, 好之者 不如樂之者'라는 구절을 차용한 말이다. 물론 논어에는 노력이라는 말을 사용하지 않았지만 비슷한 말임에 틀림이 없다. 요즈음 융합이니 통섭이니 하는 것도 인간과 사물 또는 사물과 사물의 새로운 접목과 융합을 통하여 창의성을 길러보자는 취지에서 시작된 일이다.

창업 아이디어가 아이템으로 구체화되고 아이템이 사업기회로 발전될 때 그 아이템을 면밀히 살펴보는 자세가 필요하다. 창업자가 지닌 능력이나 기술이 그 아이템을 살릴 수 있어야 되고, 또 다른 경쟁자보다 우위에 있는 요소를 갖추고 있어야 사업화로 연결된다. 창업자는 유행 업종을 쫓기보다는 꾸준히 수익을 낼 수 있는 업종을 선택하는 것이 유리하다. 잠시 반짝이는 유행 업종은 자신이 창업했을 때에는 이미 그 유행이 지나가버린 업종일 가능성이 높기 때문이다. 아이템을 점검할 때는 <표9> 아이템 점검 리스트에서 제시하는 바와 같이 다양한 요소를 고려하여야 한다.

<표9> 아이템 점검 리스트[21]

특징	평가요소	세부 점검 리스트
시장성	규모성	1. 시장규모는 어느 정도인가?
		2. 예상되는 고객의 수는 어느 정도인가?
	독점성	3. 실제 창업이 제한되어 있지는 않은가?
	경쟁성	4. 가격과 품질관계는 유리한 것인가?
	장래성	5. 잠재고객의 증가는 어느 정도인가?
수익성	제품생산	6. 제품생산의 제약요인은 없는가?
		7. 생산의 효율성은 있는가?
	보장성	8. 적정이윤이 보장되는 것인가?
		9. 불황적응력은 어느 정도인가?
		10. 원자재 조달은 용이하고 가격은 안정적인가?
안정성	위험성	11. 창업자가 잘 아는 제품이나 공정인 것인가?
		12. 기술적 변화에 쉽게 대처할 수 있는가?
	자금성	13. 초기투자는 어느 정도이고, 자금조달은 가능한가?
		14. 이익실현 기간과 그 동안 자금은 충분한가?
	재고 부담성	15. 재고의 회전기간과 계절성은 어느 정도인가?
상품성	상품의 적합성	16. 창업자가 잘 아는 상품인가?
		17. 상품이 비필수품이거나 사치품은 아닌가?
		18. 정부의 인허가 등에 의한 제한 또는 독점은 없는가?

(3) 사업기회의 분석

창업자가 아이템을 발굴하여 사업화를 시도할 때 그 아이템이 자기에게 맞는 사업기회가 되는지를 검토하는 작업을 사업전략의 분석이라고 한다. 사업전략의 분석에는 여러 방법이 있다. 사업전략의 분석 중 미국 경영컨설턴트인 앨버트 험프리(Albert Humphrey)가 개발한 SWOT분석이 자주

---

[21] 유성은, 스토리 기업가정신, 피앤씨미디어(2015), 95면.

이용된다. SWOT분석이란 창업에 수반되는 외부환경 분석을 통해 기회(Opportunities)와 위협(Threats)의 요소를 찾아냄과 동시에 내부역량 분석을 통해 자신의 강점(Strength)과 약점(Weakness)의 요소를 찾아내어 그 아이템의 타당성을 분석하는 것을 뜻한다. 이러한 분석을 토대로 강점을 기반으로 해서 기회를 활용할 수 있는 전략과 위협에 적절히 대처하거나 약점을 보완할 수 있는 전략을 수립하게 된다.

SWOT분석은 아이템의 타당성 분석뿐만 아니라 개인이나 팀의 과업이나 성과분석에도 수시로 사용될 수 있는 전략이다. SWOT분석을 제대로 활용할 수 있으면 누구든지 쉽게 기본전략을 구사할 수 있다. SWOT분석을 통해 4가지 전략을 수립할 수 있다. 첫째는 SO(강점-기회)전략으로 시장의 기회를 활용하기 위하여 강점을 적극적으로 사용하여 우선적으로 추진할 수 있는 전략이고, 둘째는 WO(약점-기회)전략으로 시장의 기회를 활용하기 위하여 약점을 보완해서 사용해야 하는 전략이고, 셋째는 ST(강점-위협)전략으로 시장의 위험을 회피하기 위하여 강점을 사용해야 하는 전략이고, 넷째는 WT(약점-위협)전략으로 시장의 위험을 회피하기 위하여 약점을 최소화해야 하는 전략이다. SWOT분석을 할 때 중점적으로 고려해야 할 요소는 <표10>에서 보는 바와 같이 내부적 환경분석과 외부적 환경분석이 있다.

<표10> 내부/외부 환경 분석[22]

외부환경 \ 내부역량	강점(Strength)	약점(Weakness)
기회(Opportunities)	· 탁월한 능력 · 적절한 재무적 지원 · 높은 경쟁적 기술수준 · 규모의 경제 활용 · 특허기술 · 원가상의 유리한 점	· 불투명한 전략적 방향 · 낙후된 시설 · 평균 이하의 수익성 · 빈약한 전략수행 · R&D 투자부족 및 비효율성 · 열등한 제품품질

---

[22] 이승배, 기업가정신과 청년창업, 조명문화사(2013), 200면.

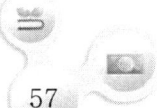

위협(Threats)	· 신시장과 세분시장에의 진입 · 제품계열의 추가 · 관련제품으로의 다각화 · 보완제품의 추가 · 수직적 통합 · 경쟁사 간의 조화	· 새로운 경쟁자의 진입가능성 · 대체재의 판매량 증가 · 느린 시장성장 · 역행하는 정부의 방침 · 증대하는 경쟁적 압력 · 경기후퇴와 경기변동의 가변성

창업자는 아이템의 타당성을 분석한 후 즉시 추진해야 할 사업기회인지, 약점을 보완하고 추진해야 할 사업기회인지 또는 장기적으로 검토해야 할 사업기회인지를 결정한다. 그러나 SWOT분석이 피상적인 분석으로 끝난 경우에는 사업기회를 놓쳐서 사업화로 연결되지 않을 수도 있다. 사업기회가 왔을 때 우선 창업을 해야 선점효과라는 것을 얻을 수 있다. 사람들은 최초의 것만을 기억하는 경향이 있으므로 '더 좋은 기회'를 노리다가 기회를 놓치는 일이 있다. 인생에서 기회란 그렇게 자주 찾아오는 것이 아님을 알아야 한다. 세상만사에는 때가 있는 만큼 사업기회도 때를 만나야 빛을 발할 수 있다.

그리고 마케팅 전략과 관련하여 STP전략이라는 것이 있다. 자신의 상품을 판매하기 위해서는 사업내용에 따라 시장 세분화(Segmentation), 목표시장 설정(Targeting), 시장위치 선점(Positioning)를 잘 구사해야 원하는 결과를 얻을 수 있는 전략이다. 시장 세분화는 틈새시장을 개척할 때에도 중요한 요인으로 작용하는 부분이다. 자신의 상품과 서비스의 가격을 고가로 할 것인가 또는 저가로 할 것인가는 경쟁사의 역량과 전략을 파악한 후에 결정해야 하는 중요한 사항이다.

4. 창업자의 자질

(1) 창업자의 자질

창업은 인생을 걸고 하는 일이기 때문에 실패 시 부담해야 할 대가는 혹독하다. 창업 시 들어가는 비용도 만만치 않고, 또 정신적 스트레스도 엄청나서 모든 사람이 창업자가 될 수 있는 것은 아니다. 실직을 했다고 해서 또는 취업이 안 된다고 해서 무조건 창업을 권장해서도 아니 된다. 창업은 사업체를 운영하는 것이므로 창업자의 자질과 적성에 맞아야 창업자가 즐거운 마음으로 일할 수 있다. 창업자가 늘 풀이 죽어 있을 때 그 점포를 찾는 고객은 좋아할 수 없기 때문에 그 사업이 잘 될 리가 없다. 반대로 창업자가 신바람이 나서 일을 할 때 고객이 많이 찾아오고 그 결과 사업성과도 좋아진다. 창업자의 자질을 평가하는 방법에는 여러 가지가 있다. 여기서는 바움백과 로이어가 개발한 방법을 사용하여 창업자의 자질을 평가해보자. <표11>에서 설명하는 내용은 창업자로 될 수 있는 자질을 갖추고 있는가에 관한 자질 테스트에 관한 것이다.

<표11> Baumback & Lawyer의 창업자 자질 테스트[23]

번호	질문내용	긍정	보통	부정
1	다른 사람과 경쟁하기를 좋아한다.			
2	성공을 위하여 보상에 관계없이 열심히 경쟁한다.			
3	신중히 경쟁하지만 때로는 허세를 부린다.			
4	앞날을 생각해 위험을 각오한다.			
5	업무를 잘 처리해 확실히 성취감을 맛본다.			
6	일단 하기로 결심한 일이면 뭐든 최고가 되고 싶다.			
7	전통에 연연하지 않는다.			
8	일단 일을 시작하곤 나중에 상의하곤 한다.			
9	칭찬을 받기 위해서라도 업무 자체를 중요하게 생각한다.			
10	남의 의견에 연연하지 않고 내 스타일대로 한다.			
11	나의 잘못이나 패배를 잘 인정하지 않는다.			
12	남의 말을 잘 듣지 않는다.			

---

[23] 김영문, 창업학, 법문사(2009), 37∼38면.

13	웬만해서는 좌절하지 않는다.			
14	문제가 발생했을 때 스스로 해결책을 찾아낸다.			
15	호기심이 강하다.			
16	남이 간섭하는 것을 참지 못한다.			
17	남의 지시를 듣기 싫어한다.			
18	다른 사람으로부터 비판을 받고도 참을 수 있다.			
19	일이 완성되는 것을 꼭 보아야 한다.			
20	동료나 후배들이 나처럼 열심히 일하기를 바란다.			
21	사업지식을 넓히기 위해 독서를 한다.			

* 채점방법 : 긍정(3점), 보통(2점), 부정(1점)
* 평가결과 : ① 63점 이상 : 매우 좋은 자질을 갖추고 있다. ② 52~62점 : 좋은 자질을 갖추고 있다. ③ 42~51점 : 보통 자질을 갖추고 있다. ④ 41점 이하 : 자질이 매우 부족하다.

(2) 사업가의 자질은 선천적으로 타고난 것인가

사업가의 적성과 자질은 선천적으로 타고난 것인가 그렇지 않으면 후천적인 교육과 노력에 의하여 길러진 것인지가 궁금하다. 혹자는 사업에 성공하려면 우선 타고난 사업가의 자질이 있어야 한다고 주장한다. 그러나 인간은 누구나 어떤 일을 시도해보기 전에는 그 일의 성공여부를 정확히 아는 것은 거의 불가능하다. 성공한 사업가의 특성에는 다른 사람이 가지지 못한 우수한 점이 있는 것은 사실이다. 일부는 천성으로 타고난 것도 있지만 대부분은 후천적인 교육과 노력에 의하여 길러지는 것이다. 오늘날 사업가의 자질 중 가장 중요한 요소는 창의성과 혁신성을 갖추고 있느냐 여부이다. 창의성은 위대한 예술가나 작가만이 가지고 있는 전유물이 아니다. 정도의 차이는 있지만 모든 사람은 습관과 노력으로 창의성을 키울 수 있다. 전 세계 인구의 0.25%를 차지하는 유대인이 노벨상 수상자의 3분의 1을 배출하는 원천은 교육의 힘이 크게 작용하는 것으로 전해진다. 창의적으로 사고하는 법을 배우고 노력하면 누구든지 위대한 아이디어를 창출할 수 인물이 될 수 있다. 창업자의 자질은 선천적인 면보다는 노력과 훈련에 의해 길러지는 후천적인 면이 훨씬 강하다고 할 수 있다. 결국 창업자는 가능한 멀리 내다보면서 그 자질과 내공을 키울 수 있는 자세와 노력을 기울어야 경쟁력 있는 사업가로 발전될 수 있다.

2010년 8월 10일 전 새한미디어 사장인 이재찬씨가 생활고로 자살했다는 소식이 신문에 보도되었다. 새한그룹은 IMF 파고를 이기지 못하고 공중으로 분해된 그룹이다. 이재찬씨는 삼성그룹 창업주 이병철의 둘째 아들인 이창희씨의 둘째 아들이다. 우리나라를 넘어서 세계적으로 명성을 떨치는 삼성그룹의 오너인 이건희 회장이 자기의 삼촌이고 그 아들인 이재용 부회장이 그의 4촌이다. 삼성가 집안에서 태어나 기업가로 성공하지 못했다는 것도 이해하기 어렵고, 더군다나 생활고로 자살했다는 것은 더 이해할 수 없는 일이다. 만약 사업가의 자질이 선천적으로 타고난 것이라면 허무하게 인생을 마감하는 일은 없었을 것이다.

우리나라에서 잘 나가는 재벌 그룹의 창업 1세대들은 대부분 유교적 성향이 강한 집안에서 태어났거나 농부 집안에서 태어난 사람들이다. 만약 사업가 유전자가 전수되는 경우라면 이들은 뛰어난 사업가로 발전할 수 없는 사람들이다. 사업가 집안에서 태어난 사람은 일찍부터 아버지가 사업하는 모습을 보고 배울 기회가 일반인보다 더 많이 주어졌기 때문에 사업가로 될 수 있다. 사업가의 자질은 절대로 타고난 것이 아니라 후천적인 노력과 습관으로 길러지는 것임이 분명하다. 처음부터 사업가의 기질을 가지고 태어난 사람은 별로 없다. 창업자는 다른 사람을 통해 세심한 것까지 배우고 익혀서 자신의 것으로 만들 수 있어야 진정으로 사업가의 길에 들어섰다고 할 수 있다.

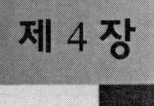
벤처기업 창업

1. 벤처기업 창업이란

우리나라에서 벤처기업은 1997년 말에 도래한 IMF외환위기를 극복하는 과정에서 혜성처럼 나타나 일부는 성공하여 지금도 왕성하게 활동하고 있지만 일부는 실패하여 원망의 대상이 되기도 한다. 정부는 1996년에 코스닥시장을 개설하고, 또 1997년에 '벤처기업육성에관한특별조치법'을 제정하여 벤처기업을 본격적으로 육성하기 시작하였다. 당시 정부는 국가경제위기를 정보통신산업의 육성을 통해 극복하려고 했고, 벤처기업은 정보통신산업에 적합한 유형으로 특유의 역동성과 창의성을 발휘하여 정부정책에 적극적으로 호응하였다. 기존의 전통산업에서 한계가 들어났고, 또 당시는 인터넷의 상용화가 시작되고 기술의 방향이 아날로그에서 디지털로 바뀌는 시대임을 감안할 때 벤처기업이 호응을 받을 수밖에 없는 환경이었다. 인터넷 사용이 일반화되자 인터넷을 기반으로 하는 각종 사업체들이 갑자기 등장한 시기도 이 무렵이었다. 지금 우리가 알고 있는 벤처기업의 대부분은 이 시기에 설립되었고, 또 현재 우리나라 포탈계의 절대강자인 네이버와 다음도 이때쯤 설립의 기초가 마련된 것들이다. 우리나라를 비롯한 전 세계에서 벤처 붐이 일어나 그렇지 않아도 뒤숭숭한 세기말을 들뜨게 하기도 했다. 2000년대 초반에 벤처거품이 꺼지자 상당수의 벤처기업이 역사 속으로 사라진 것은 실로 가슴 아픈 일이다.

벤처기업은 모험 내지 모험적 사업을 의미하는 'Venture'와 영리사업을 추구하는 사업체인 기업을 의미하는 'Company'를 합친 용어로서 그 자체에 폭발성과 위험성을 내포하는 다의적인 개념이다. 미국에서는 'Venture'라는 용어보다 'Start-up'이라는 용어가 주로 사용된다. 벤처기업에 대한 정의는 국가에 따라 또는 시대에 따라 조금씩 다르게 기술되고 있다. 미국은 중소기업투자법에서 위험성은 크나 성공할 경우 높은 수익이 기대되는 신기술이나 아이디어를 독립기반 위에서 영위하는 신생기업을 벤처기업이라고 한다.

　미국의 벤처기업은 시대의 흐름에 따라 여러 단계를 거쳐 발전되어 왔다. 벤처기업의 성장은 1950년대 벤처캐피탈의 등장과 쾌를 같이 하는 것으로 전해지며, 또 시대마다 중요 기술이 등장하여 벤처기업이 최첨단에서 선도자의 역할을 한 것도 사실이다. 1960년대에는 반도체산업의 등장과 실리콘벨리의 형성, 1970년대에는 컴퓨터·통신을 중심으로 한 기술변화와 나스닥시장의 개설, 1980년대에는 정보통신·소프트웨어의 급격한 성장과 투자융자촉진법의 제정, 1990년대에는 국방관련 기술의 상용화로 인한 기술이전과 인터넷 사용의 일반화, 2000년대는 스미트폰의 대중화와 이에 기반을 둔 앱산업의 급격한 성장 등을 거치면서 변곡점마다 벤처기업이 중요한 역할을 담당하였다. 오늘날 벤처는 벤처창업자·대학교·대기업·벤처캐피탈·정부 등 사회시스템의 주체들이 유기적으로 연계된 네트워크 속에서 벤처기업이 출범해서 성장하는 등 벤처생태계의 구축을 중시하는 경향이 있다. 일본은 특별법을 통해 중소기업으로서 연구개발(R&D) 투자비율이 매출액 대비 3% 이상이고 창업 후 5년이 지나지 않은 기업을 벤처기업이라고 규정하고 있다. 일본은 기술혁신보다 기술도입을 통하여 경제발전을 이루었고, 또 국가 주도의 기술개발이 이루어져 미국만큼 벤처기업이 그다지 활성화되지 못한 국가로 평가된다. 벤처기업은 미국에서는 1960년대에, 일본에서는 1970년대에 등장한 것으로 보는 것이 정설이다.

　우리나라의 '벤처기업육성에관한특별조치법'은 중소기업으로서 일정한 요건을 갖추고 있을 때 벤처기업으로 규정하고 있다(동법 2조의2). 정부는 실정법상 일정한 요건을 갖춘 중소기업으로서 기술성이 우수한 기업을 벤처기업으로 확인하는 제도를 운영하고 있다. (사)벤처기업협회는 "개인 또는 소수의 창업인이 위험성은 크지만 성공할 경우 높은 기대수익이 예상되는 신기술과 아이디어를 독자적인 기반 위에서 사업화하려는 신생중소기업"을 벤처기업으로 정의한다. 이는 미국의 벤처기업 정의와 유사한 내용이다.

벤처기업은 보호와 지원 대상으로 하기 때문에 중소기업으로 한정하고 있다. 중소기업은 일반영리기업·사회적 기업·협동조합 등에 따라 그 기준을 달리 규정하며, 일반영리기업도 업종에 따라 매출액·자산총액 등 다양한 기준에 의하여 그 범위를 정하고 있다. 중소기업기본법상 중소기업을 주된 업종의 평균매출액이 업종에 따라 400~1,500억원 이하이고 자산총액이 5천억원 미만이고 또한 '독점규제및공정거래에관한법률'에 따른 상호출자제한 기업집단에 속하는 회사가 아닌 경우라고 규정하고 있다(동법 제2조).24) 일부 벤처기업은 중소기업의 혜택을 계속 받기 위하여 매출액이나

---

24) 중소기업기본법 제2조(중소기업자의 범위)
① 중소기업을 육성하기 위한 시책의 대상이 되는 중소기업자는 다음 각 호의 어느 하나에 해당하는 기업 또는 조합 등을 영위하는 자로 한다.
1. 다음 각 목의 요건을 모두 갖추고 영리를 목적으로 사업을 하는 기업,
  가. 업종별로 매출액 또는 자산총액 등이 대통령령으로 정하는 기준에 맞을 것.
  나. 지분 소유나 출자 관계 등 소유와 경영의 실질적인 독립성이 대통령령으로 정하는 기준에 맞 을 것.
2. 「사회적기업 육성법」 제2조제1호에 따른 사회적기업 중에서 대통령령으로 정하는 사회적기업
3. 「협동조합 기본법」 제2조에 따른 협동조합, 협동조합연합회, 사회적협동조합, 사회적협동조합연합회 중 대통령령으로 정하는 자
4. 「소비자생활협동조합법」 제2조에 따른 조합, 연합회, 전국연합회 중 대통령령으로 정하는 자
② 중소기업은 대통령령으로 정하는 구분기준에 따라 소기업과 중기업으로 구분한다.
③ 제1항을 적용할 때 중소기업이 그 규모의 확대 등으로 중소기업에 해당하지 아니하게 된 경우 그 사유가 발생한 연도의 다음 연도부터 3년간은 중소기업으로 본다. 다만, 중

자산총액을 축소하는 등 편법을 사용하는 일이 있다. 규모가 확대되어 중견기업으로서의 경쟁력을 갖추고 있음에도 불구하고 계속 온실 속의 화초로 머물겠다는 태도는 벤처기업의 자세가 아닌 것으로 평가된다. 허허벌판에서 자신의 아름다움을 자랑하는 야생화처럼 벤처기업도 독자적인 기반 위에서 세계를 상대로 경쟁하는 기업이 되어야 진짜 벤처기업이 되는 것이다. 소탐대실(小貪大失)이라고나 할까 자신의 정체성마저 의심을 받을 수 있는 일은 벤처기업인이 하지 말아야 하는 행동이다.

우리나라에서는 1980년대에 벤처 1세대가 등장하여 지금도 활동하고 있거나 일부는 은퇴하여 자신의 경험을 전수해주는 멘토 역할을 하고 있다. 1980년대에 출범한 벤처기업인은 이전과는 달리 우수한 인력들이 새로운 기술이나 첨단기술을 가지고 창업을 했다는 점에서 벤처기업의 출발로 볼 수 있다. 벤처기업의 전성기는 세기말을 전후하여 벤처붐이 일어나 투자와 기술개발이 왕성하게 이루어진 때이었다. 당시에는 벤처기업이라는 확인만 있으면 투자를 받을 수 있었기 때문에 너도 나도 벤처기업의 확인을 받으려고 했다. 벤처기업이 과잉으로 양산되어 무늬만 벤처인 벤처기업이 다수 등장하여 사회적인 문제를 일으켰고, 또 이들이 남긴 후유증은 만만치 않은 것으로 전해진다. 한국벤처연구소가 1999년 9월에 조사한 자료에 의하면 당시 4,000개의 벤처기업의 최고경영자(CEO) 가운데 석사학위 소지자가 15%, 박사학위 소지자가 7%를 차지하고 있다. 우수인력들이 창업 전선에 뛰어들고 이들은 새로운 기업가정신을 발휘하여 당시의 첨단사업을 거의 휩쓸다시피 한 것도 사실이다.

소기업 외의 기업과 합병하거나 그 밖에 대통령령으로 정하는 사유로 중소기업에 해당하지 아니하게 된 경우에는 그러하지 아니하다.
④ 중소기업시책별 특성에 따라 특히 필요하다고 인정하면 「중소기업협동조합법」이나 그 밖의 법률에서 정하는 바에 따라 중소기업협동조합이나 그 밖의 법인·단체 등을 중소기업자로 할 수 있다.

2. 벤처기업의 특성과 과제

　벤처기업의 특징 내지 특성을 일반기업과 비교해 고찰함으로써 벤처기업이 어떤 기업인가에 대하여 살펴보자. 벤처기업은 상품으로 치면 고위험 고수익(High risk high return) 상품에 해당한다. 벤처기업이 성공하면 대박을 터뜨릴 수 있지만 위험성도 커서 실패할 확률이 더 높은 점이 문제이다. 일반적으로 사업을 위험한 일로 생각해서 주변에서 사업을 하려고 하면 대다수 사람은 이를 말리는 경향이 있다. 벤처기업은 사업 앞에 모험이라는 단어가 붙어 있는 만큼 모험적 사업 또는 위험한 사업인 것은 분명하다.[25] 벤처기업의 성공률은 5%도 되지 않을 정도로 낮은 것으로 전해져 위험한 사업임에 틀림이 없다. 성공한 5%에 속하는 창업자는 화려한 조명을 받을 기회를 갖지만 나머지 95%의 창업자는 조용히 사라지거나 거리를 헤매게 되는 위험한 사업이다.

　벤처기업인은 높은 투자수익을 추구하는 기회형 창업을 주도하는 자로서 도전정신이 뛰어난 자로 평가된다. 통상 도전이라는 말은 성공가능성이 지극히 낮은 일에 모험을 걸고 시작할 때 사용하는 말이다. 에베레스트와 같은 험준한 산에 오를 때 도전이라는 말을 사용하지만 동네 뒷산에 오를 때는 사용하지 않는다. 지금 코스닥시장에 상장되어 있는 벤처기업을 살펴보면 창업자가 뚜렷하게 존재한다는 점이 특징적이다. 다른 상장기업도 주인이 있지만 그 주인은 선대로부터 물려받았거나 선대의 돈을 갖고서 기업을 키운 경우가 대부분이다. 벤처기업의 창업자는 자기 분야에서 뛰어난 기술이나 아이디어를 가지고 처음부터 출발하여 자수성가를 한 사람이 많다는 점에서 이들과는 구별되는 존재이다. 창업자가 차지하는 비중이 일반기업보다 훨씬 커서 창업자가 떠나면 벤처기업의 색채가 사라지는 일도

---

25) 모험과 사업은 둘 다 미지의 영역을 개척해서 성공했을 때에는 큰 즐거움을 얻을 수 있지만 실패했을 때에는 쓰라린 좌절감과 고통을 안겨준다는 점에서 비슷한 면이 있다.

있다. 벤처기업은 한동안 벤처기업인과 동일시되는 것은 부정할 수 없는 사실이다. 일부 벤처기업은 창업자의 이름을 상호로 사용하여 동일성을 부각시키는 일도 있다.

오늘날 벤처기업은 벤처생태계가 잘 구축되어 있는 환경 속에서 태동하는 것으로 전해진다. 사막에서 나무가 자라지 못하듯이 고급인력이 풍부하고 벤처캐피탈이 활발히 움직이면서 기업공개시장이 활성화되어 있는 곳에서 벤처기업이 활발하게 성장한다. 벤처기업의 성공요인은 여러 가지가 있지만 창업자를 비롯한 초기 인력이 우수하고 팀워크에 능한 인물들로 구성되는 것이 필수적이다. 벤처기업도 성공하기 전까지는 늘 자금부족에 시달리므로 대기업처럼 직원들을 잘 대우해주지 못하는 것이 현실이다. 벤처기업에 근무하는 직원의 능력은 대기업 직원보다 부족하지 않음에도 불구하고 급여와 복지 수준이 대기업보다 열악하고 자리도 안정적이지 못하여 불만을 품거나 뛰쳐나가는 일도 있다. 벤처기업은 도전정신이 있는 직원을 채용하여 그 기업에 적합한 인재로 키울 수 있어야 성장의 발판을 마련할 수 있다. 이러한 현실을 감안할 때 벤처창업자는 누구보다 비전설정 능력이 뛰어난 자라야 된다. 여기서 비전이란 미래에 조직이 도달해야 할 바람직한 상태를 나타내는 모습을 뜻한다. 즉 비전은 창업자가 달성하고자 하는 사업의 목적을 구체적으로 표현하는 것을 의미한다. 창업자는 동료들에게 비전을 제시하고 설득할 수 있어야 성공창업을 이끌 수 있다. 벤처기업의 성공이 벤처창업자의 성공인 것은 분명하지만 직원 모두의 성공으로 연결되지 않을 때에는 심각한 문제가 발생할 수 있다. 벤처창업자는 스톡옵션(Stock option)을 적절히 활용하여 성공했을 경우 직원 개인에게 돌아갈 몫을 충분히 챙겨주어 이들도 성공의 즐거움을 함께 느낄 수 있도록 해야 한다. 벤처기업의 성공이 구성원 모두의 성공으로 이어질 경우에 벤처기업 특유의 창의성과 혁신성이 발휘된다. 벤처기업을 바라보는 시각도 기존기업에 비하여 훨씬 우호적으로 변할 것이다.

벤처기업에 대한 평가는 사람에 따라 다를 수 있지만 역기능보다는 순기능이 훨씬 많은 것으로 평가된다. 벤처붐이 한창 일어났을 때 일부 벤처인은 정신을 차리지 못하고 투자자 돈을 자기 돈처럼 마음대로 쓴 일이 있다. 그러나 이러한 현상은 분야를 막론하고 어느 곳에서나 발생할 수 있는 일이다. 사람은 누구나 예상하지 못했던 돈이 호주머니에 들어오면 헛생각과 헛짓을 하는 것이 통상적이다. 벤처인이라고 해서 도덕성이 더 뛰어난 것도 아니고, 또 그들에게 높은 도덕성을 요구할 틈도 없이 갑자기 생긴 일이었다. 오늘날 세계적 기업으로 성장한 삼성전자나 포탈계의 절대강자인 네이버가 이 정도로 성장한 것도 주변에 벤처생태계가 잘 구축되어 있기 때문이다. 정보화 사회 내지 지식기반사회로 빠르게 전환된 현재의 관점에서 볼 때 정보통신업의 중요성은 아무리 강조해도 지나치지 아니하다. 정보통신과 같은 첨단산업은 산업의 특성상 과감하고 신속한 의사결정과 실행력을 겸비해야 성공할 수 있는 분야이다. 유목민 기질을 갖는 벤처기업이 핵심적인 역할을 맡아야 성공할 수 있는 분야이기도 하다. 장래 수많은 젊은이들이 이 역할을 담당해주어야 한국의 벤처기업이 더 크게 성장할 수 있음은 물론 국가경제에도 유익한 결과를 가져올 것이다.

　벤처창업은 한 번의 창업이 아닌 다중창업으로 이어져야 성공가능성이 더 높아지는 것으로 전해진다. 여기서 다중창업(Multiple venture)이란 1차 창업에서의 추진과 사업경험을 바탕으로 해서 2차 창업을 진행하여 새로운 이익을 창출하는 것을 뜻한다. 다중창업은 이전의 창업에서 실패한 경험을 디딤돌로 삼아 창업을 하는 점에서 업종을 불문하고 끊임없이 창업에 도전하는 기업가(Serial entrepreneur)와는 다른 개념이다. 다중창업에 대해서는 벤처기업을 바라보는 시각에 따라 극명하게 다른 평가를 내릴 수 있다. 일부는 투자자의 돈을 헛되이 날려버리고 다시 창업을 하는 것이라고 부정적으로 평가한다. 현재의 금융여건에서는 다중창업이 쉽지 않은 것이 문제이다. 왜냐하면 금융기관이 벤처기업에 대출을 할 때 창업자에게 연대보증을 요구하여 창업에 실패하면 창업자는 그 굴레로부터 벗어날 수 없는 구조이기 때문이다. 다른 한편에서는 다중창업을 적극적으로 권장하고 이를 제도적으로 뒷받침해줄 것을 주장한다. 현재의 금융시스템은 벤처기업이 배출되기 힘든 구조이므로 창업자의 연대보증을 요구하는 방식을 바꾸어줄 것을 요구하는 것이다. 대출 위주로 금융을 하는 은행권은 무엇보다 안전성이 중시되므로 현재의 시스템을 쉽게 변경하지 않을 것이다. 또 일부 벤처인이 도덕적 해이에 빠지는 것도 방치할 수 없는 현실적 이유이기도 하다. 우리나라에서 벤처기업의 활성화를 위하여 찾아내어야 하는 묘수이기도 하다. 이 문제는 벤처기업인의 의식변화와 벤처캐피탈의 활성화가 맞물려있는 있는 영역으로서 지분투자가 활성화되는 방향으로 해결하는 것이 바람직하다.

3. 벤처기업의 확인제도

시중에서 말하는 벤처기업과 법에서 규정하는 벤처기업은 다소 다른 뉘앙스를 가진 말로로 이해된다. 법에서 규정한 벤처기업은 국가의 보호와 지원이 필요한 중소기업을 가리키는 말임에 반해, 시중에서 말하는 벤처기업은 혁신성이 뛰어나고 성과가 우수한 기업을 가리키는 말로 들린다. 물론 창의성과 혁신성이 뛰어난 기업이나 아직 제자리를 찾지 못하는 중소기업을 보호대상으로 한다고 할 수 있다. 벤처기업은 국가경제에서 중요한 역할을 담당하므로 국가의 보호와 지원이 필요한 기업임에 틀림없다. 그러나 시중에서 말하는 벤처기업은 잘 나가는 기업 내지 참신한 기업이라는 이미지가 강한 것이 사실이다.

벤처기업 중에는 이미 중견기업이나 대기업으로 성장한 경우도 있고, 코스닥에 상장된 기업도 시가총액이 수천억원 내지 수조원에 이르는 경우도 허다하다. 벤처의 속성은 벤처기업의 테두리를 떠난 후에도 계속 간직하고 있어야 무한히 발전할 수 있다. 벤처기업이 국가의 보호와 지원에 의존하는 경우 벤처기업의 확인을 받고서 정부의 지원금에 기대여 연명하게 된다. 이러한 기업은 국민의 세금으로 목숨 줄을 연장하는 좀비기업이 될 수 있다. 현재처럼 벤처기업의 확인만 받으면 특혜를 주는 것은 바람직한 모습이 아닐 수 있다. 벤처기업의 선정과 지원이 제대로 이루어져야 산업생태계를 건강하게 바꾸어 국가경제의 중심이 될 수 있고, 또 벤처기업들은 고용창출과 경제성장의 디딤돌이 되었을 때 그 역할을 다하는 것이 된다.

벤처기업의 요건은 벤처기업의 유형에 따라 다르고, 또 각 유형별 평가기관도 달리하고 있다. 벤처기업에는 벤처투자기업, 연구개발기업, 기술평가보증기업(보증 승인만으로 벤처 인증 가능), 기술평가보증기업(대출 승인만으로 벤처 인증 가능), 예비벤처기업 등이 있다. 벤처기업으로 인정받기 위해서는 각 유형마다 일정한 요건을 구비하고 평가기관으로부터 우수평가를 받아야 한다. 벤처기업 가운데 벤처투자기업이 주목을 받은 이유는 벤처투자기관의 심사를 거쳐 투자를 받았고, 또 이들이 벤처기업의 전형적인 모습이기 때문이다. 미국의 벤처기업은 엔젤투자자나 벤처캐피탈로부터 투자를 받는 것이 성공의 필수코스처럼 되어 있다. 우리나라도 대출 위주의 성과를 벤처기업의 성적으로 평가하는 구조부터 바꿀 필요가 있다. 벤처기업은 엔젤투자자나 벤처캐피탈을 통해 투자를 받은 것을 우선적으로 생각하고, 또 벤처의 성공을 창업자와 벤처캐피탈의 합작품으로 보는 시각의 변화가 필요하다. 벤처기업의 성공은 창업자 혼자만이 누릴 것이 아니라 직원은 물론 지분투자를 한 투자자에게도 성공의 몫을 돌려주는 구조가 정착되어야 한다. 벤처기업은 나 홀로 생존하는 것이 아니라 벤처 생태계 속에서 생존하고 성장한다는 사실을 명심해야 된다. 벤처기업등록의 유효기간은 2년이고 2년마다 갱신을 할 수 있도록 하고 갱신의 회수에는 제한이 없다. 벤처기업의 유형별 요건은 <표12>에서 설명하는 바와 같다.

<표12> **벤처기업 유형별 요건**(www.venturin.or.kr)

유형	기준요건	평가기관
벤처 투자 기업	① 벤처투자기관으로부터 투자받은 금액이 자본금의 10% 이상일 것(단 문화상품을 제작하는 자는 7% 이상일 것) * 벤처투자기관은 중소기업창업투자회사, 중소기업창업투자조합, 신기술사업금융업자, 신기술사업투자조합, 한국벤처투자조합, 투자전담회사 기타 대통령령으로 정하는 기관 ② 투자금액이 5천만원 이상일 것	한국벤처 캐피탈 협회
연구 개발 기업	① '기술연구진흥및기술개발지원에관한법률' 제14조 제1항에 의한 기업부설연구소 인증서 보유(한국산업기술진흥협회에서 인증한 기업부설연구소 인증서 보유) ② 업력에 따라 아래 기준을 충족할 것 · 창업 3년 이상 기업은 벤처확인요청일이 속하는 분기의 직전 4분기 연개발비가 5천만원 이상이고, 매출액 대비 연구개발비 비율이 일정 기준 이상일 것 · 창업 3년 미만의 기업은 벤처확인요청일이 속하는 분기의 직전 4분기 연구개발비가 5천만원 이상일 것(연구개발비 비율 제외) ③ 연구개발기업 사업성평가기관으로부터 사업성 평가에서 우수한 것으로 평가	기술보증 기금 중소기업 진흥공단
기술평가 보증기업 (보증승인만 으로 벤처 인증 가능)	① 기보로부터 기술성이 우수한 것으로 평가 ② 기보의 보증 또는 중진공의 대출을 순수 신용으로 받을 것 ③ 상기 보증 또는 대출금액이 각각 또는 합산금액이 8천만원 이상이고, 당해기업의 총자산에 대한 보증 또는 대출금의 비율이 5% 이상일 것	기술보증 기금
기술보증 대출기업 (대출승인만 으로 벤처 인증 가능)	① 중진공으로부터 기술성이 우수한 것으로 평가 ② 중진공의 대출 또는 기보의 보증을 순수 신용으로 받을 것 ③ 상기의 보증 또는 대출금액이 각각 또는 합산금액이 8천만원 이상이고, 당해기업 총자산에 대한 보증 또는 대출금액 비율이 5% 이상일 것 · 창업 후 1년 미만 기업은 보증 또는 대출금액이 4천만원 이상(총자산 대비 비율은 적용 배제) · 보증금액이 10억원 이상인 기업은 총자산 대비 비율 적용 배제 · 보증 또는 대출금액을 합산하는 경우 그 금액이 많은 확인기관에 벤처확인을 신청함	중소기업 진흥공단
예비벤처 기업	① 법인설립 또는 사업자등록을 준비 중인 자 ② 상기 해당자의 기술 및 사업계획이 기보 또는 중진공으로부터 기술성이 우수한 것으로 평가	기보 중진공

(사)벤처기업협회의 자료에 의하면 2017. 7. 1. 현재 등록된 벤처기업의 수는 35,140개사로 집계되고 있다. 벤처기업의 수는 1998년부터 시작하여 2005년 12월에 1만개사, 2010년 3월에 2만개사, 2015년 1월에 3만개사를 돌파하여 매년 증가하는 추세이다. 벤처기업의 매출액도 꾸준히 증가하여 매출액 1,000억원 이상 되는 회사도 2005년 68개사에서 2014년 454개사로 증가하였다. 벤처기업은 양과 질 모두에서 성과를 내고 있는 것으로 평가된다. 아래 <표13> 벤처기업 확인유형에서 제시하는 바와 같이 기술평가보증기업Ⅰ이 85.5%이고, 기술평가보증기업Ⅱ가 7.4%이고, 연구개발기업이 4.9%이고, 벤처투자기업이 2.3% 순으로 되어 있다. 벤처기업 가운데 보증이나 대출에 의존하는 기술평가보증기업Ⅰ과 기술평가보증기업Ⅱ가 92.9%로 절대적 다수를 차지하고 있다. 대외적으로 인정을 받은 진짜 벤처기업이라 할 수 있는 벤처투자기업의 수는 2.3%로 미미한 수준이다. 한국 벤처기업의 문제점은 기술평가보증기업의 비율이 너무 많음에 비해 벤처투자기업의 비율이 너무 적다는 사실이다. 아직도 벤처확인을 받고서 보증과 대출에 의존해서 벤처기업을 운영하는 모습을 벗어나지 못하고 있는 실정이다.

<표13> 벤처기업 확인유형[26]

구분	벤처투자기업	연구개발기업	기술평가보증기업Ⅰ	기술평가대출기업Ⅱ	합계
비율(%)	2.3%	4.9%	85.5%	7.4%	100%

---

[26] 김영수 외 3인, 2017년 벤처기업정밀실태조사(2017. 12), 62면.

4. 벤처기업에 대한 지원

(1) 주요 지원 내용

정부는 벤처기업에 대하여 창업, 세제, 금융, 인력, 입지, 마케팅, 특허 등 여러 부분에서 각종 지원정책을 펼치고 있다. 벤처기업에 대한 각종 지원과 혜택은 일반기업의 창업과 비교할 때 특혜로 보일 수 있는 수준이다. 벤처기업의 중요성을 감안해서 부여하는 지원정책이므로 벤처기업인 스스로도 이를 자각하고 자신의 역할을 다해야 한다. 사업가의 생각은 과정보다는 결과를 중시하는 결과 중심적 사고를 할 줄 알아야 함은 앞서 본 바 있다. 그렇다고 해서 수단과 방법을 가리고 않고 무조건 성공하라는 말이 아니다. '국가에 보탬이 되는 중요한 일을 한다' 또는 '모든 사람에게 이익이 되는 좋은 일을 한다'처럼 수년째 같은 말만 되풀이하면서 성과를 내지 못하는 자는 사업가의 자질이 없는 자라고 평가할 수 있다. 더군다나 국가의 보호와 지원을 받아서 사업을 영위하는 벤처기업이라면 더할 나위가 없다. 사업가는 작가나 몽상가는 아니기 때문에 결과를 만들 수 있어야만 평가를 받을 자격이 주어진다. 벤처기업에 대한 주요 지원내용은 <표14>에서 제시하는 바와 같다.

<표14> 벤처기업에 대한 지원내용[27]

1. 창업
가) 교수·연구원 창업
- 교수·연구원(교육공무원 등)이 벤처기업을 창업하거나 근무하기 위해 휴직가능(5년 이내)
- 교수·연구원(교육공무원 등)이 벤처기업의 대표 또는 임직원 겸임·겸직가능('벤처기업육성법' 제16조, 제16조의2)
나) 산업재산권 출자 : 벤처기업에 대한 현물출자 대상에 특허권, 실용신안권, 디자인권 등의 권리 포함('벤처기업육성법' 제6조).
다) 창업 후 3년 이내에 벤처확인 받은 기업에 한함(조세특례제한법 제6조 제1항, 제2항) (이하에서는 '창업벤처중소기업'이라 함)

---

27) 벤처기업 우대제도(https://www.venture.or.kr/#/home/venture/h0302).

2. 세제
가) 법인세·소득세 50% 감면 : 창업벤처중소기업이 벤처확인 받은 이후 최초로 소득이 발생한 과세연도와 그 다음 과세연도부터 4년간 50% 세액 감면(조세특례제한법 제6조 제1항, 제2항).
나) 취득세 75% 감면 : 창업벤처중소기업이 창업일로부터 4년 이내에 취득하는 사업용 재산에 대한 취득세의 75% 감면(지방세특례제한법 제58조의3 제1항).
다) 재산세 50% 감면 : 창업벤처중소기업이 해당 사업에 직접 사용하는 부동산에 대해 창업일로부터 3년간 재산세를 면제하고, 그 다음 2년간 재산세의 50% 감면(지방세특례제한법 제58조의3 제2항).

3. 금융
가) 코스닥 등록 : 등록심사 시 우대(자본금 및 자기자본기준 하향 적용, 설립연수, 부채비율 등 적용면제 등)(코스닥시장상장규정)
나) 정책자금 : 중소기업정책자금 심사 시 우대(중진공규정)
다) 신용보증 : 신용보증 심사 시 우대(보증한도 확대, 보증료율 0.2% 감면)(기술보증기금규정).

4. 입지
가) 실험실 공장 : 교수·연구원의 실험실 공장 설치 허용('벤처기업육성법' 제18조의2).
나) 창업보육센터입주기업에 대한 도시형 공장등록 특례 : 창업보육센터 입주 벤처기업의 경우 건축법 제14조, 대덕연구단지관리법 제6조의 규정에도 불구하고 도시형 공장을 설치할 수 있는 특례 인정('벤처기업육성법' 제18조의3).
다) 벤처기업전용단지의 건축금지에 대한 특례 : 건축법에서 건축제한하는 규정에도 불구하고 벤처기업전용단지내에서는 건축물을 건축할 수 있는 특례 인정('벤처기업육성법' 제21조).
라) 집적시설입주벤처기업 특례 : 과밀억제권역내에서 취득세, 재산세 중과세율 적용 면제(지방세특례제한법 제58조)

5. 특허
· 우선 심사 : 벤처기업이 특허 및 실용신안 등록출원 시 우선 심사대상(특허법 시행령 제9조, 실용신안법 시행령 제5조)).

6. 기술임치
· 수수료 감면 : 벤처기업이 기술자료 임자제도 이용시 임차수수료 1/3 감면(기술자료 임차제도 운용요령 제15조)

7 마케팅 관련 지원
· 방송광고 : 벤처기업에 대해 TV, 라디오 광고지원(광고비 70% 감면)(한국방송광고진흥공사 내부지침)

8. 기타
· 주식교환 : 벤처기업의 경우 주식교환 가능(전략적 제휴 및 신주발행을 통한 주식교환)('벤처기업육성법' 제15조)

(2) 엔젤투자와 벤처캐피탈

벤처기업은 자금조달을 다양화하고 정책자금을 적절히 활용하면서 외부자금을 조달할 수 있어야 자금압박을 받지 않을 수 있다. 벤처창업자도 일반창업자와 마찬가지로 늘 자금부족에 시달리며 적시에 자금을 조달해야 사업을 계속 수행할 수 있다. 벤처창업이 일반창업과 다른 점은 자금부족을 해결해줄 수 방법이 다양하고 활성화되어 있다는 점이다. 미국에서 벤처기업의 성장을 벤처캐피탈의 등장과 괘를 같이 하는 것으로 평가하는 것도 바로 이 때문이다. 벤처기업과 벤처캐피탈은 고위험 고수익 사업을 함께 하는 파트너십(Partnership) 관계에 있다고 할 수 있다

벤처기업에 대한 자금지원은 엔젤투자[28]와 벤처캐피탈이 중요한 역할을 한다. 이들은 위험성이 높은 창업기업과 벤처기업에 대한 투자를 주로 하고, 또 기업가치의 상승에 따른 자본이득을 목표로 하는 점에서 공통된다. 이들의 투자가 일반금융기관의 투자와 다른 점은 대출이 아니라 주로 지분투자를 하는 점이다. 은행은 신용 또는 담보부 대출 위주의 투자를 하기 때문에 벤처기업인이 무한책임을 지는 경우가 대부분이다. 우리나라 금융여건상 순수 신용대출이 차지하는 비중은 미미하고 대표이사의 연대보증을 받고서야 대출을 하는 것이 관행으로 정착되어 있다. 만약 벤처기업이 대출금을 변제하지 못할 경우 연대보증을 선 대표이사가 대신 갚아야 되는 구조이다. 이러한 구조로 인해 벤처기업을 운영하다가 실패할 경우 신용불량자가 되는 것은 물론 인생낙오자가 되는 일도 있다. 반대로 엔젤투자자나 벤처캐피탈의 투자는 지분투자를 하기 때문에 실패 위험을 공동으

---

[28] 엔젤(Angel, 천사)이라는 표현은 1920년대 브로드웨이에서 무산 위기에 놓인 오페라 공연을 후원자들이 후원하여 공연을 끝마치게 된 공연자 측에서 후원자를 칭송하면서 붙여진 이름이다. 1978년 어느 교수가 창업자에게 자금을 제공하는 투자자를 엔젤이라 칭하면서 엔젤투자자라는 말이 널리 쓰이게 되었다. 투자는 독지가의 후원과는 다르기 때문에 이 말이 적합할지는 모르겠지만 벤처인의 입장에서는 투자자가 자기를 도와주는 천사로 여길 때 사용할 수 있는 말이다.

로 부담하는 방식이어서 대출방식보다는 위험부담이 가벼운 것은 사실이다. 벤처기업이 실패를 하더라도 대표이사가 개인적으로 책임을 지는 일은 크지 않을 것이다. 벤처기업에 대한 투자가 지분투자 위주로 되어야 하는 이유도 바로 여기에 있다. 벤처창업자는 엔젤투자자나 벤처캐피탈로부터 투자를 받아야 설혹 그 사업에서 실패를 하더라도 부담을 줄일 수 있다. 앞서 벤처기업의 창업은 다중창업으로 연결되어야 성공가능성이 더 높아진다고 기술한 바 있다. 1차 벤처창업자는 1차 창업에서 실패를 하더라도 부담 없이 2차 창업으로 이어지는 방식이다. 다중창업이 되려면 1차 창업이 실패하더라도 창업자의 개인적 비리를 제외하고 창업자에게 부담을 지우지 않은 제도와 구조가 뒷받침되는 것이 필수적이다. 벤처기업과 벤처캐피탈은 동업자로서 서로 잘 만나야 하는 숙명적인 관계라고 할 수 있다. 동업관계는 성공의 열매와 실패의 눈물을 함께 나누는 사이가 될 때에만 사용할 수 있는 말이다.

  엔젤투자자는 미래의 가능성을 보고 담보 없이 지분투자를 하는 자로서 전문투자기업도 있지만 보통은 부자들이 모여 투자클럽을 결성하여 투자가 이루어진다. 이들은 아이디어나 기술을 가진 창업자에게 천사처럼 나타나 자금을 투자하고 경영노하우를 지원해주는 역할도 하는 자이다. 엔젤투자자는 자본이득을 추구하는 자로서 이익배당이나 주식양도차익을 통해 고수익을 추구하는 자이다. 엔젤투자는 창업기업의 자기자본이 떨어질 즈음에 이루어지는 투자이므로 통상 벤처캐피탈보다 앞선 단계에서 이루어진다. 엔젤투자는 주로 창업초기에 이루어지나 벤처캐피탈의 역할을 대신 수행하는 경우도 있다. 미국에서도 엔젤투자가는 벤처기업의 자금조달에서 중요한 역할을 담당하는 것으로 전해진다. 엔젤투자자는 은퇴한 대기업 임원이나 성공한 창업자 위주로 구성되어야 의미가 있다. 이들은 투자를 통해 후배 창업자를 지원함과 아울러 창업자의 길잡이가 되어 자신의 소중한 경험을 전수해주기 때문이다. 우리나라에서는 벤처붐이 한창 일어날 때 엔젤투자가 성행했으나 거품이 붕괴되면서 그 규모가 대폭적으로 줄어들었다. 당시의 엔젤투자자는 미국과는 달리 대박을 꿈꾸는 부자들로 구성되어 벤처기업에 대한 이해도가 낮은 것이 문제이었다. 엔젤이라는 표현과는 달리 창업자에게 무지막지한 행동을 하여 창업자가 외국으로 도피하는 사례도 있었다.29) 결국 엔젤투자자는 벤처기업에 주주로 참여하는 자이기 때문에 신원과 명성이 분명한 자로 되는 것이 바람직하다.

창업자의 입장에서 볼 때 외부투자가 이루어졌다고 무턱대고 좋아할 일만은 아님을 알아야 된다. 저자가 아는 어느 연구자의 애달픈 이야기를 해 보자. 그 연구자는 벤처기업인이 아니고 자동차 충돌 시 과실비율을 측정하는 프로그램을 개발하는 프로그래머이었다. 그는 자신이 개발한 프로그램이 상당한 가치가 있을 것으로 판단하고 사채업자로부터 3천만원을 빌려서 사업자금으로 사용한 것이 화근이었다. 지금은 많이 개선되었지만 2000년대 초반만 해도 프로그램을 구입하는 대신에 무단으로 복제하여 사용하는 것이 흔한 일이었다. 프로그램 판매가 뜻대로 되지 않아 채무를 변제하지 못하여 사채업자의 독촉이 이어지자 그 사채업자를 불법사채업자로 고발하여 형사처벌까지 받게 하였다. 세상에서 가장 무서운 사람이 사채업자라고 하는 데, 돈을 빌리고 갚지도 않고 고발까지 했으니까 그 사채업자의 태도는 보지 않아도 눈에 훤하지 않은가. 그러고는 10년 이상이나 잠수를 해 세상을 등진 채 살아야만 했던 비극적인 이야기이다. 어떤 형태의 자금이든 외부자금은 무섭다는 사실을 알아야 한다. 현재는 벤처창업에 성공한 1세대들이 주축이 되어 엔젤투자자로 활동하고 있어 전망이 어둡지만은 않고, 이들이 벤처기업의 창업과 발전에 중요한 역할을 담당할 것으로 기대된다.

---

29) 투자를 미끼로 해서 벤처기업에 접근하여 벤처기업의 기술이나 영업비밀을 훔쳐가는 경우는 물론 심지어는 회사 자체를 탈취해가는 나쁜 투자자도 있다. 이들을 나쁜 투자자 또는 사기적 투자자(black angel)라고 한다. 이들은 부당한 이익을 얻기 위하여 벤처기업인의 조그만 잘못을 침소봉대하여 소송을 하거나 협박을 하여 자신의 이익을 실현하는 일을 자행하기도 한다.

<표15> 엔젤투자와 벤처캐피탈[30]

구분	엔젤투자	벤처캐피탈
투자단계	사업구상에서 초기단계 (Start-up or Early stage) 선호	사업구상에서 후기 성장단계 (later stage) 선호
투자동기	고수익성, 친분과 인연 중시	고수익성
지원내용	자금지원 및 개인의 전문 노하우	자금지원 위주, 조직 전문 노하우
투자재원	개인자산(엔젤펀드 가능)	투자자를 모집하여 펀드 조성
자격요건	자격요건 없음	법적 자격요건 존재
위험허용도	벤처케피탈보다 큼	엔젤투자보다 적음
투자수익성	벤처케피탈보다 큼	엔젤투자보다 적음
기업과 거리	근거리 선호	거리제한 없음
신분관계	익명 선호	공개적

벤처캐피탈이란 기술력과 장래성은 있으나 경영기반이 취약해 일반금융기관으로부터 융자를 받기 어려운 벤처기업에 지분투자를 하는 기업 내지 그 자금을 뜻한다. 벤처캐피탈은 고수익의 자본이익을 추구하는 모험자본으로 자금부족에 시달리는 중소·벤처기업에 자금을 지원하고 경영자문을 행하는 투자회사이다. 신대륙을 발견한 콜럼버스와 이를 지원한 에스파냐의 이사벨라 여왕의 관계도 벤처기업가와 벤처캐피탈의 관계와 유사하다. 물론 벤처캐피탈은 벤처기업에만 투자를 하는 것이 아니고 유망산업이면 어느 분야라도 투자를 할 수 있다. 벤처캐피탈은 창업기업이나 중소·벤처기업의 입장에서 볼 때 시장을 통해 지분투자를 받을 수 있는 거의 유일한 기관이다. 벤처기업이 유명한 벤처캐피탈로부터 투자를 받을 경우 그 자체로 홍보효과가 클 뿐만 아니라 벤처캐피탈이 가진 네트워크를 활용할 수 있는 이점도 얻을 수 있다. 이러한 네트워크는 후에 기업을 매각할 때 많은 도움이 된다.[31] 결국 벤처캐피탈은 투자벤처기업이 매각될 때 유력한

---

30) 홍성도, 벤처기업컨설팅, 무역경영사(2012), 286면.

31) 2006년 10월 구글에서 아직 수익을 내지 못하는 유튜브를 16.5억 달러로 인수해서 화제를 모은 적이 있다. 구글이 유튜브를 인수한 이유가 무엇인지 정확히 알 수는 없지만 양쪽 모두에 투자한 세쿼이아 캐피탈(sequoia capital)이라는 벤처캐피탈이 중요한

중개인이 되어 기업의 매각을 주선하는 역할까지 수행하는 것이다. 벤처캐피탈은 투자를 전문으로 하는 회사이어서 기업가치평가에 일가견이 있을 것이다. 창업자에게 가장 골치 아픈 일은 투자금을 유치할 때와 지분을 매각할 때 기업가치를 어떻게 평가해서 얼마에 매각할 것인가이다. 벤처캐피탈은 지분투자를 했기 때문에 자신의 이익을 위해서도 매각 시 가장 많은 금액을 받아낼 가능성이 있다.

벤처캐피탈의 활성화는 투자자금을 회수할 수 있는 기회가 충분히 보장될 때 원활히 이루어진다. 이는 마치 동전의 앞면과 뒷면처럼 어느 것이 선행되는 것이 아니라 동시에 이루어져야 하는 것을 말한다. 우리나라는 기업의 상장요건이 엄격하여 상장이 제한되어 있으므로 투자자금의 회수는 M&A를 통해 할 수밖에 없다. M&A의 활성화는 벤처창업의 활성화로 연결될 수 있는 길임을 인식하고 이를 유연하게 받아들이는 사고전환이 필요하다.

우리나라에서는 1974년에 설립된 한국기술진흥회사가 최초의 벤처캐피탈이라고 한다. 1986년 '중소기업창업지원법'과 '신기술사업금융지원에관한법률'의 제정으로 벤처캐피탈이 본격적으로 활동을 시작하여 벤처기업에 대한 투자가 이루어졌다. 그러나 당시의 벤처캐피탈은 자신의 역할을 제대로 수행하지 못한 것으로 평가된다. 그 이유는 투자대상이 될 수 있는 우수한 벤처기업의 수가 적었고, 또 투자회수시장이 거의 없었기 때문에 투자를 주저할 수밖에 없었다. 현재는 '중소기업창업지원법'에 의한 창업투자회사와 여신전문금융업법에 의한 신기술중심회사가 벤처캐피탈의 중심 역할을 맡고 있다. 창업투자회사는 자본금 50억원 이상의 상법상 주식회사로 설립한 후 관할관청에 등록하고 업무를 수행하도록 되어 있다. 창업투자회사의 주요 출자자는 대기업, 은행, 증권회사, 벤처기업, 지역상공인, 개인 등으로 구성된다. 벤처캐피탈로부터 투자를 받은 창업자들이 성공해서 스스로 벤처캐피탈을 설립하는 선순환 구조가 이루어지는 것은 고

역할을 했을 것이라는 추측이 있다.

무적인 현상이다. 한국벤처캐피탈협회의 자료에 의하면 창업투자회사는 미미한 정도이지만 계속 증가하는 추세이고 투자재원도 계속적으로 증가되고 있다. 저금리 시대로 접어든 지금으로선 사업아이템이 문제이지 투자재원은 풍부히 존재하는 것으로 평가된다.

  벤처기업이 벤처캐피탈로부터 투자를 받으려면 심사에서 투자기간까지 적게는 3개월 길게는 1년 이상이 소요되는 것으로 전해진다. 벤처창업자는 자금이 고갈되는 시점을 충분히 고려한 후 미리미리 신청하여 심사를 받도록 하는 것이 중요하다. 벤처캐피탈의 투자는 지분투자 위주이어서 지루한 협상과정을 거쳐야 하는 것이 필수적 과정으로 되어 있다. 미래의 성장가능성만 믿고 투자를 하는 것이므로 어느 정도로 가치평가를 할 것인가는 협상을 통해 결정될 수밖에 없다. 창업자는 더 좋은 조건으로 투자받기를 원하지만 벤처캐피탈은 가능한 기업가치를 낮게 평가하여 자신에게 유리한 구도가 되기를 원한다. 벤처캐피탈의 투자는 사업성이 있는 것으로 판명되고 성장단계에서 이루어지기 때문에 엔젤투자만큼 어렵지 않을 것 같지만 이 또한 쉽지 않은 일이다. 결국 목소리가 크고 배짱이 좋은 사람이 이길 가능성이 있는 게임이기도 하다. 기업가치평가에서도 아이템 자체에 대한 평가도 중요하지만 창업자가 누구이고, 또 누구와 같이 일을 하는지가 중요한 요인으로 작용한다.

  벤처기업은 벤처캐피탈로부터 적정한 규모로 자금을 조달받는 것이 좋다. 필요자금보다 적은 자금을 조달받을 때에는 만성적으로 자금부족에 시달리고 과감한 투자를 못하여 경쟁력을 잃을 수도 있다. 반대로 조달자금이 필요자금보다 많을 때에는 우수인력을 채용하고 공격적인 투자를 할 수 있는 이점이 있다. 그러나 과도한 자금유치는 사업의 경쟁력을 키우기보다 본사건물의 구입 등 외형적인 모습을 갖추는 것에 자금을 사용할 가능성이 있다. 손 안에 든 현금을 함부로 쓰지 않은 자세는 사업의 고수가 되어야 터득할 수 있는 능력임이 분명하다. 벤처붐이 일어났을 때 엄청난 자금을 유치해놓고 한 일을 생각해보면 알 수 있는 내용이다.

(3) 특허권·실용신안권·디자인권·상표권 등 등록하기

벤처기업은 투자금의 유치 못지않게 중요한 것이 사업아이템과 관련된 기술에 대하여 특허나 실용신안 등을 등록하는 것이다. 벤처기업은 새로운 아이디어나 기술을 갖고서 도전을 하는 자이므로 자신이 가진 아이디어나 기술에 관련된 특허나 실용신안을 적시에 등록하여 법적 보호장치를 마련하는 것이 필수적이다. 중요한 기술에 대한 특허일 경우에는 반드시 변리사를 통해 특허출원을 하여 살아있는 특허가 되도록 해야 한다. 특허권이 설정되어 있다고 하더라도 권리범위가 좁으면 각종 아류 상품들이 만들어져서 특허권의 의미가 사라질 수 있기 때문이다.

그리고 벤처기업은 자사의 상품이나 서비스 또는 로고에 대하여 디자인권이나 상표권의 등록 등을 해야 한다. 디자인권이나 상표권이 등록되면 디자인보호법 또는 상표법에 의해 자기만의 디자인 내지 상표에 대하여 독점·배타적으로 사용할 수 있는 권리가 생긴다. 디자인권과 상표권은 유사한 디자인과 상품과 구별할 수 있는 요인이 되어 차별화의 이점을 얻을 수 있다. 이러한 안전장치가 없을 경우 쉽게 도용되어 거대한 자본력을 가진 자가 더 좋은 디자인이나 상표로 등록을 할 경우 문제가 복잡해진다. 벤처창업자는 자신의 기술을 과신한 나머지 이를 보호할 법적 안전장치를 마련하지 않아 허무하게 사업을 망치는 일이 있다. 자신의 권리는 자신이 지켜야 하는 사실을 사업가는 한시라도 잊어서는 아니 된다.

5. 사내벤처창업

우리나라에서 벤처기업의 열풍은 사내벤처창업에서 출발하였다고 해도 과언은 아니다. 1990년대 후반 인터넷 사용이 일반화되자 대기업들은 사업의 방향성을 제대로 잡지 못하고 사내벤처창업을 통하여 여기저기 찔러보는 격이었다. 일부 회사는 '벤처사관학교'로 불릴 정도로 많은 벤처기업인을 배출하기도 하였다. 이 회사 출신 상당수가 벤처붐이 일어날 때 창업을 했으며, 우여곡절은 겪었으나 벤처기업인으로 성공한 이가 많다. 공교롭게도 우리나라의 사내벤처창업은 분사제도와 거의 같은 시기에 각광을 받은 것으로 평가된다. IMF 외환위기를 맞이해서 기업의 생존 자체가 불투명해지자 한편에서는 사내벤처를 통해 새로운 아이템을 찾기 시작했으며, 다른 한편에서는 분사제도를 통해 구조조정을 통해 인력을 감축하기 시작하였다. 사내벤처창업은 분사제도와는 본질적으로 다른 내용이다. 사내벤처창업은 모기업 소속으로 유망사업에 진출할 때 활용되는 수단을 말하고, 반대로 분사제도는 경쟁력이 떨어지는 사업을 정리할 때 사용하는 말 그대로 회사로부터 완전히 분리하는 것을 말한다.

사내창업 내지 사내벤처창업(Corporate venturing)이란 통상 계통조직으로부터 독립하여 자율적으로 활동하는 회사 내의 사업조직을 만드는 것을 뜻한다.32) 기업의 경영다각화를 위해 새로운 아이디어를 찾거나 기술개발을 원할 때 기업 내부에 독립된 사업체인 사내벤처창업을 하게 된다. 사내벤처창업은 기존기업 내의 팀들이 기존기업의 사업과 전혀 다르지만 기존기업의 지원, 시장포지션, 경영능력을 활용하여 새로운 사업을 구상, 착수, 관리하는 과정을 의미한다. 사내기업가정신은 새로운 기회를 발전시킨다는 점에서 사내벤처창업, 전략적 쇄신, 기술혁신을 포함하는 개념이다. 사내창업 내지 사내벤처창업은 내부적으로 생성된 자원의 새로운 조합을 통하여 조직의 역량을 획기적으로 증대시키거나 또는 변화하는 세계에서 기회를 포착하여 적절히 대응하는 것과 관련이 있다. 사내벤처창업은 신규사업 발굴 단계, 지원체제 구축 단계, 평가 단계, 보상 단계를 거치는 방식으로 이루어진다. 사내벤처창업과 비슷한 조직으로는 사업부제가 있다. 사업부제는 일정한 한도 내에서 독립채산제로 운영되지만 기존의 계통조직 속에 있는 조직을 말하고, 사내벤처창업은 독립된 법인으로 출범하기

---

32) 히스니치/키르니(이건희 옮김), 사내창업(2016), 8~9면.

전까지 회사로부터 자금과 지원을 받을 뿐 기존의 계통조직에 속하지 않은 독립된 사업체를 말한다.

사내벤처창업은 직장인들이 선망하는 직책으로 가장 안정적으로 창업할 수 있는 길이다. 직장을 다니면서 사장이 된다는 것은 모든 직장인이 바라는 영원한 꿈일 것이다. 직장으로부터 월급은 물론 각종 지원과 보호를 받으면서 창업을 하고, 또 실패를 하더라도 부담해야 할 위험성은 다른 창업에 비하여 훨씬 적은 것이 매력적이다. 그러나 세상일에는 장점이 있으면 반드시 단점도 있는 법이다. 사내벤처창업이 성공했을 경우 창업자에게 돌아오는 몫은 다른 창업에 비하여 훨씬 적을 것이 문제이다. 사내벤처창업이 성공을 거두기까지 회사로부터 인력은 물론 각종 인프라를 제공받고, 또 회사의 브랜드를 사용한 만큼 회사의 공이 크다고 할 수 있다. 창업자와 창업에 핵심적인 역할을 한 자의 입장에서 볼 때 자기들의 기술과 노력이 없었다면 사내벤처창업이 성공할 수 없었다고 주장한다. 그러나 회사는 회사대로 할 말이 있다. 월급을 그대로 받으면서 창업을 했고, 또 회사의 브랜드를 사용한 대가는 값으로 측정할 수 없는 가치가 있다는 것이다. 1990년대 말처럼 기술변혁이 급격하게 이루어지는 시대는 사업아이템이 무궁무진하여 사내벤처창업에 만족하지 못하고 독립하여 창업을 하는 이가 많았다. 지금의 네이버와 인터파크도 알고 보면 삼성과 데이콤에서 사내벤처로부터 출범했던 기업이다. 그리고 사내벤처창업은 아니지만 대기업의 투자를 받은 일부 벤처기업은 사내벤처와 비슷한 운명을 맞이할 가능성이 있다. 대기업으로부터 투자를 받았다는 사실은 기술력을 인정받은 것으로 평가할 수 있다. 그러나 벤처기업이 성공할 가능성이 있으면 대기업은 지분의 확대를 통해 벤처기업을 통째로 삼켜버릴 수 있다. 대기업의 투자를 받아 벤처창업을 하는 것은 양날의 검을 쥐는 것과 유사하다. 벤처기업으로 성장할 수 있는 동력은 얻을지 몰라도 회사의 주인은 누가 될지는 아무도 모르기 때문이다.

사내벤처창업은 사내에서 기업가정신을 발휘하여 창의성과 역동성을 살리려는 의도에서 시작된 모형이다. 여기서 사내 기업가정신이란 기업이 새로운 사업을 개발하고 인재를 육성하고 조직을 혁신시킬 때 요구되는 정신을 뜻한다. 일반적으로 기업의 규모가 커지면 관료화와 계층화가 이루어져 과감하고 신속한 의사결정이 어려워지는 굼뜬 조직으로 변하게 된다. 기술변혁이 심하게 일어날 때에는 대기업 조직이 적응력이 떨어질 수밖에 없는 이유도 바로 여기에 있다. 사내벤처창업은 대기업조직이 가진 한계점을 극복함과 아울러 유연성과 기동성이 있는 조직으로 탈바꿈하기 위한 조직이라고 할 수 있다.

사내창업자는 회사로부터 자율권과 재량권을 부여받으면서 인력채용이나 비용지출에 있어 독자적인 권한을 행사한다. 이러한 분위기가 형성되어야 벤처기업 특유의 역동성과 창의성을 발휘하는 조직이 된다. 사내창업자의 권한확대는 회사 내의 다른 부서의 권한을 축소시켜 이해충돌을 일으키는 것이 문제이다. 사내창업자는 회사 내에 가장 우수한 인력의 충원을 원하지만 다른 부서장은 자신의 성과가 떨어지는 것을 우려하여 이에 반대할 것이다. 사내벤처에 속한 직원을 어떻게 처우할 것인가도 다른 직원의 처우와 관련해서 문제가 된다. 사내벤처 직원에 대한 처우를 우대하면 다른 직원들은 상대적 박탈감을 느낄 것이고, 반대로 나쁘게 대우하면 사내벤처에 아무도 지원을 하지 않아 사내벤처가 무산될 가능성이 있다. 그리고 사내벤처를 하다가 실패한 경우 책임의 일부를 부담시키는 것도 문제가 된다. 실패에 대한 책임을 전혀 묻지 않는다는 것은 조직윤리상 허용할 수 없는 일이고, 반대로 그 책임을 과도하게 추궁하면 아무도 사내벤처에 지원하지 않을 가능성이 있기 때문이다. 이처럼 사내벤처는 다양한 이해충돌 속에 있는 존재임이 분명하다. 사내벤처창업이 성공하려면 기업가정신을 발휘할 수 있는 여건을 만들어주고, 또 그 과업이 성공했을 때 적절한 보상을 해주는 구조가 선행되어야 한다.

6. 벤처기업은 만년설이다.

　일반적으로 벤처기업은 한 사람 내지 소수의 사람이 뭉쳐서 자기만의 아이디어나 기술을 갖고서 새로운 사업을 시작하는 중소기업을 가리키는 말이다. 새로운 아이디어와 기술을 바탕으로 기업을 운영하는 점에서 창의적인 조직이다. 벤처기업은 자본주의경제를 이끄는 혁신적인 선두 마차와 같은 기능을 하는 사업체로 평가할 수 있다. 벤처기업이 발굴한 아이템이나 기술은 최첨단에 서서 자본주의경제를 이끄는 역할을 수행하는 것이다. 그러한 의미에서 벤처기업은 만년설과 같다고 할 수 있다. 만년설은 하부에서 눈이 녹아 하류로 보내더라도 상부에는 신선한 눈이 계속 쌓여 만년설이 되는 구조이다. 벤처기업이 개발한 기술이 진부화가 될 경우 일반기업에 물려주고 자신은 계속 새로운 기술을 찾아야 하는 것이 벤처기업의 운명이다. 꿈과 비전을 현실에서 구현하는 사람 또는 과거에는 전혀 없었던 아이디어나 기술을 기반으로 새로운 제품이나 사업영역을 개척하는 사람이 벤처기업의 창업자가 될 수 있다. 벤처기업인은 늘 존재하는 위험을 감수하면서 도전하고 혁신하며 미래를 꿈꾸는 기업가정신이 뛰어난 자라고 할 수 있다.

　그러나 아이디어나 기술이 참신하더라도 이를 사업으로 연결시켜 성과를 내는 것은 쉬운 일이 아니다. 벤처기업의 성공률이 5%도 되지 않는다는 것은 실패에 가까운 사업체임을 알 수 있다. 벤처창업자가 빠지기 쉬운 함정에는 자신이 개발한 제품이나 서비스의 우수성에 매몰되어 고객 중심이 아니라 공급자 중심의 생각을 하는 데에 있다. 아무리 우수한 제품이나 서비스라 해도 이를 구매할 고객이 없으면 시장에서 살아남기는 힘들다. 벤처기업도 시장에 생존하려면 영양제가 아니라 진통제를 파는 사업체가 되는 것이 좋다. 이는 꾸준히 매출로 연결되는 필수품을 판매하는 사업체가 되어야 생존력이 뛰어난 벤처기업의 기반을 마련할 수 있기 때문이다.

벤처기업인은 자신이 개발한 기술을 과신한 나머지 제품을 발명해놓고도 시장에 알리는 노력을 게을리 하여 실패를 하는 일이 있다.

 벤처기업인은 모든 일을 다 잘할 수 있는 만능의 인물이 아니다. 벤처기업인이 빠지기 쉬운 일에는 후광효과라는 것이 있다. 여기서 후광효과(Halo effect)란 뛰어난 점 하나를 발견하면 나머지도 뛰어난 것처럼 보여 실제 이상으로 높이 평가되는 것을 뜻한다. 자신이 개발한 아이디어나 기술은 그 분야에서 최첨단이 될지 몰라도 다른 분야의 최첨단은 아닐 것이다. 자신의 분야에서 성공했다고 해서 나머지 분야를 다 잘할 수 있는 것은 아니다. 일부 벤처기업인은 사소한 부분에서 실수를 해 자신이 개발한 기술의 가치를 인정받을 기회를 놓치는 일이 있다. 벤처기업의 규모가 커짐에 따라 각 분야의 전문가를 채용하여 적재적소에 배치해야 더 큰 기업으로 성장시킬 수 있다. 자신이 모든 문제를 해결해야 직성이 풀리는 사람은 큰 조직을 이끌 자격이 없는 사람이다.

 벤처기업은 시장과 고객이 알아주어야 벤처기업이 되는 것이지 정부의 확인만으로 벤처기업이 되지 못한다는 사실이다. 일부 벤처기업인의 행태이지만 벤처요건만 갖추고 정부의 정책자금에 의존해서 연명하는 자세는 바람직한 모습이 아니다. 벤처기업의 본질은 혁신성, 유연성, 투명성, 도전정신 등을 바탕에 두고서 새로운 가치를 창조하는 기업가정신이 충만한 조직이다. 벤처기업은 사업기회를 빨리 포착하고 창의성과 역동성을 갖추어 세상을 변화시키는 새로운 상품이나 서비스를 만들어내어야 신명나는 사업체가 될 수 있는 조직이다. 변화하는 세상에서 기회를 포착하여 아이디어와 기술로 끊임없이 도전하고 실패하는 가운데 벤처기업 특유의 기운을 느낄 수 있을 것이다.

제 5 장 가맹사업(프랜차이즈) 창업

1. 가맹사업(프랜차이즈) 창업이란

가맹사업(프랜차이즈)은 우리 사회에서 가장 빠른 성장속도를 기록할 정도로 거의 모든 분야에서 맹위를 떨치고 있다. 우리나라 최초의 프랜차이즈는 1979년 롯데리아의 소공동지점인 것으로 전해진다. 현재 전국 어디를 가나 편의점, 커피점, 김밥가게, 우동가게, 삼겹살집을 넘어 학원, pc방, 스크린 골프장까지 가맹점 형태로 운영되는 점포를 쉽게 볼 수 있다. 가맹사업이 이렇게 빨리 성장한 이유로는 여러 가지가 있을 것이다. 그 중에서 가장 중요한 사유는 가맹점사업을 누구나 손쉽게 창업을 할 수 있는 점이다. 가맹점사업은 특별한 기술이나 경험 없어도 창업을 할 수 있음은 물론이고 가맹본부의 계속적인 지원과 관리를 통해 영업이 계속되도록 도와주는 구조로 되어 있다. 비교적 적은 자본을 투자해서 유명한 가맹본부가 보유하는 상호·상표·영업권을 이용할 수 있음과 아울러 가맹본부로부터 계속 지원을 받으면서 사업을 할 수 있는 것이어서 독립창업[33])에 비해 창업 자체는 쉽다. 특히 편의점 창업은 비교적 적은 금액으로 창업이 가능하므로 예비창업자들의 관심이 많고, 또 대기업이 시장에 진출하고 있어 가맹사업

---

33) 여기서 독립창업이란 투자에서 운영까지 모든 영업상의 권한과 책임이 소유주에게 주어지는 사업체를 만드는 것을 말한다. 독립창업에도 자기만의 노하우(know-how)나 비즈니스 모델이 있을 때 창업전문가에게 교육을 받거나 경험이 있는 지인들의 도움을 받아서 창업을 하는 방법과 기존에 영업 중인 매장을 인수하여 창업하는 방법 등이 있다.

에 관한 많은 문제점이 부각되는 대표적인 업종이다. 가맹사업법의 제정과 개정도 어쩌면 편의점 가맹사업이 결정적 역할을 했다고 할 수 있다. 그러나 가맹점사업을 해서 돈을 벌었다는 이야기는 별로 들어본 적이 없다. 때로는 가맹사업의 장점이 단점으로 작용하는 경우도 있다. 가맹점사업은 모든 것을 가맹본부에 의존하기 때문에 가맹본부의 통제가 지나치게 심하고, 또 여러 가지 명목으로 과중한 수수료를 부과하기 때문에 가맹점사업자의 수익이 생각보다 많지 않은 것으로 전해진다.

원래 가맹사업은 두 가지 형태로 진행되는 데, 하나는 가맹본부를 차리고 가맹점사업자를 모집하여 사업을 하는 방식이고, 다른 하나는 가맹점사업자가 가맹본부의 영업표지와 영업방식을 차용하여 제3자를 상대로 사업을 하는 방식이다. 사업아이템을 개발해서 가맹본부를 차린다고 해도 이 또한 경쟁이 만만치 않는 사업이다. 한때 우리나라 베이커리 시장에서 왕좌의 지위를 누렸던 크라운베이커리가 2013년 9월에 문을 닫았다. 매장이 많을 때에는 600개 이상이었던 동사가 파리바게뜨와 신라명과 등에 밀려 세상에서 사라진 것이다. 가맹사업에 관한 분쟁도 크게 두 가지로 구분되는 데, 하나는 가맹본부와 가맹점사업자 간의 내부분쟁이고, 다른 하나는 가맹본부가 가맹점사업자의 고객인 제3자에게 어떤 책임을 질 것인가와 같은 외부분쟁이다. 우리나라의 경우 가맹사업이 급격히 성장하는 과정에서 가맹본부의 횡포로부터 가맹점사업자가 피해를 입는 내부분쟁이 주류를 이루고 있다. 가맹사업을 규제하는 기본법인 가맹사업법도 주로 이 부분을 규제하고 있다. 가맹사업에 관한 법적 규제는 1995년 개정상법에서 처음으로 상법에 도입되었고, 또 2002년에 제정된 '가맹사업거래의공정화에관한법'[34]은 가맹사업거래의 공정화를 주된 목적으로 하면서 가맹사업

---

[34] '가맹사업거래의공정화에관한법'에서는 가맹사업 당사자의 명칭을 상법과는 달리 가맹업자를 가맹본부, 가맹상을 가맹점사업자라고 규정하고 있다. 여기서는 이해하기 쉽고 거래계에 통용되는 가맹사업법상의 명칭인 가맹본부와 가맹점사업자라는 용어를 사용하고, 또 동법도 가맹사업법으로 약칭하여 부르기로 한다.

을 규율하는 기본 법률이다.

　가맹사업이란 자신의 상호·상표 등을 제공하는 것을 영업으로 하는 가맹본부로부터 그의 상호·상표 등을 사용할 것을 허락받아 그가 지정하는 품질기준이나 영업방식에 따라 영업을 하는 것을 뜻한다. 가맹사업법 제2조 제1호에서 규정한 가맹사업[35)]은 다음과 같은 요건을 갖추었을 때 가맹사업으로 인정된다. 첫째는 가맹본부가 가맹점사업자로 하여금 자기의 상표·서비스표·상호·간판 그 밖의 영업표지를 사용하도록 해야 하고, 둘째는 일정한 품질기준이나 영업방식에 따라 상품 또는 용역을 판매하도록 해야 하고, 셋째는 가맹본부가 가맹사업 운영에 관하여 경영 및 영업활동 등에 대한 지원·교육과 통제를 해야 하고, 넷째는 가맹점사업자는 영업표지의 사용과 경영 및 영업활동 등에 대한 지원·교육의 대가로 가맹본부에 가맹금을 지급하는 계속적 계약관계이어야 되고, 다섯째는 가맹본부와 가맹점사업자는 별개의 사업자라는 요건을 갖추어야 된다. 가맹사업은 위 다섯 가지 요건을 갖추어야 가맹사업으로 인정되고 가맹사업법의 적용을 받게 된다. 예컨대 가맹점사업자가 가맹본부의 영업표지를 사용하지 않거나 또는 영업방식을 따르지 않고서 가맹본부가 제공한 상품만을 판매할 때에는 가맹사업으로 인정되기 어렵다. 이러한 사업에는 가맹사업법이 적용되지 않으므로 가맹희망자가 가맹사업법에 근거한 권리를 주장할 수 없는 것은 당연하다.

　가맹사업과의 구별을 어렵게 하는 것에는 전수창업이라는 것이 있다. 전수창업에는 요리연수기관에서 요리법이나 거래처, 매장운영에 필요한 노

---

35) 가맹사업법 제2조는 "가맹사업이라 함은 가맹본부가 가맹점사업자로 하여금 자기의 상표·서비스표·상호·간판 그 밖의 영업표지를 사용하여 일정한 품질기준이나 영업방식에 따라 상품 또는 용역을 판매하도록 함과 아울러 이에 따른 경영 및 영업활동 등에 대한 지원·교육과 통제를 하며, 가맹점사업자는 영업표지의 사용과 경영 및 영업활동 등에 대한 지원·교육의 대가로 가맹본부에 가맹금을 지급하는 계속적인 계약관계를 말한다"고 규정하고 있다.

하우를 알려주고 대가를 받는 경우와 유명 맛집에서 노하우를 알려주고 대가를 받은 후 상호와 물류를 계속적으로 거래하도록 하는 경우 등이 있다. 가맹사업과 전수창업의 구별은 통제와 계속적 거래관계로 볼 수 있느냐에 달려있다. 가맹사업은 계약기간 동안 지속적인 지원과 통제를 받는 계속적 거래관계임에 반해, 전수창업은 기술이나 비법의 전수 이후 상품이나 원재료, 판매방식 등에서 본사의 통제를 받지 않는 관계이다. 전수창업이라는 명칭을 사용했다 하더라도 전수 이후 계속적으로 통제를 받는다면 실질은 가맹사업에 해당되어 가맹사업법의 적용을 받는다. 스포츠신문 등의 광고성 기사에서 마치 대박을 내는 사업아이템을 개발한 것처럼 선전하는 기사를 흔하게 접할 수 있다. 이들 사업이 가맹사업법의 적용을 받는 진정한 가맹사업인가 그렇지 않으면 무늬만 있는 가짜 가맹사업인가를 구별해야 가맹점의 피해를 줄일 수 있다. 예컨대 K가 L사의 사업이 가맹사업인 것으로 알고 다른 사람이 먼저 가맹점을 내는 것을 우려한 나머지 가맹금을 우선 지급하고 가맹계약을 체결한 경우를 가정해보자. K는 사업아이템을 꼼꼼히 살펴본 결과 자신이 동원할 수 있는 자본이나 능력에 비해 투자금이 너무 많이 들어가는 사업이기 때문에 L사의 사업을 계속할 수 없을 것으로 판단하고, L사를 상대로 가맹금을 지급할 당시 정보공개서를 받지 못했음을 이유로 가맹금의 반환을 청구했을 경우이다. 이 사업이 가맹사업이면 가맹사업법에 의하여 정보공개서 미제공을 이유로 가맹희망자가 가맹금의 반환을 받을 수 있다. 그러나 L사의 사업이 무늬만 가맹사업이고 가맹사업인 아닌 경우에는 가맹사업법이 적용되지 않기 때문에 가맹금의 반환을 청구할 수 없다. 다만 가맹점 유치과정에 가맹본부의 기망이나 과장 등이 있을 때에는 불법행위책임을 청구하여 일부의 배상을 받을 수 있을 뿐이다.

2. 가맹사업의 특성과 법적 규제

가맹점사업자는 가맹본부와는 달리 자기의 명의와 계산으로 영업을 하는 독립된 상인이다. 가맹점사업자는 자기의 명의로 거래를 한다는 점에서 대리상[36])과는 구별되고, 또 가기의 계산으로 한다는 점에서 위탁매매업[37])과도 구별된다. 가맹점은 상품의 제조자로부터 상품을 계속적으로 매입하여 자기의 상호로 독립적으로 판매하는 특약점과는 구별되고, 또 다수의 소매상이 각기 독립성을 유지하면서 자주적으로 연쇄관계를 맺고 사업을 협동적으로 경영하는 연쇄화사업과도 구별되는 사업체이다. 가맹사업은 분류하는 관점에 따라 여러 유형으로 구분할 수 있다. 특히 상품의 판매를 주된 목적으로 하는 상품판매 가맹사업과 서비스 제공을 주된 목적으로 하는 서비스 가맹사업이 대표적인 유형이다. 가맹사업을 위해 가맹본부로부터 받은 물건이나 금전 등은 가맹점사업자가 소유권을 갖는다. 따라서 가맹점사업자가 위 물건 등을 가맹본부에 돌려주지 않더라도 형법상 횡령죄는 성립되지 않은 것으로 본다.[38])

---

[36]) 대리상이란 자기가 상거래의 주체로서 활동하는 것이 아니라 다른 상인을 위하여 거래를 대리하거나 중개하는 방법으로 영업을 조조하는 자를 뜻한다.
[37]) 위탁매매인이란 자기의 명의로 물건을 판매하여 생기는 이익이나 손실은 다른 자에게 속하게 하고 자신은 판매에 따른 일정한 수수료를 받는 자를 뜻한다.
[38]) 대법원 1998. 4. 14. 선고 98도292 판결(피고인이 본사와 맺은 가맹점계약은 독립된 상인간에 일방이 타방의 상호, 상표 등의 영업표지를 이용하고 그 영업에 관하여 일정한 통제를 받으며 이에 대한 대가를 타방에 지급하기로 하는 특수한 계약 형태인 이른바 '프랜차이즈 계약'으로서 그 기본적인 성격은 각각 독립된 상인으로서의 본사 및 가맹점주 간의 계약기간 동안의 계속적인 물품공급계약이고, 본사의 경우 실제로는 가맹점의 영업활동에 관여함이 없이 경영기술지도, 상품대여의 대가로 결과적으로 매출액의 일정 비율을 보장받는 것에 지나지 아니하여 본사와 가맹점이 독립하여 공동경영하고, 그 사이에서 손익분배가 공동으로 이루어진다고 할 수 없으므로 이러한 가맹점 계약을 동업계약 관계로는 볼 수 없고, 따라서 가맹점주인 피고인이 판매하여 보관 중인 물품판매 대금은 피고인의 소유라 할 것이어서 피고인이 이를 임의 소비한 행위는 프랜차이즈 계약상의 채무불이행에 지나지 아니하므로, 결국 횡령죄는 성립하지 아니한다).

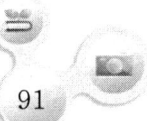

가맹점과 직영점은 유사한 외관을 갖추고 영업을 하지만 양자의 고용형태와 책임구조는 확연히 구별되는 방식이다. 직영점은 독립성이 인정되는 가맹점과는 달리 상법상 영업지점에 해당되는 존재이다. 직영점은 본사의 지점이므로 직영점 직원은 모두 본사 소속이며, 또 본사가 모든 직영점의 행위에 대하여 직접 책임을 지는 방식으로 운영된다. 반면에 가맹점은 독립된 사업체이므로 가맹점 직원은 본부가 아닌 가맹점 소속이며, 또 가맹점의 행위에 대하여 스스로 책임을 지는 방식으로 운영된다. 결국 가맹점은 자신의 사업을 하는 독립적인 사업체이지 가맹본부의 지점에 해당되는 사업체가 아니라는 점이다. 판례도 가맹점사업자는 가맹본부와는 엄연히 독립된 사업자로서 사업의 성패를 자신의 책임으로 결정해야 함을 강조한다(대전지방법원 2002. 8. 14. 선고 2001가합9179 판결). 가맹본부 중에는 사업아이템의 개발을 위해 또는 가맹점의 영업과 성과를 분석하기 위해 몇몇 매장을 직영점 형태로 운영하는 경우가 있다.

가맹사업은 내부관계와 외부관계가 다소 모순된 형태를 가진 독특한 방식으로 운영되는 사업체이다. 가맹점과 가맹본부 간의 내부관계에서는 가맹점사업자의 독립성을 유지해야 함을 강조하는 한편, 외부관계에서는 가맹점과 가맹본부 간의 통일성을 유지해야 함을 강조하는 방식이다. 실제로 가맹사업을 운영함에 있어 가맹점의 독립성과 전체와의 통일성을 어떻게 조화와 균형을 맞추느냐가 가맹사업의 중요한 관건이 된다. 흔히 가맹본부가 가맹점을 모집할 때 '가맹점이 잘되어야 가맹본부가 살 수 있다'와 같은 말을 자주 사용한다. 이는 마치 양자가 동업관계에 있는 것을 표현하는 말이기도 하다. 어떻게 보면 가맹사업은 가장 구조화되고 시스템화 되어 있는 동업관계로 볼 수 있다. 가맹점의 수가 적을 때에는 이 말이 적합할지도 모른다. 가맹본부의 수익이 개별 가맹점의 성과에 의존도가 높을수록 이 말이 적합하다. 그러나 가맹본부의 수익구조와 가맹점의 수익구조가 근본적으로 다르다는 점을 이해할 경우 이 말의 허점이 들어난다. 가맹점 수가 증가할 때마다 가맹본부의 수익은 증가되지만 개별 가맹점의 수익은 점점 더 떨어지는 구조로 되어 이 말의 신뢰성이 떨어진다. 결국 가맹사업의 구조는 가맹점 수가 적을 때에는 동업관계에 있을지 몰라도 그 수가 많아질 때에는 가맹본부와 가맹점의 이익이 충돌하는 구조로 될 가능성이 있다.

가맹본부의 수익구조는 창업 시 가맹점이 부담하는 각종 명목의 가맹금(Initial royalty)과 영업을 해서 가맹점이 부담하는 매출액 대비 10% 내외의 수수료(Running royalty)로 구성되어 있다. 문제는 전자의 수익이 후자의 수익보다 훨씬 클 때에는 구조적인 분쟁이 일어난다. 왜냐하면 가맹본부는 개별 가맹점의 수익과는 별로 관계없이 가맹점의 수를 늘리기만 하면 가맹본부의 수익이 증가되는 구조이기 때문이다. 특히 가맹점을 창업할 때 가맹본부에 지급하는 가맹비와 시설비의 부담이 클수록 양자 간의 이익충돌이 더 크게 발생할 가능성이 있다. 이러한 가맹사업에서는 개별 가맹점으로 하여금 안정적인 수익을 얻을 수 있는 영업구역을 보장해주는 것이 어려워진다. 가맹점 수가 증가됨에 따라 영업구역이 좁아지고 경쟁이 심해져 개별 가맹점의 수익이 줄어드는 구조는 가맹사업에 내포된 숙명이자 풀어야 할 숙제이다.

가맹사업의 특성상 창업 자체는 어렵지 않지만 창업 실패 시 창업자가 부담해야 할 비용은 독립창업에 비하여 훨씬 클 것이다. 가맹점 창업 시 권리금과 보증금 이외에도 가맹비나 교육비 등 다양한 명목으로 추가적으로 들어가는 비용이 만만치 않다. 추가적으로 들어가는 비용 모두는 실패 시 창업자가 떠안아야 되는 손해이다. 그러나 가맹점을 냈다가 실패를 하더라도 가맹본부가 입은 손해는 별로 없는 것이 문제이다. 가맹본부는 대가를 받고서 창업에 관한 일체의 사항을 대신해주는 역할을 수행해주기 때문이다. 가맹업도 그리 만만한 사업이 아니라는 사실을 알아야 한다. 어떤 형태의 사업이든 사업에는 반드시 위험이 따르고, 또 사업은 자신이 행하는 것이지 다른 사람이 대신해주는 것이 아니라는 사실을 알아야 한다.

가맹사업에 법이 개입하는 이유도 가맹사업에 내포된 구조적인 불공정성과 위험성이 있기 때문이다. 공정거래위원회가 가맹사업에 관여하는 것도 가맹사업에 내포된 불공정성을 우려한 결과이다. 가맹사업법 제2조의 가맹사업에 해당되면 가맹사업법이 적용되고 공정거래위원회로부터 각종 감독과 통제를 받는다. 가맹사업을 규율하는 가맹사업법도 '독점규제및공정거래에관한법률'의 하위 법령이고 경제적 약자인 가맹점사업자 보호 위주로 규정하고 있다. 그러나 실제 가맹사업을 하는 것처럼 광고와 선전을 하지만 가맹사업이 아닐 경우에는 문제가 생길 수 있다. 이러한 사업에는 가맹사업법을 적용할 수 없기 때문에 가맹사업인줄 알고 사업을 시작한 창업자는 피해를 입을 수 있다. 가맹사업법에서 가맹점사업자를 너무 과도하게 보호하는 경우 가맹본부는 이 법의 적용을 피하기 위해 꼼수를 부릴 가능성이 높아진다. 어느 한 분야에서 약자를 보호하기 위한 법제의 강화가 반드시 약자에게 도움이 되는 것이 아님을 알 수 있다.

3. 정보공개서

(1) 정보공개서의 등록 및 제공 등

종래 가맹본부가 허위·과장광고로 가맹희망자를 모집하여 가맹점사업자를 울리는 일이 종종 있었다. 이러한 현상을 방지하기 위해 가맹사업법은 가맹계약을 체결하기 전에 정보공개서를 등록하도록 함과 아울러 가맹희망자에게 정보공개서를 제공하도록 하고 있다. 가맹사업법은 가맹본부로 하여금 정보공개서를 작성해서 공정거래위원회 또는 시·도지사에게 등록하고, 또 가맹희망자에게 정보공개서를 제공한 후에 가맹금을 받거나 가맹계약을 체결하도록 규정하고 있다. 즉 가맹업을 하고자 하는 가맹본부는 가맹희망자에게 제공할 정보공개서를 공정거래위원회 또는 시·도지사에 등록한 후에 그 정보공개서를 가맹희망자에게 제공해야 하고(동법 제6조의2 1항, 제7조 1항), 또 가맹본부는 가맹사업에 필요한 중요한 사항을 기재한 정보공개서를 가맹희망자에게 제공한 후 14일 이상 지나서 가맹금을 받거나 가맹계약을 체결해야 한다(동법 제7조 3항). 이것은 가맹희망자로 하여금 가맹사업의 내용을 사전에 면밀히 검토하여 이를 충분히 소화한 후에 계약을 체결하도록 하기 위함이다. 가맹본부는 가맹희망자에게 정보를 제공함에 있어서 허위 또는 과장된 정보를 제공하거나 중요사항을 누락하여서는 아니 된다(동법 제9조). 가맹본부가 위 규정을 위반한 경우에는 가맹계약이 체결되었다 하더라도 가맹금의 반환을 인정하는 등 일정한 책임을 지우고 있다(동법 제10조). 그리고 가맹본부는 가맹점사업자와 가맹계약을 체결하기 전후에 가맹점사업자 내지 가맹희망자가 지급하는 가맹금을 일정한 기관에 예치하도록 하고, 또 가맹본부가 등록된 정보공개서를 제공하지 않는 등 일정한 사유에 해당할 때에는 예치된 가맹금을 반환하도록 한다(동법 제6조의5, 제10조).

(2) 정보공개서의 기재사항

정보공개서에는 가맹본부의 일반현황, 가맹본부의 가맹사업 현황, 가맹본부와 그 임원의 법위반 사실, 가맹점사업자의 부담, 영업활동에 대한 조건과 제한, 가맹사업의 영업개시에 관한 상세한 절차와 소요기간, 가맹본부의 경영 및 영업활동 등에 대한 지원과 교육·훈련에 관한 설명 등 가맹본부와 가맹사업에 관한 거의 모든 사항이 포함되어야 한다(동법 제2조). 정보공개서는 후일 가맹점사업자와 가맹본부 간에 분쟁이 생길 때 그 분쟁을 해결하는 기준이 되므로, 가맹점사업자는 이를 꼼꼼히 읽어본 후에 가맹계약을 체결하도록 해야 한다. 그 내용이 어려울 경우 주변 사업자 등에게 물어보기도 하고, 또 궁금한 점이 있으면 반드시 가맹본부에 질의를 하여 그 내용을 정확히 알고 후속조치를 취하는 것이 마땅하다. 정보공개서를 제대로 읽어 보지 않았다가 나중에 엉뚱한 소리를 해봐도 자신의 실수는 만회되지 않는다. 보험약관처럼 정보공개서도 가맹점사업자가 읽어 보지 않은 편이 가맹본부에게 유리한 것일지 모른다. 가맹본부는 사람들이 읽기 싫어하고 난해한 용어를 사용하고 지루한 문체로 정보공개서를 작성할 가능성이 있다. 그러나 가맹점사업자는 인생을 걸고 거금을 투자해서 하는 사업인 만큼 가맹본부의 꼼수에 넘어가는 일이 없도록 해야 한다. 자신의 일은 자신이 해야 하는 것이지 남이 해주는 것이 아님을 알아야 된다. 정보공개서에 기재될 내용은 가맹사업법 시행령 [별표1 정보공개서의 기재사항에서 자세히 규정하고 있다. 이들의 대략적인 내용은 <표16>에서 제시하는 바와 같다.

<표16> 정보공개서의 기재사항[39]

1. 가맹본부의 일반 현황
가. 가맹본부의 설립일, 법인등록번호 및 사업자등록번호
나. 가맹본부 및 가맹본부의 특수관계인의 명칭, 상호, 영업표지, 주된 사무소의 소재지, 대표자의 이름, 대표전화번호
다. 가맹본부가 외국기업인 경우에는 가맹본부 및 국내에서 영업 중인 특수관계인의 명칭, 상호, 영업표지, 국내의 주된 사무소의 소재지, 대표자의 이름, 대표전화번호, 국내에서 영업을 허가받은 기간 등
라. 가맹본부가 정보공개 바로 전 3년간 다른 기업을 인수·합병하거나 다른 기업에 인수·합병된 경우 해당 기업의 명칭, 상호, 주된 사무소의 소재지, 대표자의 이름
마. 가맹희망자가 앞으로 경영할 가맹사업의 명칭, 상호, 서비스표, 광고, 그 밖의 영업표지
바. 가맹본부의 정보공개 바로 전 3개 사업연도의 재무상황에 관한 다음의 정보
사. 가맹본부의 현 임원의 명단 및 정보공개일 현재 최근 3년 동안의 개인별 사업경력
아. 가맹본부의 정보공개 바로 전 사업연도 말 현재 임직원 수
자. 가맹본부 및 가맹본부의 특수관계인이 정보공개일 현재 최근 3년 동안 가맹사업을 경영하였거나 경영하고 있는 경우 그러한 사실
차. 가맹본부가 가맹점사업자에게 사용을 허용하는 지식재산권에 관한 일정한 정보

2. 가맹본부의 가맹사업 현황
가. 해당 가맹사업을 시작한 날
나. 해당 가맹사업의 연혁

---

[39] 가맹사업거래의 공정화에 관한 법률 시행령 [별표Ⅰ] 정보공개서의 기재사항(동법 제4조 1항 관련) 참조.

다. 해당 가맹사업의 업종
라. 정보공개 바로 전 3개 사업연도 말 현재 영업 중인 해당 가맹사업의 전국 및 광역지방자치단체별 가맹점 및 직영점 총 수
마. 해당 가맹사업과 관련하여 정보공개 바로 전 3년간 신규 개점, 계약 종료, 계약 해지, 명의 변경의 사정이 있는 가맹점의 수
바) 해당 가맹사업 외에 가맹본부 및 가맹본부의 특수관계인이 경영하는 가맹사업의 업종, 영업표지 및 사업 시작일과 정보공개 바로 전 3개 사업연도 말 현재 영업 중인 가맹점 및 직영점의 총 수
사. 직전 사업연도에 영업한 가맹점사업자당 지역별 연간 평균 매출액과 구체적인 산정기준
아. 해당 가맹사업을 경영하는 가맹지역본부에 관한 다음의 정보
자. 해당 가맹사업과 관련하여 가맹본부가 정보공개 바로 전 사업연도에 지출한 광고비 및 판촉비
차. 가맹금 예치에 관한 사항
카. 피해보상보험계약 등의 체결 내역

3. 가맹본부와 그 임원의 법 위반 사실 등
가. 정보공개일 현재 최근 3년 동안 가맹사업거래와 관련하여 법을 위반하여 공정거래위원회로부터 시정권고 이상의 조치를 받은 사실
나. 정보공개일 현재 최근 년 동안 가맹사업거래와 관련하여 법을 위반하거나, 사기·횡령·배임 등 타인의 재물이나 재산상 이익을 영득 또는 이득하는 죄로 받은 유죄의 확정판결과 관련된 민사소송에서 패소의 확정판결을 받았거나, 민사상 화해를 한 사실
다. 정보공개일 현재 최근 3년 동안 사기·횡령·배임 등 타인의 재물이나 재산상 이익을 영득 또는 이득하는 죄를 범하여 형의 선고를 받은 사실

4. 가맹점사업자의 부담
가. 영업개시 이전의 부담
   가맹점사업자가 해당 가맹사업을 시작하기 위하여 가맹본부에게 지급하여야 하는 대가의 내역과 반환조건 및 반환할 수 없는 경우에는 그 사유, 보증금·담보목적물 등 계약 종료 시 가맹점사업자에게 반환되는 대가, 예치가맹금의 범위와 그 금액
나. 영업 중의 부담
   상표 사용료, 리스료, 광고·판촉료, 교육훈련비, 간판류 임차료, 영업표지 변경에 따른 비용, 리모델링(remodeling) 비용, 재고관리 및 회계처리 비용, 판매시점 관리 시스템(POS)을 포함한 운영 시스템 유지비용 등 가맹점사업자가 해당 가맹사업을 경영하기 위하여 가맹본부 또는 그 관계자에게 정기적으로 또는 비정기적으로 지급하여야 하는 모든 대가의 내역과 그 반환조건 및 반환될 수 없는 경우에는 그 사유, 가맹본부가 재고관리·회계처리 등에 관하여 가맹점사업자를 감독하는 내역
다. 계약 종료 후의 부담
   계약 연장이나 재계약 과정에서 가맹점사업자가 추가로 부담하여야 할 비용, 가맹본부의 사정에 의한 계약 등의 종료 시 조치사항, 가맹점사업자가 다른 사업자에게 가맹점 운영권을 이전하려는 경우, 가맹점사업자 또는 다른 사업자가 가맹본부에 부담하여야 할 대가

5. 영업활동에 대한 조건 및 제한
가. 가맹점사업자가 해당 가맹사업을 시작하거나 경영하기 위하여 필요한 모든 부동산·용역·설비·상품·원재료 또는 부재료의 구입 또는 임차와 관련하여, 가맹본부가 가맹점사업자에게 특정한 거래상대방과 거래할 것을 요구 또는 권장할 경우 그 특정한 거래상대방과 거래하는 거래대상물의 품목
나. 가맹본부가 가맹점사업자에게 특정한 거래상대방과 거래하도록 요구 또는 권장하고 이와 관련하여 그 특정한 거래상대방이나 가맹점사업자로부터 대가를 받는 경우에는 그 대가의 산정기준 및 금액
다. 상품 또는 용역, 거래상대방 및 가맹점사업자의 가격 결정을 제한하는 경우 이에 관한 상세한 내용
라. 가맹점사업자의 영업지역을 보호하기 위한 구체적인 내용
마. 계약기간, 계약의 갱신·연장·종료·해지 및 수정에 관한 상세한 내용
바. 가맹점운영권의 환매·양도·상속 및 대리행사, 경업금지, 영업시간 제한, 가맹본부의 관리·감독 등에 관한 상세한 내용
사. 광고 및 판촉 활동
아. 해당 가맹사업의 영업비밀 보호 등에 관한 내용
자. 가맹계약 위반으로 인한 손해배상에 관한 사항

6. 가맹사업의 영업 개시에 관한 상세한 절차와 소요기간
가. 가맹계약 체결을 위한 상담·협의 과정에서부터 가맹점 영업 개시까지 필요한 절차
나. 각 절차에 걸리는 기간
다. 각 절차에 드는 비용
라. 가맹계약 체결 이후 일어날 수 있는 분쟁의 해결 절차

7. 가맹본부의 경영 및 영업활동 등에 대한 지원
가. 가맹점사업자의 점포환경개선 시 가맹본부의 비용지원에 관한 사항
나. 판매촉진행사 시 인력지원 등 가맹본부가 지원하는 사항이 있는 경우 그 구체적 내용
다. 가맹본부가 가맹점사업자의 경영활동에 대한 자문을 하는 경우 그 구체적 방식 및 내용
라. 가맹본부가 가맹희망자 또는 가맹점사업자에게 직접 신용을 제공하거나 각종 금융기관의 신용 제공을 주선하는 경우에는 신용 제공에 대한 구체적 조건 및 신용 제공 금액

8. 교육·훈련에 대한 설명
가. 교육·훈련의 주요내용 및 필수적 사항인지 여부
나. 가맹점사업자에게 제공되는 교육·훈련의 최소시간
다. 가맹점사업자가 부담하는 교육·훈련비용
라. 교육·훈련을 받아야 하는 주체
마. 정기적이고 의무적으로 실시되는 교육·훈련 불참 시 받을

(3) 가맹금의 예치와 반환

일부이기는 하지만 가맹희망자로부터 가맹금을 받은 후 부도 내지 잠적

해버려 가맹금을 떼어먹는 일이 있었다. 이를 방지하기 위해 가맹금을 가맹본부가 아닌 제3자에게 일시적으로 보관시키는 가맹금 예치제도를 도입하고 있다. 즉 가맹본부는 가맹점사업자와 가맹계약을 체결하기 전후에 가맹점사업자 내지 가맹희망자가 지급하는 가맹금을 일정한 기관에 예치하도록 한다(동법 제6조의3 1항). 여기서 가맹금이란 가맹점 운영권을 얻거나 가맹사업을 하기 위한 조건으로 가맹점사업자가 가맹본부에 지급하는 일체의 금액을 뜻한다. 가맹본부의 사업권을 이용하는 대가로서 명칭이나 지급형태가 어떻든 간에 가맹사업 제2조 6호에서 정하는 일체의 금액이 가맹금이다. 가맹금의 예치는 부동산 거래 등에서 자주 이용되는 에스크로우제도와 유사한 기능을 수행한다. 여기서 에스크로우(Escrow)란 중립적인 제3자 또는 기관이 쌍방대리인의 자격으로 매매대금 등을 계약 조건이 종결될 때까지 보관하는 것을 의미한다. 가맹본부는 가맹점사업자가 영업을 개시한 경우 또는 가맹계약 체결일로부터 2개월이 경과한 경우에는 예치기관의 장에게 예치가맹금의 지급을 요청할 수 있다(동법 제6조의5 3항). 이 경우 예치기관의 장은 10일 이내에 예치가맹금을 가맹본부에 지급하여야 한다.

가맹본부는 ① 가맹본부가 정보공개서 및 인근가맹점 현황문서를 제공하지 않거나 14일이 경과하지 않은 경우로서 가맹희망자 또는 가맹점사업자가 가맹계약 체결 전 또는 가맹계약의 체결일로부터 4개월 이내에 가맹금의 반환을 요구하는 경우, ② 허위·과장의 정보제공행위 또는 기만적인 정보제공행위에 해당하는 경우로서 가맹희망자가 가맹계약 체결 전에 가맹금이 반환을 요구하는 경우, ③ 허위·과장의 정보제공행위 또는 기만적인 정보제공행위가 계약 체결에 중대한 영향을 준 것으로 인정되어 가맹점사업자가 가맹계약의 체결일부터 4개월 이내에 가맹금의 반환을 요구하는 경우, ④ 가맹본부가 정당한 사유 없이 가맹사업을 일방적으로 중단하고 가맹점사업자가 가맹사업의 중단일부터 4개월 이내에 가맹금의 반환을 요구하는 경우에는 가맹희망자나 가맹점사업자가 일정한 사항이 적힌 서면으로 요구하는 날부터 1개월 이내에 가맹금을 반환하여야 한다(동법 제10조 1항). 가맹본부가 가맹희망자 또는 가맹점사업자에게 반환하는 가맹금의 금액은 가맹계약의 체결경위, 금전이나 그 밖에 지급된 대가의 성격, 가맹계약기간, 계약이행기간, 가맹사업당사자의 귀책정도 등을 고려하여 정한다(동법 제10조 2항).

<표17> 가맹금의 분류[40]

구 분	내 용	비 고
가. 가입비 등	가입비·입회비·가맹비·교육비 또는 계약금 등 가맹점사업자가 영업표지의 사용허락 등 가맹점 운영권이나 영업활동에 대한 지원·교육 등을 받기 위하여 가맹본부에 지급하는 대가	가맹사업법 상 가맹예치금에 해당
나. 보증금	가맹점사업자가 가맹본부로부터 공급받은 상품의 대금 등에 관한 채무액이나 손해배상액의 지급을 담보하기 위하여 가맹본부에 지급하는 대가	가맹사업법 상 가맹예치금에 해당
다. 정착물·설비·상품 가격 등	가맹점사업자가 가맹점 운영권을 부여받을 당시에 가맹사업을 착수하기 위하여 가맹본부로부터 공급받은 정착물·설비·상품의 가격 또는 부동산의 임차료 명목으로 가맹본부에 지급하는 대가	
라. 정기적·비정기적 지급대가	가맹점사업자가 가맹본부와의 계약에 의하여 허락받은 영업표지의 사용과 영업활동 등에 관한 지원·교육 그 밖의 사항에 대하여 가맹본부에 정기적으로 또는 비정기적으로 지급하는 대가로서 대통령령으로 정하는 것	가맹사업법 시행령 3조 참고
마. 기타	그 밖의 가맹희망자나 가맹점사업자가 가맹점 운영권을 취득하거나 유지하기 위하여 가맹본부에 지급하는 모든 대가	특허권 대가 제외

(4) 예상매출액의 서면제공

가맹사업에서 가장 논란이 되는 부분은 가맹본부의 말만 듣고 가맹점을 냈다가 그 성과가 신통치 않은 경우이다. 이것은 원천적으로 가맹본부의 수익 계산법과 가맹점의 수익 계산법이 다른 데에도 원인이 있다. 가맹본

---

[40] 가맹사업거래의 공정화에 관한 법률 제2조 제6호 참조.

부가 제시하는 수익분석에는 권리금과 같은 초기 투자비용, 창업자의 인건비, 이자비용 등은 애초부터 계산에 포함되지 않는다. 창업자가 자기자본을 투자해서 창업자의 노동을 통해 얻은 이익은 가맹점의 수익으로 평가하는 식이다. 반면에 창업자는 점포를 빌릴 때 지급하는 권리금이나 자신의 인건비는 물론 남의 돈을 빌리는 경우 이자부분도 감안하여 수익을 계산하는 방식을 취한다. 상권이나 입지가 좋은 타인의 건물을 빌리는 경우에는 건물주나 전 임차인에게 거액의 보증금과 권리금을 지급하는 것이 일반적이다. 그러나 가맹본부의 수익분석에는 이들을 제외하고 계산하기 때문에 양자의 계산법은 처음부터 다를 수 있다. 예컨대 약 2억원 정도를 투자하면 월 400~500만원 정도의 수익은 거뜬히 벌 수 있는 것처럼 말하는 경우를 가정해보자. 현재의 시중금리로 계산할 때 1억원을 예금하면 매월 20만원 내외의 이자수익을 취득할 것으로 예상된다. 가맹사업이 요술방망이도 아니고 무슨 수로 그런 수익을 안겨준다는 말인가. 그런 수익을 얻는다고 해도 그 수익은 창업자가 밤낮없이 흘린 땀방울의 대가이지 투자금의 대가는 아닐 것이다. 가맹점을 창업하면 사장은 일하지도 않고 넉넉한 수익을 얻을 수 있다는 광고는 허구에 가까운 말이다. 사업자의 수익성을 분석할 때에는 감가상각을 반영하여 계산하여야 정확한 수지분석이 된다. 그러나 가맹본부의 수익성 분석에는 감가상각을 배제한 가운데 분석을 하기 때문에 가맹본부가 예상하는 수익과 가맹점사업자 느끼는 수익 간에는 차이가 있을 수밖에 없는 것이 현실이다.

 가맹본부가 제공한 자료와 담당직원의 말을 듣고 가맹점을 개업했다가 그 결과가 달라서 소송으로 이어지는 경우가 있다. 판례는 "프랜차이즈계약에 있어서는 영업지식과 경험이 부족한 가맹점주(프랜차이지)로서는 가맹점 운영에 관한 축적된 경험을 가진 본부(프랜차이저)가 제공하는 정보를 신뢰하고 그에 기초하여 점포를 선정하고 영업활동을 전개할 수밖에 없어 가맹점주의 영업상의 성패는 계약체결과정에 있어서의 입지선정과 그 이후의 교육훈련, 경영비법의 전수 등 프랜차이즈 본부가 제공하는 정보에 크게 의존한다고 할 것이므로, 프랜차이즈 본부는 계약체결 이후에는 물론이고 계약체결과정에 있어서도 계약체결 여부에 대한 객관적인 판단자료가 되는 정확한 정보를 제공할 신의칙상 의무를 진다고 할 것이고, 특히 프랜차이저가 가맹점 모집에 즈음하여 시장조사를 실시하고 그 내용을 개시한 경우에는 그 내용은 가맹점에 가입하려는 사람에게는 계약체결의 가부를 판단함에 있어 극히 중요한 자료가 되는 것임에도 그 방면에 대한 경험이 부족하여 전문지식과 축적된 노하우에 의하여 조사된 프랜차이저 측의 시장조사 결과를 분석하여 비판하는 것이 쉽지 아니한 점을 고려할 때 그 시장조사 내용이 객관성을 결여하여 가맹점 가입계약 체결 여부에 관한 판단을 그르치게 할 우려가 큰 경우에는 그 프랜차이저는 신의칙상 보호의무 위반의 책임을 면할 수 없다"고 한다(대전고등법원 2003. 4. 10. 선고 2002나6829 판결). 그러나 실제로 가맹점사업자가 가맹본부를 상대로 소송을 하는 것도 쉽지 않고, 또 한다고 해도 근거 자료의 부족 등으로 인해 승소할 가능성이 낮은 것이 현실이다.

　예상매출액 등에 관한 정보는 정보공개서에 포함된 것은 아니지만 가맹계약을 체결할 때 미리 제공해야 하므로 여기서 함께 다루고자 한다. 가맹사업법은 가맹본부로 하여금 예상매출액 등에 관한 정보를 서면으로 작성하여 가맹희망자나 가맹점사업자에게 제공하도록 규정하고 있다(동법 제9조 3항). 예상매출액 서면제공의무는 중소기업기본법상 중소기업이 아니거나 가맹점의 수가 100개 이상인 경우에만 적용된다(동법 제9조 5항). 가맹사업법은 전체 가맹점 수가 5개미만의 아주 영세한 가맹본부를 제외한 거의 모든 가맹사업에 동법을 적용하도록 규정하고 있다(동법 제3조). 예상매출액의 서면제공의무는 가맹본부에 상당한 부담을 주기 때문에 가맹사업법의 적용대상과는 달리 일정 규모 이상의 가맹본부로 한정한 셈이다. 그러나 허위·과장의 정보제공행위나 기만적인 정보제공행위로 가맹점을 모집하는 사기적 행태는 일정한 규모를 갖춘 가맹본부보다는 가맹사업을 막 시작하는 초창기 가맹본부가 저지르기 쉬운 일이다. 법의 취지는 어느 정도 이해가 되나 앞뒤가 맞지 않은 규정임에 틀림없다. 예상매출액에 관한 정보는 가맹희망자의 예상매출액·수익·매출총이익·순이익 등 장래의 예상수익상황에 관한 정보 또는 가맹점사업자의 매출액·수익·매출총이익·순이익 등 과거의 수익상황이나 장래의 예상수익상황에 관한 정보를 근거로 해서 작성된다(동법 제9조 3항). 예상매출액의 범위는 가맹희망자의 점포 예정지에서 영업개시일부터 1년간 발생할 것으로 예상되는 매출액의 최저액과 최고액이 1.7배를 초과하지 않은 경우 또는 가맹희망자의 점포 예정지가 속한 해당 광역자치단체 내에 가장 인접한 가맹점 5개의 매출액을 토대로 양극단에 있는 최고액과 최저액을 제외한 나머지 3개 가맹점의 매출환산액 중 최저액과 최고액으로 획정된 범위로 정한 경우 중 하나로 선택할 수 있도록 한다(동법 시행령 제9조 3항·4항).

예상매출액에 관한 정보의 서면제공의무가 법제화될 당시 많은 논란이 있었으나 기존 가맹점의 실적공개를 선택할 수 있기 때문에 입법의 타당성은 별론으로 하고 입법의 대상이 되지 못할 내용은 아닌 것으로 평가된다.[41] 중소기업기본법상 중소기업이 아니거나 가맹점 수가 100개 이상인 가맹본부는 가맹점을 개설할 때 예상매출액을 서면으로 제공해야 함은 앞에서 기술한 바 있다. 반대로 중소기업기본법상 중소기업에 해당하고 가맹점 수가 100개 미만인 경우에는 가맹본부는 예상매출액에 관한 정보의 서면제공의무를 부담하지 않는다. 그렇다고 해서 무조건 제공하지 않는 것이 아니라 가맹희망자가 요구할 경우에는 예상매출액에 관한 근거자료를 제

---

[41] 일본은 1990년대 중소상인법에서 예상매출액을 서면으로 제시하도록 의무화했다가 매출이 부진한 가맹점들이 가맹본부를 상대로 소송을 제기하는 사례가 빈발하자 관련 조항을 폐지하였다. 우리나라는 예상매출액의 산정에 있어 선택적 기준을 마련했고, 또 기존의 실적자료를 공개하는 것이어서 일본만큼의 부작용은 심하게 생기지 않을 것으로 추측된다.

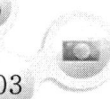

공하는 것이 바람직하다. 예상매출액에 관한 정보는 가맹점사업자가 가맹계약을 체결하는 주된 근거가 되는 자료이므로 가맹계약을 체결할 때 주고받아야 하는 것은 당연하다. 이 자료는 후에 분쟁이 일어날 경우 중요한 근거가 될 수 있으므로 가맹본부는 최초 5년간 보관해야 한다(동법 제9조 6항). 예상매출액은 반드시 가맹본부의 직인이 날인된 서면으로 작성해야지 직원 개인이 임의로 작성한 서면은 충분한 근거가 되지 못하는 경우가 있다. 공정거래위원회는 같은 정보를 제공하는 경우에도 일반 직원보다는 임원의 정보제공행위가, 구두보다는 문서 형태의 정보제공행위가, 개별 상담보다는 지속적인 정보제공행위가, 가정보다는 확정적인 정보제공행위가 가맹희망자를 기만하거나 오인시킬 우려가 높다고 판단한다.[42]

(5) 허위·과장된 정보제공 등의 금지

가맹본부는 가맹희망자나 가맹점사업자에게 사실과 다르게 정보를 제공하거나 사실을 부풀려 정보를 제공하는 행위 또는 계약의 체결·유지에 중대한 영향을 미치는 사실을 은폐하거나 축소하는 방법으로 정보를 제공하는 행위를 하여서는 아니 된다(동법 제9조 1항). 전자가 허위·과장의 정보제공행위이고, 후자는 기만적인 정보제공행위이다. 가맹사업법 시행령 제9조에서 양자를 구체적으로 설명하고 있다. 허위·과장의 정보제공행위에는 ① 객관적인 근거 없이 가맹희망자의 예상수익상황을 과장하여 제공하거나 사실과 다르게 가맹본부가 최저수익 등을 보장하는 것처럼 정보를 제공하는 행위 ② 가맹희망자의 점포 예정지 상권의 분석 등과 관련하여 사실 여부가 확인되지 아니한 정보를 제공하는 행위 ③ 가맹본부가 취득하지 아니한 지식재산권을 취득한 것처럼 정보를 제공하는 행위 ④ 제1호부터 제3호까지의 규정에 따른 행위에 준하여 사실과 다르게 또는 사실을 부풀려 정보를 제공하는 행위로서 공정거래위원회가 정하여 고시하는 행

---

42) 공정위 2009. 12. 14, 의결 2009-247호 참조.

위 등이 있는 경우를 말하고, 또 기망적인 정보제공행위에는 ① 중요사항을 적지 아니한 정보공개서를 가맹희망자에게 제공하는 행위 ② 가맹본부가 가맹점사업자에게 지원하는 금전, 상품 또는 용역 등이 일정 요건이 충족되는 경우에만 지원됨에도 불구하고 해당 요건을 제시하지 아니하면서 모든 경우에 지원되는 것처럼 정보를 제공하는 행위 ③ 제1호 또는 제2호에 따른 행위에 준하여 계약의 체결·유지에 중대한 영향을 미치는 사실을 은폐하거나 축소하는 방법으로 정보를 제공하는 행위로서 공정거래위원회가 정하여 고시하는 행위 등이 있는 경우를 말한다.

사기·과장의 정보제공행위 또는 기만적인 정보제공행위는 정보공개서에 포함된 내용과 예상매출액에 관한 정보 등을 종합하여 판단해야 한다. 가맹본부가 제공한 정보가 허위·과장된 정보이거나 기만적인 정보일 때에는 이를 믿고서 계약을 체결한 가맹희망자가 불의의 피해를 입을 수 있다. 예상매출액을 과대평가한 자료도 이에 해당할 가능성이 있다. 가맹본부가 제공한 정보가 허위·과장되거나 기만적인 정보로 판명된 때에는 가맹금의 반환(동법 제10조 1항)은 물론 정보제공자에게 형사책임까지 추궁할 수도 있다(동법 제41조 1항). 종래 가맹점을 모집할 때 가맹본부가 허위·과장된 정보 또는 기만적 정보를 사용하여 가맹점에 피해를 준 사례가 있어 이를 방지하기 위하여 2013년 개정 가맹사업법에서 새로이 도입한 규정이다. 그러나 상인이 자기 물건을 팔기 위하여 사용하는 표현은 과장되기 마련이고, 또 사회적으로 어느 정도까지 이를 허용하고 있다. 이러한 현실을 감안할 때 어느 정도로 과장되어야 허위·과장정보 또는 기만적인 정보가 될 것인지는 분명하지 않다. 이 점을 둘러싸고 가맹본부와 가맹점사업자 간에 치열하게 논쟁을 벌일 것으로 예상된다. 여기서 명심해야 할 사항은 가맹본부는 자칫하면 형사처벌까지 각오를 해야 한다는 사실이다. 객관적인 자료나 근거를 제시하지 않고서 '순이익 00%', '업계 최고 또는 최저', '수상실적' 등과 같은 확정적인 표현을 사용하는 것을 자제해야 할 것이다. 법이 무서운 것은 마음만 먹으면 대부분의 표현이 여기에 걸릴 수 있기 때문이다. 가맹본부가 확정적인 표현을 사용할 경우 가맹사업에 관한 문제가 사회적으로 비화될 때 검찰이 시범케이스로 처벌할 수도 있음을 각오해야 한다.

4. 가맹계약

(1) 성질

가맹계약은 가맹점의 독립성 유지와 가맹본부의 통제와 지원 그리고 영업표지의 사용허가와 그 대가의 지급에 관한 사항을 기본적 내용으로 한다. 가맹계약은 전기업체제의 사용허가와 그 대가의 지급을 내용으로 하는 점에서 상법이 인정하는 특수한 계속적 쌍무·유상계약이다. 종래 가맹계약의 법적 성질에 대하여 특약점관계 유사설, 상품매매설, 권리용익임대설 등 다양한 주장이 있었다. 그러나 가맹사업의 유형이 다양하고 그 내용이 복잡하여 어느 주장도 모두를 아우를 수 있는 통일적인 이론이 되지 못한다. 가맹계약은 계속적 사업을 목적으로 하는 계속적 계약관계에 있는 채권계약으로서 매매·임대차·위임·도급 등의 요소가 혼재되어 있는 혼합계약의 일종이다. 가맹계약은 가맹사업의 유형에 따라 매매계약의 요소가 강한 것도 있고, 때로는 노무제공계약의 요소가 강한 것도 있으므로 민법의 전형계약은 아니며 상법이 인정하는 특수계약으로 보아야 한다.

일반적으로 가맹계약은 가맹본부가 다수의 가맹점사업자를 상대로 하는 계약이므로 통상 가맹본부가 일방적으로 작성한 약관에 의하여 체결된다. 물론 가맹본부가 각 가맹점마다 다른 내용으로 계약을 체결하는 것이 가능하다. 그러나 가맹사업의 특성상 동일한 내용으로 계약을 체결해야 합리적인 관리가 가능하고, 또 이를 둘러싼 분쟁이 일어나는 것을 방지할 수 있다. 가맹계약이 약관에 의하여 체결되는 경우 가맹본부가 우월적 지위를 이용하여 자신에게 유리하고 가맹점에게 불리한 내용이 약관에 포함되어 있을 가능성이 있다. 이 경우에는 가맹사업법은 물론 '약관의규제에관한법률'을 적용하여 가맹점사업자를 보호할 수 있다.

(2) 가맹계약서의 기재사항

가맹계약은 가맹본부가 미리 작성한 표준계약서를 기초로 해서 가맹점사업자가 그 내용을 충분히 검토한 후에 양자 간의 조정을 거치면서 체결된다. 가맹계약은 요식계약은 아니지만 일정한 법정사항이 포함되는 양식으로 작성하도록 규정한다. 가맹계약서에 포함되어야 할 내용으로는 영업표지의 사용권 부여에 관한 사항, 가맹점사업자의 영업활동 조건에 관한 사항, 가맹점사업자에 대한 교육·훈련·경영지도에 관한 사항, 가맹금 등의 지급에 관한 사항, 영업지역의 설정에 관한 사항, 계약기간에 관한 사항, 영업의 양도에 관한 사항, 계약해지의 사유에 관한 사항, 가맹희망자 또는 가맹점사업자가 가맹계약을 체결한 날부터 2개월(가맹점사업자가 2개월 이전에 가맹사업을 개시하는 경우에는 가맹사업개시일)까지의 기간 동안 예치가맹금을 예치기관에 예치되어야 한다는 사항, 가맹희망자가 정보공개서에 대하여 변호사 또는 제27조에 따른 가맹거래사의 자문을 받은 경우 이에 관한 사항, 가맹본부 또는 가맹본부 임원의 위법행위 또는 가맹사업의 명성이나 신용을 훼손하는 등 사회상규에 반하는 행위로 인하여 가맹점사업자에게 발생한 손해에 대한 배상의무에 관한 사항, 그 밖에 가맹사업당사자의 권리·의무에 관한 사항으로서 대통령령이 정하는 사항 등이 있다(동법 제11조 2항). 가맹점사업자가 가맹계약서를 작성할 때 주의해야 할 사항은 가맹점의 영업지역, 위약금, 경업금지의무, 계약의 해지와 가맹계약의 갱신, 영업권의 양도 등이다. 가맹계약에 관한 많은 문제점이 가맹사업법의 개정으로 해결된 것은 다행이다. 그러나 입법의 불완전성 또는 논리적으로 해결하기 어려운 내용도 있으므로 이 부분을 중점적으로 살펴보고자 한다.

(3) 영역지역

가맹본부는 가능한 많은 수의 가맹점을 개설하려고 노력함에 반해 가맹점은 적정한 영역지역을 확보해서 그 지역에서 독점권을 행사하려고 한다. 가맹본부와 가맹점사업자는 상반된 이해관계 속에서 양자의 이익이 충돌하는 경우가 이곳이다. 이것은 가맹본부와 가맹점사업자의 수익구조가 다른 데서 생기는 거의 필연적인 분쟁이라 할 수 있다. 가맹사업법은 계약을 체결할 때 가맹점사업자의 영업지역을 설정하여 가맹계약서에 이를 기재하도록 한다(동법 제12조의4 1항). 가맹본부는 정당한 사유 없이 가맹계약기간 중 가맹점사업자의 영업지역 안에서 가맹점사업자와 동일한 업종(수요층의 지역적·인적 범위, 취급품목, 영업형태 및 방식 등에 비추어 동일하다고 인식될 수 있을 정도의 업종을 말한다)의 자기 또는 계열회사(「독점규제 및 공정거래에 관한 법률」 제2조제3호에 따른 계열회사를 말한다. 이하 같다)의 직영점이나 가맹점을 설치하는 행위를 하여서는 아니 된다(동법 제12조의4 3항). 그러나 가맹본부가 가맹계약 갱신과정에서 ① 재건축, 재개발 또는 신도시 건설 등으로 인하여 상권의 급격한 변화가 발생하는 경우, ② 해당 상권의 거주인구 또는 유동인구가 현저히 변동되는 경우, ③ 소비자의 기호변화 등으로 인하여 해당 상품·용역에 대한 수요가 현저히 변동되는 경우, ④ 제1호부터 제3호까지의 규정에 준하는 경우로서 기존 영업지역을 그대로 유지하는 것이 현저히 불합리하다고 인정되는 경우에는 합의를 통해서 영업지역을 합리적으로 변경하는 것이 가능하다(동법 제12조의4 2항, 동법 시행령 제13조의4). 예외사유의 범위를 둘러싸고 가맹본부와 가맹점사업자 사이에 이익이 충돌하는 일이 있다.

가맹점의 영업지역을 법으로 규정한다고 해서 모든 것이 해결되는 것은 아니다. 실무에서 논란이 되는 부분은 영업지역의 범위를 어떻게 설정할 것인가이다. 원래 가맹점의 영업지역은 업종에 따라, 지역에 따라 또는 사업자의 능력에 따라 천차만별이다. 통상 영업지역은 상권과 입지[43])에 따라 얼마든지 다르게 평가할 수 있는 분야이다. 동일한 업종이라도 고객이 점포를 찾아오는 경우와 배달서비스를 제공하는 경우에는 상권과 입지에 차이가 있다. 영업지역이 넓다고 무조건 가맹점사업자에게 유리한 것만은 아니다. 가맹본부의 브랜드 가치는 가맹점 수가 많을수록 더 높아지고, 또 영업지역이 넓을 경우에는 바로 경쟁업체의 가맹점이 들어설 가능성이 있기 때문이다. 가맹본부와 가맹점사업자는 가맹본부의 브랜드 가치를 최대한 살리면서 개별 가맹점의 영업권을 보장하는 묘수를 찾아내는 것이 가맹사업 성패의 관건이다. 가맹점사업자가 가맹본부를 상대로 대등하게 협상할 수 있는 시기는 가맹계약을 체결하기 직전뿐이다. 가맹점은 협상을 통해 영업지역을 최대한 넓게 확보하는 것이 일차적 목표가 된다. 일부 가맹본부의 표준계약서에서 반경 몇 000m로 하는 영업지역을 정한 경우에도 수정할 필요가 있으면 개별약정을 통해 수정하는 것이 바람직하다. 약관거래법상 개별약정우선의 원칙에 의하여 개별약정이 표준조항보다 우선하는 효력이 인정된다.

(4) 위약금

종래 편의점 점주들의 애환이 담긴 사연이 언론을 통해 폭로되었고 일부 점주들은 자살까지 해 사회문제로 비화된 적이 있었다. 편의점을 개업한 후 장사가 되지 않아 문을 닫으려고 해도 위약금이 무서워 문을 닫지 못한다는 딱한 이야기이다. 일반적으로 위약금이란 계약당사자 한쪽이 계약을 위반한 경우를 대비하여 손해배상액으로 미리 정해 놓은 손해배상예정금액을 뜻한다. 위약금을 정한 경우에는 채권자는 채무불이행 사실만 증명하면 손해의 발생 및 그 액을 증명하지 않고도 바로 예정 배상액을 청구할 수 있다. 다만 위약금약정이 부당히 과다한 경우에는 법원은 직권으로

---

43) 여기서 상권이란 점포를 찾아올 수 있는 잠재 고객이 존재하는 범위를 뜻하고, 입지란 상권 내에서 고객과의 거래가 이루어지는 구체적인 장소를 뜻한다.

적당히 감액할 수 있다(민 제398조 2항). 판례도 편의점의 과도한 위약금 약정에 대하여 "갑이 편의점 가맹본부 을주식회사와 계약기간 5년의 가맹계약을 체결하여 3년 정도 편의점을 운영하다가 적자 등을 이유로 을회사에 계약 해지 의사를 통보한 후 영업을 중단하자, 을회사가 계약을 해지하고 위약금으로 평균가맹점 수수료 8개월분을 지급받은 사안에서, 갑은 을회사에 위 돈을 손해배상금으로 지급할 의무가 있다고 하면서, 여러 사정에 비추어 손해배상 예정액이 부당히 과다하다는 이유로 당초 예정한 금액의 50%로 감액함이 타당하다"고 한다(서울동부지방법원 2013. 7. 9. 선고 2012가단64742 판결).

가맹사업법은 위약금의 문제점을 인식하고 법을 개정했으나 성질상 입법으로 규제하기 어려운 부분이다. 과도한 위약금 약정은 불공정거래행위의 하나로서 계약의 목적과 내용, 발생한 손해액의 크기, 당사자 간 귀책사유 유무 및 정도, 해당 업종의 정상적인 거래관행 등에 비하여 과중한 위약금을 부과하는 등 가맹점사업자에게 부당하게 손해배상 의무를 부담시키는 행위를 해서는 아니 된다고 규정하고 있다(동법 제12조 1항, 동법 시행령 제12조의2).

가맹업 창업 시 들어가는 비용은 독립창업보다 훨씬 많다는 사실은 앞서 기술한 바 있다. 적지 않은 자금을 투자해서 창업한 가맹업을 중도에 그만두려고 할 때에는 오죽했으면 그런 마음을 먹었겠는가 하는 가슴 아픈 이야기이다. 과다한 위약금을 부과하여 가맹점사업자를 울리는 일은 가맹사업법 개정으로 개선이 될 것으로 추측된다. 그러나 어느 정도의 금액이 과다한 금액이 되는가에 대한 명확한 기준이 없기 때문에 논란의 여지는 여전히 남아 있다. 가맹희망자는 계약을 체결하기 전에 위약금이 있는지 여부, 또 있다면 어느 정도인지를 알아보고 계약이 체결되도록 해야 한다. 만약 위약금이 과다할 때에는 협상을 통하여 적정한 금액으로 낮추어 줄 것을 요구하는 것이 바람직하다.

(5) 경업금지의무

가맹본부는 다른 약정이 없으면 가맹점의 영업지역 내에서 동일 또는 유사한 업종의 영업을 하거나 동일 또는 유사한 업종의 가맹계약을 체결할 수 없다(상 제168조의7 2항). 이는 가맹점의 영업지역을 보장하기 위한 것으로서 가맹본부에 경업금지의무를 부과한 규정이다. 가맹점사업자도 가맹본부에 대하여 비밀유지의무와 경업금지의무를 부담하는 약정을 맺는 것이 일반적이다.

계약기간 중에는 가맹본부가 경업금지의무를 위반하는 경우가 흔히 발생한다. 가맹본부가 유사한 기능을 하는 수개의 상품이나 서비스를 다른 사업자에게 제공할 때 경업금지의무에 해당하는 사업인가를 둘러싸고 분쟁이 생긴다. 영업지역의 애매함과 더불어 제품이나 서비스의 유사성도 애매하기 때문에 서로 다른 주장을 할 수 있다. 결국 이러한 분쟁의 예방은 계약에서 영업지역이나 업종을 구체적으로 규정하는 것이 최선의 방어책이 될 수밖에 없다.

계약기간 종료 후에도 경업금지의무를 부담하는가, 또 부담한다면 어느 기간 동안 부과할 것인지가 문제된다. 가맹본부와 가맹점사업자는 계약기간 중에는 상호 협력관계이지만 계약기간 종료 후에는 경쟁관계로 변할 수 있는 특수한 관계이다. 경업금지의무는 양자가 경쟁관계로 변했을 경우 중요한 역할을 한다. 가맹본부 입장에서는 가맹점사업자가 가맹본부가 가진 영업비밀과 비법을 터득한 후 경쟁자로 등장하는 것을 달갑게 생각하지 않는다. 반대로 가맹점사업자 입장에서는 경업금지의무는 자신의 직업선택의 자유를 침해하는 것이기 때문에 자신의 권리침해를 주장하는 것은 당연하다. 계약기간이 끝나자마자 경쟁자로 돌변하는 것은 상도덕에도 어긋나고, 또 보기에도 좋은 모습이 아니다. 과거 양자 간에 경쟁을 벌이다가 비극으로 끝난 사례가 있기에 소개한다. 레스토랑을 운영하는 A가맹본부의 B가맹점이 계약기간이 끝나자마자 A사의 기술과 비법을 터득한 후 그 자리에서 단독으로 레스토랑을 개업하였다. 화가 난 A사는 바로 옆 건물에 새로운 가맹점을 개설하여 B레스토랑과 경쟁을 붙였다. A가맹본부는 브랜드 이미지가 좋았고 메뉴도 괜찮았기 때문에 새로 개업한 가맹점에 손님이 몰리자 B는 눈물을 머금고 가게 문을 닫을 수밖에 없었다. 이 경우는 가맹점사업자의 경업금지의무를 깔끔하게 처리하지 못해 생긴 사례이다. 당사자 간의 약정을 통해 계약기간종료 후 대략 1년~3년 정도로 경업금지의무를 부과하는 것이 일반적이다.

(6) 해지의 제한과 가맹계약의 갱신

가맹본부는 가맹계약을 해지하려는 경우에는 가맹점사업자에게 2개월 이상의 유예기간을 두고 계약 위반 사실을 구체적으로 밝히고 이를 시정하지 아니하면 그 계약을 해지한다는 사실을 서면으로 2회 이상 통지되어야 한다. 이러한 절차를 거치지 아니한 가맹계약의 해지는 그 효력이 없다 (동법 제14조). 즉 가맹본부는 2개월 이상의 유예기간 동안 2차례 이상 서면으로 계약위반 내용을 가맹점사업자에게 통보하고 이를 시정할 기회를 준 후에만 계약을 해지할 수 있도록 한 것이다. 과거 가맹본부가 계약기간 중 사소한 꼬투리를 잡아 무조건 해지권을 행사하여 가맹점을 울리는 일을 더 이상 못하도록 한 것이다.

가맹본부는 가맹점사업자가 가맹계약기간 만료 전 180일부터 90일까지 사이에 가맹계약의 갱신을 요구하는 경우 정당한 사유 없이 이를 거절하지 못한다. 다만 가맹점사업자가 ① 가맹점사업자가 가맹계약상의 가맹금 등의 지급의무를 지키지 아니한 경우, ② 다른 가맹점사업자에게 통상적으로 적용되는 계약조건이나 영업방침을 가맹점사업자가 수락하지 아니한 경우, ③ 가맹사업의 유지를 위하여 필요하다고 인정되는 것으로서 가맹본부의 중요한 영업방침을 가맹점사업자가 지키지 아니한 경우(가맹점의 운영에 필요한 점포·설비의 확보나 법령상 필요한 자격·면허·허가의 취득에 관한 사항, 판매하는 상품이나 용역의 품질을 유지하기 위하여 필요한 제조공법 또는 서비스기법의 준수에 관한 사항 등)에는 계약갱신요구권을 거절할 수 있다(동법 제13조 1항). 가맹점사업자의 계약갱신요구권은 최초 가맹계약기간을 포함한 전체 가맹계약기간이 10년을 초과하지 아니하는 범위 내에서만 행사할 수 있다(동법 제13조 2항). 가맹본부가 거절통지를 하지 아니하거나 가맹계약기간 만료 전 180일부터 90일까지 사이에 가맹점사업자에게 조건의 변경에 대한 통지나 가맹계약을 갱신하지 아니한다는 사실의 통지를 서면으로 하지 아니하는 경우에는 계약 만료 전의 가맹계약과 같은 조건으로 다시 가맹계약을 체결한 것으로 본다(동법 제13조 4항). 가맹점사업자가 애써 일궈놓은 영업권을 보호하기 위해 최대 10년간의 계약기간을 보장한 것이다.

(7) 영업권의 양도

가맹점사업자는 가맹본부의 동의를 받아 그 영업을 양도할 수 있다(상 제168조의9 1항). 이때 가맹본부는 특별한 사유가 없는 한 위 영업양도에 동의하여야 한다(상 제168조의9 2항). 여기서 특별한 사유란 영업양수인이 가맹업자의 기업명성을 저해할 우려가 있는 경우를 뜻한다. 가맹점사업자는 독립된 상인이므로 영업양도를 통해 자신의 투자자금을 회수할 수 있는 기회를 보장해주어야 한다. 종래에는 가맹계약에서 가맹점 영업의 양도를 제한하는 약정을 두어 가맹점사업자의 이익을 침해하는 경우가 종종 있었다. 상법은 가맹본부로 하여금 특별한 사유가 없는 한 영업양도에 동의할 의무를 부과하여 가맹본부의 횡포를 방지하고 있다. 만약 가맹본부가 특별한 사유가 없음에도 영업양도에 관한 동의를 거부할 때에는 의무불이행으로 인한 손해배상책임을 지는 것은 당연하다.

5. 불공정거래행위의 금지

(1) 불공정거래행위란

가맹사업법은 가맹사업거래의 공정성을 저해할 우려가 있는 행위를 하거나 다른 사업자로 하여금 이를 행하게 하는 불공정거래행위를 금지한다(동법 제12조 1항). 불공정거래행위의 유형으로는 ① 가맹점사업자에 대하여 상품이나 용역의 공급 또는 영업의 지원 등을 부당하게 중단 또는 거절하거나 그 내용을 현저히 제한하는 행위(거래거절), ② 가맹점사업자가 취급하는 상품 또는 용역의 가격, 거래상대방, 거래지역이나 가맹점사업자의 사업활동을 부당하게 구속하거나 제한하는 행위(구속조건부 거래), ③ 거래상의 지위를 이용하여 부당하게 가맹점사업자에게 불이익을 주는 행위(거래상 지위의 남용), ④ 계약의 목적과 내용, 발생할 손해 등 일정한 기준에 비하여 과중한 위약금을 부과하는 등 가맹점사업자에게 부당하게 손해배상 의무를 부담시키는 행위(부당한 손해배상의무 전가행위), ⑤ 제1호부터 제3호까지 및 제5호 외의 행위로서 부당하게 경쟁가맹본부의 가맹점사업자를 자기와 거래하도록 유인하는 행위 등 가맹사업의 공정한 거래를 저해할 우려가 있는 행위(기타 불공정거래행위) 등이 있다. 가맹사업법은 공정거래법을 원용해서 가맹사업의 불공정거래행위를 규제하고 있다. 불공정거래행위의 유형 또는 기준은 <표18>에서 설명하는 바와 같다.

<표18> 불공정거래행위의 유형 또는 기준[44]

1. 거래거절
가. 영업지원 등의 거절
    정당한 이유 없이 거래기간 중에 가맹사업을 영위하는데 필요한 부동산·용역·설비·상품·원재료 또는 부재료의 공급과 이와 관련된 영업지원, 정보공개서 또는 가맹계약서에서 제공하기로 되어 있는 경영 및 영업활동에 관한 지원 등을 중단 또는 거절하거나 그 지원하는 물량 또는 내용을 현저히 제한하는 행위

---

[44] 가맹사업거래의 공정화에 관한 법률 시행령 [별표2] 참조.

나. 부당한 계약갱신 거절
　　부당하게 가맹점사업자와의 계약갱신을 거절하는 행위
다. 부당한 계약해지
　　부당하게 계약기간 중에 가맹점사업자와의 계약을 해지하는 행위

2. 구속조건부 거래
가. 가격의 구속
　　정당한 이유 없이 가맹점사업자가 판매하는 상품 또는 용역의 가격을 정하여 그 가격을 유지하도록 하거나 가맹점사업자가 상품 또는 용역의 가격을 결정하는 행위를 부당하게 구속하는 행위.
나. 거래상대방의 구속
　　부동산·용역·설비·상품·원재료 또는 부재료의 구입·판매 또는 임대차 등과 관련하여 부당하게 가맹점사업자에게 특정한 거래상대방(가맹본부를 포함한다)과 거래할 것을 강제하는 행위.
다. 가맹점사업자의 상품 또는 용역의 판매제한
　　가맹점사업자에게 부당하게 지정된 상품 또는 용역만을 판매하도록 하거나 거래상대방에 따라 상품 또는 용역의 판매를 제한하는 행위.
라. 영업지역의 준수강제
　　부당하게 가맹점사업자에게 영업지역을 준수하도록 조건을 붙이거나 이를 강제하는 행위.
마. 그 밖에 가맹점사업자의 영업활동의 제한
　　가.목 내지 라.목에 준하는 경우로서 부당하게 가맹점사업자의 영업활동을 제한하는 행위.

3. 거래상 지위의 남용
가. 구입강제
　　가맹점사업자에게 가맹사업의 경영과 무관하거나 그 경영에 필요한 양을 넘는 시설·설비·상품·용역·원재료 또는 부재료 등을 구입 또는 임차하도록 강제하는 행위
나. 부당한 강요
　　부당하게 경제적 이익을 제공하도록 강요하거나 가맹점사업자에게 비용을 부담하도록 강요하는 행위
다. 부당한 계약조항의 설정 또는 변경
　　가맹점사업자가 이행하기 곤란하거나 가맹점사업자에게 불리한 계약조항을 설정 또는 변경하거나 계약갱신과정에서 종전의 거래조건 또는 다른 가맹점사업자의 거래조건보다 뚜렷하게 불리한 조건으로 계약조건을 설정 또는 변경하는 행위
라. 경영의 간섭
　　정당한 이유 없이 특정인과 가맹점을 같이 운영하도록 강요하는 행위
마. 판매목표 강제
　　부당하게 판매 목표를 설정하고 가맹점사업자로 하여금 이를 달성하도록 강제하는 행위
바. 불이익제공
　　가.목부터 마.목까지의 행위에 준하는 경우로서 가맹점사업자에게 부당하게 불이익을 주는 행위

4. 부당한 손해배상의무 부과행위
가. 과중한 위약금 설정·부과행위
(1) 계약 중도해지 시 과중한 위약금 설정·부과 행위
계약해지의 경위 및 거래당사자 간 귀책사유 정도, 잔여계약기간의 정도, 중도해지 후 가맹본부가 후속 가맹점사업자와 계약을 체결하기 위하여 통상 소요될 것으로 예상되는 기간에 상당하는 손해액 등에 비추어 부당하게 과중한 위약금을 설정하여 계약을 체결하거나 이를 부과하는 행위
(2) 과중한 지연손해금 설정·부과행위
상품 또는 용역에 대한 대금지급의 지연 시 지연경위, 정상적인 거래관행 등에 비추어 과중한 지연손해금을 설정하여 계약을 체결하거나 이를 부과하는 행위
나. 소비자 피해에 대한 손해배상의무 전가행위
가맹본부가 가맹점사업자에게 공급한 물품의 원시적 하자 등으로 인하여 소비자 피해가 발생한 경우까지도 부당하게 가맹점사업자가 손해배상의무를 모두 부담하도록 계약을 체결하는 행위
다) 그 밖의 부당한 손해배상의무 부과행위
가.목 또는 나.목에 준하는 경우로서 가맹점사업자에게 부당하게 손해배상의무를 부담하도록 하거나 가맹본부가 부담해야 할 손해배상의무를 가맹점사업자에게 전가하는 행위

5. 그 밖의 불공정거래행위
법 제12조제1항제6호에 해당하는 행위란 가맹본부가 다른 경쟁가맹본부의 가맹점사업자를 자기와 거래하도록 하여 자기의 가맹점사업자의 영업에 불이익을 주거나 다른 경쟁가맹본부의 가맹사업에 불이익을 주는 행위

가맹사업은 가맹점의 독립성과 전체와의 통일성을 균형 있게 유지해야 성공할 수 있는 사업이다. 가맹점에서 제공하는 상품이나 서비스의 동일성을 유지하기 위해 가맹본부는 지속적으로 가맹점을 관리하고 통제해야 된다. 가맹본부가 직접 또는 지정한 자로부터 원·부자재를 구입하게 하는 것도 상품이나 서비스의 동일성을 유지하기 위함이다. 가맹사업의 특성상 가맹계약으로 이러한 사항을 약정하더라도 원칙적으로 유효한 것으로 해석된다. 대법원은 "가맹사업은 표준화된 시스템을 통하여 전국적으로 통일적인 품질의 제품을 판매하는 사업으로 그 특성상 전국적으로 유통과정 및 유통기한 등이 정상적인 안전한 정량의 원부재료를 사용하여 똑같은 맛과 위생상태를 유지하여야 할 필요성이 있는 점, 그런데 가맹점이 개별적으로 원부재료를 구입하게 되면 위와 같은 품질의 관리는 불가능하게 되는 점, 원고도 이 사건 가맹점계약 당시 이러한 점을 잘 알고 있었던

점, 또한 피고가 중요 식자재의 품목이나 가격에 변동이 생길 경우 이러한 사실을 즉시 원고에게 통지하여 그에 관한 의견을 제시할 기회를 제공하여 주었던 점, 피고가 지정한 중요 식자재 품목의 가격이 시중가격보다 지나치게 비싸 피고가 그로 인하여 부당하게 높은 이익을 얻고 있다는 사정이 보이지 않는 점 등에 비추어 볼 때, 피고가 일부 원부자재를 피고로부터 공급받도록 하는 것은 이 사건 가맹사업의 구체적인 운영실상에 비추어 그 합리성이 인정되어 가맹사업의 목적달성에 필요한 범위 내의 제한이라고 할 것이며, 거래상의 지위를 이용하여 부당하게 거래상대방으로 하여금 구입할 의사가 없는 상품을 구입하도록 강요하는 행위로 볼 수 없다"고 한다(대법원 2010. 7. 15. 선고 2010다30041 판결).

그러나 상품이나 서비스의 동일성 유지와 관계없는 사항까지 강요하는 것은 문제이다. 시중에서 누구나 구입할 수 있는 물건을 비싼 가격으로 구입하도록 한다든가 인테리어를 자주 교체하도록 하여 가맹점사업자에게 과중한 부담을 주는 것이 불공정거래행위의 대표적인 유형이다. 가맹사업법에서 불공정거래행위를 규제한다고 해서 분쟁이 소송으로 이어질 경우 가맹점사업자가 승소할 가능성이 높아지는 것은 아니다. 왜냐하면 가맹점사업자가 가맹본부의 강제성을 입증해야 승소할 수 있는 데 이를 입증하는 것이 쉬운 일이 아니기 때문이다. 통상 가맹본부는 가맹계약 체결 시 가맹점사업자가 가맹본부로부터 반드시 구입해야 하는 필수항목과 제3자로부터 구입이 가능한 선택항목을 구분해서 제시한다. 그러나 가맹희망자는 초기에 위 구분을 잘 이해하지도 못할 뿐더러 처음부터 가맹본부에 밉상이 되는 것을 피하기 위해서 일괄적으로 구입하는 경향이 있다. 가맹계약서에 도장을 찍은 이상 웬만한 사정으로는 수정이 불가능하기 때문에 가맹희망자는 심사숙고한 후에 계약을 체결하는 것이 바람직하다.

(2) 부당한 점포환경개선 강요 금지 등

종래 가맹본부가 가맹계약기간 중에 인테리어를 자주 교체하여 가맹점사업자에게 부담을 준 사례가 있어 이를 규제할 필요가 있었다. 가맹사업법은 점포의 시설·장비·인테리어 등의 노후화가 객관적으로 인정되는 경우와 위생 또는 안전의 결함이나 이에 준하는 사유로 인하여 가맹사업의 통일성을 유지하기 어렵거나 정상적인 영업에 현저한 지장을 주는 경우에는 인테리어를 교체할 수 있도록 규정하고 있다(동법 제12조의2 1항, 동법 시행령 제13조의2 1항). 인테리어 교체 시 소요되는 비용은 점포의 이전이나 확장이 필요한 경우는 가맹본부가 40%이고 가맹점사업자가 60%를 부담하고, 그렇지 않은 경우는 가맹본부가 20%이고 가맹점사업자가 80%를 부담하도록 한다(동법 시행령 제13조의2 3항). 그러나 가맹본부의 권유 또는 요구가 없음에도 가맹점사업자의 자발적 의사에 의하여 점포환경개선을 실시하는 경우 또는 가맹점사업자의 귀책사유로 인하여 위생·안전 및 이와 유사한 문제가 발생하여 불가피하게 점포환경개선을 하는 경우에는 비용 전부를 가맹점사업자가 부담한다(동법 제12조의2 2항).

 개인이든 법인이든 누구나 자기에게 이익이 없으면 좀처럼 현재의 습성이나 환경을 바꾸려고 하지 않은 것이 일반적이다. 물론 가맹본부가 브랜드 가치를 높이기 위해 인테리어를 교체해야 하는 경우도 있지만 그렇지 않은 경우도 얼마든지 있다. 인테리어를 교체할 때 가맹본부가 특정업체를 통해서만 공사하도록 하는 것은 공정거래법에 위반될 소지가 크다. 가맹본부의 수익구조를 꼼꼼히 살펴보면 해답이 나올지도 모른다. 실무상 인테리어 비용과 관련된 분쟁은 매장의 면적을 부풀리어 계산하는 경우에 많이 생긴다. 통상 인테리어 비용은 평(3.3㎡)당 단가를 정하여 인테리어를 한 실제 평수를 곱하는 방식으로 산정된다. 인테리어를 한 실제 평수는 15평인데 계산은 20평으로 하여 가격을 정하는 것이 이에 해당한다. 일부이기는 하지만 가맹본부의 수익이 인테리어 비용에 숨겨져 있는 경우도 있다. 인테리어 비용은 공사비이기 때문에 증감이 용이하고, 또 세원으로 포착되기 어려운 부분도 있기에 이를 악용하는 가맹본부가 있다.

(3) 부당한 영업시간 구속 금지

거리를 거닐다보면 '24시간 영업'이라는 팻말을 흔히 볼 수 있다. 장사가 잘되어서 '24시간 영업'을 하는 것은 특별한 문제가 없지만 장사가 되지 않음에도 불구하고 계약에 묶이어 24시간 영업을 하는 것은 부당한 구속일 수 있다. 일부 편의점에서 심야 시간대에 장사가 되지 않음에도 불구하고 '24시간 영업'이라는 약정에 묶이어 문을 닫을 수 없는 딱한 사정을 덜어주기 위해 영업시간에 대하여 규제를 한다. 가맹점사업자는 독립된 사업자임에도 불구하고 계약에 묶여 영업시간을 자율적으로 결정하지 못하는 단점이 있다. 이는 자영업자가 누릴 수 있는 최대의 이점인 자유로운 영업시간의 결정권을 빼앗아 버리는 결과이다. 더군다나 가맹본부와의 약정으로 영업이 되지 않은 시간에도 문을 계속 열어놓아야 하는 것은 개인적으로나 사회적으로 비경제적인 일이다.

가맹사업법상 가맹본부는 정상적인 거래관행에 비추어 부당하게 가맹점사업자의 영업시간을 구속하는 행위를 할 수 없도록 규정하고 있다(동법 제12조의3 1항). 여기서 부당한 영업시간의 구속이란 가맹점사업자의 점포가 위치한 상권의 특성 등의 사유로 오전 0시부터 오전 6시까지 또는 오전 1시부터 오전 6시까지의 매출이 그 영업에 소요되는 비용에 비하여 저조하여 직전 3개월 동안 영업손실이 발생함에 따라 가맹점사업자가 영업시간 단축을 요구함에도 이를 허용하지 아니하는 행위 또는 가맹점사업자가 질병의 발병과 치료 등 불가피한 사유로 인하여 필요 최소한의 범위에서 영업시간의 단축을 요구함에도 이를 허용하지 아니하는 행위를 말한다(동법 제12조의3 2항, 동법 시행령 제13조의3).

6. 산이 높으면 골은 깊다

주식 격언 중에 '산이 높으면 골은 깊다'라는 말이 있다. 전체 주식시장이나 개별 종목이 상승세를 타서 가격이 가파르게 상승할 경우 반대로 하락세를 만나면 떨어지는 폭이 그만큼 크다는 것을 뜻한다. 우리나라에서 가맹사업(프랜차이즈)이 급격히 성장한 이면에는 가맹점을 냈다가 소리 소문 없이 사라진 수많은 점주들의 눈물과 애달픈 사연이 있었다는 사실을 알아야 한다. 물론 일부 가맹점은 가맹본부의 제품개발력과 높은 이미지 덕분에 수익을 낸 사례도 있다. 그러나 대다수의 가맹점은 독립창업을 한 것에 비하여 특별한 수익을 내지 못한 것으로 전해진다. 가맹점사업은 창업 자체는 쉬울지 모르지만 가맹본부와의 관계에서 구조적인 불공정성을 내포하고 있는 것이어서 개별 가맹점이 수익을 내는 것이 쉽지가 않다. 여기서 꼭 짚어보고 싶은 내용은 가맹본부와 가맹점의 사업방식과 수익구조가 달라 원천적으로 불공정한 면이 숨겨져 있고, 또 불공정성이 언제든지 현실로 나타나 가맹점에 피해를 줄 수 있다는 점이다. 아직도 법의 규제를 피하여 가맹점에게 피해를 주는 사항이 많이 남아 있는 것으로 판단되는 부분이다.

광고지나 전단지를 보면 모두가 가맹사업을 선전하는 내용뿐이다. 가맹점 창업이 독립창업에 비해 창업 자체는 쉽지만 그 속에 독소가 들어있을 가능성이 있다. 이하에서는 가맹점사업을 창업할 때 준비하고 주의해야 할 사항 몇 가지에 대하여 알아본다. 첫째는 사업설명회나 창업박람회 등에서 가맹본부가 제시하는 자료를 100% 믿어서는 아니 된다는 사실이다. 가맹본부는 자신의 상품이나 서비스에 대하여 수상실적이나 언론매체에 소개된 자료를 제시하면서 자신의 우수성을 입증하고자 한다. 그러나 내용을 알고 보면 본인이 비용을 부담하는 조건으로 수상을 했거나 언론매체에 소개된 경우가 대부분이다. 가맹점사업자는 가능한 동일 또는 유사 업종의 여러 가맹본부를 선택해서 비교하고 정밀하게 분석한 후 자신이 원하는 가맹사업을 선택하는 것이 바람직하다. 가맹사업을 보는 눈이 넓어지고 깊어지는 고수가 되어야 가맹사업의 피해자가 되는 것을 피할 수 있다. 가맹점 창업에서도 발품을 팔아 직접 현장을 확인하고 검증을 해야 가맹사업의 실체를 이해할 수 있는 면이 있다. 둘째는 가맹사업을 시작한지 얼마

안 되는 가맹본부를 조심해야 한다는 사실이다. 특히 가맹본부 산하에 지부나 지사를 두는 형태라면 가맹점 모집에 연연하는 업체일 가능성이 높다. 이런 업체는 나중에 문제가 생겨도 책임질 주체가 없어진다는 것이 문제이다. 지부나 지사는 가맹점 모집을 전문으로 하는 업체로서 이들은 건당 수당을 받는 식으로 운영하는 사업체이다. 오늘은 A가맹본부 내일은 B가맹본부 하는 식으로 언제든지 다른 가맹본부의 지부나 지사가 될 수 있는 조직이다. 기획부동산의 대부분이 사기 상품(?)으로 들어나듯이 기획가맹사업도 그런 사업체일 가능성이 높다. 셋째는 가맹본부가 직영점을 운영하고 있는지 여부, 또 직영점을 운영하는 경우 그 점포의 실적을 알아본 후에 계약을 체결해야 한다는 사실이다. 실체가 있는 가맹본부라면 아이템 개발을 위해 또는 수익성을 검토하기 위해 몇 개의 직영점을 운영하는 것이 일반적이다. 직영점을 운영할 경우 그곳에서 무상으로 아르바이트를 해서라도 직영점의 운영방식과 수익구조를 이해하고 몸으로 터득하는 것이 중요하다. 직영점에서 근무하는 것이 여의치 않으면 다른 가맹점에서 아르바이트를 해서 사업방식과 수익구조를 이해할 기회를 가지는 것이 필요하다. 가맹본부가 제시하는 자료는 그저 참고용으로 사용해야지 이를 그대로 믿고서 가맹점을 창업하는 것은 금물이다. 넷째는 가맹본부가 제시하는 자료와 매뉴얼을 철저히 검증해야 한다는 사실이다. 이를 자세히 분석하면 가맹점에 대한 관리와 교육·훈련은 어떻게 하고, 또 인테리어를 얼마나 자주 교체하는지를 이해할 수 있다. 가짜는 아무리 포장을 해도 어설픈 면이 들어나기 마련이다. 철저한 검증을 통하여 가짜와 진짜를 구별할 수 있는 안목이 생길 때에 가맹점사업을 시작해도 늦지 않을 것이다. 다섯째는 가맹본부가 제공하는 정보공개서를 꼼꼼히 분석한 후 계약을 체결해야 한다는 사실이다. 정보공개서를 통해 먼저 알아보아야 할 내용은 폐점율이 어느 정도인지를 분석하는 것이다. 여기서 폐점율이란 개업한 전체 가맹점 중 문을 닫는 가맹점의 비율을 뜻한다. 폐점율이 높다는 것은 창업한 가맹점이 수익이 별로이거나 또는 못한다는 것을 증명하는 유력한 증거이다.

가맹계약은 가능한 표준계약서로 작성하고 협상을 통해 수정할 부분은 개별약정을 통해 수정하는 것이 좋다. 특히 가맹점을 양도할 때 가맹비와 인테리어의 처리문제와 권리금 관계를 계약서로 약정해두면 유익한 자료가 될 수 있다. 여섯째는 가맹점 창업을 하여 실패를 하더라도 실패경험을 축적할 수 있는 기회를 가져야 한다는 사실이다. 인생에서 한 번의 창업으로 성공을 거둔 경우도 있지만 사업환경 변화가 심한 세상에서 그런 성공을 기대하기 어려운 것이 현실이다. 가맹점 창업을 해서 '내가 가맹본부를 차려도 되겠다'고 싶을 정도로 가맹본부가 가진 영업기술과 비법을 자기 것으로 소화하는 능력과 의지가 필요하다. 가맹본부가 다 알아서 해주는 줄 알았다는 식으로 변명하는 것은 창업자의 무지를 들어내는 말이다. 실제 가맹점 창업과정을 살펴보면 가맹본부에서 실시하는 교육과 훈련이 인테리어 공사와 겹치게 진행하는 경우를 자주 목격할 수 있다. 말로는 창업을 빨리 하기 위한 것이라고 한다. 그러나 창업자의 입장에서 볼 때 인테리어를 어떤 식으로 하는지 또한 비용이 얼마인가를 알 수 있는 귀중한 창업경험을 놓치는 경우이다.

창업을 해야만 알 수 있는 내용은 반드시 창업자가 경험을 통하여 터득하는 것이 바람직하다. 그렇지 않으면 창업을 아무리 자주 하더라도 창업에서 얻을 수 있는 교훈을 얻지 못한다. 가맹본부에 의존해서 하는 창업은 준비과정이 생략되어 창업자의 경험으로 축적되지 않는다는 점이 문제이다. 수업료를 내고 사업을 했으면 실패경험이라고 얻을 수 있어야 하는 것이 세상만사의 이치이다. 미국 사람이 가장 좋아하는 에이브러햄 링컨(Abraham Lincoln) 대통령은 "내게 나무를 찍는 일에 여덟 시간이 주어진다면 난 여섯 시간은 날을 갈겠다"라고 말한 적이 있다. 이는 어떤 일을 하든지 그 일을 완수하기 위한 준비성을 강조한 말이다. 가맹사업 창업자도 자신이 하고자 하는 사업내용과 그 사업환경을 철저히 분석하고 준비해야 가맹사업 창업으로 인한 피해자가 되는 것을 피할 수 있다.

제 6 장 인수창업

1. 인수창업이란

창업을 어떤 형태로 할 것인가는 창업자가 고민해야 할 가장 중요한 사항이다. 창업방법으로는 크게 두 가지 형태로 구분할 수 있다. 하나는 창업자가 점포를 구하고 설비를 마련하는 등 하나부터 열까지 모두를 스스로 준비해서 창업하는 방법이고, 다른 하나는 이미 다른 사람이 운영하는 점포를 그대로 인수해서 창업하는 방법이다. 후자의 창업을 인수창업 또는 승계형 창업이라고 한다. 다른 사람이 운영하는 사업을 인수할 경우에는 기존 사업자가 인수하면 M&A의 일종이 되고, 신규 사업자가 인수하면 인수창업이 되는 것이다.[45]

인수창업이란 이미 다른 사람이 개업하여 영업을 하고 있는 사업체를 그대로 인수하여 창업을 하는 것을 뜻한다. 인수창업은 기존 업체의 고객과 거래처를 활용할 수 있고, 또 영업상의 노하우를 전수받을 수 있기 때문에 창업 시에 유리한 점이 많다. 그러나 이미 검증이 된 영업을 인수하는 것이기 때문에 권리금이 만만치 않은 것이 걸림돌로 작용한다. 타인의 기술이나 비법은 전수받을 수 있는 것이지만 능력이나 경험은 내 몸에 익혀야 나의 재산이 될 수 있다. 동일한 기술과 비법을 갖고 있더라도 전 주

---

[45] 인수창업 내지 승계형 창업은 기업 자체 입장에서는 창업으로 보기 어렵지만 창업자의 입장에서는 창업으로 볼 수 있는 창업이다. 창업 관련 법제에서는 인수창업을 창업으로 보지 않는다는 규정이 있으므로 지원이나 보조를 기대하고서 인수창업을 하는 것은 조심해야 하는 사항이다.

인이 할 때와 새 주인이 할 때에 차이가 나는 것은 양자의 능력과 경험이 다르기 때문이다. 능력이나 경험이 없으면서 무조건 남을 따라하면 잘될 것이라고 추측하는 것은 금물이다.

상법은 인수창업을 상법총칙 영업양도 편에서 규정하고 있다. 영업양도나 영업양수 또는 양도인이나 양수인은 동일한 행위를 매도인과 매수인 중 누구 편에서 바라본 것인가에 따른 명칭에 불과하다. 편의상 어떤 명칭을 사용하더라도 관계는 없으나 통상 법률에서 정한 명칭을 사용하는 것이 일반적이다. 입법기술상 의무와 책임을 중심으로 하여 법조문을 만드는 것이 편리하기 때문에 이를 영업양도라고 규정한다. 이 책에서는 창업자 중심으로 논의하기에 영업양도를 인수창업이라고 칭한다. 상법은 영업양도를 전후해서 양수인의 보호와 양도인에 대한 채권자 및 채무자의 보호 중심으로 규정하고 있다. 타인의 영업을 인수하여 창업을 할 경우 양수인이 주의해야 할 내용과 양도인이 주의해야 할 내용에 대하여 함께 고찰해 보자.

통상 인수창업은 기존의 사업체를 높이 평가하고서 거액의 권리금과 보증금을 지급한 후 인수하는 것이 일반적이다. 기존의 영업상황을 잘못 판단하거나 허위매출이 포함되어 있을 때에는 창업자가 권리금 장사의 희생양이 되는 일도 있다. 장사가 잘되는 영업을 양도할 때에는 영업주의 사망이나 이민 등 특수한 사정이 없는 한 양도를 하지 않는 것이 상식에 속하는 일이다. 거액의 권리금과 보증금을 지급하고 영업을 인수했으나 막상 장사가 잘되지 않아 속을 태우는 인수인을 주변에서 흔히 볼 수 있다. 후회와 원망을 하기도 하나 이미 기차를 놓친 것과 같은 신세이다. 인수인의 영업부진이 자신의 기술과 경험부족으로 인한 때에는 속이 상하는 일이지만 누구에게 책임을 묻기는 어렵다. 그러나 기존 업체의 영업실적을 양도인이 장난을 쳐서 인위적으로 조작된 것인 때에는 그 책임을 추궁할 수 있다. 양도인의 사기 또는 허위매출이 명백한 때에는 양도인을 상대로 사기죄로 형사책임을 묻거나 또는 민사상 손해배상책임을 청구할 수 있다. 그러나 양도인이 소셜커머스(SNS)를 통해 할인권을 남발하는 등 지능적인 방법으로 매출이 증가되었을 경우 그 증거를 찾기가 어려운 것이 현실이고, 설령 찾았다 하더라도 소송에서 이길 가능성이 낮은 것이 문제이다. 게르만법에서 유래하는 상거래에 관한 격언 중에 'Caveat Emptor'라는 말이 있다. 매매를 할 때에는 '매수인이여 주의하라(let the buyer beware)'와 같이 거래의 위험성은 매수인의 부담이 된다는 것을 뜻한다. 누구든지 타인의 권리를 매수할 때에는 무지해서는 안 되고, 또 무지로 인한 손해는 매수인의 부담이 된다는 사실을 명심해야 한다. 권리금에 관한 자세한 내용은 제9장 3. 상가임대차보호법에서 자세히 논의하기로 한다.

2. 영업양도의 의미와 이해관계인의 보호

영업양도에서 영업을 무엇으로 볼 것인가, 또 양도의 의미를 어떻게 해석할 것인가에 대해서는 학설이 대립한다. 일반적으로 일정한 영업목적을 위하여 유기적으로 결합된 영업재산의 전체를 영업이라고 정의한다. 영업은 단순히 영업용 재산을 집합시켜 놓은 것이 아니라 개개의 영업재산을 토대로 계속기업으로서 존속하는 데 필수적인 사실관계(영업권)까지 포함하는 개념이다. 영업재산은 적극재산과 소극재산으로 구분되고, 적극재산은 물건·각종의 권리·재산적 가치 있는 사실관계 등으로 구성되고, 소극재산은 영업활동으로 인해 부담하는 채무를 말한다. 대법원은 영업의 의미에 대하여 "상법 제42조가 말하는 영업이란 일정한 영업 목적에 의하여 조직화된 유기적 일체로서의 기능적 재산을 뜻하는 바, 여기서 말하는 유기적 일체로서의 기능적 재산이란 영업을 구성하는 유형·무형의 재산과 경제적 가치를 갖는 사실관계가 서로 유기적으로 결합하여 수익의 원천으로 기능한다는 것과 이와 같이 유기적으로 결합한 수익의 원천으로서의 기능적

재산이 마치 하나의 재화와 같이 거래의 객체가 된다는 것을 뜻한다 할 것이므로, 영업양도가 있다고 볼 수 있는지의 여부는 양수인이 당해 분야의 영업을 경영함에 있어서 무로부터 출발하지 않고 유기적으로 조직화된 수익의 원천으로서의 기능적 재산을 이전받아 양도인이 하던 것과 같은 영업적 활동을 계속하고 있다고 볼 수 있는지의 여부에 따라 판단되어야 한다(슈퍼마켓의 매장 시설과 비품 및 재고 상품 일체를 매수한 것이 영업양도에 해당한다)"라고 한다(대법원 1997. 11. 25. 선고 97다35085 판결). 또 대법원은 영업권의 의미에 대하여 "영업권이라 함은 그 기업의 전통, 사회적 신용, 입지조건, 특수한 제조기술 또는 거래관계의 존재 등 영업상의 기능 내지 특성으로 인하여 동종의 사업을 영위하는 다른 기업의 통상수익보다 높은 수익을 올릴 수 있는 초과수익력이라는 무형의 재산적 가치를 말한다"라고 한다(대법원 1997. 5. 28. 선고 95누18697 판결).

 영업양도에서 영업은 그 동일성을 유지하면서 이전되어야 한다. 영업의 동일성이 유지되는 한 반드시 영업의 전부를 이전할 필요는 없다. 반대로 영업재산의 전부를 양도하더라도 영업재산과 조직이 해체되어 이전하는 경우에는 영업양도가 되지 않는다. 대법원은 "영업의 양도라 함은 일정한 영업목적에 의하여 조직화된 총체 즉 물적, 인적 조직을 그 동일성을 유지하면서 일체로서 이전하는 것을 말한다. 운수업자가 운수업을 폐지하는 자로부터 그 소속 종업원들에 대한 임금 및 퇴직금 등 채무를 청산하기로 하고 그 운수사업의 면허 및 운수업에 제공된 물적 시설을 양수한 후, 폐지 전 종업원 중 일부만을 신규채용의 형식으로 새로이 고용한 경우, 그러한 사정만으로는 영업양도라고 볼 수 없다"고 한다(대법원 1995. 7. 25. 선고 95다7987 판결). 기존의 영업을 인수하여 영업을 할 경우 상법상의 쟁점 외에도 기존의 영업에 고용된 근로관계도 승계되는지가 문제된다. 일반적으로 영업양도로 인정되는 경우 근로관계가 승계되지만 단지 영업용 재산의 전부 또는 일부를 양도하는 자산양도에는 근로관계가 승계되지 않는다.

근로자는 영업의 인적 조직에 해당되므로 반대의 특약이 없는 한 영업의 양도에 고용관계의 승계가 포함되는 것으로 해석하여야 한다. 대법원도 영업양도에 있어 다른 합의가 없는 한 양도전의 근로조건이 그대로 유지되고, 또 양도 이전에 성립된 퇴직금채무 등의 임금채무도 양수인에게 이전되는 것으로 해석한다(대법원 2005. 2. 25. 선고 2004다34790 판결).[46] 따라서 양수하고자 하는 영업에서 영업주 외에 종업원이 있을 경우 그 종업원의 의사에 반하여 그를 쫓아낼 수 없다는 사실을 명심해야 한다. 그러나 현실에서는 자산양도의 특수형태로서 양도인의 자산과 부채 중에서 불량 부분을 분리하여 제외한 후 매각되는 P&A(Purchase & Assumption)가 영업양도인가 또는 자산양도인가를 둘러싸고 격렬한 논쟁을 벌이고 있다. 이 논쟁의 핵심은 근로관계를 승계할 것인가에 집중되어 있다.

---

[46] 대법원 2012. 5. 10. 선고 2011다45217 판결(영업의 양도란 일정한 영업목적에 의하여 조직화된 업체 즉, 인적·물적 조직을 동일성은 유지하면서 일체로서 이전하는 것이어서 영업 일부만의 양도도 가능하고, 이러한 영업양도가 이루어진 경우에는 원칙적으로 해당 근로자들의 근로관계가 양수하는 기업에 포괄적으로 승계되지만 근로자가 반대 의사를 표시함으로써 양수기업에 승계되는 대신 양도기업에 잔류하거나 양도기업과 양수기업 모두에서 퇴직할 수도 있다. 또한 이와 같은 경우 근로자가 자의에 의하여 계속근로관계를 단절할 의사로 양도기업에서 퇴직하고 양수기업에 새로이 입사할 수도 있다. 이때 근로관계 승계에 반대하는 의사는 근로자가 영업양도가 이루어진 사실을 안 날부터 상당한 기간 내에 양도기업 또는 양수기업에 표시하여야 하고, 상당한 기간 내에 표시하였는지는 양도기업 또는 양수기업이 근로자에게 영업양도 사실, 양도 이유, 양도가 근로자에게 미치는 법적·경제적·사회적 영향, 근로자와 관련하여 예상되는 조치 등을 고지하였는지 여부, 그와 같은 고지가 없었다면 근로자가 그러한 정보를 알았거나 알 수 있었던 시점, 통상적인 근로자라면 그와 같은 정보를 바탕으로 근로관계 승계에 대한 자신의 의사를 결정하는 데 필요한 시간 등 제반 사정을 고려하여 판단되어야 한다. 甲 병원을 운영하던 乙 학교법인이 丙 의료법인을 새로 설립하여 甲 병원 영업을 양도하면서 甲 병원 근로자들에게 그 사실을 고지하지 않았는데, 나중에 영업양도 사실을 알게 된 丁 등 甲 병원 근로자 일부가 乙 법인을 상대로 퇴직금 지급을 구한 사안에서, 제반 사정에 비추어 乙 법인과 丙 법인 사이에 丁 등에 대한 근로관계 승계가 이루어지지 않았고 乙 법인과 丁 등의 근로관계도 종료되었으므로, 乙 법인은 丁 등에게 퇴직금을 지급할 의무가 있다고 본 원심판결의 결론을 정당하다).

영업양도는 영업 그 자체를 양도하는 것이므로 주식이나 지분의 양도처럼 영업주체의 지위가 이전되는 것과는 구별된다. 경영권의 변동을 가져오는 점에서 양자는 동일하나 영업양도와 주식의 양도는 달리 해석되어야 한다. 영업양도는 영업의 주인에 해당하는 양도인이 양도주체가 되나 주식의 양도는 영업의 주인은 회사이고 회사의 주인인 주주가 양도인이 되어 그의 지분을 양도하는 것이다. 대법원은 "통상 회사를 양수한다는 것에는, 첫째 영업 주체인 회사로부터 영업 일체를 양수하여 회사와는 별도의 주체인 양수인이 양수한 영업을 영위하는 경우와, 둘째 회사의 주식이나 지분권을 그 소유자로부터 양수받아 양수인이 회사의 새로운 지배자로서 회사를 경영하는 경우가 있는 바, 첫째의 경우는 영업의 주체인 회사가 양도인이 되어 양수인과 계약을 체결하고 양도·양수 후에도 양수인은 그 회사와는 별도의 주체로서 양수한 영업을 영위하는 것이나, 둘째의 경우는 영업 자체를 양도·양수하는 것이 아니라 영업의 주체인 회사의 주식이나 지분권을 양도·양수하는 것이므로, 이 경우는 회사의 주식 또는 지분권을 소유하고 있는 주주 또는 지분권자 개인이 양도인이 되는 것이고 회사가 양도인이 될 수는 없다"고 한다(대법원 1995. 8. 25. 선고 95다20904 판결).

3. 영업양(수)도 계약서의 작성

영업양도는 영업의 소유권에 변동을 가져오므로 영업을 소유하고 있는 소유자만이 양도인이 된다. 영업양도의 당사자, 즉 양도인이나 양수인은 개인이든 회사이든 아무런 관계가 없다. 다만 양도인이나 양수인이 회사가 되는 경우 내부적으로 일정한 절차를 밟아야 하는 점은 개인이 당사자로 하는 경우와는 구별된다. 영업양도는 영업 그 자체를 양도하거나 양수하는 행위이므로 당사자 간에 계약을 통해 거래되는 것이 일반적이다. 영업양도 계약은 거래대상이 되는 영업규모가 어느 정도인지에 따라 계약서의 내용이 달라질 수 있다. 영업규모가 작을 때에는 몇 장의 계약서로 계약이 체결되는 경우가 대부분이다. 그러나 영업규모가 큰 경우에는 합의해야 할 사항이 많고, 또 그 내용이 복잡하기 때문에 계약서가 수 십장을 넘기는 경우가 허다하다. 영업양도 계약서는 각종 계약서 중에서 작성하기 가장 어려운 것이므로 신중히 작성하여야 한다.

영업양도 계약은 영업 그 자체를 포괄적으로 이전하는 것을 목적으로 하는 채권계약으로서 상법상 특유한 계약이다. 영업 그 자체가 독립된 권리객체가 될 수 없기 때문에 영업과 관련된 모든 내용을 포함하는 혼합계약 형식으로 체결된다. 영업양도 계약은 당사자 간의 합의만으로 계약이 성립되는 낙성계약이므로 특정한 방식이나 형식을 요구하지 않는다. 영업양도 계약은 명시적 또는 묵시적으로 계약을 체결할 수 있다. 대법원은 "영업재산의 일부를 유보한 채 영업시설을 양도했어도 그 양도한 부분만으로도 종래의 조직이 유지되어 있다고 사회관념상 인정되면 그것을 영업의 양도라 볼 수 있고, 이러한 영업양도는 반드시 영업양도 당사자 사이의 명시적 계약에 의하여야 하는 것은 아니며 묵시적 계약에 의하여도 가능하다"고 한다(대법원 2009. 1. 15. 선고 2007다17123 판결).

영업양도 계약을 체결할 때에는 자산과 부채의 이전에 관한 사항, 영업소나 상호의 이전에 관한 사항, 사용인의 승계에 관한 사항, 양도의 대가에 관한 사항 등에 대하여 합의가 이루어져야 한다. 영업양도는 그 대가의 지급방법에 따라 매매·교환 등 다양한 형식을 취할 수 있고, 또 양도인이 기존의 영업을 회사에 현물출자를 하는 경우에도 영업양도가 인정된다. 양도의 목적물에 대하여 비교적 상세하게 약정을 해야 차후에 분쟁이 생기는 것을 방지할 수 있다. 비품 하나하나 목록을 만들어 작성하고 개별 품목별로 인수할 당시 상태가 어떠한지, 또 하자가 없는지 여부를 조사하고 그에 관한 내용을 기록으로 남겨두어야 한다. 영업양도는 실질적으로 영업을 포괄적으로 양도하는 행위이지만 법률상은 특정승계에 해당한다. 영업의 양도는 자산의 유형에 따라 적합한 방법으로 이전되어야 한다. 예컨대 부동산은 등기로서, 동산은 인도로서, 채권은 양도절차를 구비하여야 하고, 사실관계의 이전은 통상의 거래관념에 따라 문서 또는 구두 기타 방법으로 하는 식이다.

다른 사람이 영위하던 영업을 인수할 때에는 양수인이 중점을 두고서 인수하는 부분이 있을 것이다. 양도인이 가진 영업기술이나 비법이 탐이 나서 인수를 했다면 그 기술이나 비법을 어떻게 전수받느냐가 중요하다. 영업에서 핵심기술자가 차지하는 비중이 클 경우 반드시 그를 포함해서 인수하여야 하고, 또 시설이 마음에 들어 인수를 했다면 그 시설을 그대로 인수하여야 한다. 특히 규모가 큰 영업을 인수할 때에는 잉여인력이 있는 것으로 판단되더라도 노동법상 해고가 가능한지에 대하여 철저히 연구를 한 후에 해고를 하는 것이 바람직하다. 해고사유가 없음에도 해고를 할 경우 인수를 하자마자 노사분쟁에 휩싸이게 되고, 또 재수가 없으면 노동법 위반으로 처벌될 수도 있다.

영업양도에서 영업규모가 크거나 영업권의 평가에 양수인 측의 실사를 거쳐야 하는 경우에는 본 계약인 영업양도 계약을 체결하기 전에 양해각서를 주고받을 수 있다. 여기서 양해각서(MOU, Memorandum of understanding)란 중요한 계약이나 전략적 제휴를 하는 경우 정식계약을 체결하기에 앞서 당사자 간의 이해나 기본적인 합의 사항을 확인하는 문서를 뜻한다. 통상 양해각서는 당사자의 역할과 협력 사항을 추상적으로 기술한 것에 불과하고 상호간에 구속력이 없기 때문에 도중에 무산되더라도 특별히 책임을 지는 일이 없다. 그러나 양해각서 중에는 본 계약과 관련하여 어떤 합의사항을 기록하는 경우나 특정부분을 본래의 의미와는 달리 해석할 경우에는 법적 구속력이 있는 약정을 맺는 일이 있다.

양해각서에서 양수인만이 실사를 할 수 있고 계약교섭권을 갖는다는 독점적 조항이 포함되어 있을 경우 문제가 생길 수 있다. 양수인은 실사를 핑계로 양도인의 기술이나 영업비밀을 빼앗아 갈 가능성이 있기 때문이다. 영업양도인은 양해각서를 체결할 때 독점적 지위를 가진 기간을 명시하거나 또는 자신의 영업비밀을 지킬 수 있는 안전장치를 마련한 후에 실사를 허용하는 것이 바람직하다. 종래 일부 대기업에서 중소기업이 개발한 기술이 탐나서 기술인수를 핑계로 하여 기술을 빼돌린 후 가격을 후리치거나 또는 중소기업보다 먼저 제품을 출시하여 중소기업의 목을 조이는 일이 종종 있었다. 회사의 기밀은 실사과정에서 빼앗아 가는 경우가 많기 때문에 양도인이 특별히 주의해서 실사과정을 지켜보아야 한다. 반대로 영업양도인이 실제로 영업을 양도할 의사가 없으면서 단순히 거래금액을 알아보기 위해서 또는 높은 가액을 받기 위한 방편으로 이용할 때에는 양수인의 보호가 문제된다. 이때에는 양수인이 들러리로 나서는 꼴이 되기 때문에 그가 허비한 비용과 시간에 대한 보상은 물론 신뢰이익의 보상까지 받을 수 있는 장치를 마련하는 것이 필요하다.

4. 영업양도인의 경업금지의무

영업양도를 둘러싸고 가장 논란이 되는 부분은 양도인의 경업금지의무를 어디까지 인정할 것인가에 관한 내용이다. 양수인의 입장에서는 장사가 잘 되는 영업을 양수했을 경우 양도인이 일정 권역 내에서 동일업종을 개업하지 못하도록 하는 것이 필수적이다. 그러나 양도인의 입장에서는 법문대로 해석하면 너무 포괄적인 규정이기 때문에 양도인의 영업의 자유를 침해하는 결과로 될 수도 있다. 양도인의 경업금지의무의 내용과 그 위반이 있을 경우 어떻게 해결할 것인가에 관한 약정을 해야 하는 이유도 바로 여기에 있다. 인수창업에서 분쟁이 가장 많이 발생하는 부분도 양도인의 경업금지의무를 어디까지 인정할 것인가와 위반이 있을 경우 이를 어떻게 해결할 것인가에 집중되어 있다.

양도인의 경업금지의무는 양도인이 영업활동을 하여 고객이 생기고 재산적 가치 있는 사실관계가 있는 영업을 양도할 경우에만 인정되는 것이 아니다. 대법원은 "소규모 미용실의 상호와 시설 일체를 양도한 자가 그 미용실에서 70m 가량 떨어진 곳에 새로운 미용실을 개업하여 운영하자 양수인이 경업금지가처분을 신청한 사안에서, 양수인이 미용실을 인수하면서 임차인의 지위를 승계하고 추가로 금원을 지급하여 양도인이 사용하던 상호, 간판, 전화번호, 비품 등 일체를 인수받은 다음 이를 변경하지 아니한 채 그대로 사용하면서 미용실을 운영하고 있는 점에 비추어, 비록 그 미용실이 특별히 인계·인수할 종업원이나 노하우, 거래처 등이 존재하지 아니하여 이를 인수받지 못하였다 할지라도, 양수인은 양도인으로부터 유기적으로 조직화된 수익의 원천으로서의 기능적 재산을 이전받아 양도인이 하던 것과 같은 영업적 활동을 계속하고 있으므로 위 미용실의 영업을 양수하였다고 판단된다"고 한다(대법원 2009. 9. 14. 자 2009마1136 결정). 양도인의 경업금지의무는 양수인을 보호하기 위한 정책적 규정인가 또는 계약상 당연한 규정인가에 대하여 학설이 대립하고 있다. 그러나 어느 쪽으로 해석하던 문제가 될 것이 없으므로 실익이 없는 논쟁이다.

상법상 양도인이 영업을 양도한 경우에 다른 약정이 없으면 양도인은 10년간 동일한 특별시·광역시·시·군과 인접한 특별시·광역시·시·군에 한하여, 다른 약정이 있으면 20년을 초과하지 아니한 범위 내에서 양도인의 경업금지의무를 규정하고 있다(상 제41조). 상법은 양수인이 영업을 인수한 목적을 달성할 수 있도록 하기 위해 양도인에게 경업금지의무를 부과하고 있다. 여기서 경업금지의무란 양도인이 영업양도를 한 이후 일정 지역에서 일정 기간 내에 동종의 영업을 하지 아니할 의무를 부담하는 것을 뜻한다. 동종영업에는 동일한 업종뿐만 아니라 경쟁관계 또는 대체관계에 있는 업종도 포함되는 것으로 본다. 대법원은 "상법의 취지를 고려하여 보면, 경업이 금지되는 대상으로서의 동종 영업은 영업의 내용, 규모, 방식, 범위 등 여러 사정을 종합적으로 고려하여 볼 때 양도된 영업과 경쟁관계가 발생할 수 있는 영업을 의미한다고 보아야 한다"라고 한다(대법원 2015. 9. 10. 선고 2014다80440 판결). 실무상 양도인이 새로이 창업한 업종을 둘러싸고 경업에 해당되는 업종인가에 대하여 논쟁을 벌이는 일이 있다. 예컨대 A가 식당을 개업하여 술과 안주 위주로 장사를 하다가 B에게 양도한 후 같은 동네에서 호프집을 개업하여 안주거리로 전 식당에서 주로 취급했던 메뉴를 내놓은 경우를 가정해보자. 여기서 A는 식당과 호프집은 다른 업종이므로 경업에 해당되지 않은 것이라고 주장함에 반해, B는 둘 다 술과 안주 위주의 장사이고 안주거리가 유사하기 때문에 경업에 해당하는 것으로 주장한다. 술과 안주의 매출이 사업에서 핵심 역할을 하고, 또 안주거리가 중요한 위치를 차지할 때에는 경업에 해당되는 것으로 볼 수 있다.

양도인의 경업금지의무는 상법의 문언대로 해석하면 그 지역이 너무 광범위하고 또한 기간도 너무 길어서 양도인의 영업의 자유를 침해할 여지가 있는 것도 사실이다. 예컨대 서울 강북지역 노원동에서 미용실을 운영하다가 다른 사람에게 양도한 후 강남지역으로 이사와 목동에서 미용실을 개업하는 것이 경업금지의무에 위반되는지가 궁금하다. 법문대로 해석하면 서울시는 동일한 지역이므로 서울 어디에서라도 개업을 하지 못할 것으로 해석된다. 양수인의 보호와 양도인의 영업의 자유가 충돌하는 영역으로서 상법 제41조의 위헌성에 대하여 헌법재판소까지 간 일이 있다. 헌법재판소는 양도인의 경업가능성은 영업의 종류 및 영업지 등에 따라 다양하게 나타날 수 있어 경업금지구역과 기간을 세분하는 것이 입법기술상 용이하지 아니하다고 하면서, 상법 제41조 제1항은 다른 특약을 인정하고 있고 또 경업과 손해 사이에 상당인과관계가 있어야만 손해배상을 청구할 수 있으므로 일률적인 경업금지구역 및 기간의 설정에서 오는 불합리성이 완화되기 때문에 상법 제41조가 위헌은 아닌 것으로 해석한다(헌법재판소

1996. 10. 4. 선고 94헌가5 결정).

  양도인에게 경업금지의무를 지우는 것은 영업을 양수한 인수인의 영업권을 보호하기 위한 것이므로 업종이나 영업규모, 지역사정 등을 고려하여 영업권의 충돌이 생기지 아니할 경우에는 그 의무가 면제되는 것으로 해석하여야 한다. 상법 제41조에 규정한 동일 또는 인접한 특별시·광역시·시·군을 획일적으로 해석하지 말고 영업권이 미치는 범위, 즉 영업권의 충돌이 있는 지역을 업종이나 규모에 따라 합리적으로 해석하여 해결하는 것이 바람직하다. 예컨대 경기도 용인시에서 미용실을 운영한 갑이 이를 을에게 양도한 후 몇 달 뒤에 약 1킬로미터 떨어진 곳에서 새로이 미용실을 개업한 것이 문제로 된 사례가 있다. 판례는 "상법 제41조 제1항의 '영업'이란 일정한 영업 목적에 의하여 조직화된 유기적 일체로서의 기능적 재산을 말하고, 여기서 말하는 유기적 일체로서의 기능적 재산이란 영업을 구성하는 유형·무형의 재산과 경제적 가치를 갖는 사실관계가 서로 유기적으로 결합하여 수익의 원천으로 기능한다는 것과, 이와 같이 유기적으로 결합한 수익의 원천으로서의 기능적 재산이 마치 하나의 재화와 같이 거래의 객체가 된다는 것을 뜻하는 것이므로, 영업양도를 하였다고 볼 수 있는지의 여부는 양수인이 유기적으로 조직화된 수익의 원천으로서의 기능적 재산을 이전받아 양도인이 하던 것과 같은 영업적 활동을 계속하고 있다고 볼 수 있는지 여부에 따라 판단하여야 하고, 이러한 영업양도의 판단기준은 인계·인수할 종업원이나 노하우, 거래처 등이 존재하지 아니하는 소규모 자영업의 경우에도 동일하게 적용된다. 갑이 을에게 미용실을 양도한 후 다시 800m 가량 떨어진 곳에서 새로운 미용실을 개업·운영한 사안에서, 갑은 영업양도인으로서 양수인 을에 대하여 상법 제41조 제1항에 의하여 일정한 지역 내에서 경업금지의무를 부담함에도 이를 위반하였으므로, 갑은 영업을 폐지하고 을이 입은 손해를 배상할 책임이 있다"고 한다(수원지방법원 2011. 2. 10. 선고 2010가합14646 판결).

영업양도인은 영업을 양도한 후 새로운 회사를 설립하여 동종영업을 하거나 동종영업을 하는 회사를 인수하여 영업을 해도 양도인이 지배주주가 되는 경우 양도인과 회사 모두 경업금지의무를 부담한다. 자영업자가 영업을 양도한 이후 법인으로 갈아타고 영업을 하는 경우는 물론 법인이 영업을 양도한 이후 그 주도자가 자영업으로 갈아타고 영업을 하는 것도 금지된다. 이러한 조치는 영업양도인이 우회적인 방법을 통해 양도인의 경업금지의무를 무력화시키는 것을 방지하기 위함이다. 상법 제41조는 입법취지를 고려하여 양도인으로 하여금 인수인의 영업에 방해가 되는 행위를 일체 못하도록 하는 것이 타당하다. 대법원은 경업금지약정을 체결한 이후 타인이 대표이사로 있는 회사를 실질적으로 지배하는 형식으로 동종 영업을 운영하는 경우 위 경업금지약정을 위반한 것이 되는 것으로 본다(대법원 2005. 4. 7. 자 2003마473 결정).

영업양수인은 영업양도인이 경업금지의무를 위반할 경우 손해배상을 청구하거나 양도인을 상대로 경업금지를 구하는 소를 제기할 수 있으며, 또 보전처분으로서 경업금지가처분을 신청할 수 있다. 금지의 내용은 영업의 폐지는 물론이고 영업의 양도, 임대 기타의 처분 등을 일체 할 수 없도록 하는 것이 포함된다. 대법원은 "영업양도계약의 약정 또는 상법 제41조에 따라 영업양도인이 부담하는 경업금지의무는 스스로 동종 영업을 하거나 제3자를 내세워 동종 영업을 하는 것을 금하는 것을 내용으로 하는 의무이므로, 영업양도인이 그 부작위의무에 위반하여 영업을 창출한 경우 그 의무위반 상태를 해소하기 위하여는 영업을 폐지할 것이 요구되고 그 영업을 타에 임대한다거나 양도한다고 하더라도 그 영업의 실체가 남아있는 이상 의무위반 상태가 해소되는 것은 아니므로, 그 이행강제의 방법으로 영업양도인 본인의 영업 금지 외에 제3자에 대한 영업의 임대, 양도 기타 처분을 금지하는 것도 가능하다"고 한다(대법원 1996. 12. 23. 선고 96다37985 판결).

상법에서 정한 양도인의 경업금지의무는 양도인과 양수인 모두의 보호에 불완전한 면이 있다. 단골 위주로 장사를 하는 요식업이나 미용실 등은 전 주인이 인근에서 동일 업종을 개업하면 치명상을 입을 가능성이 있다. 권리금까지 주고서 인수한 영업을 제대로 해보지도 못한 채 문을 닫아야 할 처지가 될지도 모른다. 이러한 경우 양도인의 경업금지의무가 중요한 역할을 하여 양수인의 영업권을 보호하게 된다. 그러나 양도인으로 하여금 최소 10년간 동종영업을 못하게 하는 것은 무리한 요구가 아닌가라는 의문이 있다. 사람의 직업이나 행하는 업종은 쉽게 바꿀 수 있는 것이 아니고, 또 바뀌어도 아니 되는 성질을 갖는다. 왜냐하면 자신이 배운 기술과 경험을 밑천삼아 영업을 하는 것이 대다수 사람이 취하는 생활방식이기 때문이다. 그런 점에서 10년은 너무 과도하게 양도인의 영업의 자유를 구속하게 되므로 양도인의 입장에서도 수정할 필요가 있는 부분이다. 상법 제41조는 양수인을 보호하기 위한 임의규정에 불과하므로, 당사자 간의 계약으로 경업금지의무를 면제하거나 완화할 수 있다. 당사자 간에 경업금지의무의 범위, 시간, 지역, 형태와 이를 위반할 경우 양도인이 물게 될 위약금 등 모든 사항에 대하여 약정을 해두는 것이 바람직하다. 이러한 약정을 해두면 후에 분쟁이 생기는 것을 방지할 수 있음은 물론이고 분쟁이 생기더라도 소송에서 유리한 지위를 차지할 수 있을 것이다.

5. 영업양수인의 책임

(1) 상호를 계속 사용하는 경우

영업양수인이 양도인의 상호를 계속 사용하는 경우에는 양도인의 영업으로 인한 제3자의 채권에 대하여 양수인도 변제할 책임이 있다(상 제42조 1항). 상법 제42조 제1항은 양수인이 양도인의 상호를 계속 사용할 경우 양도인의 영업상의 채무에 대한 책임을 질 것이라는 채권자의 기대를 보호하기 위한 규정이다. 대법원은 "상호를 속용하는 영업양수인의 책임을 정하고 있는 상법 제42조 제1항은, 일반적으로 영업상의 채권자의 채무자에 대한 신용은 채무자의 영업재산에 의하여 실질적으로 담보되어 있는 것이 대부분인데도 실제 영업의 양도가 이루어지면서 채무의 승계가 제외된 경우에는 영업상의 채권자의 채권이 영업재산과 분리되게 되어 채권자를 해치게 되는 일이 일어나므로 영업상의 채권자에게 채권추구의 기회를 상실시키는 것과 같은 영업양도의 방법, 즉 채무를 승계하지 않았음에도 불구하고 상호를 속용함으로써 영업양도의 사실이 대외적으로 판명되기 어려운 방법 또는 영업양도에도 불구하고 채무의 승계가 이루어지지 않은 사실이 대외적으로 판명되기 어려운 방법 등이 채용된 경우에 양수인에게도 변제의 책임을 지우기 위하여 마련된 규정이라고 해석된다"고 한다(대법원 2009. 1. 15. 선고 2007다17123 판결).

영업양수인의 책임은 양도인의 상호를 그대로 사용하면서 계속 영업을 한 경우에 인정된다. 양수인의 입장에서 보면 상호를 보고 찾아오는 단골고객을 유치하기 위해 상호를 바꾸지 않은 편이 유리할 수도 있다. 양수인이 양도인의 상호를 계속 사용할 경우 양도인의 채권자는 양도인이 영업을 양도한 사실을 몰라서 채권을 회수할 기회를 놓칠 수 있다. 양수인에게 양도인의 상호를 사용할 권리를 인정함과 동시에 양수인의 책임을 인정하여 양자의 균형을 맞추는 입법이다. 양수인은 양도인의 영업활동으로 부담하는 채권에 대해서만 책임을 지도록 한다. 대법원은 "상호의 속용은 형식상 양도인과 양수인의 상호가 전혀 동일한 것임을 요하지 않고, 양도인의 상호 중 그 기업주체를 상징하는 부분을 양수한 영업의 기업주체를 상징하는 것으로 상호 중에 사용하는 경우를 포함한다고 할 것이고, 그 동일여부는 명칭, 영업목적, 영업장소, 이사의 구성 등을 참작하여 결정되어야 한다. 영업으로 인하여 발생한 채무란 영업상의 활동에 관하여 발생한 모든 채무를 말하는 것이므로 불법행위로 인한 손해배상채무도 이에 포함된다"고 한다(대법원 1989. 3. 28. 선고 88다카12100 판결). 또 "상법 제42조 제1항은 영업양수인이 양도인의 상호를 계속 사용하는 경우에는 양도인의 영업으로 인한 제3자의 채권에 대하여 양수인도 변제할 책임이 있다고 규정하고 있고, 이 때 양도인의 영업으로 인한 채무란 영업상의 활동에 관하여 발생한 채무를 말하는 것이다. 영업양도인이 주식회사인 경우에는 회사에게 사적인 생활이 존재하지 아니한 관계로 주식회사의 명의로 한 행위는 반증이 없는 한 일단 회사의 영업을 위하여 하는 행위로 추정되며, 따라서 그로 인하여 회사가 부담하는 채무도 영업으로 인한 채무로 추정된다고 할 것이지만, 반증에 의하여 그 채무가 영업으로 인한 채무가 아니라는 점이 밝혀지는 경우 그러한 추정은 복멸될 수 있다"고 한다(대법원 2000. 6. 28. 선고 2000다5862 판결). 양도인은 본래 채무자이므로 영업양도를 하더라도 책임이 없어지지 않으며, 양도인과 양수인은 채권자에 대하여 부진정연대채무를 부담하는 것으로 보아야 한다.

　상호를 계속 사용하는 영업양수인의 책임은 상호계속사용의 원인관계가 무엇인지에 관하여 제한을 둘 필요가 없기에 상호계속사용이라는 사실관계가 있으면 충분하다. 상호의 동일성은 동일한 상호를 사용하는 경우뿐만 아니라 종전의 상호의 전후에 어떠한 문자를 부가한 경우에도 거래의 사회통념상 종전의 상호를 계승한 것이라고 보이는 때에는 이에 포함되는 것으로 해석한다. 대법원은 "상법 제42조 제1항이 상호를 계속 사용하는 영업양수인에게 양도인의 영업으로 인한 채무에 대하여도 변제할 책임이 있다고 규정하고 있는 것은, 일반적으로 채무자의 영업상 신용은 채무자의 영업재산에 의하여 실질적으로 담보되는 것이 대부분인데 채무가 승계되지 아니함에도 상호를 계속 사용함으로써 영업양도의 사실 또는 영업양도에도 불구하고 채무의 승계가 이루어지지 않은 사실이 대외적으로 판명되기 어렵게 되어 채권자에게 채권 추구의 기회를 상실시키는 경우 양수인에게도 변제의 책임을 지우기 위한 것이므로, 영업양도인이 사용하던 상호와 양수인이 사용하는 상호가 동일할 것까지는 없고 다만 전후의 상호가 주요 부분에 있어서 공통되기만 하면 상호를 계속 사용한다고 보아야 한다. 영업양도인이 사용하던 상호인 '주식회사 파주레미콘'과 영업양수인이 사용한 상호인 '파주콘크리트 주식회사'는 주요 부분에서 공통된다고 보아, 상호 속용에 따른 영업양수인의 책임이 인정된다"고 한다(대법원 1998. 4. 14. 선고 96다8826 판결). 상법 제42조 제1항의 책임은 영업을 현물출자해서 회사를 설립하고 그 회사가 종전의 상호를 계속 사용하는 경우에도 유추적용이 인정된다. 대법원은 "영업을 출자하여 주식회사를 설립하고 그 상호를 계속 사용하는 경우 영업의 양도는 아니지만 출자의 목적이 된 영업의 개념이 동일하고 법률행위에 의한 영업의 이전이란 점에서 영업의 양도와 유사하며 채권자의 입장에서 볼 때는 외형상 양도와 출자를 구분하기 어려우므로 새로 설립된 법인은 출자자의 채무를 변제할 책임이 있다"고 한다(대법원 1989. 3. 28. 선고 88다카12100 판결). 그리고 영업양수인이 계속 사용하는 명칭이 상호가 아니라 옥호 또는 영업표지인 때에도 종전의 거래상대방이 영업주체의 변동을 깨닫지 못할 정도인 경우에는 상법 제42조 제1항의 유추적용도 인정된다(대법원 2010. 9. 30. 선고 2010다35183 판결).

영업양도와 비슷한 것에는 영업의 임대차가 있다. 여기서 영업의 임대차란 상인이 그 영업의 전부 또는 일부를 일괄하여 일정 기간 동안 타인에게 빌려주는 것을 뜻한다. 영업의 임대차는 임차인이 자기의 명의와 계산으로 영업을 하여 상인자격을 취득하는 점에서 단순한 영업용 재산의 임대와는 구별되며, 또 영업이 이전되지 않고 임차인이 일정 기간 자신을 위해 영업을 이용할 권리를 가진다는 점에서 영업양도와는 구별된다. 영업의 임대차는 임대인의 영업을 임차인이 계속 그대로 이용하는 것이므로, 임대인이 임차인에게 영업을 사용·수익하게 할 의무와 경업금지의무를 지고 또한 임차인은 임대인의 영업을 이용한 대가로 임료를 지급할 의무를 부담하는

것은 당연하다. 특히 영업양도에서 인정되는 양수인과 영업상의 채권자 또는 채무자의 보호에 관한 규정이 상호를 속용하는 영업의 임대차에 어디까지 준용할 것인지가 문제된다. 그러나 임대차계약에서 특별히 정하고 있지 않는 한 영업임대인의 영업으로 인한 채권·채무는 영업임차인에게 이전되지 않는 것으로 본다. 대법원도 "영업임대차의 경우에는 상법 제42조 제1항과 같은 법률규정이 없을 뿐만 아니라, 영업상의 채권자가 제공하는 신용에 대하여 실질적인 담보의 기능을 하는 영업재산의 소유권이 재고상품 등 일부를 제외하고는 모두 임대인에게 유보되어 있고 임차인은 그 사용·수익권만을 가질 뿐이어서 임차인에게 임대인의 채무에 대한 변제책임을 부담시키면서까지 임대인의 채권자를 보호할 필요가 있다고 보기 어렵다. 여기에 상법 제42조 제1항에 의하여 양수인이 부담하는 책임은 양수한 영업재산에 한정되지 아니하고 그의 전재산에 미친다는 점 등을 더하여 보면, 영업임대차의 경우에 상법 제42조 제1항을 그대로 유추적용할 것은 아니다"고 한다(대법원 2016. 8. 24. 선고 2014다9212 판결).

영업양수인은 양도인의 채권자가 선의인 경우에만 책임을 지는지가 궁금하다. 통설과 판례는 선의의 채권자만 보호하고 악의의 채권자는 보호를 받지 못하는 것으로 해석한다. 대법원은 "상호를 속용하는 영업양수인의 책임은 위와 같이 채무승계가 없는 영업양도에 의하여 자기의 채권추구의 기회를 빼앗긴 채권자의 외관신뢰를 보호하기 위한 것이므로, 영업양도에도 불구하고 채무승계의 사실 등이 없다는 것을 알고 있는 악의의 채권자가 아닌 한, 당해 채권자가 비록 영업의 양도가 이루어진 것을 알고 있었다고 하더라도 그러한 사정만으로 보호의 적격이 없다고는 할 수 없고, 이 경우 당해 채권자가 악의라는 점에 대한 주장·증명책임은 상법 제42조 제1항에 의한 책임을 면하려는 영업양수인에게 있다"고 한다(대법원 2009. 1. 15. 선고 2007다17123 판결). 여기서 악의란 영업양도의 사실을 알고 있는 것을 의미하는 것이 아니라 양수인이 양도인의 채무를 인수하지 아니한 것을 알고 있는 것을 뜻한다. 양수인이 영업양도를 받은 후 지체 없이 양도인의 채무에 대한 책임이 없음을 등기하거나 양도인과 양수인이 지체 없이 제3자에 대하여 그 뜻을 통지한 경우에 그 통지를 받은 제3자에 대하여는 변제할 책임이 없다(상 제42조 2항).

그리고 양도인이 영업양도를 하면서 영업상의 채권을 이전하지 않을 때에도 일정한 요건을 갖춘 경우 외관법리에 의하여 채무자를 보호하고 있다. 상법은 양수인이 양도인의 상호를 계속 사용하는 경우에는 양도인의 영업으로 인한 채권에 대하여 채무자가 선의이며 중대한 과실 없이 양수인에게 변제한 때에는 그 효력이 있는 것으로 한다(상 제43조). 상호의 계속 사용은 채권의 양도가 있는 외관으로 보아 양수인에게 선의로 변제한 채무자를 보호하기 위한 규정이다. 상법 제43조는 선의의 채무자가 이중변제의 위험으로부터 벗어나게 하는 것이다. 양수인의 상호 속용은 당사자 간에 합의가 있는 경우뿐만 아니라 양수인이 무단으로 사용한 경우에도 그 효력이 인정된다. 왜냐하면 상법 제43조는 선의의 채무자를 보호하는 규정이므로 무단사용의 경우에도 보호의 필요성이 있고, 또 양도인에게도 무단사용의 방치에 대하여 일정한 책임이 있기 때문이다. 실제로 채권양도가 없더라도 영업양도인이 채무자에게 채권양도를 통지하거나 광고한 경우에는 상법 제44조의 유추적용에 의해 변제의 효력이 있는 것으로 본다. 그러나 양수인이 양도인의 상호를 계속 사용하지 않는 경우에는 채무자를 보호할 이유가 없기 때문에 채권양도의 일반원칙에 의하여 처리한다.

(2) 상호를 계속 사용하지 않은 경우

양수인이 양도인의 상호를 계속 사용하지 않는 경우에는 양도인의 채권자에 대하여 아무런 책임을 지지 않는다. 다만 영업양수인이 양도인의 영업으로 인한 채무를 인수할 것을 광고한 때에는 예외적으로 변제할 책임을 부담한다(상 제44조). 여기서 광고란 채무인수의 의사가 있음을 불특정 다수인에게 표시하는 것을 뜻한다. 양수인이 광고에 의하지 않고 양도인의 채권자에게 개별적으로 채무인수의 의사를 표시하는 통지를 한 경우에는 그러한 의사표시를 받은 채권자에 대하여 양수인의 책임이 인정된다. 대법원은 "양도인의 상호를 계속 사용하지 아니하는 영업양수인에 대해서도 양도인의 영업으로 인한 채무를 인수할 것을 광고한 때에는 그 변제책임을 인정하는 상법 제44조의 법리는, 영업양수인이 양도인의 채무를 받아들이는 취지를 광고에 의하여 표시한 경우에 한하지 않고, 양도인의 채권자에 대하여 개별적으로 통지를 하는 방식으로 그 취지를 표시한 경우에도 적용되어, 그 채권자와의 관계에서는 위 채무변제의 책임이 발생한다"라고 한다(대법원 2008. 4. 11. 선고 2007다89722 판결).

상법은 양수인이 양도인의 상호를 속용하지 않는 경우 채무인수를 광고한 때에만 예외적으로 책임을 인정한다. 그러나 일부 특별법은 상호의 속용이나 채무인수의 광고와는 관계없이 양수인으로 하여금 특정한 영업상의 채무를 승계하도록 규정하고 있다. '체육시설의설치및이용에관한법률' 제27조 제1항에서는 체육시설업자가 그 영업을 양도한 때에는 양수한 자는 그 체육시설업의 등록 또는 신고에 따른 권리·의무(제17조에 따라 회원을 모집한 경우에는 그 체육시설업자와 회원 간에 약정한 사항이 포함한다)를 승계한다고 규정하고 있다. 체육시설을 양수할 경우에는 두 가지 면에서 영업양도와는 구별된다. 하나는 상호속용과 관계없이 종전의 체육시설업자와 회원 간에 약정한 사항을 승계하는 것이고, 다른 하나는 등록 또는 신고에 따른 공법상의 권리·의무를 승계하는 것이다. 체육시설을 인수할 때에는 기존의 업체가 회원권을 남발했다 하더라도 상호의 계속 사용과 관계없이 인수인이 모든 책임을 져야 한다는 사실을 알아야 된다. 결국 타인이 운영하던 체육시설을 인수할 때에는 상당한 위험이 따르는 것임을 알고 인수를 해야 한다.

제 7 장
영리적 협동조합과 사회적 기업의 창업

1. 기업형태의 다양성

일반적으로 기업이란 일정한 계획에 따라 이윤을 추구하기 위해 계속적으로 생산활동을 영위하는 경제적 조직체를 뜻한다. 이러한 기업개념에는 계획성·영리성·계속성·경제적 조직체 등이 핵심적 요소로 작용한다. 경제학이나 경영학에서는 기업을 생산 활동을 영위하는 경제주체 내지 이윤을 추구할 목적 하에 재화와 용역을 사회에 제공하는 생산경영조직체로 정의하고 있다. 학자마다 다소 다르게 정의하고 있지만 연구를 하는 데 별다른 지장이 없을 정도로 실체가 명확한 개념이다. 그러나 법학에서는 기업개념을 둘러싸고 끝없는 논쟁이 이어지고 있다. 상법을 기업법이라고 주장하면서도 정확히 기업개념을 정의하지 못하는 것은 아이러니한 현상이다. 법학에서 기업을 정의하기 어려운 것은 권리주체로 할 것인지 또는 권리객체로 할 것인지를 정하지 못했기 때문이다. 기업이 권리객체가 아니라 상에 관한 모든 것을 매개하는 권리주체가 될 수 있어야 기업법설이 완성된다. 그러나 어떤 학자도 아직까지 기업을 권리객체가 아닌 권리주체로 승화시키는 이론을 정립하지 못했기 때문에 논쟁이 계속되고 있다. 상법에서 해결해야 할 핵심적 과제 중 하나가 기업개념을 체계적으로 정립하는 것이다.

기업 자체가 권리주체로 되지 못하므로 기업을 운영하는 자인 기업주, 즉 상인이 중심이 될 수밖에 없다. 상법상 상인이란 기업의 법률관계에서 생긴 권리의무의 귀속주체가 되는 자를 뜻한다. 상인은 기업활동을 주도적으로 영위하는 자이므로 기업에서 핵심적인 역할을 담당한다. 상인은 기업조직과 활동의 주체로서 기업조직 및 대외적 활동을 통해 생기는 법률관계의 귀속주체가 되는 것은 당연하다. 자영업에서는 영업주가 상인이 되고, 공동기업에서는 회사처럼 법인격을 갖추고 있을 때에는 회사 자체가 상인이 된다. 어떤 단체가 법인격을 갖고 있다는 것은 권리의무의 귀속주체가 될 수 있다는 것을 의미한다. 공동기업이라도 법인격을 취득했을 경우와 그렇지 않을 경우에 공동기업의 법률관계는 다르게 처리되어야 한다. 특히 조합의 형태로 사업을 할 때에는 조합이 법인격을 취득했을 경우 조합명의로 해야 하고, 반면에 취득하지 못했을 경우 조합원 공동명의로 되어야 한다. 조합이라는 명칭을 붙이고 사업을 할 경우 상대방은 조합이 법인격을 취득했는지 여부를 알아본 후에 거래를 해야 불의의 손해를 입는 것을 피할 수 있다.

2. 사회적 경제영역과 사회적 기업의 출현

전통적 의미의 상인은 영리를 추구하는 자로서 법률상 권리의무의 최종적 명의인이 되는 자를 뜻한다. 상인은 주인에 해당하는 자이므로 종업원에게 월급을 주고 거래처에게 거래대금을 지급한 후 남은 이익이 있으면 몽땅 자신이 차지한다. 경제학상 기업이란 자본과 노동이 결합하여 인간 삶에 필요한 재화와 용역을 생산하고 제공하는 생산주체이다. 자본과 노동은 생산에 필수적인 두 요소로서 자본을 제공한 자를 자본가라 하고 노동을 제공한 자를 노동자라 부른다. 일반적으로 자본영역을 다루는 법이 상법이고 노동영역을 다루는 법이 노동법이다. 이러한 태도는 자본을 제공하는 측과 노동을 제공하는 측을 엄격히 구분하고, 양 쪽에 적용되는 법리를 다른 원리로 움직이게 하는 방식이다. 자본주의경제는 자본가와 노동자가 때로는 협력하고 때로는 갈등하면서 발전되어 왔다. 극단적인 노사대립은 회사를 파산시켜 자본가와 노동자 모두에게 치명적인 손해를 입힘과 동시에 국가경제에도 악영향을 끼치는 불행한 일이다. 성숙한 자본주의는 자본가와 노동자의 대립과 갈등이 줄어들거나 없어진 상태에서 생산이 이루어지는 사회를 의미한다. 노사대립을 풀기 위한 장치로서 여러 방법이 동원되고 있다. 상사법상 자본가와 노동자의 대립을 완화시키는 장치로는 종업원지주제도와 공동결정제도 등이 있다. 전자는 노동자에게 회사의 주식을 보유하도록 하고 노동자가 회사의 주인이 되도록 해 주인의식을 심어주어 노사대립을 완화시키는 장치이고, 후자는 노동자의 경영참여권을 보장하여 일정 한도에서 공동으로 경영하도록 해 공동책임을 지우는 장치이다. 이러한 제도의 도입은 상법과 노동법의 영역을 중첩시키고 그 한계를 더욱 어렵게 만들고 있다.

　기업은 사적 이익을 추구하는 사업체라는 점에서 공익적 가치 내지 비영리·비공익적 가치를 추구하는 민이나 특별법으로 설립되는 비영리법인과는 구별되는 존재이다. 영리성과 비영리성은 단체가 추구하는 사업이 영리사업인가, 또 사업에서 얻은 이익을 구성원에게 분배할 수 있는가에 따라 양자를 구분한다. 그러나 양자는 중복되는 부분도 있고 또한 이익을 무엇으로 보느냐에 따라 달리 해석되는 경우도 있다. 일단 단체를 설립하는 목적이 사원의 개인적 이익을 추구하기 위한 것인가에 따라 영리법인과 비영리법인으로 구분하는 것이 일반적이다. 영리적 협동조합과 사회적 기업은 기업개념을 확장시킨 사업체라고 할 수 있다. 물론 기업개념의 확장은 여러 조직에서 여러 방법으로 시도되고 있다. 선거 때만 되면 후보자들이 공적 영역을 기업방식으로 운영하겠다며 유세하는 것을 본 적이 있을 것이다. 여기서 기업방식이란 공공성 뒤에 가려진 비효율성을 제거하여 공적 영역의 생산성을 높이겠다는 주장이다. 전통적 의미의 기업은 투자자 본위로 구성되고 운영되어야 하는 사업체이다. 이용자 본위로 구성되고 운영되는 협동조합과 수익의 일정 부분을 사회적 가치를 위해 사용해야 하는 사회적 기업은 전통적 기업과는 차이가 있는 존재임이 틀림없다.

자본주의경제는 인간 삶에 필요한 재화와 용역을 창출하고 제공하는 데는 탁월한 기능을 수행한다. 그러나 자본주의경제는 투자자 본위로 운영되는 체제이므로 빈부격차의 심화와 사회적 약자의 보호에는 한계가 있는 것은 틀림없는 사실이다. 물론 사회적 극빈층에 대한 보호는 국가가 담당하고 있지만 공적 영역의 비효율성이 발생하는 것이 문제이다. 효율성이 뛰어난 기업의 수익이나 운영방식을 장애인이나 노인 등 사회적 빈곤층의 일자리 창출이나 지역사회의 보호 등 사회적 가치를 실현하는 데 도움을 주고자 하는 것이 사회적 경제나 사회적 기업의 출현 배경이다. 이러한 점에서 사회적 기업은 자본주의경제의 부정적 측면을 시정하고 보완하는 역할을 수행하는 사업체라 할 수 있다.

협동조합과 사회적 기업은 사업체라는 점에서 기업과 동일하나 투자자의 이익 이외에 다른 특별한 목적을 가진 사업체라는 점에서 전통적 기업과는 구별된다. 협동조합이나 사회적 기업은 약자의 이익을 보호하고 자본주의경제의 취약점을 보완하는 존재이기 때문에 이의 활성화를 적극적으로 추진해야 한다는 주장이 있다. 전통적 기업이 해결하지 못하는 부분을 기업방식을 도입한 이들 조직이 해결할 수 있다면 전체적으로 더 좋은 사회를 만들 수 있는 계기가 된다. 협동조합과 사회적 기업은 기업이 사용한 영리성이나 경영방식을 이들 사업체에 도입하여 동기부여를 확실히 함과 아울러 합리적으로 경영하여 사업체를 활성화시키기 위한 목적에서 도입된 사업체이다. 상법의 입장에서 보면 영리적 협동조합과 사회적 기업의 도입은 기업형태를 다양화한 것으로 볼 수 있다. 종래 상법 밖에서 활동했던 협동조합과 사회적 활동을 상법의 영역 안으로 끌고 들어온 점은 상당한 의미가 있는 일로 평가된다.

3. 협동조합의 정체성과 그 변화

(1) 협동조합의 역사

협동조합은 인류애와 박애주의에 바탕을 둔 탁월한 사상가의 이론과 현실에서 이를 실천한 선구자의 경험을 통해 서서히 발전되어온 역사적 산물이다. 협동조합의 아버지로 불리는 영국의 로버트 오웬(Robert Owen)을 비롯한 여러 실천가의 경험과 노력이 협동조합의 발전에 결정적인 공헌을 하였다. 근대 협동조합의 효시는 협동조합의 기본원칙을 처음으로 정립하고 이를 실천한 로치데일 공정개척자조합(Rochdale Society of Equitable Pioneers)이라고 한다. 로치데일 공정개척자조합은 1844년 영국의 맨체스터 인근 로치데일에서 설립된 조합으로 생필품을 공동으로 구매하고 판매하는 소비자협동조합이다. 이 조합은 1인1표와 양성평등을 추구하면서 이익을 구매량에 따라 분배하는 등 협동조합의 기본원리를 실천하였고, 또 성공을 거둔 최초의 협동조합으로 평가를 받고 있다.

협동조합은 산업혁명이 최초로 성공하여 자본주의의 모순점이 일찍부터 나타난 영국에서는 주로 소비자협동조합이, 농업이 발달한 프랑스에서는 농민들이 결성한 생산자협동조합이, 고리대금업자의 횡포가 가장 심했던 독일에서는 상호부조에 입각한 신용협동조합이 주로 조직되었다. 협동조합은 공동의 필요와 욕구를 가진 사람끼리 협력과 협동을 통해 공동의 어려움을 함께 극복하기 위해 조직된 결사체이다. 목마른 자가 우물을 파는 식으로 공동의 필요와 욕구가 있는 곳에 협동조합을 설립하는 방식이다. 협동조합은 동일한 역사적·사회적·경제적 배경과 환경을 가진 동일한 지역에서 조직되는 특성을 가진 결사체이다. 유럽에서는 19세기 후반부터 도시지역은 소비자협동조합과 신용협동조합이, 농촌지역은 농업협동조합과 신용협동조합이 왕성하게 활동하였다. 영국에서 발생한 근대적 협동조합은 프랑스와 독일 등 유럽의 여러 지역과 미국에 전파되었고, 또 유럽과 미국의 협동조합은 아시아를 비롯해 전 세계로 전파되었다. 세계 각국에서 활동하는 협동조합은 그 형태와 구조는 다소 다를지라도 협동조합의 기본원칙을 실천하고 있는 점에서는 동일하다. 협동조합의 가치와 원칙은 어느 국가 또는 어떤 형태로 설립이 되었던 모든 협동조합이 반드시 지켜야 할 내용이다. 협동조합의 정체성을 지키지 않을 경우 협동조합의 명칭을 사용하더라도 협동조합이 될 수 없는 사업체이다. 협동조합에 대한 각국의 입법태도는 자국의 사정에 따라 다양한 양식을 취하고 있다. 독일과 이탈리아는 협동조합에 관한 기본법으로, 영국과 스위스는 민법과 상법으로, 또 일본과 루마니아는 특별법으로 규정하는 방식이다. 우리나라는 협동조합에 관한 특별법과 기본법을 모두 가지고 있는 점이 특징적이다.

(2) 협동조합의 정체성

국제협동조합연맹(ICA, International Cooperative Alliance)은 1880년대 영국과 프랑스의 협동조합 관계자가 상호 교류를 시작하면서 설립이 추진된 민간단체로서 협동조합운동을 전개한 모든 조합인의 여망을 담은 국제기구이다. 협동조합을 가진 국가를 회원국으로 하고 협동조합의 이상과 실천방법을 전 세계에 보급하는 역할을 담당한다. 국제협동조합연맹은 1930년대에 협동조합 기본원칙을 정립하고서 협동조합의 가치를 실현하고자 하였다. 국제협동조합연맹은 1995년 맨체스터 대회에서 협동조합의 정의, 협동조합의 가치, 협동조합의 원칙 등 협동조합의 정체성에 관한 내용을 확립하였다. 협동조합은 공동으로 소유하고 민주적으로 운영되는 사업체를 통하여 공동의 경제적, 사회적, 문화적 필요와 욕구를 해결하기 위해 자발적으로 조직된 자율적인 단체라고 규정한다. 또 협동조합은 자조, 자기책임, 민주주의, 평등, 형평성 그리고 연대의 가치를 기반으로 하며, 조합원들은 협동조합 선구자의 전통에 따라 정직, 공개, 사회적 책임, 타인에 대한 배려 등의 윤리적 가치를 신조로 삼고 있다. 오늘날 모든 협동조합이 채택하고 있는 협동조합 7대 원칙은 1995년 대회에서 기존의 6대 원칙을 수정한 내용이다. 협동조합의 7대 원칙은 ① 자발적이고 개방된 조합원 제도, ② 조합원에 의한 민주적 운영, ③ 조합원의 경제적 참여, ④ 자율과 독립, ⑤ 교육, 훈련 및 정보 제공, ⑥ 협동조합 간의 협동, ⑦ 지역사회에 대한 기여이다. 협동조합의 정체성에 관한 내용은 <표19>에서 설명하는 바와 같다.

<표19> 협동조합의 가치와 원칙

기본적 가치	윤리적 가치	원칙
· 자조 · 자기책임 · 민주주의 · 평등 · 형평성 · 연대	· 정직 · 공개 · 사회적 책임 · 타인에 대한 배려	· 자발적이고 개방적인 조합원제도 · 조합원에 대한 민주적 운영 · 조합원의 경제적 참여 · 자율과 독립 · 교육, 훈련 및 정보제공 · 협동조합 간의 협동 · 지역사회에 대한 기여

(3) 주식회사와 비교

협동조합과 주식회사는 경제활동을 하는 사업체라는 점에서는 동일하나 단체의 설립목적, 단체의 성격, 기관구성과 이익분배의 원리 등을 달리하는 조직이다. 협동조합은 이용자인 조합원이 공동으로 소유하는 기업으로 공동의 이익을 추구하는 사업체이다. 협동조합은 공동소유·공동운영·공동이용이라는 사회주의적 요소가 깊숙이 뿌리를 내린 조직이며, 또 통상 사회적 약자에 해당하는 다수의 조합원이 공동으로 참여하는 사업체이다. 협동조합은 조합원의 출자 규모와는 관계없이 조합원 각자에게 동일한 의결권을 부여하는 사람이 중심이 되는 단체이다. 반면에 주식회사는 투자자인 주주가 소유하는 기업으로 자본을 투자한 주주 이익을 최대화하는 것을 목적으로 하는 사업체이다. 주식회사는 자본이 중심이 되는 단체로서 자본에 의해 회사가 조직되고 그 수익은 투자자에게 분배되는 사업체이다. 주식회사는 투자자인 주주의 수보다는 각 주주가 보유하는 주식의 비율에 따라 의결권을 부여하는 등 자본 중심으로 운영되는 사업체이다. 결국 협동조합은 투자자이자 운영자이며 이용자인 조합원의 이익을 추구하기 위해 사람 중심으로 운영되는 사업체임에 반해, 주식회사는 주주 중심으로 조직되고 운영되는 사업체이다. 극단적으로 주식회사는 1%의 주주가 99%의 주식을 소유하고 회사의 수익 99%를 가져갈 수 있는 사업체이다. 주식회사가 부의 분배를 왜곡하고 양극화의 주범으로 비판을 받는 것도 바로 여기에 있다. 협동조합이 자본주의경제의 취약점을 극복하고 주식회사의 대안으로 여겨지는 것도 공동소유·공동운영·공동이용의 원칙을 준수하는 사업체이기 때문이다. 주식회사는 주주가 될 수 있는 자격과 1인 주주의 주식 보유량, 주식의 양도 등을 제한할 수 없는 것이 원칙이다. 반면에 협동조합은 조합원의 자격과 각 조합원이 보유할 수 있는 지분율을 제한하고, 지분의 양도를 제한하는 것이 원칙이다. 협동조합의 기본원칙인 공동소유와 공동이용의 원칙을 준수하기 위해서는 조합원의 지분율과 지분의 양도를 제한할 수밖에 없기 때문이다

협동조합과 주식회사는 설립목적의 차이에 따라 조직구성과 운영원리를 달리하는 조직이다. 협동조합은 조합원의 출자규모에 관계없이 모든 조합원에게 1인1표의 선거권과 의결권이 부여된다. 조합의 대표자를 선출하거나 조합의 중요 안건을 결의할 때에는 모든 조합원에게 평등한 참여권이 보장된다. 이는 마치 민주정치의 운영원리와 유사하여 협동조합을 풀뿌리 민주주의를 실천하는 사업체로 평가하는 이유이기도 하다. 반면에 주식회사는 1주1표를 인정하여 사람보다 주식 수를 중시하는 사업체로서 비례적 평등의 원칙이 적용되는 사업체이다. 모든 주주는 보유하는 주식 수에 따라 의결권을 행사할 수 있으므로 자본이 사람보다 우선하는 사업체로 볼 수 있다. 주식회사의 이익은 주주의 보유주식 수에 비례하여 배당을 하기

때문에 국가사회적으로 불평등을 일으키는 원인이 될 수도 있다. 그러나 협동조합의 이익은 이용실적배당이 중심이 되고 출자금 배당이 차지하는 비중이 낮기 때문에 불평등을 우려할 수준까지 이르지는 않는다. 협동조합에서 조합원이 가질 수 있는 지분율을 제한하고, 또 배당도 이용실적배당 위주로 되어 있는 것은 자본이 지배하는 현상을 막기 위함이다. 우리나라 법제상 협동조합과 주식회사의 중요한 차이점은 아래 <표20>에서 설명하는 바와 같다.

<표20> 협동조합과 주식회사의 비교

구분	협동조합	주식회사
근거법	협동조합기본법, 개별 조합법	상법
정의	조합원의 권익을 증진하고 지역사회에 공헌하는 사업조직	상행위나 그 밖의 영리를 목적으로 설립된 법인
설립목적	조합원의 복지증진과 상부상조, 공동소유와 민주적 운영	이윤극대화
의결권	출자액에 관계없이 1인1표	출자액에 비례하여 1주1표
소유권	조합원	주주
자금조달	조합원의 출자	신주발행과 사채발행 등
배당	이용실적배당과 출자금배당	이익배당
배당의 결정	출자금액의 10% 이하로 제한	주주총회의 결정

협동조합과 주식회사는 공통되는 부분도 있다. 주식회사의 주주나 협동조합의 조합원은 회사나 조합의 채무에 대하여 유한책임을 지는 점에서 공통된다. 주식회사는 주주의 이익극대화만을 추구하는 사업체로서 자본주의경제를 병들게 하는 주범이라는 비판이 있다. 이러한 비판은 주식회사의 극단적인 모습과 행태만을 상정한 결과로 보았을 경우이다. 주식회사는 자본주의경제의 핵심적 존재로서 부정적 측면보다 긍정적 측면이 훨씬 많은 존재이다. 자본주의경제가 역사에 유래가 없을 정도로 발전한 것도 주식회사가 있었기 때문이라고 해도 그리 틀린 말은 아니다.[47] 주식회사는

협동조합에 비해 용이한 자본조달과 신속한 의사결정이 가능하다는 점에서 뛰어난 장점이 있다. 흔히들 협동조합의 최대 약점은 자본조달이 용이하지 않다는 점을 지적한다. 주식회사는 주주의 퇴출제도가 인정되지 않고 또한 어떤 경우에도 주주가 채권자보다 우선하지 못하도록 설계된 사업체이다. 반면에 협동조합은 조합원의 탈퇴를 인정해 출자금이 환급이 이루어져 주인인 조합원이 채권자보다 우선적 지위를 누릴 수 있는 기회를 갖는 사업체이다. 예컨대 회원제 골프장에서 회원권을 주식 내지 지분권으로 가진 주식회사와 협동조합을 비교해보면 그 차이를 쉽게 이해할 수 있다.48) 주주 회원제 골프장에서는 주주가 주식의 처분 이외의 방법으로 투자금을 회수할 방법이 없음에 반해, 협동조합에서는 조합원 탈퇴를 요구하여 출자금을 회수할 방법이 있다. 채권자의 입장에서 보면 주식회사는 출자금의 반환이 허용되지 않아 채권자의 지위가 주주보다 우선적으로 보호받을 수 있음에 반해, 협동조합에서는 조합원의 출자금 반환이 허용되어 조합원이 채권자보다 우선적으로 보호받는다고 할 수 있다. 자본조달능력에서 주식회사는 협동조합보다 우월한 요소가 있는 것으로 평가된다.

협동조합은 조합원 모두가 주인이 되는 구조이므로 주인이 없는 사업체라고도 할 수 있다. 주인이 존재하는 주식회사와 비교할 때 주인이 없는 협동조합은 사업을 운영함에 있어서 약점으로 작용하는 일이 있다. 오늘날 국경이 개방되고 경쟁이 심화됨에 따라 규모의 경제(Economics of scal

---

47) 미국 콜롬비아 대학교 총장이자 노벨상 수상자인 교육자 니콜라스 버틀러는 "주식회사야말로 근대사에 있어서 가장 뛰어난 걸작품이다. 증기기관이나 전기마저도 주식회사라는 자원이 없었다면 태어나지 못했을 것이다"라고 하면서 주식회사를 높이 평가한 바 있다.

48) 예컨대 1,000명의 회원을 가진 회원제 골프장에서 각 주주나 조합원은 1/1,000식의 지분권을 가지고 회원이 아닌 자는 전혀 골프장을 이용할 수 없는 경우를 가정해보자. 주주나 조합원은 골프장의 소유자이자 이용자의 자격을 보유하는 점에서는 동일하나 이익배당에서는 주주 회원제 골프장에서는 모든 주주가 동일하나 조합원 회원제 골프장에서는 골프장을 많이 이용하는 조합원이 더 많은 이익을 가져가는 구조이다.

e)⁴⁹⁾가 적용되는 사업 분야가 점점 증가하고 있다. 규모의 경제는 대규모 자본조달이 가능한 주식회사에서 실천하기 쉬운 일이다. 주식회사는 법적으로 채권자가 주주보다 우선적 지위를 갖도록 하고, 또 주인이 있다는 점에서 금융기관으로부터 대출을 받기도 유리하다. 그리고 주식회사는 회사의 의사를 결정하는 면에서도 장점을 가지고 있다. 경제상황의 변화가 심한 환경에서는 신속한 의사결정이 무엇보다 중요하다. 협동조합에서 작동되는 1인1표의 운영원리는 민주적일지는 몰라도 신속한 의사결정을 하는 데 장애요인이 될 수 있다. 사공이 많으면 배가 산으로 간다고 했던가. 협동조합의 의사결정은 사공이 많은 경우이므로 어떤 결정을 이끌어내기도 쉽지 않을 뿐만 아니라 결정을 하더라도 더디게 할 수밖에 없는 구조이다. 민주적이라는 말과 효율적이라는 말은 일치하는 경우도 있지만 양자가 충돌되는 경우가 있다. 첨단산업이나 사업환경 변화가 심한 분야에서 협동조합이 활동하기 어려운 것도 신속한 의사결정을 할 수 없기 때문이다. 정치논리와 경제논리가 서로 다른 것임을 알아야 자본주의를 제대로 이해했다고 할 수 있다.

인간의 본성에는 이기적인 면과 이타적인 면을 가진 양면성을 지니고 있다. 협동조합과 주식회사를 비교할 경우 협동조합은 이타적인 면이 더 요구되는 사업체라 할 수 있다. 협동조합은 조합원 간의 협동과 협력을 통해서 운영하는 사업체이므로 주식회사보다 협동과 협력의 가치를 중시하는 사업체임에 틀림없다. 진화론의 아버지로 불리는 찰스 다윈(Charles R. Darwin)은 치열하게 경쟁하는 종보다 협동하는 종이 생존율이 높고 더 우월하다고 한다. 진화론적 시각에서 보면 경쟁보다 협동과 협력을 강조한 협동조합이 주식회사보다 우월한 존재로 평가할 수 있다. 그러나 진화론은

---

49) 경제학 용어인 규모의 경제(Economics of scale)란 기업의 생산규모를 늘릴수록 단위당 생산단가를 낮출 수 있는 현상을 가리키는 말로 사용된다. 예컨대 대단위 구매로 구매단가를 낮출 수 있고 또 대규모 대출로 저리로 자금조달을 할 수 있어 비용을 줄일 수 있다.

수 만년의 시간을 찰나로 생각할 정도로 길게 보아야 현실성이 있는 이론이다. 협동조합은 좌파와 우파 양쪽에서 공격을 받는 존재이다. 좌파 시각에서 보면 협동조합운동은 사회주의를 변절시키는 변절자의 행동으로 보이고, 한편 우파 시각에서 보면 협동조합운동은 사회주의를 위장한 위선자의 행동으로 보이기 때문이다. 협동조합 또는 사회주의가 이론상은 자본주의보다 우월할지는 몰라도 현실성이 있는 내용이 되지 못하는 것이 역사적 경험이다. 현재의 환경은 이기적인 본성이 이타적인 본성보다 생존에 더 유리하고, 또 더 많은 이익을 쟁취할 수 있는 구조이기 때문이다. 인간은 누구나 자신의 이익에 민감하고 자신의 일에 충실한 것이 현재의 인간 본성이다. 역사적으로 성공을 거둔 최초의 협동조합인 로치데일 공정개척자조합 이후 170여년 동안 협동조합이 성공과 실패를 거듭한 것도 이기심이 이타심보다 먼저 작동한 경우가 많았기 때문이다. 협동조합이 어렵다는 것은 협동조합의 본질 속에 협동과 협력이라는 이타적인 가치를 요구하고 있기 때문이다. 협동과 협력은 자기 몫을 가져가는 이기심보다는 자기 몫을 양보하는 이타심이 우위에 있는 때에 발휘되는 미덕이다. 협동조합은 조합원 상호간에 협동이 되면 보약으로 작용하지만 협동이 되지 않으면 독약이 되어 파멸로 이끌 수 있다. 협동과 협력은 말은 쉽지만 이를 꾸준히 실천하기란 많은 어려움과 고통을 참아내야 하는 정신이 뒷받침되어야 하는 것이다. 이타적인 삶이 아름답고 고귀한 것은 누구나 인정하지만 이를 실천하기 어려운 것은 현재의 본성에 어긋나는 면이 있는 것이 아니겠는가. 협동조합이 모든 것을 해결할 수 있다는 식으로 부각시키는 것은 개인은 물론 협동조합의 발전을 위해서도 바람직한 현상은 아닐 것이다.

(4) 협동조합의 변화

오늘날 협동조합의 조직구조와 운영형태는 매우 다양한 모습을 띠고 있다. 근대적 협동조합은 격심한 경쟁과 급변하는 환경 속에서 살아남기 위해 자발적·비자발적으로 변화를 도모할 수밖에 없었다. 협동조합은 때로는 주식회사로 변신하기도 하고, 또 때로는 협동조합 산하에 주식회사를 자회사로 두어 주식회사와 비교를 하는 것도 점점 어려워지고 있다. 협동조합 중에는 과거 로치데일 협동조합에 기원을 두는 전통모형 협동조합과 이를 변형한 새로운 모형인 비례모형 협동조합으로 구분하여 비교하기도 한다.

전통모형 협동조합은 미국 농무부가 정의한 협동조합의 정체성을 지키면서 로치데일 협동조합의 기본원칙을 충실히 실천하는 조합을 뜻한다. 미국 농무부가 정의한 전통적 협동조합의 정체성은 이용자 소유원칙, 이용자 통제원칙, 이용자 수익원칙을 철저히 준수하는 조합을 말한다. 전통모형 협동조합은 시장구조의 변화, 농산물시장의 개방으로 인한 농산물 가격의 하락, 대형 유통업체와의 격심한 경쟁체제 등으로 많은 어려움을 겪고 있다. 전통모형 협동조합은 이용자만이 조합원이 되는 구조이므로 자본조달에 한계가 있는 점은 앞서 지적한 바 있다. 그리고 협동조합의 규모가 커짐에 따라 협동조합의 경영성과를 객관적으로 평가할 수 있는 마땅한 방법이 없고, 또 조합원 사이의 이질화가 심화됨에 따라 개혁이 필요성이 제기되었다. 협동조합은 각자가 처한 경제적·사회적 여건에 따라 나름대로 생존과 발전을 위해 지속적으로 변화를 모색하기 시작하였다. 새로운 모형의 협동조합은 조합의 문제점인 자본조달의 한계를 극복하기 위하여 조합의 지분을 개방하고 공동투자를 유치하는 방식으로 이루어졌다. 1990년대부터 협동조합의 기본원칙을 지켜나가면서 자본조달을 쉽게 할 수 있는 방법을 찾을 수밖에 없는 환경이 되었다. 선진국에서는 협동조합의 단점을 보완하기 위해 1인1표 주의를 완화하고 그 대안으로 비례투표제를 도입한 협동조합이 증가하고 있다. 네덜란드의 저명한 협동조합 학자인 키리아코폴로스(Kyriakopolous)는 시장경쟁의 격화와 조합원 구성의 이질화에 따라 협동조합을 전통모형 협동조합과 비례모형 협동조합으로 구분하여 설명하고 있다. 그가 설명한 전통모형 협동조합과 비례모형 협동조합은 다음 <표21>에서 설명하는 바와 같다.

<표21> 전통모형 협동조합과 비례모형 협동조합의 비교[50]

구분		전통모형 협동조합	비례모형 협동조합
소유권	소유자격	조합원에 한정	비조합원제도 제한적 허용
	자본형태	집단적 소유	개별적 출자증권
	가입비	일정 금액	비례적 출자증권
통제권	투표권	조합원에 한정	비조합원도 제한적 허용
	투표원리	1인1표제	비례투표제 확대
	의사결정	이사회 주도	전문경영자 주도
수익권	이익배분	이용액 기준	이용액과 출자기준
	가격설정	평등성 중시	비례성 중시
	비용배분	거리·물량·품질에 중립	거리·물량·품질에 비례

4. 영리적 협동조합의 등장

(1) 2012년의 협동조합기본법

우리나라 협동조합의 역사는 2012년을 분기점으로 해서 많은 변화를 가져왔다. 2012년 협동조합기본법이 시행되기 이전에는 협동조합을 설립하는 것이 쉽지 않았고, 또 국가의 규제와 개입이 많아서 협동조합이 발전하는 데에 장애요인으로 작용하였다. 협동조합기본법이 시행되기 전에는 농업협동조합, 수산업협동조합, 엽연초생산협동조합, 산림협동조합, 신용협동조합, 새마을금고, 소비자생활협동조합, 중소기업협동조합 등 법에서 정한 8개 종류 이외에는 협동조합을 설립할 수 없었다. 8개 유형의 협동조합은 대부분 1차 산업 중심이었고 일부는 상호금융을 담당하는 신용협동조합이다. 이들 협동조합은 특별법이 정한 일정한 요건을 충족한 경우 설립할 수 있었고, 또 법에서 비영리법인으로 규정하여 협동조합설립을 유도할

---

50) 최원병, 협동조합론, 농협중앙회인재개발부(2011), 57면(재인용).

동기와 유인책이 부족하였다.

　2012년 협동조합기본법은 최초 설립인원을 5인으로 하는 등 설립요건을 대폭적으로 완화하고, 또 이익배당도 할 수 있도록 해 누구든지 쉽게 협동조합을 설립할 수 있게 하였다. 종래에는 협동조합을 비영리적 사업체로 규정하여 상법의 대상이 되는가에 대하여 학설이 분분했다. 영리적 협동조합은 협동조합을 상법의 영역으로 흡수하여 상법상 기업형태를 다양화한 것으로 평가할 수 있다. 실제 어떤 이유인지는 정확히 몰라도 2013년을 '협동조합의 해'라고 부를 정도로 전국적으로 다양한 분야에서 다양한 형태의 협동조합이 설립되는 붐이 일어났다.

　협동조합기본법은 협동조합을 크게 영리를 추구하는 일반 협동조합과 지역사회사업 등 공익적 사업을 위주로 하는 사회적 협동조합으로 구분한다. 영리성을 인정하는 일반 협동조합은 협동조합을 법인으로 하고(동법 제4조 1항), 5인 이상의 조합원이 정관을 작성하고 창립총회의 의결을 거쳐 주된 사무소가 소재하는 관할 시·도지사에의 신고로 설립할 수 있고(동법 제15조 1항), 조합원 1인의 지분율은 30%를 초과할 수 없도록 하고(동법 제22조 2항), 조합원의 유한책임(동법 제22조 5항)과 1인1표의 의결권과 선거권을 인정하고(동법 제23조 1항), 임원의 선출과 해임은 총회에서 결정하도록 하고(동법 제29조 1항), 협동조합은 금융업과 보험업을 제외한 사업을 영위할 수 있고(동법 제45조 3항), 잉여금이 있는 때에는 자기자본의 3배 범위 내에서 매년 10% 이상을 적립하도록 하고(동법 제50조 1항) 그리고 잉여금배당은 이용실적배당이 50% 이상이어야 하고 출자금배당은 출자금의 10%를 초과할 수 없도록 한다(동법 제51조 3항). 이상의 내용으로 판단할 때 우리나라 협동조합은 국제협동조합연맹의 협동조합의 7대 원칙을 비교적 잘 준수하는 협동조합으로 볼 수 있다.

　협동조합기본법은 영리성을 인정하는 일반 협동조합 이외에 사회적 가치를 실현하는 사회적 협동조합을 도입하고 있다. 사회적 협동조합은 비영리법인으로 규정하고(동법 제4조 2항), 5인 이상의 조합원이 정관을 작성하고 창립총회의 의결을 거쳐 기획재정부장관의 인가를 받은 후 설립할 수 있고(동법 제85조 1항), 사업은 지역사회의 재생·지역경제의 활성화 등과 취약계층에 대한 사회서비스 또는 일자리 제공 등 공익사업의 비중이 40% 이상이 되어야 하고(동법 제93조), 출자금 총액의 한도 내에서 소액배출과 상호부조를 할 수 있도록 하고(동법 94조), 조세 이외의 각종 부과금이 면제되고(동법 제99조), 잉여금이 있을 때에 30% 이상을 적립하도록 하고(동법 제97조 1항), 잉여금배당이 금지되고(동법 제98조 2항) 그리고 잔여재산의 처리(동법 제104조)와 국가의 감독권이 인정되는 점(동법 제111조) 등에서 일반 협동조합과 구별되는 조합이다. 사회적 협동조합은 협동조합과 자선사업이 혼합된 독특한 형태의 사업체라고 할 수 있다. 경제활동을 하는 사업체로 인정하여 효율성을 도모하면서 공익적 과제를 우선적으로 실천하는 사업체가 바로 사회적 협동조합이다.

<표22> **일반 협동조합과 사회적 협동조합의 비교**

구분	일반 협동조합	사회적 협동조합
성격	재화 또는 용역을 구매·생산·판매·제공 등을 영위하는 사업조직	주민복리증진·취약계층에 대한 사회서비스나 일자리 제공 등을 하는 비영리조직
법인격	영리법인	비영리법인
설립	시·도지사 신고	기획재정부장관의 인가
사업범위	업종과 분야에 제한 없음 (금융업과 보험업은 제외)	공익사업 40% 이상 수행
법정적립금	잉여금의 10/100 이상	잉여금의 30/100 이상
잉여금배당	배당가능	배당금지
정산	정관에 따라 잔여재산처리	사회적협동조합·비영리법인·국고 등 귀속

협동조합의 조합원은 출자자이자 운영자이며 이용자의 자격을 함께 갖는다. 협동조합을 '조합원의, 조합원에 의한, 조합원을 위한 사업체'로 평

가하는 것도 이용자가 출자자와 운영자의 자격을 겸병하고 있기 때문이다. 2012년의 협동조합기본법은 종래의 특별법과는 달리 조합의 설립과 운영에서 조합원의 자치권을 폭넓게 인정하여 협동조합이 관제사업체라는 기존의 이미지를 지우고 있다. 본래 협동조합은 자치적이고 자율적인 단체임을 감안할 때 바람직한 방향으로 개혁이 된 것으로 평가된다. 협동조합이 관변사업체의 성격을 벗어난 것은 우리 사회의 성숙도가 한층 더 높아진 것으로 평가할 수 있다.

(2) 협동조합의 사례

2018년 12월 현재 기재부에 등록된 협동조합의 수는 대략 15,000개 정도이다.51) 협동조합기본법이 시행된 지 6년도 못되어 15,000여개의 협동조합이 설립되었다는 것은 경이로운 기록이다. 그러나 협동조합의 설립 수라는 외적 성장추세가 협동조합의 내실을 보장해주는 것은 아니다. 협동조합에 대한 장밋빛 환상을 심어준 정부와 지방자치단체, 보조금 위주의 지원정책 남발, 각종 지원과 보조에 현혹되어 별다른 고민과 준비 없이 조합을 설립한 일부 조합원의 무지 등 여러 요인이 복합적으로 작용하여 설립이 남용된 면이 있다. 협동조합이 만능의 사업체라도 되듯이 5명 이상이 뭉치면 못할 일이 없다는 식으로 협동조합 설립을 조장한 것은 사실이다. 설립된 협동조합의 대부분은 초기 출자금의 규모가 자영업과 비교했을 때 훨씬 적은 것으로 전해진다. 분야를 불문하고 대한민국에서 자영업을 해서 일정한 수익을 얻으려면 상당한 자금을 투자하거나 특별한 기술을 가지고 있어야 된다. 사업체를 운영하여 이익을 내어야 사업체를 유지할 수 있는 것은 모든 사업체가 안고 있는 숙명적 과제이다. 협동조합이라고 해서 무슨 뾰족한 수가 있는 것은 아니다. 각종 지원금에 현혹되어 임시방편으로 설립된 협동조합은 지원이 중단되거나 미미하자 협동조합활동을 정지한

---

51) http://www.coop.go.kr/COOP/.

제7장 영리적 협동조합과 사회적 기업의 창업

휴면협동조합이 된 사례도 있다. 현재 상당수의 협동조합이 활동을 중단하고 연락도 되지 않은 상태인 것은 설립 자체가 부실했다는 것을 증명하는 근거이다. 이제부터라도 정부는 '협동조합의 거품론'을 경계하면서 양보다 질을 우선하는 정책과 지원이 되어야 한다.

국제협동조합연맹은 농업, 금융업, 소비자생활, 어업, 의료업, 주택, 서비스, 보험업, 여행업 등 9대 부분을 협동조합이 활동할 수 있는 분야로 예시하고 있다. 협동조합은 공동의 필요와 욕구가 있는 곳이면 어디에서도 설립할 수 있는 사업체이다. 역사적으로 볼 때 사회적·경제적 약자로 평가받는 농민과 어민 등 1차 산업 종사자와 도시의 빈민층 등이 협동조합운동을 주도한 계층이었다. 현재는 경제·사회·문화적 수요와 요구가 있는 곳이면 어디라도 협동조합을 통해 사업을 운영할 수 있다. 협동조합은 사업 주체에 따라 일반 협동조합, 직원(노동자) 협동조합, 다중이해관계자 협동조합, 사업자(생산자) 협동조합 등으로 구분할 수 있다. 각종 협동조합의 유형과 구성 원칙 그리고 예시 분야는 <표23>에서 설명하는 바와 같다.

<표23> 협동조합의 유형[52]

구분	협동조합의 구성 원칙	예시 분야
일반 협동조합	조합원이 참여하여 조합을 만들고 일하는 직원은 외부에서 채용하는 협동조합의 형태(조합원 ≠ 직원)	육아, 돌봄, 소비자 공동구매 등
직원(노동자) 협동조합	조합원이 직접 일하면서 직원으로 근무하는 협동조합 형태(조합원 = 직원(노동자))	환경미화, 대리운전 등
다중이해관계자 협동조합	다양한 계층과 소속의 조합원이 참여하는 협동조합 형태(조합원 = 소비자 +직원 +법인 +지역단체 등)	사회적 의료협동조합 등
사업자 협동조합	사업자나 기업이 조합원으로 참여하여 협동조합을 설립하는 행위(조합원 = 사업체(회사, 개인사업자 등)	슈퍼마켓, 카센터, 개인택시 등

---

[52] 이대중, 협동조합, 참 쉽다, 푸른지식(2013), 51면.

일반 협동조합은 주로 소비자의 공동구매 또는 육아와 돌봄 등 공동의 필요와 요구가 있는 분야에서 설립될 수 있는 협동조합이다. 조합원의 자격과 조합의 업무를 수행하는 직원의 자격이 분리되기 때문에 이가 문제점으로 등장하는 일도 있다. 양자의 분리는 조합규모가 커짐에 따라 조합원의 이익과 직원의 이익이 충돌하는 경우가 생긴다. 현재 농업협동조합이나 수산업협동조합 등에서 조합원의 이익과 직원의 이익이 서로 충돌하는 경우가 이에 해당한다. 조합이 성장한 것에 대하여 조합원과 직원이 전혀 다른 기준에 의하여 평가를 하기 때문이다. 소비자협동조합은 조합의 이용을 조합원으로 한정할 것인가 그렇지 않으면 제3자의 이용을 허용할 것인가, 또 제3자의 이용을 허용할 경우 어디까지로 할 것인가를 둘러싸고 끝없는 논쟁이 이어지고 있다. 우리나라의 생활협동조합이 성공한 사례도 있지만 대중화되지 못한 이유는 조합의 이용을 조합원으로 한정하고 있기 때문이다.

직원(노동자) 협동조합은 직원이 조합을 소유하고 관리하며 직원의 일자리를 보장하는 것을 주된 목적으로 하는 조합이다. 직원(노동자) 협동조합은 조합원의 자격과 직원의 자격이 일치되므로 양자의 이해관계가 충돌할 가능성은 거의 없다. 직원(노동자) 협동조합은 지속 가능한 일자리를 만들어 조합원의 삶의 질을 향상시키고 지역사회에 기여할 수 있을 때 조합의 가치가 인정된다. 협동조합기본법 시행령에 의하면 직원(노동자) 협동조합은 조합원의 3분의 2이상이 직원이고, 조합원인 직원이 전체 직원의 3분의 2이상인 경우이어야 한다(동법 시행령 제10조). 그러나 조합원의 경영능력의 부족 또는 급변하는 경제환경에 적절히 대응하지 못할 경우 등으로 인해 조합이 파산되면 조합원은 일자리뿐만 아니라 출자금을 날리는 이중의 손해를 입을 수 있다. 직원(노동자) 협동조합은 직원 모두가 주인이 되는 구조이므로 민주성은 보장되지만 효율성이 떨어지는 점이 문제이다.

다중이해관계자 협동조합은 개인, 법인, 봉사단체 등 여러 이해관계자가 뭉쳐서 주로 공익적 사업을 하는 조합으로 사회적 협동조합이 이에 해당한다. 사업자 협동조합 내지 생산자 협동조합은 자영업자나 중소기업이 공동생산, 공동설비, 공동브랜드 개발, 공동마케팅, 공동네트워크 등을 마련하기 위해 결성되는 조합을 말한다. 생산자 협동조합은 미국의 선키스트나 한국의 서울우유 등에서 성공적으로 운영되는 조합이 있다.

협동조합은 조합원 공동의 이익을 추구하는 사업체이다. 조합원의 이기심이 발동하여 자기만의 이익을 추구하거나 또는 처음부터 공동이익이라는 것이 허울에 불과한 경우 등이 협동조합제도를 악용되는 사례이다. 소비자생활협동조합법은 생활협동조합의 한 유형으로 보건·의료사업을 하는 생활협동조합을 인정하고 있다. 이 협동조합에 대하여 보건·의료사업의 공공성과 의료접근성을 확보하기 위해 제3자의 이용률을 50%까지 허용한 보건·의료생활협동조합을 설립할 수 있도록 규정하고 있다(동법 제46조 3항). 조합원이 병원의 주인이 되어 개별 주치의를 두는 것과 같은 효과를 얻게 하는 취지에서 도입된 제도이다. 의료법상 의료인이 아니면 병원 등을 개설하지 못하도록 한 점(의료법 제33조)에서 보건·의료생활협동조합은 예외적인 존재이다. 사무장병원이라 불리는 병원을 들어 본 적이 있을 것이다. 자본을 가진 사무장이 위장조합원을 모집한 후 자신을 이사장으로 선출하고 의사를 고용해서 생활협동조합 형태로 병원을 설립하는 식이다. 무늬만 협동조합이지 협동조합의 원리가 전혀 작동되지 않은 편법으로 악용되는 협동조합이다. 이와 같이 편법으로 병원을 설립하는 행위는 협동조합제도가 악용되는 대표적인 유형으로 탈법행위임에 틀림없다. 그러나 현실적으로 이를 적발하는 일이 쉽지 않은 점이 문제이다. 사무장병원 때문에 건실하게 운영되는 다른 의료생활협동조합의 이미지가 같이 나빠지는 것이 문제점으로 떠올랐다. 그리하여 우리나라에 최초로 의료생활협동조합을 도입한 안산의료생활협동조합을 비롯한 다수의 주민참여형 의료생활협동조합이 21012년 협동조합기본법의 제정을 계기로 사회적 협동조합으로 조직의 형태를 바꾸었다. 의료기관을 사회적 협동조합으로 조직하는 것이 설립요건과 비용 면에서 부담이 되는 것임에도 불구하고 조직형태를 변경한 것이다.53) 이러한 조치는 진짜와 가짜를 분명히 구별하겠다는 의지의 표명이며, 의료협동조합의 존재이유와 그 가치를 지키기 위함이다.

현행법상 협동조합은 금융업과 보험업을 제외한 모든 사업을 영위할 수 있다. 상조사업은 협동조합의 사업으로 하기에 적합한 사업 중 하나이다. 상조는 누구든지 한두 번은 겪을 수밖에 없는 일이고, 막상 그 상황이 되면 경황이 없어 바가지를 당하기 쉬운 일이다. 전통적으로 상조는 마을 공동체 중심으로 동네 주민들이 십시일반으로 힘을 보태어 함께 장례를 치르던 상포계 방식으로 운영되었다. 상조업은 사업의 특성상 운이 결정적 요소로 작용하는 장기적인 사업이고 정보의 비대칭이 심한 분야이기 때문에 일반사업으로 하기에는 부적합한 면이 있다. 누가 언제 죽을지는 아무도 모르고, 또 인생에서 한두 번 겪는 일이기 때문에 기망적 요소가 강한 사업인 것은 분명하다. 복권사업과 보험사업이 그러하듯이 운이 지배적인 요소로 작용하는 사행사업은 국가의 철저한 감독이 필요하고, 또 수익의 상당 부분을 공익활동에 사용하도록 하고 있다. 우리나라에서 선불식 할부거래 방식으로 상조를 사업화하여 큰 인기를 끈 적이 있었다. 2009년 일부 상조회사에서 회원이 납부한 돈을 횡령하거나 배임을 하여 부도가 나는 등 정작 필요할 때 서비스를 받지 못하는 사태가 발생하여 사회적 문제로 부각된 적이 있었다. 정부는 상조사업을 선불식 할부거래를 하는 금융업의 일종으로 규정하고 각종 규제와 감독을 강화하기에 이르렀다.54) 법

---

53) 협동조합기본법 시행령 제12조에 의하면 조합원이 500인 이상이고, 1인당 최저출자금이 5만원 이상이고, 1인당 최고출자액이 10% 이내이고, 출자금 납입총액이 1억원 이상이면서 총자산의 50% 이상 등의 요건을 갖추고 있는 경우에 의료기관을 개설할 수 있도록 규정한다.

54) '할부거래에관한법률'은 선불식 할부거래사업을 시·도지사에의 등록사업으로 함과 아울러 자본금 15억원 이상임을 증명하는 서류와 소비자피해보상보험계약등의 체결 증명 서류 등을 갖추도록 하여 피해자가 양산되는 것을 방지하고 있다(동법 제18조).

리적으로 엄격히 해석하면 협동조합은 금융업을 할 수 없기 때문에 선불식 할부거래 방식의 상조사업을 할 수 없게 된다. 한겨레두레협동조합은 자회사 방식을 도입하여 이 문제를 해결하여 협동조합의 발전에 일조를 하고 있다. 협동조합이 100% 출자한 자회사인 주식회사를 통하여 상조서비스를 제공함과 아울러 기존의 협동조합은 조합원 교육 등 협동조합의 정체성을 지키는 사업을 계속하는 방식이다. 유럽의 협동조합이 산하에 주식회사를 두고서 협동조합의 어려운 문제를 풀어간 것과 비슷한 방식이다. 농업협동조합 또는 일반 협동조합이 상조사업을 하는 것은 상부상조 정신에 바탕을 둔 협동조합의 기본취지에 비추어 잘한 것으로 평가할 수 있다. 협동조합 산하에 자회사를 두고 사업을 하는 것이 협동조합의 정체성을 벗어난 것이 아닌가라고 의문을 제기하는 사람도 있다. 한겨레두레협동조합은 법 때문에 불가피하게 자회사 방식을 선택했지만 협동조합의 규모가 커지면 효율성 향상과 경쟁력 제고를 위해 이 방식을 고민하게 될 것이다. 협동조합은 조합원의 인적 결합체이면서 사업체로 활동하는 조직이다. 사업체로서는 협동조합의 규모가 커지는 것이 좋지만 조직이 커지면 협동조합의 정체성을 지키는 것이 더욱 어려워지는 것이 문제이다. 협동조합의 이상은 현실에 바탕을 두어야 하고, 또 협동조합운동은 사업을 하면서 가치를 실현해야 하는 점에서 자신이 앞을 자리를 항상 고민해야 하는 사업체이다.

(3) 협동조합에 대한 평가

향후 우리나라의 협동조합이 자기 본래의 역할을 다하면서 사업을 계속하는 사업체로 성장할 수 있을지는 아직 미지수이다. 최근 몇 년간 '협동조합 거품론'이 제기될 정도로 많은 협동조합이 설립된 것은 고무적이면서도 우려스러운 현상이다. 협동조합이 만능의 사업체가 아님은 역사적으로 증명된 사실이다. 협동조합은 이기심이 아니라 협동과 협력이라는 이타심에 의존해야 성공하는 사업체이기 때문에 일반사업체에 비하여 어려울 수밖에 없다. 조합원으로 가입하면 많은 돈을 벌 수 있다는 식으로 조합원을 모집하는 것을 경계해야 하는 것이다. 협동조합은 다수의 조합원이 참여하므로 의사결정을 하는 것이 어렵고, 또 변화무쌍한 환경에서 사업기회를 계속 찾을 수 있을지도 미지수이다.

협동조합의 규모가 작을 때에는 조합의 원칙을 지킬 수 있지만 그 규모가 커졌을 경우 주식회사보다 투명하고 효율적인 경영을 할 수 있는 사업체인지도 쉽게 판단할 수 없는 문제이다. 일부 공기업이나 농협중앙회 등에서 나타나는 경영 투명성의 부족, 관료화 현상, 만성적인 적자 등은 협동조합에 나타나기 쉬운 문제점이다. 만약 협동조합이 스스로 이익을 창출하지 못하고 정부의 도움이나 지원금에 의존하는 좀비기업으로 전락할 경우 협동조합을 바라보는 시각은 매우 부정적으로 변할지도 모른다. 협동조합이 주식회사보다 더 많은 일자리를 창출할 수 있다는 주장도 좀 더 검증이 되어야 할 부분이다. 2009년에 도래한 금융위기에서 협동조합이 주식회사보다 생존력이 강한 존재로 판명된 것은 사실이다. 그러나 협동조합이 양질의 일자리를 주식회사처럼 만들어내고 인간의 삶의 질을 더 높일 수 있는 사업체인지는 아직 미지수이다. 마치 협동조합이 모든 문제를 완벽하게 해결할 수 있는 사업체라는 사고는 오히려 협동조합의 발전에 장애요인이 될 수 있다. 결국 협동조합과 주식회사는 각각 적합한 경제활동을 할 수 있는 분야가 따로 있기 때문에, 협동조합을 자본주의경제의 취약점을 보완하는 역할을 담당하는 존재로 이해하는 것이 바람직하다.

5. 사회적 기업의 출현

사회적 기업은 사회적 가치를 추구하는 새로운 조직으로 국가, 학자, 단체, 사회적 사업을 실천하는 사람마다 다양하게 정의되고 있다. 사회적 기업은 투자자 이익을 추구하는 일반기업과는 달리 사회적 가치를 실현하여 이익이 생길 경우 사회사업 내지 지역공동체를 위하여 재투자를 하는 기업이다. 사회적 기업은 기업으로 활동하는 점에서, 또 사업을 하여 얻은 수익을 사회적 가치를 위해 사용하는 점에서 개인이나 단체의 후원에 의존하는 비영리조직과는 구별된다. 사회적 기업은 정부와 일반기업, 비영리 조직이 영향력을 발휘하지 못하는 분야에서 사회적 가치와 착한 이윤을 동시에 추구하는 기업으로 평가할 수 있다. 사회적 기업은 작은 이익을 넘어 대의를 열망하는 사람에게는 매력이 넘치는 기업이 될 수도 있다. 사회적 기업은 시장을 통하여 사업을 하고 또한 성장도 하고 퇴보하기도 하는 점에서 일반기업과 동일하다. 사회적 기업의 등장은 전통 기업들에게 충격을 주어 이들 기업들로 하여금 사회적 책임(CSR, Corporate Social Responsibility)을 강화하는 방향으로 움직이게 하는 긍정적인 면이 있다.

2007년에 제정된 '사회적기업육성법'은 "취약계층에게 사회서비스 또는 일자리를 제공하거나 지역사회에 공헌함으로써 지역주민의 삶의 질을 높이는 등의 사회적 목적을 추구하면서 재화 및 서비스의 생산·판매 등 영업활동을 하는 기업"으로 정의한다(동법 제2조). 동법상 회사, 사단법인, 협동조합이 고용노동부장관이 부여하는 인증마크를 단 경우에 사회적 기업이 될 수 있다(동법 제7조). 사회적 기업이 되면 인건비·시설비·사업개발비의 지원, 경영 컨설팅의 제공, 공공기관의 우선구매, 모태펀드의 제공 등 정부로부터 각종 지원을 받을 수 있다. 사회적 기업과 일반 협동조합은 영리를 추구하고 이익을 투자자에게 분배하는 정통적 기업과는 다른 조직인 점에서 유사하다. 그러나 사회적 기업이 취약계층의 보호와 지역사회에의 공헌을 위주로 하는 기업이라는 점에서 조합원의 공동이익을 추구하는 협동조합과는 목적을 달리하는 존재이다. 협동조합은 끼리끼리의 문화를 가진 조합원의 공동이익을 목적으로 하는 인적 결합체이다. 이기적인 사람들이 뭉쳐서 협동조합을 설립하는 경우에는 사회적 약자가 아니라 조합원의 이익만을 추구하는 조합이 될 수도 있다. 협동조합이 그들만의 조합으로 활동하고 조합의 이익을 그들만이 가질 때에는 사회적 기업과는 확실히 구별되는 존재이다. 그러나 현실적으로 협동조합이 사회적 약자로 구성되어 조합원에게 그 수익을 분배하여 줄 때에는 양자의 구별이 쉽지가 않다. 사회적 기업과 사회적 협동조합은 근거되는 법률은 달라도 사회적 가치를 실현하는 점에서 비슷한 역할을 수행하는 사업체이다. 둘 다 경제적·사회적 약자에 해당하는 저소득자, 고령자, 장애인, 청년구직자 등 취약계층의 보호를 주된 목적으로 하는 점에서 유사하다.

'사회적기업육성법'상 사회적 기업은 좋은 기업 내지 착한 기업이라는 이미지보다 보조와 구호가 필요한 기업이라는 이미지를 강하게 풍기고 있다. 우리 법제상 사회적 기업을 정부의 보호와 지원이 필요한 너무 나약한 존재로 이해하는 것이 아닌가라는 의문이 있다. 자생력이 없는 기업은 기업으로 존재할 이유가 없고, 또 정부지원사업을 못 받아 문을 닫아야 하는 기업은 주객이 전도된 기업이라 할 수 있다. 사회적 기업을 바라보는 시각이 너무 협소하여 오히려 건강한 기업은 사회적 기업이 될 수 없는 것처럼 비치는 것도 문제이다. 경제협력개발기구(OECD)는 사회적 기업이란 기업적 전략에 따라 조직을 운영하되, 공익을 추구하고 이윤을 극대화하는 것이 아니라 특정 경제적·사회적 목적을 이루고자 하며, 사회적 소외와 실업 문제에 대한 혁신적인 해결책을 제시할 수 있는 모든 민간 활동을 의미한다고 정의하고 있다. 개인도 어떤 계기로 이타적인 삶을 살아가는 사람이 있듯이 기업도 규모의 대소에 관계없이 사회적 가치를 실현하는 것을 주된 목적으로 하는 기업이 있을 수 있다. 이러한 기업은 정부의 보조와 지원 없이도 사회적 가치를 실현할 수 있다는 점에서 더 바람직한 사회적 기업이 아니겠는가. 사회적 기업은 착한 일을 하는 착한 기업으로 바라보는 넓은 시야와 성숙된 자세가 있어야 정확히 이해할 수 있는 개념이다.

제 8 장 동업창업

1. 동업이란

　일반적으로 동업은 마음이 잘 통하는 사람끼리 함께 하는 공동사업으로 인식하는 경향이 있다. 친한 친구 내지 친한 친척끼리 식당을 공동으로 운영하는 동업은 주변에서 흔히 볼 수 모습이다. 동업을 넓게 해석하면 거의 모든 사업관계가 동업이라 할 수 있다.55) 예컨대 직장인도 자신이 다니는 회사와 동업관계에 있다고 할 수 있다. 직장인은 회사의 성과가 좋으면 월급을 물론 성과급까지 받을 수 있음에 반해, 회사의 성과가 나쁘면 월급은 커녕 일자리까지 잃을 수도 있다. 회사의 성과와 종업원에게 돌아오는 몫이 동일한 방향으로 움직이므로 동업관계에 있다고 할 수 있다. 건물주인과 임차인의 관계도 임차인의 사업이 잘 되어야 임대료를 더 올려 받을 수 있기 때문에 동업관계에 있다고 할 수 있으며, 또 가맹사업도 가맹점이 잘 되어야 가맹본부의 성과가 좋아지기 때문에 동업관계에 있다고 할 수 있다. 그러나 여기서는 동업을 좁게 보아 사업의 결과인 손익을 같이 하는 형태만을 동업관계에 있는 것으로 본다. 다만 손해와 이익은 꼭 같이 움직일 필요가 없기 때문에 이익의 분배만 약정하더라도 동업이 될 수 있다.

---

55) 억대 연봉자들이 농담으로 자신은 국가와 동업관계에 있다고 주장한다. 연소득이 1억 5천만원을 초과하는 연봉자의 경우 소득세의 세율이 38%인 점을 감안하면 자신이 벌어들이는 소득의 1/3 이상을 국가가 세금으로 징수하는 것을 빗댄 말이다. 실제로 세율이 38%(38+3.8=41.8)라고 해도 아주 고소득자를 제외한 대부분의 억대연봉자는 공제 등을 고려할 때 소득 대비 20~30% 정도를 세금으로 납부하는 것으로 전해진다.

실무에서는 동업관계에 있는지 여부가 불투명한 새로운 형태의 사업방식을 선택하는 경우도 있다. 수수료 매장이 그 예라고 할 수 있다. 수수료 매장이란 건물주인과 임차인 사이에 매월 임대료로 고정 금액이 아니라 매출액의 일정 비율을 지급하는 방식으로 임대차 계약을 한 매장을 뜻한다. 통상 수수료매장은 보증금을 적게 지급하는 대신에 월 임대료를 매장의 매출액에 연계하는 방식을 채택하여 건물주의 소득을 유동적으로 하는 것이 특징적이다. 이처럼 월 임대료를 매출액에 연계시키면 매출액이 줄어들면 그만큼 임대료도 줄어들어 불황기에 임차인의 부담을 덜 수 있다. 수수료매장은 임대인과 임차인의 입장에서 서로 반길 수 있는 이점이 있다. 임대인은 카드사용이 일반화된 상거래에서 매출액에 대한 신뢰가 높아져 매출액이 증가할 경우 더 높은 수익을 기대할 수 있음에 반해, 임차인은 불황기나 불황기가 아니더라도 사업이 잘 되지 않을 때 월 임대료 부담을 덜 수 있는 사업방식이다.

우리 사회에서 동업을 바라보는 시각은 긍정적 측면보다 부정적 측면이 더 많은 것 같다. 흔히들 '동업을 하면 돈도 잃고 친구도 잃는다', '동업은 끝내 깨지기 마련이다', '동업은 미친 짓이다'[56] 등의 표현은 동업을 부정적으로 나타내는 말이다. 이러한 시각의 바탕에는 동업을 친한 친구 내지 가족끼리 정이나 의리로 하는 사업이라는 인식이 강하게 작용하고 있다. 그러나 동업을 통해 크게 성공한 사례는 국내외에서 많이 볼 수 있으므로 동업을 꼭 부정적으로 평가할 이유는 없다. 국내의 사례로는 LG그룹의 '구'씨 일가와 GS그룹의 '허'씨 일가가 50여년 이상 LG그룹을 재계 순위 3위까지 성장시킨 사례는 늘 동업 이야기의 중심이 되는 사례이다. 우리나라 포털 업계를 대표하는 네이버도 네이버컴의 이해진과 한게임의 김범수

---

[56] 동업은 자신이 동반자를 선택하여 좋든 싫든 함께 해야 하는 점에서 결혼과 유사하게 평가하기도 한다. '결혼은 미친 짓이다'라는 표현이 있듯이 '동업은 미친 짓이다'라는 표현은 결혼생활과 동법관계의 어려움을 나타내는 말이다.

가 동업으로 NHN을 설립하여 크게 성공한 사례이다. 미국 IT업계를 대표하는 회사 대부분은 동업으로 출발해서 세계적인 기업으로 성장한 사례들이다. 즉 마이크로소프트는 빌 게이츠(Bill gates)와 폴 앨런(Paul G. Allen), 애플은 스티브 잡스(Steven Jobs)와 스티브 워즈니악(Stephen Wozniak), 구글은 세르게이 브린(Sergey Brin)과 래리 페이지(Larry Page), 트위터는 잭 도시(Jack Dorsey)와 에번 윌리엄스(Evan Williams) 그리고 비즈 스톤(Biz Stone) 등이 공동으로 창업하여 각 분야에서 선도자 역할을 하는 기업들이다. 이러한 유명한 기업들 말고도 동업으로 성공한 사례를 주변에서 쉽게 볼 수 있다.

동업으로 성공한 사례와 실패한 사례 사이에는 어떤 차이점이 있기에 그 결과가 다르게 나타나는지가 궁금하다. 동업을 부정적으로 보는 시각은 친한 친구나 친척처럼 정이나 의리를 동업의 전제요건으로 생각하는 의식이 강하다. 서로 간의 신뢰나 믿음은 사업의 필요조건은 될지언정 충분조건은 되지 못하는 것이 사업세계이다. 사업은 절대로 정이나 의리만으로 성공을 보장할 수 있는 곳이 아니다. 사업세계는 냉정함과 치열함을 유지해도 그 성공을 보장할 수 없는 곳이다. 정이나 의리를 강조하는 사고의 중심에는 서로 계산적이지 않고, 설령 손해를 보는 한이 있더라도 이해를 통하여 해결하는 방식을 선호할 것이다. 그러나 사업은 치밀하게 계산하면서 하는 일이고 손해를 보는 행위를 하지 않아야 성공할 수 있는 곳이다. 사업관계와 친밀관계는 엄연히 구분해야 함에도 불구하고 양자를 혼동하여 쉽게 동업을 결정할 경우 그 결과는 뻔하다. 믿는 도끼에 발등 찍히는 신세가 되었다며 한탄을 하는 일도 있다. 동업계약서 한 장 없이 동업을 하다가 끝내는 분쟁으로 이어져 당사자는 물론 주변 사람들까지도 불편하게 만드는 일도 있다. 가족기업 형태로 동업을 하더라도 남남이 만나서 동업을 하는 것과 똑 같이 하는 것이 좋다. 이렇게 하면 동업이 실패하더라도 분쟁으로 이어지는 경우는 거의 없다. 친밀관계라는 필요조건과 사업적

관계라는 충분조건을 모두 갖추고 있으므로 성공률이 더 높아질 수 있다. 사업은 사업이고 친구는 친구로 지내는 것이 바람직하며, 친구관계를 유지하기 위해서도 동업계약서를 작성해야 하는 것이다. 정서적이고 감정적인 관계보다 합리적인 계약관계가 더 오래 지탱할 수 있는 구조인 것이 바로 사업세계의 관계이다. 혹시 친구끼리 동업을 하더라도 친밀감이 아니라 그가 가진 재능과 기술을 보고 동업자를 선택하는 것이 바람직하다. 동업자는 사업상 파트너가 되는 자이므로, 상대방에 대한 친근감과 호감을 상대방의 역량으로 평가하는 실수를 하지 않아야 한다.

2. 동업의 성공요인과 실패요인

(1) 성공요인

동업을 선택하는 이유로는 대규모의 자금조달, 위험의 분산, 역할의 보완 등 여러 요인이 있다. 동업은 사업을 함께 하는 사이이므로 동업을 하는 이유가 분명해야 성공가능성이 높아질 것이다. 동업은 함께 일을 하며 시너지를 낼 수 있는 '비즈니스 동반자'일 뿐만 아니라 인간적으로 서로 의지할 수 있는 '인생의 동반자'가 될 때에 성공이 보장된다. 동업을 시작할 때에는 동업자 각자의 역할과 책무를 분명하게 정해야 사업을 원활히 추진할 수 있고, 또 설령 사업이 잘 되지 않아 동업관계가 깨지더라도 원만히 헤어질 수 있다. 동업에서 성공하려면 동업자를 잘 만나야 하는 것은 당연하다. 동업이란 인생에서 가장 중요한 문제인 먹고 사는 문제를 다른 사람과 함께 해결하는 것이어서 쉽지 않은 일이다. 동업을 성공으로 이끄는 요인으로는 자금부족의 해결, 서로 부족한 부분의 보완, 심리적인 안정감, 종업원보다 주인의식이 강한 노동력의 확보 등 여러 요인이 있다.

사업을 하다보면 규모의 경제가 통하는 분야가 의외로 많다는 것을 알게 된다. 다 맞는 말은 아니지만 규모의 경제가 적용되는 분야는 거대자본을 모으는 자가 승리자가 될 가능성이 높아지는 것은 당연하다. 예컨대 P씨가 서울지역에서 요식업을 개업하는 것을 가정해보자. 음식 맛이 비슷할 경우 시설이 좋고 주차장이 완비된 식당은 그렇지 못한 식당보다 우위에 서는 것은 당연하다. 이처럼 시설이 좋고 주차장이 완비된 대규모 식당을 개업하려면 거액의 권리금과 보증금을 지급해야 하는 건물을 얻는 것이 필수적이다. P씨는 혼자만의 자금으로 부족하여 동업자를 통해 자금을 마련한 후 식당을 운영하는 경우가 이에 해당한다. 동업은 자본을 많이 모은다고 성공할 수 있는 것만은 아니다. 그러나 다른 조건이 동일한 경우 자본논리가 통하는 분야에서는 동업을 해서라도 자본을 대규모로 늘리는 것이 유리한 것만은 분명하다.

동업파트너는 자기가 갖지 못한 기술과 경험을 가진 자를 선택하는 것이 좋다. 동업은 각자 다른 재능을 가진 자들이 동업자로 만나야 성공할 수 있다. 음식을 만드는 데 뛰어난 능력이 있는 사람과 영업수완이 좋은 사람이 만나서 식당을 공동으로 운영할 경우 시너지 효과가 발휘되는 것은 당연하다. 또 제품개발에 기술과 경험을 가진 자, 마케팅에 수완이 있는 자, 디자인 감각이 뛰어난 자 등이 제조업을 함께 할 경우 혼자서 해내지 못하는 과업을 달성할 수 있다. 동업은 서로의 단점을 보완하고 장점을 극대화할 수 있는 사람들로 구성되어야 최고의 시너지 효과가 발휘되는 구조이다. 동업을 시작할 때 자금의 비중과 역할, 기술이나 경험의 비중이나 역할, 경영 노하우의 비중과 역할 각각에 대하여 가치평가를 해서 그 결과에 따라 각 참여자의 지분비율이 결정된다. 사업에서 문제해결능력을 향상시키는 방법은 동업만큼 좋은 것도 없기 때문에 동업은 새로운 돌파구를 여는 열쇠가 되기도 한다. 특히 청년창업에서는 서로 다른 분야를 전공한 젊은이들이 뭉치는 것이 동일전공자가 뭉치는 경우보다 유리하다. 내가 알지 못하는 기술과 경험을 가진 자를 만나야 융합이 일어나고, 또 한 단계 더 성숙할 수 있기 때문이다. 동업에서는 동업자가 맡은 역할과 그에 대한 책임을 구체적으로 정해야 분쟁의 여지를 줄일 수 있다. 동업자의 역할이 불분명한 경우 서로 책임을 미루어 일이 진척되지도 않고, 사고가 일어날 경우 책임을 져야 할 주체가 누구인지 몰라 헤매는 일도 있다.

창업은 힘들고 고독한 여정이므로 같은 처지에 있는 동업자의 위로와 격려가 큰 힘이 된다. 창업에서 오는 육체적·정신적 스트레스와 고통이 너무 심하기 때문에 혼자 힘으로 감당하기 어려운 경우가 많다. 동업자끼리 고민을 함께 털어놓을 수 있으면 창업의 어려움을 극복하는데 상당한 도움이 될 것이다. 사람은 누구나 어려움에 봉착했을 때 자신의 사정을 아는 사람의 격려가 무엇보다 큰 힘이 된다. 오죽했으면 과부가 홀아비 마음을 안다고나 했을까. 친한 사람끼리 동업을 할 경우 상대방이 싫어하는 소리를 잘 하지 못하고 또한 은연중에 기대와 믿음이 실망감으로 바뀌어 스트레스를 받는 일도 있다. 동업은 사업을 함께 하는 사이이므로 상대방의 문제점을 분명하게 지적하고 항의할 사항이면 항의를 하고 약속할 사항이면 약속을 받아내는 것이 필요하다. 소통은 부부나 동업자 사이처럼 너무 가까운 사람끼리 하기 어려운 법이다. 소통능력은 동업의 중요한 덕목이 될 수 있는 항목이다. 동업자 간에도 서로 다름을 인정하고 마음을 열고 소통해야 팀워크도 생기고 동료애가 생기는 법이다.

동업자는 모두가 주인이 되는 구조이므로 주인의식을 갖는 동업자의 의식과 역할은 분명히 직원과는 다르기 때문에 이점이 될 수 있다. 오늘날 기업체의 사장이 직원을 가족처럼 또는 주인처럼 모신다고 하지만 직원들은 이를 다르게 해석하는 일도 있다. 가족이나 동업자처럼 아무런 대가도 지불하지 않고 직원을 함부로 부리겠다는 말로 오해할 수 있는 말이다. 사업세계에서 주인이 하는 역할과 직원이 하는 역할은 분명히 다르고 또한 구분되도록 하는 것이 바람직하다. 회사가 어려울 경우 주인은 월급을 받지 않아도 되지만 직원에게 월급을 주지 않았다가는 악덕 고용주로 낙인이 찍힐 수 있다. 주인이라는 것은 사업에서 발생하는 모든 일에 책임을 지는 것이며, 주인은 사재를 털어서라도 직원의 월급을 지급해야 하는 지위에 있다. 사업세계에서 주인의 희생은 미담으로 들릴 수 있지만 직원의 희생은 악덕 고용주라는 누명을 덮어쓸 수 있는 위험한 일이다. 결국 주인의식이 있는 동업자의 확보는 사업이 잘되는 경우는 물론 안 되는 경우에도 큰 힘이 될 수 있다.

(2) 실패요인

동업의 실패요인에는 여러 가지가 있다. 동업의 실패는 돈에 대한 철학을 비롯한 가치관의 차이, 사업 운영에 관한 의견대립과 의사결정의 지연, 상대방 역할에 대한 회의와 의구심, 감정싸움 등 여러 요인이 있다. 이들 요인이 중복적으로 작용하는 경우 동업관계는 걷잡을 수 없는 분쟁으로 이어진다.

사람은 자라온 환경과 가치관이 달라서 위기상황이 도래하거나 이해관계가 복잡하게 얽히게 되면 본 모습을 보이면서 동업관계를 깨는 일도 있다. '동업은 분쟁의 씨앗이다'라는 표현은 이때 적용될 수 있는 말이다. 이는 고생을 함께 해도 성공을 함께 나누기 어려운 인간의 나쁜 습성을 나타내는 표현이기도 하다. 동업은 사업의 성과가 나빠서 깨어지는 경우도 있지만 오히려 성과가 좋을 때에 조심해야 하는 형태이다. 사람은 주머니 사정이 좋지 않을 때에는 돈에 집착하여 다른 모습을 잘 보여주지 않는다. 그러나 경제적으로 여유가 생길 때에는 각자의 욕구를 보이면서 문제를 일으키는 경우가 있다.

미국 심리학자 에이브러험 매슬로우(Abraham Maslow)는 인간의 욕구를 5단계로 구분하고 각각의 욕구가 발현되는 단계와 시기를 설명하고 있다. 첫 번째는 의식주의 해결을 비롯한 본능적 욕구가 중심이 되는 생리적 욕구가 발현되는 단계이고, 두 번째는 물리적·생리적 위협은 물론 각종 스트레스로부터 벗어나 안전을 갈망하는 안전에 대한 욕구가 발현되는 단계이고, 세 번째는 누군가에게 소속되고 싶은 욕구와 애정을 받고 싶은 욕구가 중심이 되는 사회적 욕구가 발현되는 단계이고, 네 번째는 다른 사람으로부터 존경과 칭찬, 능력을 인정받고 싶어 하는 자기존중에 대한 욕구가 발현되는 단계이고, 다섯 번째는 자기개발과 목표를 실현하기 위하여 끊임없이 노력하는 자아실현에 대한 욕구가 발현되는 단계이다. 1단계의 욕구가 충족되면 2단계의 욕구, 2단계의 욕구가 충족되면 3단계의 욕구가 나타나는 식으로 각 욕구가 발현되는 단계와 그 시기를 구분하고 있다. 동업에서 성공했다는 것은 경제적 욕구와 안전의 욕구가 어느 정도 해결되었다는 것을 의미한다. 동업자 간에 조심해야 할 시기는 권력욕이 발동되는 세 번째와 네 번째 단계이다. 이 단계에 이르면 동업자 간에 돈에 대한 철학을 비롯한 가치관의 차이가 확연히 들어나면서 갈등이 깊어지는 경우가 있다. 동업자의 가치관이 너무 다를 경우 동업을 유지하는 것이 쉽지 않을 것이다. 가치관의 차이는 사업의 목표와 전개방향을 둘러싸고 사사건건 갈등과 대립을 가져온다. 부부 간에도 가치관이 너무 달라 상대방을 보기만 해도 짜증이 나고 싫어하는 감정이 앞설 때에는 부부관계를 유지하는 것이 쉽지 않은 것과 비슷하다. 인간의 본성은 쉽게 바뀌거나 변화시킬 수 있는 것이 아님을 알아야 한다. 동업을 계속 이어갈 것인가 또는 헤어질 것인가를 고민해야 하는 첫 번째 시기이다.

창업자 간의 갈등과 대립은 사업상 중요한 의사결정을 지연시키거나 결정을 못해서 사업에 차질을 가져오는 일이 있다. 어떤 점에서 사업은 의사결정의 연속이 요구되는 곳이다. 사업의 방향을 둘러싼 갈등으로 인해 적시에 투자결정을 못하여 경쟁업체에게 시장을 빼앗기거나 뒤처지는 일이 있다. 1980년대 세계 전자시장을 거의 휩쓸었던 일본 전자업체들이 90년대를 넘어 21세기에 들어와서 한국 전자업체에 뒤처진 주된 요인으로 의사결정의 지연이 중요한 원인이라고 한다. 전자업체의 기술방향이 아날로그에서 디지털로 바뀌는 시점에서 전문경영인 체제로 운영되는 일본 전자업체의 지배구조상 과감하고 신속한 의사결정은 쉽지 않은 일이었다. 반대로 소유자 지배체제로 운영되는 한국의 전자업체는 오너의 결단으로 디지털로 전환하는 것은 그렇게 어렵지 않은 일이었다. 속도 경쟁이 심한 현대 경영에서는 신속한 의사결정이 무엇보다 중요하다. 동업자의 지분비율을 50% : 50%로 하는 것은 의사결정을 지연시키는 원인이 되기에 그렇게 바람직한 지분구성 모형은 아니다. 2사람이 동업을 할 때 동업자의 지분을 49%식으로 하고 중립적인 인물에게 2%를 주어 동업자 간에 의견대립이 있을 때에 그에게 결정권을 맡기는 경우도 있다. 주식회사 이사회의 구성원을 홀수로 하는 것도 가부동수이면 의사결정을 못하는 것을 방지하기 위함이다. 홀수의 마법이라고 할까 의사결정을 못하는 경우 또는 지연시키는 경우를 방지하는 장치를 마련하는 것이 중요하다. 창업 시 의사결정에 대립이 있을 경우 누구의 판단에 우선권을 줄 것인가에 대하여 약정을 맺어두는 것도 괜찮은 방법이다. 홍콩의 부호 리카이싱은 투자할 때 자신의 지분은 49%로 하고 상대방의 지분을 51%로 하는 투자구조를 선호하는 것으로 전해진다. 이는 상대방에게 호의를 베풀어 마음을 얻는 것은 물론 사업세계의 의사결정구조의 중요성과 그 한계를 간파했기 때문이다. 창업 초기에는 신속한 의사결정과 실행력이 있어야만 사업의 성공률을 높일 수 있을 것이다.

　동업의 형태는 동업의 수만큼이나 다를 수 있지만 동업의 형태 중 주의할 사항에 대하여 알아보자. 하나는 동업자 중 한 사람은 전업으로 동업에 참여하고 다른 사람은 자금만 대는 방식이다. 이러한 방식의 동업은 역할의 보완과 분담을 전제로 하는 일반적 동업과는 구별되는 방식이다. 사업가와 자본가의 결합은 동업의 일종임이 분명하고, 이는 상법상 익명조합에 해당하는 내적 형태의 조합이다. 그러나 익명조합 형태의 사업이 성공할 경우 서로 자기 공이 큰 것으로 판단하여 분쟁으로 이어지는 일이 있다. 자본을 투자한 자는 자기 돈이 없었으면 사업 자체가 성립할 수 없다고 주장함에 반해, 사업가는 사업에서 성공한 것은 자기의 능력과 노력이 중요하지 돈은 중요한 요소가 아니라고 한다. 굳이 이러한 형태의 동업을 하려면 사업가의 역할과 그에 대한 보상, 초과수익금의 분배구조, 자본투자가의 손실부담여부, 이익분배의 기준 등을 명확히 약정하는 것이 좋다. 동업의 형태 중에서 가장 문제되는 유형은 절박한 심정으로 전부를 걸고 일하는 사람과 취미삼아 건성건성 일하는 사람이 동업을 하는 방식이다. 이러한 형태의 동업은 잘 되지도 않을 뿐더러 잘 되어도 분쟁으로 이어지는 일이 많아진다. 다른 하나는 동업의 성공이 어느 한 사람의 능력과 노력이 출중해 다른 사람보다 기여도가 높을 경우 그가 지분변경을 요구하는 때이다. 동업자의 지분비율은 동업의 핵심 요소이므로 쉽게 바꿀 수 없는 것이 원칙이다. 그러나 지분변경을 요구하는 자는 그 요구를 들어주지 않을 경우 동업에서 이탈할 가능성이 있을 경우에는 다르게 생각해도 좋다. 동업은 장기적 계속계약관계이므로 동업자의 유연한 사고와 시각이 필요한 경우가 바로 이 때이다. 동업을 지속시키는 것이 해체하는 경우보다 유리할 때에는 그 요구를 들어주는 것이 현명하다. 동업을 유지하려면 끝없는 인내와 끈기가 요구되는 데, 이 경우에도 그 인내력을 시험하는 것이라고 생각하는 편이 유익하다.

 동업자 사이에는 아무리 사이가 좋더라도 세월이 지남에 따라 틈새가 벌어지는 일이 생길 수 있다. 창업자가 일선에서 물러나고 2세들이 경영권의 전면에 나설 즈음 창업자와 같은 친밀감은 사라지고 상대방을 성장의 걸림돌로 생각하는 일이 자주 발생한다. 특히 회사규모가 커지고 직원 수가 많아짐에 따라 직원들 사이에도 편이 갈라져서 불화의 원인이 생기는 일도 있다. '누구는 누구의 오른팔이다', '누구는 누구의 왼팔이다'라는 소문이 돌면서 2세들 중심으로 라인이 형성되고 직원들 사이에 칸막이가 생겨 회사발전에 장애요인이 되는 일도 있다. 동업자 사이에 권력욕이 발동하는 시기도 대략 이 무렵부터이다. 권력은 속성상 나누는 것이 불가능한 것이어서 권력욕이 발동되는 순간부터 동업자를 발전의 걸림돌로 여기는 생각이 자리를 잡는다. 오래 전의 사례이지만 직원 간에 칸막이가 형성될 경우 회사의 발전은 고사하고 곧 사라질 운명을 맞이하는 회사가 있었다. 서울신탁은행은 서울은행과 신탁은행이 합병하여 하나로 된 은행이다. 그런데 양 은행의 직원 간에 파벌이 얼마나 심했는지 서울은행 출신의 청소부는 '서울'자만 청소를 하고 신탁은행 출신의 청소부는 '신탁'자만을 청소했다고 한다. 이 은행의 미래는 누가 보더라도 그 결과를 쉽게 예측할 수 있다. 이 정도가 되면 동업을 유지하기보다 갈라서는 편이 자신은 물론 상대방에게도 유익하다.

　인간은 누구나 미래를 예측하는 데 한계를 가지고 있다. 동업이 어렵다는 것은 환경이 변하여 상대방의 역할이 미미하게 보일 때 어떻게 대처할 것인가도 문제점으로 등장한다. 동업을 시작할 때 동업자의 역할과 그에 따른 지분비율을 정하는 것이 일반적이다. 이 경우 당사자의 동의가 없으면 그의 지분비율을 함부로 바꿀 수 없는 것이 원칙이다. 동업에 회의적인 시각을 가진 사람은 동업자의 역할을 기대하고 지분까지 배정했는데도 그가 역할을 제대로 수행하지 못하거나 또는 그의 역할의 존재가 미미하게 될 때 마땅한 대책이 없다는 것이다. 동업자의 역할에 대한 회의와 의구심은 다른 동업자로 하여금 제2의 창업을 시도하게 한다. 이는 동업의 파탄을 의미하고 동업의 약점으로 작용하는 요인이기도 하다. 주인이 무능하면 주인보다 똑똑한 사람을 직원으로 고용하기 어려운 것이 현실이다. 주방장 때문에 골치를 썩다가 망했다는 식당 이야기를 많이 들어보았을 것이다. 어떤 사업을 하든지 창업자는 사업의 핵심이 되는 기술과 재능을 갖고 있어야 된다. 예컨대 일류 주방장이라는 소문을 듣고 그에게 상당한 지분까지 주면서 식당을 공동으로 창업한 경우를 가정해보자. 그런데 주방장의 음식 솜씨가 소문과는 달리 별로인 경우 어떻게 처리해야 할 것인가. 상대방이 게임 프로그램을 짜는 고수로 알고 지분까지 주면서 공동으로 게임

회사를 차렸는데 상대방의 기술이 별로인 것으로 판명된 경우도 이와 다르지 않을 것이다. 동업을 할 경우 동업자를 누구로 할 것인가는 창업 시 결정해야 할 가장 중요한 사항이다.

3. 동업의 법률관계와 조합법의 적용

동업의 형태는 참여자의 수, 자본금의 대소, 참여자의 역할, 하고자 하는 사업의 속성과 사업기간 등 여러 가지 변수에 따라 다양한 유형으로 구분된다. 기술도입을 원하는 국내업체와 시장개척을 염두에 둔 해외업체 간에 체결되는 합작기업(Joint venture)이나 뜻을 같이 하는 사람들끼리 사안별로 네트워크를 결성하여 사업을 공동으로 추진하는 컨소시엄(Consortium)도 동업의 한 형태임이 분명하다.

동업의 법률관계는 자영업을 공동으로 창업하는 경우, 주식회사를 공동으로 설립하는 경우, 자본가와 사업자가 결합하여 사업체를 공동으로 운영하는 경우 등에 따라 차이가 있다. 자영업을 공동으로 창업하는 경우는 주로 민의 조합법이, 주식회사를 공동으로 설립하는 경우는 주로 회사법과 민의 조합법이, 자본가와 사업자가 결합한 경우는 주로 상법의 익명조합법이 중점적으로 적용되는 법률이다. 동업의 대표적 유형인 민상의 조합, 상법상의 익명조합과 합자조합의 차이점은 <표24>에서 설명하는 바와 같다. 동업은 여러 사람이 사업을 공동으로 하는 것이므로 조합법이 동업의 법률관계를 규율하는 기본법이 되는 것은 당연하다.

<표24> 조합의 유형

	조합	익명조합	합자조합
당사자	2인 이상의 조합원	익명조합원 영업자	업무집행조합원 유한책임조합원
출자의무자	조합원 전원	익명조합원(영업자는 출자의무 없음)	조합원 전원

출자목적물	금전, 재산, 노무	금전, 재산(영업조합원은 주로 노무를 제공)	업무집행조합원: 금전, 재산, 노무 유한책임조합원: 금전, 재산
영업방식	공동경영	영업조합원 단독경영	업무집행조합원 단독경영
책임	무한책임	영업자: 단독, 무한책임 익명조합원: 책임 없음	업무집행조합원: 무한책임 유한책임조합원: 유한책임 부담
소유형태	합유	영업자 단독소유	합유
등기필요성	불필요	불필요	필요

일반적으로 동업은 공동사업을 목적으로 설립한 인적 공동체이므로 민법상의 조합에 해당한다(민 제703조 1항). 동업계약은 조합계약이므로 동업의 창설을 목적으로 하는 계약은 물론 동업체가 성립된 이후 동업의 운영에 대해 약정을 하는 것도 조합계약에 해당한다. 조합이 성립된 경우 조합원과 조합 간의 법률관계와 조합원 간의 법률관계는 조합법리에 따라 문제를 해결하여야 한다. 민법상 조합법리는 그 내용이 복잡하고 현실과는 다르게 해석되는 부분도 있기에 다소 어렵기도 하다. 민법상 조합은 모든 조합원에게 이익이 돌아가는 구조이어야 한다. 조합이 행하는 사업은 영리적이든 비영리적이든, 또 계속적이든 일시적이든 그 성질과 종류를 묻지 않는다. 동업의 형태를 취하더라도 어느 일방만이 이익을 취하는 구조는 조합이 될 수 없다. 대법원은 "이른바 '내적조합'이라는 일종의 특수한 조합으로 보기 위하여는 당사자의 내부관계에서는 조합관계가 있어야 할 것이고, 내부적인 조합관계가 있다고 하려면 서로 출자하여 공동사업을 경영할 것을 약정하여야 하며, 영리사업을 목적으로 하면서 당사자 중의 일부만이 이익을 분배받고 다른 자는 전혀 이익분배를 받지 않는 경우에는 조합관계(동업관계)라고 할 수 없다"고 한다(대법원 2000. 7. 7. 선고 98다44666).

조합에는 단체법의 일종한 조합법이 적용되므로, 민법의 일반원칙이 적용되지 않거나 수정하여 적용되는 일이 있다. 대법원은 "동업계약과 같은 조합계약에 있어서는 조합의 해산청구를 하거나 조합으로부터 탈퇴를 하거나 또는 다른 조합원을 제명할 수 있을 뿐이지 일반계약에 있어서처럼 조합계약을 해제하고 상대방에게 그로 인한 원상회복의 의무를 부담지울 수는 없다"고 한다(대법원 1994. 5. 13. 선고 94다7157 판결).

조합이 성립되는 경우 출자 기타 조합재산은 조합원의 합유가 되며(민 제704조), 손익비율은 약정이 있으면 그에 의하고 약정이 없는 경우 출자가액의 비율에 따르며(민 제711조), 조합원의 책임은 채권발생 당시 손실부담의 비율을 채권자가 알고 있으면 출자비율대로 이를 모르는 때에는 각 조합원이 균분하여 부담한다(민 제712조). 대법원은 "동업자들이 처음부터 각자 자기 몫의 출자를 하는 통상적인 경우가 아니라 동업자 중 1인의 부동산을 담보로 한 융자금을 전체출자금으로 삼아 위 차용금으로서 동업체의 운영경비 일절에 충당키로 약정한 외에 달리 실질적인 출자약정을 한바 없으나 동업자간의 손익분배 비율을 균등하게 정하고 있다면 특단의 사정이 없는 한 위 차용금액에 의한 출자비율은 균등한 것으로 추정함이 타당하다"고 한다(대법원 1986. 3. 11. 선고 85다카2317 판결). 조합원 중에 변제할 자력이 없는 자가 있는 때에는 그 변제할 수 없는 부분은 다른 조합원이 균분하여 변제할 책임이 있다(민 제713조). 그리고 2인으로 구성된 조합에서 1인이 탈퇴한 경우에는 조합채권자가 잔존 조합원에 대하여 조합채무 전부의 이행을 청구할 수 있다. 대법원은 "조합채무는 조합원들이 조합재산에 의하여 합유적으로 부담하는 채무이고, 두 사람으로 이루어진 조합관계에 있어 그 중 1인이 탈퇴하면 탈퇴자와의 사이에 조합관계는 종료된다 할 것이나 특별한 사정이 없는 한 조합은 해산되지 아니하고, 조합원들의 합유에 속한 조합재산은 남은 조합원에게 귀속하게 되므로, 이 경우 조합채권자는 잔존 조합원에게 여전히 그 조합채무 전부에 대한 이행을 청구할 수 있다"고 한다((대법원 1999. 5. 11. 선고 99다1284 판결).

조합법에 의하면 조합원은 거의 무한책임에 가까운 책임을 진다고 할 수 있다. 동업을 하다가 거액의 채무를 지고서 동업자가 잠적해 다른 동업자가 모든 책임을 지게 되었다는 소식을 들어본 적이 있을 것이다. 자영업으로 하는 동업이 무섭다는 것은 다른 동업자가 한 행위에 대하여 모든 동업자가 공동으로 책임을 지는 구조이기 때문이다. 내부적으로 동업자가 단독으로 한 행위에 대하여 다른 동업자가 책임을 지지 않기로 약정을 했다 하더라도 대외적 책임은 공동으로 부담해야 하는 것이다. 조합이 영리사업을 하는 경우 모든 조합원은 연대책임을 져야 한다는 사실이다(상 제57조). 동업은 동업자 모두가 주인이 되는 구조이어서 대외적인 책임은 무한책임에 가까운 책임을 진다고 보아야 한다. 대법원은 "조합의 채무는 조합원의 채무로서 특별한 사정이 없는 한 조합채권자는 각 조합원에 대하여 지분의 비율에 따라 또는 균일적으로 변제의 청구를 할 수 있을 뿐이나, 조합채무가 특히 조합원 전원을 위하여 상행위가 되는 행위로 인하여 부담하게 된 것이라면 상법 제57조 제1항을 적용하여 조합원들의 연대책임을 인정함이 상당하다"고 한다(대법원 1998. 3. 13. 선고 97다6919 판결).

동업을 하면서 어떤 동업자가 임무에 위배된 행위를 하여 다른 동업자에게 손해를 주었다고 해서 그 동업자에게 바로 손해배상을 청구할 수 있는 것은 아니다. 대법원은 "일부 조합원이 동업계약에 따라 동업자금을 출자하였는데 업무집행 조합원이 본연의 임무에 위배되거나 혹은 권한을 넘어선 행위를 자행함으로써 끝내 동업체의 동업 목적을 달성할 수 없게끔 만들고, 조합원이 출자한 동업자금을 모두 허비한 경우에 그로 인하여 손해를 입은 주체는 동업자금을 상실하여 버린 조합, 즉 조합원들로 구성된 동업체라 할 것이고, 이로 인하여 결과적으로 동업자금을 출자한 조합원에게 손해가 발생하였다 하더라도 이는 조합과 무관하게 개인으로서 입은 손해가 아니고, 조합체를 구성하는 조합원의 지위에서 입은 손해에 지나지 아니하는 것이므로, 결국 피해자인 조합원으로서는 조합관계를 벗어난 개인의 지위에서 그 손해의 배상을 구할 수는 없다"고 한다(대법원 1999. 6. 8. 선고 98다60484 판결). 그리고 동업자가 다른 동업자의 허락 없이 조합재산을 함부로 처분하거나 낭비할 때에는 업무상 횡령죄 또는 배임죄로 처벌될 수도 있다. 대법원은 "동업재산은 동업자의 합유에 속하므로, 동업관계가 존속하는 한 동업자는 동업재산에 대한 지분을 임의로 처분할 권한이 없고, 동업자 한 사람이 지분을 임의로 처분하거나 또는 동업재산의 처분으로 얻은 대금을 보관 중 임의로 소비하였다면 횡령죄의 죄책을 면할 수 없다. 또 동업자 사이에 손익분배 정산이 되지 아니하였다면 동업자 한 사람이 임의로 동업자들의 합유에 속하는 동업재산을 처분할 권한이 없는 것이므로, 동업자 한 사람이 동업재산을 보관 중 임의로 횡령하였다면 지분비율에 관계없이 횡령한 금액 전부에 대하여 횡령죄의 죄책을 부담한다"라고 한다(대법원 2011. 6. 10. 선고 2010다17684 판결).

수인의 조합원이 있는 경우 조합재산의 처분·변경을 어떻게 처리할 것인가도 문제이다. 대법원은 "민법 제272조에 따르면 합유물을 처분 또는 변경함에는 합유자 전원의 동의가 있어야 하나, 합유물 가운데서도 조합재산의 경우 그 처분·변경에 관한 행위는 조합의 특별사무에 해당하는 업무집행으로서, 이에 대하여는 특별한 사정이 없는 한 민법 제706조 제2항이 민법 제272조에 우선하여 적용되므로, 조합재산의 처분·변경은 업무집행자가 없는 경우에는 조합원의 과반수로 결정하고, 업무집행자가 수인 있는 경우에는 그 업무집행자의 과반수로써 결정하며, 업무집행자가 1인만 있는 경우에는 그 업무집행자가 단독으로 결정한다"라고 한다(대법원 2010. 4. 29. 선고 2007다18911 판결).

두 사람 이상이 동업을 하다가 뜻이 맞지 않아 도저히 동업을 유지할 수 없는 경우 어떻게 할 것인가도 문제이다. 조합원은 임의탈퇴(민 제716조)를 요구하거나 해산청구권(민 제720조)을 행사하여 조합원의 지위로부터 벗어날 수 있다. 대법원은 "민법 제720조에 규정된 조합의 해산사유인 부득이한 사유에는 경제계의 사정변경이나 조합의 재산상태의 악화 또는 영업부진 등으로 조합의 목적달성이 현저히 곤란하게 된 경우 외에 조합원 사이의 반목·불화로 인한 대립으로 신뢰관계가 파괴되어 조합의 원만한 공동운영을 기대할 수 없게 된 경우도 포함되며, 위와 같이 공동사업의 계속이 현저히 곤란하게 된 이상 신뢰관계의 파괴에 책임이 있는 당사자도 조합의 해산청구권이 있다"고 한다(대법원 1993. 2. 9. 선고 92다21098 판결). 한 사람이 동업을 그만두기로 했으나 사업이 과거의 형태대로 계속되어 채무가 증가한 경우에 어떻게 되는가도 문제이다. 탈퇴한 조합원과 다른 조합원간의 계산은 탈퇴 당시의 조합재산상태에 의하여 처리한다(민 제719조 1항). 그러나 조합원의 탈퇴시기는 법적으로 정리된 시기를 의미하므로 조합원의 의사만으로 탈퇴가 인정되지 않고, 또 이에 관한 증거도 충분치 않아 문제가 생길 수 있다. 동업을 시작할 때 탈퇴나 청산에 대하여 합의를 해두면 그 합의에 따르면 되기 때문에 조합원의 법률관계를 간명하게 처리할 수 있다. 대법원은 "동업계약에서 원고의 탈퇴 또는 동업체가 해산될 경우 원고는 잔여재산의 분배청구를 할 수 없는 대신 채무에 대한 변제책임도 면하고 자신의 출자금을 반환받는 것만으로 동업관계를 종료시키기로 특약한 경우에는 청산절차를 거칠 필요가 없다"고 한다(대법원 1993. 2. 9. 선고 92다21098 판결).

4. 동업의 법률관계와 상법의 적용

(1) 주식회사 형태의 동업관계

사업의 규모가 클 때에는 주식회사 형태로 동업을 시작하는 경우가 많다. 기업의 매출과 이익이 일정 한도를 넘는 경우 세법상 주식회사를 선택하는 것이 유리한 사유도 주식회사를 선택하는 원인이 된다. 동업자는 주식회사의 지분을 갖고서 동업에 참여하는 형태가 되는 것이다. 동업자가 회사를 설립할 경우에는 회사법이 우선적으로 적용되는 것은 당연하다. 예컨대 갑이 51%, 을이 29%, 병이 20%의 지분을 가진 A주식회사를 설립해서 공동으로 경영하기로 약속한 경우를 가정해보자. 갑은 A회사를 설립한 이후 약속과는 다르게 경영권을 독식하려고 할 경우, 을과 병은 갑의 행위에 대하여 대항할 수 있는 방법에는 어떤 것이 있는지가 궁금하다. 회사법의 법리대로 처리하면 51%의 지분을 가진 갑이 승리할 수밖에 없는 구조이다. 그러나 회사를 설립하기 전에 동업계약서로 동업자에게 이사 지위를 부여하기로 약속을 했을 경우, 갑이 이를 지키지 않으면 계약위반으로 손해배상책임을 추궁할 수 있다. 동업의 형태로 주식회사를 설립하기로 해도 동업계약서를 반드시 작성해야 하는 이유이기도 하다. 만약 동업계약서가 없고 구두로 약속을 했을 경우, 을과 병은 갑의 독주행위에 대하여 마땅히 대응할 방법이 없을 것이다.

주주 간의 지분율에 따라 동업자가 할 수 있는 일과 없는 일에도 차이가 있다. 예컨대 갑과 을 등이 동업으로 주식회사를 설립해서 공동으로 운영하는 여러 경우를 가정해보자. 첫째는 동업자 중 가장 많은 지분을 가진 자가 2/3 이상의 지분을 가진 경우이다. 이때에는 다른 동업자의 동의 없이도 모든 안건을 통과시킬 수 있다. 주주총회의 특별결의는 출석한 주주의결권의 3분의 2 이상의 수와 발행주식총수의 3분의 1 이상의 주주가 동의한 경우에 효력이 발생한다(상 제434조). 특별결의사항으로는 주식의 분할(상 제329조의2 1항), 주식의 포괄적 교환(상 제360조의3)과 주식의 포괄적 이전(상 제360조의16), 회사영업의 전부 또는 중요한 일부의 양수도 등(상 제374조 1항), 사후설립(상 제375조), 이사감사의 해임(상 제385조 1항, 제415조), 정관의 변경(상 제434조), 주주 이외의 자에게 전환사채 또는 신주인수권부사채를 발행하는 결정(상 제513조 3항, 제516조의2 4항), 임의해산(상 제517조, 제518조), 회사의 계속(상 제519조), 회사의 합병(상 제522조 3항), 회사의 분할(상 제530조의3 2항) 등이 있다. 비상장된 중소규모의 회사에서 지분율 2/3 이상의 보유를 강조하는 것도 특별결의사항까지 염두에 두고서 하는 말이다. 둘째는 동업자 중 가장 많은 지분을 가진 자가 50% 이상에서 2/3까지 가진 경우이다. 이때에는 보통결의사항은 다른 주주의 동의를 받지 않더라도 통과시킬 수 있으나 특별결의사항은 그렇게 하지 못하는 경우이다. 보통결의사항은 출석한 주주 의결권의 과반수와 발행주식총수의 4분의 1 이상의 주주가 동의한 경우에 효력이 발생한다(상 제368조 1항). 보통결의사항으로는 이사·감사·검사인의 선임(상 제382조 1항, 제409조 1항, 제366조 3항, 제367조), 이사·감사·청산인의 보수결정(상 제388조, 제415조, 제542조2항), 재무제표 등의 승인 및 이익배당(상 제449조1항, 제464조의2 2항), 준비금의 자본전입(상 제461조 1항단서), 주식배당(상 제462조의2 1항), 전환사채 및 신주인수권부사채의 발행사항에 관한 결정(상 제513조 2항단서, 제516조의2 2항단서), 청산인의 선임·해임(상 제531조 1항단서, 제539조 1항), 청산의 승인(상 제540조 1항) 등이 있다. 과반수 이상의 지분을 가진 동업자는 회사의 경영권을 장악하는 데는 아무런 문제가 없을 것이다. 셋째는 동업자의 지분율이 34% 이상에서 50% 미만을 가진 경우이다. 이 지분을 가진 주주는 지배주주의 협조가 없는 경우 경영진에 진입할 할 수는 없으나 특별결의사항을 저지시킬 수 있다. 소수의 자가 동업을 할 경우에는 동업자는 최소한 1/3 이상의 지분을 보유하고 있어야 동업자로 대우받을 수 있다. 왜냐하면 지배주주가 합병이나 분할과 같은 회사의 구조적 변동을 시도할 때 이를 저지시킬 수 있는 힘은 최소한 1/3 이상의 지분을 가지고 있어야 하기 때문이다. 넷째는 동업자가 10% 이하의 지분을 가진 소수주주인 경우이다. 소수주주권에는 10% 이상의 지분을 가진 주주만이 행사할 수 있는 권한(회사의 해산판결청구권(상 제520조 1항)과 '채무자회생및파산에관한법률'에 의한 회사정리개시청구권(동법 제34조 2항)), 3% 이상의 지분을 가진 주주만이 행사할 수 있는 권한(주주제안권(상 제363조의2), 주주총회소집청구권(상 제366조), 집중투표청구권(상 제382조의2), 이사·감사·청산인의 해임청구권(상 제385조 2항, 제415조, 제539조), 회계장부열람청구권(상 제466조), 회사의 업무 및 재산상태의 조사를 위한 검사인 선임청구권(상 제467조)), 1% 이상의 지분을 가진 주주만이 행사할 수 있는 권한(이사청산인의 위법행위 유지청구권(상 제402조, 제542조 2항), 이사감사발기인의 책임추궁을 위한 대표소송권(상 제403조, 제415조, 제324조), 불공정가액의 주식인수인에 대한 대표소송권(상 제424조의2, 제516조1항, 제516조의10)) 등이 있다. 소수주주권은 안건의 중요도에 따라 각각 결의요건을 달리 규정하고, 또 상장회사의 경우 주식의 분산 정도를 고려하여 그 요건을 대폭적으로 완화하고 있다.

혹자는 주식회사의 대주주는 무조건 51% 이상의 지분을 확보해야 한다고 주장한다. 51%의 지분을 가진 주주는 어떤 경우에도 경영권을 지킬 수 있기 때문이다. 그러나 대주주 1인과 특수관계인의 지분이 50%를 초과하여 과점주주에 해당될 경우 법인이 납부해야 할 세액(국세·지방세)에 대하여 2차 납세의무를 부담하고(국세기본법 제39조), 또 법인 소유의 취득세 과세대상물건에 대하여 취득세납부의무를 부담한다는 사실을 명심해야 한다(지방세법 제7조 5항). 동업형태로 주식회사를 운영하다가 사업은 뜻대로 되지 않아 그 회사가 세금을 납부하지 못할 경우 50%를 초과한 과점주주가 2차적으로 책임을 부담해야 하는 것이다.

(2) 합자조합 형태의 동업관계

민법상 조합원의 책임이 무겁기 때문에 조합형태를 유지하면서 출자가액 한도로 유한책임이 인정되는 조합이 상법상의 합자조합이다. 합자조합이란 조합의 업무집행자로서 조합의 채무에 대하여 무한책임을 지는 조합원과 출자가액을 한도로 하여 유한책임을 지는 조합원이 상호출자하여 공동사업을 경영할 것을 약정하는 것을 뜻한다(상 제86조의2). 21세기 들어 지식기반사회가 되면서 지식이 핵심적인 생산 요소로 등장하여 인적 자산을 중시하는 산업이 증가하고 있다. 인적 자산을 적절히 수용할 수 있는 형태로서 내부적으로 조합의 실질을 갖추고 외부적으로 조합원의 유한책임이 인정되는 새로운 유형의 기업이 도입되어야 한다는 주장이 있었다. 2011년 개정상법으로 도입한 합자조합은 민법상의 조합과 합자회사의 중간쯤에 있는 공동기업이다. 합자조합은 무한책임조합원과 유한책임조합원이 결합한 점은 합자회사와 유사하나 기업의 자율성을 폭넓게 인정하고 있는 점에서 양자는 구분된다. 합자조합은 등기가 필요하나 그 등기가 법인격의 취득을 위한 것이 아니며, 조합계약으로 유한책임조합원에게 조합의 업무집행권 및 대표권을 부여할 수 있고, 유한책임조합원은 조합계약이 정하는 바에 따라 자신의 지분을 양도할 수 있도록 하는 점이 특수하다.

(3) 익명조합 형태의 동업관계

동업의 형태를 취하고 있으나 법적으로 동업이 아닌 경우도 있다. 갑과 을은 동업으로 갑은 자본만 대고 사업은 을의 명의로 하고 이익을 50%:50%로 분배하기로 한 경우를 가정해보자. 자본가의 자본과 사업가의 능력과 노력이 합쳐지고 또한 이익의 분배를 약속하는 점에서 내부적으로 동업에 해당한다. 그러나 이런 경우는 대외적으로 사업가가 전면에 등장하여 사업을 하는 것이므로 상법상의 익명조합에 해당한다(상 제78조). 익명조합은 자본을 제공한 자가 끝내 전면에 등장하지 않기 때문에 외부적으로 사업가의 단독사업으로 활동하는 기업이다. 익명조합원이 출자한 재산은 영업자의 재산이 되고(상 제79조), 익명조합원은 영업자의 행위로 인한 채무에 대하여 제3자에게 어떤 책임도 지지 않는다(상 제80조).

그리고 조합의 형태를 가졌다 하더라도 민법상의 조합에 해당되지 아니하여 조합원이 책임을 지지 않은 경우도 있다. 조합과 유사하나 상법상 익명조합 내지 특수한 조합을 인정하여 민법상의 조합과는 다르게 해석되는 경우가 있다. 대법원은 "갑과 을이 공장을 동업하기로 하되 갑은 전무라는 직함하에 내부적인 자금 관리만을 수행하고 을은 사장이라는 직함하에 사업자등록증상의 대표자 명의를 가지고 대외적으로 어음 거래를 함에 있어서도 자신의 명의로 약속어음을 발행하는 등 실질적으로 회사를 운영한 경우, 갑과 을 사이의 동업조합은 민법상의 조합과 구별되는 일종의 특수한 조합으로서 대외적으로는 을만이 권리를 취득하고 의무를 부담하는 것이어서 민법 제711조 내지 제713조가 적용될 여지가 없고, 따라서 갑은 공장의 근로자들에 대해 임금 및 퇴직금 지급의무를 부담하지 않는다"고 한다(대법원 1997. 9. 26. 선고 96다14838 판결). 익명조합은 조합이라는 말을 사용하지만 조합과는 완전히 다른 형태의 공동기업이다. 서울고등법원은 "원·피고 간에 공장운영 동업계약을 체결하면서 원고는 자금만 출자하고, 대외관계는 피고가 나서서 하기로 하였다면 원고는 익명 조합원으로서 피고의 제3자에 대한 행위에 관하여 그의 선의 악의를 불문하고 아무런 권리나 의무가 없다 할 것이므로 피고의 조합재산 처분의 효력을 다툴 수 없다"고 한다(서울고등법원 1967. 2. 15. 선고 66나400 판결).

5. 동업계약서의 작성

동업의 법률관계는 복잡하고 그 내용이 현실과는 다르게 해석되는 부분도 있기에 동업을 할 때에는 반드시 동업계약서를 작성해야 한다. 또 법이 작동할 수 없는 분야는 동업계약으로 해결해야 하는 부분이기도 하다. 그렇게 하지 않을 경우 상대방이 악용할 경우 불의의 손해를 입을 수 있다. 계약서를 쓰는 것이 상대방을 믿지 못하고 대인배의 행동에 맞지 않은 것으로 생각하는 사람이 있다. 우리나라의 민사소송비율은 우리와 비슷한 경제구조와 법률을 가진 일본에 비하여 4배 이상 높은 것으로 전해진다. 이는 작은 일에도 법원에 자주 가서 호소를 한다는 말이기도 하다. 동업은 인생에서 가장 중요한 사항인 사업을 공동으로 운영하는 위험한 일이다. 사업상 생길 수 있는 여러 변수를 고려할 경우 동업자가 장래 어떻게 변할지, 또 어떤 행동을 취할지는 현재 속단할 수 없는 것이 현실이다. 시중에는 '돈이 거짓말을 하지 사람은 거짓말을 하지 않는다'라는 말이 있다. 돈

앞에서 너무 쉽게 마음을 바꾸는 인간의 무력감을 표현하는 말이기도 하다. 물론 돈 앞에도 자기의 뜻을 관철하는 용기 있는 사람도 있지만 이는 소수에 불과하다. 동업계약서를 쓸 때의 약간의 어색함과 불편함은 갈등이 소송으로 비화되어 평생 원수가 되는 것보다 훨씬 나은 방법이다. 소송이란 승패를 갈라서 누구는 좋은 놈 누구는 나쁜 놈이라고 낙인을 찍는 것이어서 소송당사자는 원수가 되어 헤어질 수밖에 관계이다. 계약서에 당사자의 권리·의무가 명문으로 규정되어 있을 경우 누구든지 무턱대고 소송을 제기하지 못할 것이다. 이런 의미에서 계약서는 분쟁이 소송으로 이어지는 것을 막아주는 방패막이 역할도 한다. 계약서 없이 동업을 해서 죽일 놈 살릴 놈 하면서 법원에 호소하는 것보다 계약서를 쓰는 것이 훨씬 경제적이고 합리적인 방식이다. 동업계약을 우정을 지키는 마지막 보루로 생각하는 자세와 마음가짐으로 작성하는 것이 좋다.

　동업계약서를 작성할 경우 계약서에 담아야 할 내용은 무척 많을 것이다. 동업의 형태에 따라 계약서의 내용이 달라지기도 한다. 자영업을 동업으로 하는 경우와 주식회사를 동업으로 하는 경우 그 내용이 달라지는 것이 당연하다. 자영업을 동업으로 하는 경우 동업자 간에 출자금과 지분비율, 동업자의 역할과 지위, 동업자의 역할과 책무, 손실부담여부, 이익분배방법, 경업금지의무, 사업의 중단사유인 해산사유와 청산방법, 동업자의 탈퇴와 그의 지분처리방법 등이 중점적으로 기재해야 할 내용이다. 그리고 주식회사를 동업으로 할 경우 먼저 동업계약서를 작성하고 그에 따라 회사를 설립하는 등 일정한 절차를 밟아야 한다. 동업계약서의 내용을 토대로 해서 회사의 정관을 작성하고 이사회를 구성하는 등 일정한 조치를 취해는 것이 필요하다. 회사가 설립될 경우 동업계약은 회사와 주주 간의 계약으로 발전하는 일도 있다. 여기서는 벤처기업 등 발전가능성이 있는 사업을 동업으로 하고자 할 경우 계약서에 담아야 할 주요 내용을 살펴보기로 한다. 동업계약서를 작성할 경우 고민해야 할 사항은 <표25> 동업계약서의 주요 내용에서 제시하는 바와 같다.

<표25> 동업계약서의 주요 내용[57]

설립자본 및 아이템의 가치평가	· 자본금의 규모를 얼마로 할 것인가? · 동업자의 수를 몇 명으로 할 것인가? · 아이템에 대한 가치평가와 지분을 어떻게 정할 것인가?

지분비율	· 지분비율에 따라 권한과 책임이 동일한가? 또는 그렇지 않은가?
	  (50%:50%는 황금비율인가?, 소수자의 견제수단은 어떤 것이 있는가?)
	· 순수하게 자본을 제공한 자와 능력과 노력을 함께 제공한 자의 지분비율은 어떻게 산정할 것인가?
	· 능력과 노력을 함께 제공한 자가 출중한 성과를 낼 경우 지분율을 조정할 것인가 또 인센티브로 무엇을 제공할 것인가?
	· 이익은 지분율보다 사업의 규모에 달려 있다는 사실을 명심하자
	  (10억 회사에서 60% 가진 자와 100억 회사에서 30% 가진 자의 비교)
	· 최고경영자의 자존심을 살려줄 방법에는 어떤 것이 있는가?
	  (바지사장 대우, 곰과 왕서방 이야기)

역할분담	· 동업자의 지위와 역할을 어떻게 할 것인가?
	  (단독대표, 공동대표, 각자대표)
	· 의견대립 시 최종적인 의사결정은 누가 또 어떤 방식으로 할 것인가?
	· 동업자의 근무형태와 근무시간을 어떻게 할 것인가?
	· 역할의 부적합이 판명된 경우 어떻게 재조정하고 보완할 것인가?.
	· 역할의 부적합이 판명될 경우 그 책임을 어떻게 추궁할 것인가?
	  (역할과 책임이 명확히 정하지 않으면 필시 분쟁으로 이어진다)
	· 중도탈퇴 시 그의 지분을 어떻게 처리할 것인가?

지분처분제한 및 지분매수	· 지분처분제한과 그 위반이 있는 경우 어떻게 대처할 것인가?
	· 동업자의 투자회수 방안을 어떻게 보장할 것인가?
	  (어떤 방식, 얼마의 가격으로 매수할 것인가를 결정)
	· 회사가 동업자의 지분을 매수하는 방법에는 어떤 것이 있는가?
	  (양도제한에 대한 정관의 정함과 주식매수청구권의 인정)
	· 동업자가 다른 동업자의 지분을 매수하는 방법에는 어떤 것이 있는가?
	  (우선매수청구권, put back option의 약정)
	· 대주주의 지분 매각 시 다른 동업자의 지분은 어떻게 할 것인가?
	  (tag along right의 약정, drag along right의 약정)

정보의 공유 및 감시체계	· 동업자 간 정보를 어떻게 공유할 것인가
	  (공유의 정도, 시기, 방법)
	· 동업자의 행위를 감시하는 시스템을 어떻게 마련할 것인가?
	  (cross check system 구축, 공식행사 공동참석 원칙 등)

---

[57] 신용한, 동업하라, 21세기북스(2012), 부록 참조.

경업금지의무 및 그 위반의 경우	· 경업금지의무의 범위와 이를 위반한 경우 어떻게 대처할 것인가? (경업금지의 범위, 손해배상책임의 약정) · 동업의 종료 후 경업금지의무를 언제까지 부과할 것인가? (1년 내지 3년 정도) · 위반 시 퇴출조항을 어떻게 설정할 것인가?
추가적 자본 조달	· 사업상 추가적 자본조달이 필요한 경우 어떻게 할 것인가? (자기자본과 타인자본의 구분과 그 규모) · 새로운 동업자가 등장할 경우 그의 역할과 지분율을 어떻게 할 것인가? · 대기업의 자금이 들어올 경우 일단 의심부터 해보자 (창업자와 현 경영진을 내몰기 위한 시나리오가 아닌가?)
초과이익이 발생한 경우	· 초과이익 발생 시 어떻게 처리할 것인가? (이익의 배분과 사업의 분화를 고민) · 근로자의 몫을 어떻게 평가할 것인가 (초과이익 발생 시 반드시 근로자의 몫을 인정해주자) · 투자자와 경영자가 동업을 할 경우 경영자의 인센티브는 무엇인가? (stock option 부여, 하이마트 사례)
사업내용의 변경 및 추가	· 사업내용을 변경하거나 신사업을 추가할 경우 어떻게 조정할 것인가? · 제3자가 참여할 경우 그의 역할과 지분율을 어떻게 정할 것인가? · 합병이나 분할을 할 경우 동업자의 역할과 지분을 어떻게 정할 것인가?
사업의 종료	· 계약의 종료시점이나 종료조건을 어떻게 정할 것인가? (상장이나 다른 기업에 매각된 경우, 대주주의 지분율이 감소된 경우 등) · 사업의 쇠퇴 시 동업자의 역할과 지분을 어떻게 재조정할 것인가? · 일방의 귀책사유로 사업이 중단될 경우 어떻게 처리할 것인가? (기술과 능력의 전수, 제3자의 소개) · 사업의 중단에 원인을 제공한 자의 책임을 어떻게 추궁할 것인가? · 해산과 청산은 어떻게 하고 또 원인이 있는 자의 책임을 어떻게 추궁할 것인가?

주식회사로 창업할 경우 최초의 주주는 동업자이어서 주주 사이에 동질감을 갖고 있다. 이러한 회사는 주주상호간의 신뢰관계를 중시하여 기존의 주주들이 원하지 않은 이질적인 주주가 참여하는 것을 싫어하는 경향이 있다. 특히 경쟁업체가 주주가 되어 경영에 참여할 경우 회사를 정상적으로 운영하기는 어렵게 된다. 주식회사는 주주의 퇴출제도가 인정되지 않기 때문에 주식의 양도를 통해서만 투자금을 회수하도록 하고 있다. 회사와

기존 주주의 입장에서는 양도를 제한하고자 하고, 반대로 주주 입장에서는 자유로이 주식을 양도하고자 할 것이다. 상법은 회사의 정관에 의한 주식양도제한(상 제335조 1항)을 인정함과 동시에 주식매수청구권(상 제335조의2) 등을 인정하여 양자의 균형을 맞추고 있다. 여기서 주식매수청구권이란 주주가 회사에 대하여 공정한 가액으로 자기의 주식을 매수하여 줄 것을 청구할 수 있는 권리를 뜻한다. 현행법상 주주 간 계약 또는 주주와 회사 간 계약으로 주식양도를 제한하는 약정을 맺을 경우 그 약정의 효력이 어떻게 되는가도 문제이다. 회사와 주주 간의 개별약정으로 주식양도를 제한하는 것은 상법 제335조 제1항 단서를 탈법하는 것이 되므로 그 약정은 무효이다. 그러나 주주들 간에 주식양도를 제한하는 약정을 맺을 경우 그 약정이 주주의 투하자본회수 가능성을 전면적으로 부정하는 것이 아니고 공서양속에 반하지 않는 한 당사자 간에는 유효한 것으로 본다(대법원 2000. 9. 26. 선고 99다48429 판결). 어느 동업자가 자신의 주식을 매도할 때 다른 동업자가 그 주식을 우선적으로 매수할 수 있는 우선매수청구권을 주기로 약정하는 일도 있다. 이것도 이질적인 주주가 회사 내에 들어오는 것을 방지하는 역할을 한다.

    동업자 사이에 회사의 정보를 어느 정도로 공유할 것인가, 또 상대방의 행위를 어떻게 감시할 것인가도 중요한 내용이다. 물론 회사법의 내용에 따라 정보가 공유되고 감독시스템이 가동될 것이다. 동업자 간에는 동업계약서로 정보의 공유 및 감시시스템에 대한 약정을 맺는 것이 바람직하다. 예컨대 다섯 사람이 큰 빵을 나누어 먹고자 할 때 칼 이외에 도구가 없는 상태에서 어떻게 분배하는 것이 가장 공정한 분배가 되는지가 궁금하다. 칼자루를 쥐고 빵을 나누는 사람이 맨 마지막 선택권을 주는 것이 가장 공정하다고 한다. 칼자루를 쥔 사람은 자기의 몫을 최대로 하기 위하여 가능한 공정하게 분배하려고 하기 때문이다. 동업자 간에 일정한 기간마다 역할을 바꾸어 업무를 수행하여 상호 감시활동을 하는 경우도 있다. 예컨대

1년마다 회계장부를 처리하는 담당자를 바꾸어 보는 식이다. 동업자 사이에는 동업자가 작성한 장부를 서로 바꾸어 체크를 하거나 중요한 사항을 공동으로 실행하는 것도 하나의 방법이다. 동업을 오래하려면 금전거래의 투명성을 높이고 이를 검증하는 시스템을 구축하는 것이 무엇보다 중요하다. 경기도 시흥의 한 동업회사는 동업자 간에 장부를 서로 바꾸어 보는 상호감시(Cross check)와 접대에의 공동참석이라는 룰을 정하여 상호간의 투명성을 높이고 신뢰감을 쌓아가고 있는 것으로 전해진다.

동업을 하다가 최대주주가 다른 사람에게 자신의 지분을 양도하는 일이 있다. 통상 경영권이 수반되는 주식거래를 할 경우 경영권 프리미엄이 붙어 높은 가격으로 매각되는 것이 일반적이다. 이때 다른 동업자가 최대주주와 동일한 조건으로 지분의 매각을 요구할 수 있는 권리를 가지는 경우가 있다. 이를 공동매각청구권(Tag-Along Right))이라고 한다.[58] 2대 주주 이하의 주주를 보호하기 위한 장치로서 벤처캐피탈의 투자계약서에 흔히 등장하는 조항이다. 동업자 간에는 최대주주가 다른 동업자를 끌어들이기 위해 일정 단계에 이르는 경우 최대주주가 동업자의 지분을 되사주기로 약속을 하기도 한다. 동업자의 입장에서 보면 일정한 가격으로 자신의 주식을 되사줄 것을 청구할 수 있는 권리이다. 이를 Put Back Option이라고 한다. 이는 M&A에서 재무적 투자자를 끌어들이기 위한 방법으로 자주 이용되는 약정이다. 과거 금호그룹이 대우건설을 인수할 때 재무적 투자자에게 이 약정을 하여 곤욕을 치룬 뼈아픈 경험을 겪은 적이 있었다. 동업자 중 일방이 부득이한 사정으로 동업을 그만둘 경우 자신이 가진 기

---

[58] 반대로 최대주주가 주식을 매각할 경우 다른 주주의 주식도 동일한 조건으로 함께 매도할 것을 요구할 수 있는 경우가 있다. 이를 Drag Along Right라고 한다. 매수자가 100%의 지분을 매수하고자 할 때 Drag Along Right는 유용한 방법이 된다. Tag Along Right는 주식을 팔고자 하는 주주 이외의 주주가 함께 팔아달라고 요구할 수 있는 권리임에 반해, Drag Along Right는 주식을 팔고자 하는 주주가 다른 주주의 주식을 함께 팔 수 있는 권리를 말한다. 'tag'는 꼬리표로서 함께 묻혀 가자는 의미이고, 'drag'는 함께 끌고 들어가는 것을 의미한다.

술과 경험을 상대방에게 전수해주거나 또는 제3자를 소개해 주어야 하는 약정을 맺기도 한다. 예컨대 요리에 특수한 자질을 가진 사람과 영업에 특수한 자질을 가진 사람이 식당을 공동으로 창업한 경우를 가정해보자. 요리에 특수한 자질을 가진 사람이 부득이한 사정으로 더 이상 동업을 할 수 없는 경우 자신이 가진 재주와 비법을 상대방에게 전수해주거나 또는 자신과 비슷한 수준에 있는 요리사를 소개해주는 등 상대방으로 하여금 이전과 같은 영업을 계속할 수 있도록 해야 하는 것이다.

6. 아름답게 헤어지는 법을 배우다

사업세계는 정치세계와 닮은 면이 적지 않다. '적의 적은 아군이다', '영원한 적도 없고 영원한 우군도 없다'라는 표현은 정치인들 사이에 흔히 사용되는 말이다. 오늘날 IT업계의 선두권에 있는 회사들이 견제와 균형을 위해 합종연횡을 하는 현실을 보면 그리 틀린 말이 아님을 알 수 있다. 동업자 간에는 어떤 이유로 헤어지더라도 아름답게 헤어질 줄 알아야 한다. 아름답게 헤어지지 못하는 경우 때론 원수가 되어 경쟁업체로 등장해 서로 적이 되어 싸우는 일도 있다. 자기를 잘 아는 동업자가 경쟁업체로 등장해 같은 시장을 놓고 다투는 것은 누가 보아도 좋은 모습은 아니다. 사업에서 감정이 개입된 경쟁을 하여 최악의 상황으로 돌변하여 둘 다 망했다는 이야기를 들은 적이 있을 것이다. 냉철한 이성적 판단이 요구되는 사업세계에 감정이 개입되면 정상적인 판단을 마비시켜 사업을 제대로 운영할 수 없는 것은 당연하다.

사회에 지명도를 가진 유명인이 이혼을 하면서 언론을 통하여 상대방을 공격하는 일을 본 적이 있을 것이다. 공격이 곧 수비라는 생각으로 좀 더 유리한 위치를 차지하기 위해서 상대방을 무차별적으로 공격한다. 상대방도 이에 질세라 시시콜콜한 일까지도 들추어내면서 방어 겸 공격을 한다.

상대방에 대한 공격이 여론전 또는 이혼소송에서 동정을 얻어 유리한 입장에 설 수도 있다. 연예부 취재 기자들에게는 신나는 일이 될 수도 있다. 제3자는 구경꾼으로 구경을 하는 입장이지만 그렇게 좋아 보이는 구경꺼리는 아니다. 한 때는 부부의 연을 맺고서 같이 살았던 사이이고, 또 두 사람 사이에 자식이 있을 때에는 그 뒷감당을 어떻게 할지가 궁금하다. 수면 아래에 있어야 할 모든 것이 다 노출되어 벌거숭이 신세로 살아가야 하는 나머지 인생을 생각하면 저절로 한숨이 나온다. 추락하는 것에는 날개가 없다고 했던가. 사업가는 누구를 불문하고 아름답게 헤어지는 법을 배워야 한다. 이런 점에서 LG그룹의 구씨 일가와 GS그룹의 허씨 일가가 3대에 걸쳐 50년 이상이나 동업을 하다가 아름답게 헤어진 일은 많은 시사점을 남기는 사례이다. 헤어진 뒤 뒷말이 들리기도 하지만 아직도 서로 경쟁업체로 다투지 않는 것을 보면 그 수준이 어느 정도인지를 알 수 있을 것 같다. 동업을 하면서 상대방의 행동이나 언사로 인해 양가가 겪었을 고민과 이를 극복한 인내력과 끈기는 배울만한 정신이다. 사업세계에도 영원한 적과 영원한 우군은 없다. 오늘 일시적으로 손해를 보는 일이 내일 큰 이익이 되어 돌아올지는 아무도 모른다. 동업자는 헤어질 때 손해를 보았다는 느낌이 들더라도 원수가 되어 헤어지는 길만은 막아야 한다. 헤어질 때 깔끔하게 처신하는 일은 생각보다 어려운 법이다.

제 9 장 모든 답은 계약서에 있다

1. 계약이란

　계약이란 일정한 법률효과의 발생을 목적으로 의사표시 합치에 의하여 성립되는 법률행위를 뜻한다. 현대사회는 계약 사회이므로 거의 모든 법률행위가 계약을 통해 이루어진다. 계약 사회에서는 자신이 체결한 계약의 내용에 구속되는 것은 당연하다. 대법원은 "계약을 둘러싼 법률관계에서도 당사자는 자신의 자유로운 선택과 결정에 따라 계약을 체결한 결과 발생하게 되는 이익이나 손실을 스스로 감수하여야 할 뿐 일방 당사자가 상대방 당사자에게 손실이 발생하지 아니하도록 하는 등 상대방 당사자의 이익을 보호하거나 배려할 일반적인 의무는 부담하지 아니함이 원칙이다"고 한다(대법원 2014. 8. 21. 선고 2010다92438 판결).
　계약은 체결하기는 쉬워도 한번 체결된 계약을 없었던 것으로 하기란 쉽지가 않다. 계약이 없었던 것으로 하려면 계약의 성립절차나 그 내용이 취소사유나 무효사유에 해당되어야 한다. 계약의 취소사유는 법에서 정한 사유(무능력, 착오, 사기, 강박 등)가 있는 경우에만 가능하고, 무효사유는 그 내용이 반사회적인 것(민 제103조)이어야 하므로 취소나 무효는 생각만큼 쉽게 되지 않는다. 따라서 창업자는 계약을 체결하기 전에 계약의 효과, 즉 그 계약이 가져올 파장에 대하여 신중에 검토를 한 후에 계약의 체결여부를 결정하여야 한다. 예컨대 창업자가 타인의 건물을 빌려서 사업을 하는 경우 그 건물에 대한 등기부등본, 건물대장, 도시계획확인원과 같은 각종 공부확인은 물론 현장확인을 거친 후에 아무런 하자가 없을 때 계약을 체결하는 것이 바람직하다. 부동산 사기사건이나 권리금 장사의 희생양이 되어 사업을 해보지도 못하고 중도에서 좌절하는 초보창업자가 되지 않도록 해야 한다.

계약법에서 널리 인용되는 일반원칙 중 "계약은 반드시 지켜야 한다(Pacta sunt servanda)"라는 법언이 있다. 어떤 형태의 계약이든 그 계약을 잘 지키는 것이 중요하다. 계약은 당사자 간의 약속이므로 그 약속을 잘 지키는 것이 상대방의 신용을 얻는데 으뜸이 된다. 사업세계에 입문하는 창업자는 어떤 일이 있어도 자신이 한 약속은 반드시 지키는 법을 배워야 한다. 한번 약속을 어기고 나면 다음에는 기회조차 주어지지 않는다, 누구나 약속하기는 쉬워도 그 약속을 잘 지키는 것은 쉽지 않은 일이다. 신용과 신뢰는 하루아침에 얻을 수 있는 것이 아님을 알아야 된다. 약속을 잘 지켜 그 분야에서 크게 성공한 사업가의 신화를 자주 들을 수 있다. 현대그룹 창업자 고 정주영 회장도 약속을 잘 지키기로 유명하다. 1953년 특별한 기술이나 경험 없이 낙동강 고령교 복구공사를 수주했다가 기술 부족과 홍수까지 겹쳐서 큰 손해를 입었다. 주위에서 공사의 포기를 권유해도 형제들 돈까지 끌어들인 후 겨우 공사를 완공할 수 있었다. 그러나 이때 얻은 신용으로 전후 최대공사인 한강 인도교 복구공사를 수주하여 현대건설의 토대를 마련하였다. 또 1965년 첫 해외사업인 태국의 타파니 나라티왓 고속도로 건설사업을 수주했으나 잘못된 사업판단과 현지 인력과의 마찰 등 여러 고충을 겪은 후 겨우 공사를 완공할 수 있었다. 그러나 이 경험이 1968년 경부고속도로 건설의 주역으로 올라설 수 있는 계기를 만들어 주었다. 신용이 곧 재산이라는 정주영의 생각은 그를 세계적 기업가로 만드는 중요한 디딤돌이 되었다. 창업자의 신용이 도덕 수준을 넘어 경제적 가치를 창출하는 결정적 요인이 되는 것임을 한시라도 잊어서는 아니 된다.

계약은 체결되면 그 내용에 따라 구속력이 생기는 것이지 특별한 사정이 없는 한 사후요인에 따라 변경이 되지 않는다. 전쟁이나 천재지변과 같은 특별한 사정이 있는 경우를 제외하고는 사정변경의 원칙이 적용되지 않는다. 대법원은 "계약의 성립에 기초가 되지 아니한 사정이 그 후 변경되어 일방당사자가 계약 당시 의도한 계약목적을 달성할 수 없게 됨으로써 손해를 입게 되었다 하더라도 특별한 사정이 없는 한 그 계약내용의 효력을 그대로 유지하는 것이 신의칙에 반한다고 볼 수도 없다"고 하여 계약내용불변의 원칙을 밝히고 있다(대법원 2007. 3. 29. 선고 2004다31302 판결).

계약서는 경제적 힘이 우월한 쪽이 미리 만들어 놓은 양식을 따르는 것이 일반적이다. 소위 갑의 위치에 있는 자가 업계의 표준양식을 따른 것이라고 하면서 자신이 만들어 놓은 계약서에 따라 계약을 체결하고자 하는 식이다. 통상 이러한 계약서에는 자신에게 유리하고 상대방에게 불리한 독소조항이 포함되어 있을 가능성이 있다. 세상에 수정하지 못하는 표준계약서는 존재하지 않는다. 사적자치의 원칙이 지배하는 사법의 영역에서는 당사자 간의 합의가 법에 우선하는 것은 물론 표준계약서에 우선하는 것은 당연하다. 계약서를 수정·변경하는 것이 자기에게 불리하므로 표준계약서라는 이유로 방패막이를 이용하는 것일 수 있다. 우리 속담 중에 "고된 시집살이를 한 며느리가 독한 시어머니가 된다"는 말이 있다. 자기보다 우월한 힘을 가진 자로부터 을의 지위에서 설움을 받은 자가 자기보다 열등한 지위에 있는 자에게는 철저히 갑의 행세를 하는 것을 빗댄 말이다. 인간세상에서 영원한 갑도 없고 영원한 을도 없다. 사람에 따라 또는 여건에 따라 갑이 되기도 하고 을이 되기도 하는 것이 세상의 이치이다. 상생하는 갑을관계를 정립하고자 할 때 명심해야 하는 속담이다. 그리고 비슷한 힘을 가진 당사자 사이에는 계약의 주요조건에 대한 합의가 이루어지면 각 당사자는 서로 자신이 준비한 계약서 양식대로 계약을 체결하려는 다툼이 벌어진다. 이러한 다툼을 서식전쟁(the battle of forms)이라고도 한다. 자신이 미리 준비한 계약서에는 거래상 조금이라도 자신에게 유리한 일반조항이 포함되어 있을 가능성이 있다. 계약서를 작성함에 있어서 상대방이 눈치 채지 못하게 자신에게 유리한 사항을 포함시키는 것이 계약체결의 요체이다. 그러나 비슷한 지식과 능력을 가진 자 사이에서는 계약서에 이러한 내용을 포함시키는 것은 쉽지가 않을 것이다. 계약서를 잘 작성해 놓으면 나중에 분쟁이 발생하여 소송까지 가더라도 승소할 확률이 높아지는 것은 당연하다. 결국 어떤 유형의 계약서를 작성하든 당사자는 그 내용을 세심히 검토한 후에 자신을 방어할 수 있는 대비책을 마련해두어야 한다. 분쟁이 생긴 후에 허술한 계약서를 쳐다보는 것은 사후약방문과 같다.

창업을 하면 여러 유형의 계약서를 작성할 기회를 가지게 된다. 통상 창업 시에 작성하는 계약서는 타인의 건물이나 토지를 빌릴 경우 임대차계약서를 작성해야 하고, 타인을 고용할 경우 근로계약서를 작성해야 하며, 또 영업에 필요한 물건을 구입하거나 이를 판매할 경우 구매계약서 내지 판매계약서를 작성해야 된다. 창업자는 어떤 유형의 계약서를 작성하던 계약의 작성요령과 그 내용을 정확히 알 필요가 있다. 계약서에는 장래 당사자가 해야 할 행위와 하지 말아야 할 행위를 권리·의무의 형식으로 기재되어 있고, 또 계약위반이 되는 경우 어떤 불이익을 받을 것인가가 포함되어 있다. 계약서의 작성방법과 주요 내용을 이해하는 것은 창업자가 갖추어야 할 기본 덕목이다. 잘 모르는 경우 비용이 들더라도 변호사나 법무사 등 주변 전문가의 조언을 듣는 것이 필요하다. 창업을 해서 주의의무해태나 법률 지식의 부족으로 자신도 모르게 엄청난 손해를 입을 수 있는 여지를 없애는 것이 중요하다. 때로는 중요한 계약서에 공증을 받는 일이 있다. 공증을 받은 계약서라고 하더라도 특별한 효력이 생기는 것은 아니고 그 계약서가 위조되지 않았음을 증명하는 효력이 강화될 뿐이다. 계약서 공증은 사서증서 인증의 한 형태로서 그 계약서가 작성자의 의사에 따라 작성되었다는 사실을 공증인이 확인하는 것에 불과하다.

　계약서 서두 또는 말미에 당사자를 표시하는 것은 법률관계의 당사자를 특정함과 동시에 권한이 있는 자가 계약서를 작성·서명하였다는 것을 증명하는 데 있다. 당사자의 표시방법은 보통 성명(상호), 주소(본점소재지), 주민번호(법인등기번호), 대리인 내지 대표자의 표시를 하는 방식으로 되어 있다. 법인과 계약을 체결하는 경우 주소지는 해당 법인등기부에 등재된 본점소재지를 표시하며, 또 법인의 등기된 지점과 계약할 때에는 그 지점소재지를 표시하는 것이 원칙이다. 등기된 본점소재지와 실제 영업활동의 본거지 내지 목적물의 소재지가 다를 때에는 양자를 함께 표시하는 것도 괜찮은 방법이다. 법인의 대표기관인 대표이사는 통상은 회사의 사장이 되지만 사장이 아니라 회장·부사·전무 등이 대표이사가 되는 경우도 있다.

　계약서에 '협의'라는 문구와 '합의'라는 문구를 사용할 경우 그 의미가 전혀 다르다는 것을 알아야 된다. 예컨대 임대차계약서에 "임대차계약 갱신 시 물가상승률, 주변 시세를 반영해 상호 협의 하에 임대료를 조정할 수 있다"와 "임대차계약 갱신 시 물가상승률, 주변 시세를 반영해 상호 합의 하에 임대료를 조정할 수 있다"라는 표현은 천양지차의 의미를 가진 전혀 다른 표현이다. 일반적으로 협의는 당사자 간에 의견수렴의 절차를 거치기만 하면 되는 것으로 가령 임대인이 일방적으로 임대료를 인상할 경우 그 사실을 임차인에게 통지하고 임차인은 이에 반대한다는 의사를 전달했다 하더라도 협의가 성립된 것으로 본다. 반면에 합의는 상호 의견의 합치를 요하는 행위이므로 임대료 인상에 대하여 양자 간에 의견이 일치해야만 합의가 성립된 것으로 본다. 따라서 임대차계약서에 '협의'라는 문구가 쓰여 있을 경우 임대인의 통지만으로 임대료가 인상될 수 있다는 사실을 알아야 한다. 임차인 입장에서는 임대차계약을 할 때 가급적 '협의'라는 문구 대신 '합의'라는 문구를 쓰는 것이 좋을 것이다.

2. 임대차계약

(1) 계약금은 해약금인가 위약금인가

민법의 계약법 가운데 창업에 필요한 부분에 한정하여 최소한의 범위 내에서 설명해본다. 타인의 건물을 빌려 창업을 할 때 발생하는 분쟁은 계약체결과 관련해서 생기는 분쟁과 계약기간 중 수선비 및 유익비와 관련된 분쟁이 대부분이다. 전자는 계약체결 시에 주고받는 계약금과 위약금이나 위약벌에 관한 것이고, 후자는 임대차 건물에 소요된 필요비와 유익비의 처리에 관한 것이다.

통상 매매계약이나 임대차계약을 체결할 때 계약금을 지급하는 것이 거래관행으로 정착되어 있다. 여기서 계약금이란 매매계약이나 임대차계약을 체결할 때 교부되는 금전 기타의 유가물을 뜻한다. 일반적으로 계약금은 거래금액의 10% 정도이나 계약에 따라서는 20~30%에 달하는 경우도 있다. 민법상 계약금은 해약금으로서의 성질을 가지는 것으로 규정하고 있다. 즉 매매의 당사자 일방이 계약 당시에 금전 기타 물건을 계약금, 보증금 등의 명목으로 상대방에게 교부한 때에는 당사자 간에 다른 약정이 없는 한 당사자의 일방이 이행에 착수할 때까지 교부자는 이를 포기하고 수령자는 그 배액을 상환하여 매매계약을 해제할 수 있다(민 제565조 1항). 계약금의 포기와 반환은 상대방이 '이행에 착수'할 때까지 행사하여야 하며, 여기서 이행의 착수는 '중도금 지급일'이 기준이 된다. 중도금 지급기일 이후에는 해당 해약금 조항에 근거하여 일방적으로 계약을 해제할 수 없는 것은 당연하다. 예컨대 매도인 A가 소유한 토지를 매수인 B가 총 5억원에 매수하면서 매수인 B가 매도인 A에게 계약금 5천만원을 지급했다고 하자. 매수인 B는 중도금 지급기일 전에 계약금 5천만원을 포기하거나 또는 매도인 A는 1억원을 반환함으로써 계약의 굴레로부터 벗어날 수 있다. 중도금 지급기일이 경과된 후에는 A와 B가 위 계약금을 갖고서 해제권을 행사할 수 없는 것은 당연하다.

　위 사례에서 매수인 B가 중도금 지급기일이 도래했음에도 중도금을 지급하지 아니할 경우 매도인 A가 매매계약을 해제할 수 있는가, 또 해제권이 인정될 경우 계약금은 어떻게 처리해야 할지가 궁금하다. 계약서에 "계약금을 위약금으로 한다"는 문구가 있는 경우에는 해약금의 경우와 동일하게 처리하면 된다. 매도인 A는 매수인 B가 교부한 5천만원을 위약금으로 처리하여 B에게 돌려주지 않아도 되는 식이다. 여기서 위약금이란 계약당사자가 계약을 위반하였을 경우 그 제재로서 상대방에게 지불하기로 약정한 금전을 뜻한다. 위 사례에서 매도인이 본 계약을 위반했을 때에는 계약금의 2배를 지급해야 하고, 반대로 매수인이 계약을 위반했을 때에는 계약금의 반환을 청구할 수 없는 것이다. 대법원은 "유상계약을 체결함에 있어서 계약금이 수수된 경우 계약금은 해약금의 성질을 가지고 있어서, 이를 위약금으로 하기로 하는 특약이 없는 이상 계약이 당사자 일방의 귀책사유로 인하여 해제되었다 하더라도 상대방은 계약불이행으로 입은 실제 손해만을 배상받을 수 있을 뿐 계약금이 위약금으로서 상대방에게 당연히 귀속되는 것은 아니다"고 한다(대법원 2006. 1. 27. 선고 2005다52078 판결). 위약금 조항은 본 계약을 위반했을 경우를 전제로 하고 또한 별도의 합의가 있을 때에만 효력이 인정되는 것임에 반해, 해약금 조항은 그와 같은 조건과 합의 없이도 행사할 수 있는 점에서 양자는 구별된다. 결국 매도인이나 매수인은 계약을 체결할 때 "계약금을 위약금으로 한다."는 약정을 별도로 해야 손해배상액의 입증 없이도 쉽게 상대방의 계약위반에 대처할 수 있다. 계약금을 위약금으로 한다고 정해둔 경우 실제 손해액이 그 금액을 초과하더라도 초과액을 청구할 수 없지만(대법원 1988. 5. 10. 선고 87다카3101 판결), 위약금이 부당히 과다할 경우에는 법원의 직권으로 적당히 감액을 할 수 있다(민 제398조 2항). 계약서 중에는 '손해배상책임'이라는 항목에서 '위약금 약정'을 하는 경우가 많다. 계약서에서 반드시 '위약금'이라는 문구를 사용하지 않더라도 그 내용이 위약금을 정한 취지이면 위약금 규정으로 본다. 그리고 실제로 계약금을 지급하지 않았지만 지급한 것으로 처리하고 매수인이 현금보관증을 작성한 경우에는 그 약정이 유효한 것으로 본다. 대법원은 "매매계약에 있어서 매수인이 계약금을 지급하되 매도인이 계약을 위반하였을 때에는 그 배액을 배상받고, 매수인이 계약을 위반하였을 때에는 계약금을 포기하여 반환을 청구하지 않기로 약정하였으나, 매수인이 당시 계약금을 미처 준비하지 못하였던 관계로 일단 계약금을 지급하였다가 되돌려 받아 보관하고 있는 것으로 처리하기로 하여 계약금 상당액의 현금보관증을 작성하여 매도인에게 교부한 경우, 매도인과 매수인 사이에는 계약금 상당액의 위약금 약정이 있었다고 볼 것이므로, 매수인이 계약을 위반하였다면 실제로 계약금을 지급하지 않았다 하더라도 약정한 위약금을 지급할 의무가 있다"고 한다(대법원 1999. 10. 26. 선고 99다48160 판결). 여담이지만 차용증과 현금보관증은 유사한 기능을 하지만 횡령죄의 성립여부에서 결정적인 차이가 난다. 타인으로부터 잠시 동안 돈을 빌리거나 지급을 해야 함에도 지급하지 못하는 경우 등에서 차용증을 쓰는 경우도 있고 현금보관증을 쓰는 경우도 있다. 차용증은 채권채무의 발생사실을 증명하는 증서이고, 현금보관증은 타인의 돈을 잠시 보관하고 있음을 증명하는 증서이다. 민사상 둘 다 일정한 변제기에 변제를 해야 하는 점에서 유사한 면이 있다. 그러나 형사상 전자는 기일 내에 변제를 하지 못하더라도 죄가 되지 않음에 반하여 후자는 반환기일을 넘기면 횡령죄로 처벌될 수 있음을 명심해야 한다.59)

각종 계약서에 위약금과 달리 위약벌이라는 조항을 두는 경우가 있다.

---

59) 차용증이나 현금보관증은 명칭에 의해 법적 효력이 좌우되는 것이 아니라 실제로 돈을 주고받은 실제의 성격에 따라 법적 효력이 좌우된다. 예컨대 갑이 을에게 건네준 돈이 융통이 목적인 때에는 차용증을 작성하는 것이 맞고, 만약 그 돈이 병에게 주기로 약속하고 받은 것인 때에는 현금보관증을 쓰는 것이 맞다. 설령 이러한 사실을 기재한 서류의 명칭이 거꾸로 작성되어 있다고 해도 법적 성격이 달라지는 것이 아니다.

위약벌은 위약금과 유사한 용어이지만 법적 취급에는 상당한 차이가 있다. 위약벌은 상대방의 채무불이행이 있는 경우 손해발생과 관계없이 그 이행을 강제하는 압박수단으로 일종의 제재이다. 계약서에 "계약을 위반한 경우 손해배상금과 관계없이 금 얼마를 위약벌금으로 지급한다. 위약벌금은 어떠한 경우라도 감액할 수 없다"는 식으로 되어 있다. 위약벌은 위약금과 달리 감액이 불가능하고 추가적인 손해가 있는 경우 그 배상이 가능하다는 점에서 무서운 금전벌이다. 대법원은 백화점 수수료위탁판매매장계약에서 임차인이 매출신고를 누락하는 경우 판매수수료의 100배에 해당하고 매출신고누락분의 10배에 해당하는 벌칙금을 임대인에게 배상하기로 한 위약벌의 약정이 공서양속에 반하지 않는다고 한다(대법원 1993. 3. 23. 선고 92다46905 판결). 위약벌 약정은 채무의 이행을 확보하기 위한 수단으로서 손해배상액의 예정과는 그 내용이 다르기 때문에 민법 제398조 제2항을 유추적용을 할 수 없다. 다만 대법원은 "위약벌의 약정은 채무의 이행을 확보하기 위하여 정해지는 것으로서 손해배상의 예정과는 그 내용이 다르므로 손해배상의 예정에 관한 민법 제398조 제2항을 유추 적용하여 그 액을 감액할 수는 없는 법리이나, 다만 그 의무의 강제에 의하여 얻어지는 채권자의 이익에 비하여 약정된 벌이 과도하게 무거울 때에는 그 일부 또는 전부가 공서양속에 반하여 무효로 된다"고 한다(대법원 2013. 12. 26. 선고 2013다63257 판결).

계약금을 지급하면서 계약금의 일부만 지급하고 나머지는 나중에 지급하기로 약정한 경우 실제로 지급된 금액만이 계약금이 되는지가 궁금하다. 계약금계약을 요물계약으로 해석하여 실제 지급된 금액만을 계약금으로 볼 수도 있지만 계약 전체의 맥락에서 이해하여 처리하는 것이 바람직하다. 대법원은 "매도인이 '계약금 일부만 지급된 경우 지급받은 금원의 배액을 상환하고 매매계약을 해제할 수 있다'고 주장한 사안에서, '실제 교부받은 계약금'의 배액만을 상환하여 매매계약을 해제할 수 있다면 이는 당사자가 일정한 금액을 계약금으로 정한 의사에 반하게 될 뿐 아니라, 교부받은 금원이 소액일 경우에는 사실상 계약을 자유로이 해제할 수 있어 계약의 구속력이 약화되는 결과가 되어 부당하기 때문에, 계약금 일부만 지급 된 경우 수령자가 매매계약을 해제할 수 있다고 하더라도 해약금의 기준이 되는 금원은 '실제 교부받은 계약금'이 아니라 '약정 계약금'이라고 봄이 타당하므로, 매도인이 계약금의 일부로서 지급받은 금원의 배액을 상환하는 것으로는 매매계약을 해제할 수 없다"고 한다(대법원 2015. 4. 23. 선고 2014다231378 판결).

실제 거래계에서는 계약금의 반환여부를 둘러싸고 논쟁이 벌어지는 일이 자주 발생한다. 예컨대 커피점을 창업하려고 하는 A가 C 중개인의 소개로 임대인 B 소유의 건물 1층을 임대차하기로 하고서 계약금을 지급한 경우를 가정해보자. 계약을 체결하면서 계약금을 지급한 후 관할관청에 신고를 하는 과정에서 관청으로부터 그 건물이 불법건축물이어서 커피점을 운영할 수 없다는 사실을 알게 되었다. 여기서 A는 B에게 지급한 계약금을 돌려받을 수 있는지가 궁금하다. 건물주 B가 자신의 건물에서 커피점을 창업할 수 없다는 사실을 알면서 임대차계약을 체결했거나 중개인 C의 기망이 있을 때에는 A는 B와 C에게 그 책임을 청구할 수 있다.60) 그러나 실제로 임차인이 등기부와 건물대장을 통하여 건물 상황을 정확히 알아보지 않고 계약금을 지급했을 경우 계약금을 돌려받지 못할 가능성이 높다. 건물주나 중개인은 미리 빠져나갈 구멍을 마련해두고서 계약을 체결하도

---

60) 중개업자가 중개대상물을 조사확인하지 않거나 설명의무를 제대로 이행하지 아니할 경우 당사자에게 손해배상책임을 진다. 대법원은 "중개업자는 비록 그가 조사확인하여 의뢰인에게 설명할 의무를 부담하지 않는 사항이라도 의뢰인이 계약체결 여부를 결정하는 데 중요한 자료가 되는 사항에 관하여 그릇된 정보를 제공하여서는 아니 되고, 그릇된 정보를 확인하지도 않은 채 마치 그것이 진실인 것처럼 의뢰인에게 그대로 전달하여 의뢰인이 그 정보를 믿고 상대방과 계약에 이르게 되었다면, 중개업자의 그러한 행위는 선량한 관리자의 주의로 신의를 지켜 성실하게 중개행위를 할 중개업자의 의무에 위반된다"고 한다(대법원 2008. 9. 25. 선고 2008다42836 판결).

록 유도하는 경우가 많기 때문이다. 결국 임차인은 임대차계약서를 작성하기 전에 각종 공부를 통해 건물 상황을 알아보는 것이 중요하다. 사업은 어느 장소에서나 어떤 사업이든 무조건 할 수 있는 것이 아니며, 용도에 적합한 사업만을 할 수 있다. 용도지역제는 토지 사용에 대한 법적 규제로서 도시지역은 주거지역, 상업지역, 공업지역, 녹지지역으로 구분된다. 용도지역제에 따라 할 수 있는 업종과 할 수 없는 업종이 구분되고, 또 할 수 있는 업종도 규모의 차이를 인정하고 있다. 용도에 적합하지 아니한 사업일 경우 용도변경을 통하여 할 수 있고, 또 부동산의 용도변경이 가능하다면 이에 들어가는 비용을 누가 부담할 것인지에 대하여 분명히 약정이 있어야 한다. 또 용도변경과 관련하여 용도변경에 대하여 임대인이 동의하는지, 용도변경 시까지 임대료와 관리비는 어떻게 되는가, 임대차 종료 시 원상회복을 할 것인지 등 세세한 사항에 대해서도 합의를 해두어야 뒤탈이 생기지 않는다.

(2) 임대차기간 중 수선비용은 누가 부담하는가

타인의 건물을 임차하여 창업을 하는 경우 그 건물의 하자로 인해 정상적인 영업을 하지 못하는 일이 생기면 어떻게 처리해야 할지도 궁금하다. 이때 건물의 수선의무는 누가 부담하며, 또 월세·채권적 전세·물권적 전세에 따라 임대인의 수선의무 범위에도 차이가 있는지가 의문이다. 일반적으로 임대인은 계약이 존속하는 동안 임차인으로 하여금 임대 목적물을 제대로 사용할 수 있게 해주어야 한다(민 제623조). 다만 임차인이 별 비용을 들이지 아니하고도 손쉽게 고칠 수 있을 정도의 사소한 하자이고 임차인의 사용·수익을 방해할 정도의 것이 아니라면 임대인의 수선의무는 면제된다. 임대인이 수선의무를 이행하지 않아서 임차인이 스스로 비용을 들여서 수리를 했을 경우에 그 필요비는 임대인에게 상환을 청구할 수 있다(민 제626조 1항). 여기서 필요비란 임대 목적물의 원래의 상태를 유지하거나 목적물의 통상적인 상태를 유지하기 위해 지출하는 비용을 뜻한다. 예컨대 주택의 경우 지붕, 마루, 벽, 창문 등에 생긴 손상은 이를 수리하지 않으면 목적물을 제대로 사용할 수 없으므로 이에 소요된 수리비용이 필요비이다. 이러한 수선의무는 특약으로 임차인의 부담으로 정할 수 있다. 그러나 특약에서 임차인이 부담하는 수선의무의 범위를 명확히 정하지 않는 한 임차인이 수선의무를 부담한다는 특약이 있더라도 임차인은 소규모 수선의무만 있고 대파손의 수리나 건물의 주요 구성부분에 대한 대수선 또는 기본적 설비부분의 교체와 같은 대규모 수선은 임대인이 부담한다(대법원 1994. 12 .9. 선고 94다34692 판결). 임차인이 수선비를 받기 위해서는 건물주와 신경전을 벌어야 하는 일이 많기 때문에 임차할 당시에 건물에 하자가 있는지 여부를 면밀히 살펴보는 것이 필요하다. 그리고 전세권 등기를 한 전세권자는 월세인 세입자보다 필요비에 대하여 약간의 차이는 있을 것이다. 즉 전세권자는 작은 부분의 수리비용은 스스로 부담하고 대규모의 수리비용이 아니면 전세권 설정자에게 그 비용의 상환을 청구할 수 없는 경우가 대부분이다.

임차인이 계약의 존속기간 중에 건물을 수리하여 건물의 가치가 상승한 경우 계약 종료 시에 그 비용을 반환받을 수 있는지도 궁금하다. 이러한 비용을 유익비라고 한다. 유익비는 목적물의 객관적 가치를 증가시키는 비용으로서 임대차가 종료된 후 지출한 비용이나 건물 가치의 증액만큼 그 상환을 청구할 수 있는 것이 원칙이다(민 제626조 2항). 유익비는 지출 즉시 반환을 청구할 수 있는 필요비와 달리 임대차관계가 종료된 후 6월 이내에 청구하여야 한다. 상가건물임대차의 경우 임차인이 비용을 들여 실내장식(인테리어)을 하더라도 이는 건물의 객관적 가치를 상승시킨 것이 아니라 자신의 영업수익을 위해 공사를 한 것이기 때문에 유익비로 볼 수 없는 경우가 대부분이다. 그리고 대부분의 임대차계약서에는 "임차한 목적물을 임대인에게 반환할 때에는 임차인의 비용부담으로 원상복구하기로 한다." 혹은 "임차인은 임대인에게 시설 등의 설치 또는 증·개축에 관한 일체의 비용을 청구할 수 없다"와 같은 임차인의 유익비 청구를 가로막는 조항이 포함되어 있다. 이러한 약정이 없는 경우 임차인이 원해서 설치한 것이 아닌 때에는 유익비반환청구가 가능하다. 건물 기타 공작물의 임차인이 그 사용의 편익을 위하여 임대인의 동의를 얻어 이에 부속한 물건이 있는 때에는 부속물매수청구권(민 제646조)을 행사하거나 또는 특별한 약정이 없는 경우 유익비반환청구권(민 제626조 2항)을 행사할 수 있다. 대법원은 "점포의 최초 임차인이 임대인 측의 묵시적 동의하에 유리 출입문, 새시 등 영업에 필요한 시설을 부속시킨 후, 그 점포의 소유권이 임차보증금 반환채무와 함께 현 임대인에게 이전되고 점포의 임차권도 임대인과의 사이에 시설비 지급 여부 또는 임차인의 원상회복 의무에 관한 아무런 논의 없이 현 임차인에게 전전승계되어 왔다면, 그 시설 대금이 이미 임차인측에 지급되었다거나 임차인의 지위가 승계될 당시 유리 출입문 등의 시설은 양도대상에서 특히 제외하기로 약정하였다는 등의 특별한 사정이 인정되지 않는 한, 종전 임차인의 지위를 승계한 현 임차인으로서는 임차기간의 만료로 임대차가 종료됨에 있어 임대인에 대하여 부속물매수청구권을 행사할 수 있다"고 한다(대법원 1995. 6. 30. 선고 95다12927 판결).

3. 상임법상 상인의 보호

(1) 적용범위

2002년부터 시행된 상가건물임대차보호법(이하 '상임법')은 타인의 건물을 빌려서 사업을 하는 상가임차인을 보호하기 위해 민법의 특별법으로 규정한 강행법규이다. 이 법의 적용대상이 되는 임차인은 사업자등록을 하고 원칙적으로 환산보증금이 일정 금액 이하이어야 된다. 환산보증금이 일정 금액을 초과한 경우에는 특별법의 보호를 받아야 할 사회적·경제적 약자가 아닌 자로 판단하여 상임법의 적용을 배제한 것이다.

상임법의 적용대상이 되는 상가건물인가에 대한 판단은 공부상의 표시가 아니라 실제로 영업활동을 했는지 여부에 의하여 결정하는 것이 일반적이다. 대법원은 "상가건물 임대차보호법이 적용되는 상가건물 임대차는 사업자등록 대상이 되는 건물로서 임대차 목적물인 건물을 영리를 목적으로 하는 영업용으로 사용하는 임대차를 가리킨다. 그리고 상가건물 임대차보호법이 적용되는 상가건물에 해당하는지는 공부상 표시가 아닌 건물의 현황·용도 등에 비추어 영업용으로 사용하느냐에 따라 실질적으로 판단하여야 하고, 단순히 상품의 보관·제조·가공 등 사실행위만이 이루어지는 공장·창고 등은 영업용으로 사용하는 경우라고 할 수 없으나 그곳에서 그러한 사실행위와 더불어 영리를 목적으로 하는 활동이 함께 이루어진다면 상가건물 임대차보호법 적용대상인 상가건물에 해당한다"라고 한다(대법원 2011. 7. 28. 선고 2009다40967 판결).

상임법의 적용기준이 되는 환산보증금은 임대차보증금과 월 임대료에 100을 곱한 금액을 합하여 계산한다. 예컨대 서울지역에서 타인의 건물을 빌려 장사를 하는 자는 보증금 3억원에다 월 임대료가 310만원 이하인 경우에는 동법의 보호를 받을 수 있으나, 반대로 보증금 3억원에 월 임대료가 310만원을 초과한 경우에는 동법의 적용을 받을 수 없다. 환산보증금은 보증금과 월 임대료만이 산정 대상이 되고 권리금이나 시설비는 이에 포함되지 않는다. 유명세를 떨친 모 가수가 임대차기간의 종료를 이유로 임차인에게 가게를 비워달라는 소송을 제기하자 그 임차인은 상임법의 위헌성까지 주장하면서 장기간 버티어 화제가 된 적이 있었다. 이 사례는 당시의 상임법상 환상보증금이 일정 한도를 초과하여 상임법의 적용을 받을 수 없는 경우이었다. 임차인은 환산보증금에 따라 상임법의 적용여부를 결정하는 것은 헌법에 위반된다는 이유로 위헌법률심판제청신청까지 냈으나 상임법이 헌법에 위반되지 않는다는 판단을 받고서야 겨우 분쟁을 끝낸 사안이다.

<표26> 상임법상 임차인의 보호

지역	적용범위	우선변제를 받을 임차인의 범위	우선변제를 받을 보증금의 범위 등
서울시	6억 1천만원 이하	6,500만원 이하	2,200만원 이하
수도권	5억원 이하	5,500만원 이하	1,900만원 이하
광역시	3억 9천만원 이하	3,800만원 이하	1,300만원 이하
기타	2억 7천만원 이하	3,000만원 이하	1,000만원 이하

* 환산보증금 계산방법(환산보증금=임대차보증금 + 월 임대료 X 100)

　일부 임대인은 환산보증금이 일정 한도를 초과하는 경우 동법이 적용되지 않는다는 점을 악용하는 경우도 있었다. 그러나 현재는 상임법을 개정하여 대항력, 계약갱신요구권, 권리금 등에 대해서는 환산보증금과는 관계없이 상임법을 적용할 수 있도록 하여 남용되는 것을 방지하고 있다. 환산보증금의 계산과 관련하여 수수료 매장의 경우에는 이를 어떻게 계산할지가 궁금하다. 상권이 좋은 곳에 건물을 가진 건물주는 통상의 임대차보다는 수수료 매장을 선호하는 경향이 있다. 수수료 매장의 경우 월 임대료를 평균하여 계산할 것인가 그렇지 않으면 보증금만으로 할 것인가에 대하여 다툼이 있다. 아직 이 부분에 대한 대법원 판례는 없고 하급심의 판례는 통일되지 않아서 지금으로선 어떤 결론을 내릴 수 없는 상황이다.

(2) 내용

　상임법의 적용을 받는 임대인의 차임 또는 보증금의 증액청구는 청구당시의 차임 또는 보증금의 100분의 5의 금액을 초과하지 못한다(상임법 시행령 4조). 타인의 건물을 빌려서 사업을 하는 상인에게 가장 부담이 되는 부분이 매월 건물주에게 지급해야 하는 월 임대료이다. 사업이 안 되면 안 되는 대로 월 임대료조차 내기가 쉽지 않고, 사업이 잘 되면 그 대가로 내년도 임대료 상승을 걱정해야 하는 처지이다. 이러한 점에서 연간 임대료의 인상폭을 일률적으로 제한한 것은 상당한 의미가 있다. 그러나 환산보증금이 일정 금액을 초과하는 경우에는 월 임대료의 인상폭에 제한이 없다는 점이 문제점으로 등장한다. 예컨대 서울지역에서 환산보증금 6억 1천만원을 초과한 상가를 얻은 임차인은 장사가 잘 되어도 걱정이고 못 되어도 걱정이라는 말을 자주 들을 수 있다. 통상 갑을관계61)에 있는 임대인과 임차인 사이의 계약은 경제적 힘이 약한 임차인에게 불리하게 작성되는 경향이 있다. 그러한 의미에서 임대료의 인상률을 환산보증금과 관계없이 일률적으로 제한하는 것도 고려해 볼 수도 있다. 그러나 현행법은 환산보증금이 일정 금액을 초과한 경우에는 그 임차인은 경제적 약자가 아니라 임대인과 대등한 지위에서 협상할 수 있는 자로 보아서 이들을 제외한 것이다. 법이 정당하지 않다고 주장해도 임차인에게 돌아오는 이익이 별로 없다. 이러한 경우에는 임차인이 임대료 인상률을 제한할 수 있는 약정을 해서 자신을 보호하는 것이 최선의 방책이다. 임대차 계약서에 임대료 인상률을 고정시키는 방안을 마련하는 것도 하나의 방법이다. 임차인이 임대인과 대등한 위치에서 협상할 수 있는 시기는 계약을 체결할 당시뿐이라는 사실을 명심해야 한다. 실무상 임대차보증금에는 별도의 부가가치세가 포함되지 않지만 월 임대료와 관리비에는 부가가치세를 별도로 납부해야 한다는 사실도 명심해야 할 사항이다.

  상가건물 임차인은 등기가 없더라도 건물의 인도를 받고 사업자등록을 마친 경우 그 다음 날부터 대항력을 갖는다(상임법 제3조). 여기서 대항력이란 임대차 계약기간 중에 건물주가 변경되더라도 그 양수인에 대하여

---

61) 통상 갑을관계는 경제적 힘이 우세한 쪽이 갑이 되고 경제적 힘이 약한 쪽이 을이 되어 일정한 관계를 맺을 때 사용되는 표현이다. 원래는 계약의 당사자를 표시하는 명칭이 긴 경우, 계약서작성의 편의상 이를 축약한 약칭으로 갑과 을이라는 표현을 사용한다. '갑을관계'라는 표현이 사회적 비난의 대상이 되자 실무에서는 풀 네임 또는 다른 약칭을 사용하여 비난을 피하고 있는 실정이다. 좋은 표현도 시대에 따라 나쁜 의미로 인식되어 사용할 수 없는 경우는 이것뿐만이 아닐 것이다.

전 주인과 체결한 임차권을 주장할 수 있는 힘을 뜻한다. 그리고 임차인의 우선변제권은 대항력 요건 외에도 세무서장으로부터 임대차계약서상 확정일자를 받은 경우에 인정된다(상임법 제5조). 우선변제권이 인정되면 해당 건물에 경매나 공매가 있더라도 임차인이 지급한 보증금은 다른 후순위 권리권자보다 우선하여 변제를 받을 수 있는 지위를 갖게 된다. 여기서 확정일자란 관할세무서장이 임대차계약서의 존재사실을 공적으로 증명하는 임대차계약서에 기입된 날짜를 뜻한다. 위 요건은 계약의 성립 시뿐만 아니라 계약의 존속기간 동안 계속 구비해야 대항력이나 우선변제권을 인정받을 수 있음을 알아야 한다. 대법원은 "상가건물의 임차인이 임대차보증금 반환채권에 대하여 동법 3조 1항 소정의 대항력 또는 동법 5조 2항 소정의 우선변제권을 가지려면 임대차의 목적인 상가건물의 인도 및 부가가치세법 등에 의한 사업자등록을 구비하고, 관할세무서장으로부터 확정일자를 받아야하며, 그 중 사업자등록은 대항력 또는 우선변제권의 취득요건일 뿐만 아니라 존속요건이므로 배당요구의 종기까지 존속하고 있어야 한다"라고 하고(대법원 2006. 1. 13. 선고 2005다64002 판결), 또 "상가건물을 임차하고 사업자등록을 마친 사업자가 임차건물의 전대차 등으로 당해 사업을 개시하지 않거나 사실상 폐업한 경우에는 그 사업자등록은 부가가치세법 및 상가건물임대차보호법이 상가임대차의 공시방법으로 요구하는 적법한 사업자등록이라고 볼 수 없고, 이 경우 건물을 직접 점유하면서 사업을 운영하는 전차인이 그 명의로 사업자등록을 하여야 한다"라고 한다(대법원 2006. 1. 13. 선고 2005다64002 판결).

상임법은 환산보증금에 관계없이 모든 상가임대차계약에 특별한 사정이 없는 한 10년의 범위에서 계약갱신요구권이 인정된다(상임법 제10조). 그 결과 모든 상가건물 임대차계약은 임대인의 변경이나 환산보증금과 관계없이 임차인이 원할 경우 임대차기간 10년은 보장된다. 그러나 환산보증금이 일정 금액을 초과한 경우 임대인은 임대료를 마음대로 인상할 수 있

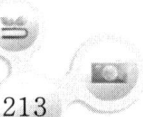

으므로 임차인에게 계약갱신요구권을 보장하는 것은 반 쪽 자리 개정이라는 비판이 있다. 임대료 인상 한도와 임대차계약기간을 같이 보장해야 진정으로 임대차계약기간이 보장되는 것으로 보는 주장이다. 임차인의 계약갱신요구권은 특별한 사정이 있는 경우에는 인정되지 않는다. 여기서 특별한 사정이란 ① 임차인이 3기의 차임액에 해당하는 금액에 이르도록 차임을 연체한 사실이 있는 경우, ② 임차인이 거짓이나 그 밖의 부정한 방법으로 임차한 경우, ③ 서로 합의하여 임대인이 임차인에게 상당한 보상을 제공한 경우, ④ 임차인이 임대인의 동의 없이 목적 건물의 전부 또는 일부를 전대(轉貸)한 경우, ⑤ 임차인이 임차한 건물의 전부 또는 일부를 고의나 중대한 과실로 파손한 경우, ⑥ 임차한 건물의 전부 또는 일부가 멸실되어 임대차의 목적을 달성하지 못할 경우, ⑦ 임대인이 일정한 사유로 목적 건물의 전부 또는 대부분을 철거하거나 재건축하기 위하여 목적 건물의 점유를 회복할 필요가 있는 경우, ⑧ 그 밖에 임차인이 임차인으로서의 의무를 현저히 위반하거나 임대차를 계속하기 어려운 중대한 사유가 있는 경우를 말한다.

임차인은 임대차기간이 만료되기 6개월 전부터 1개월 전까지 사이에 계약갱신을 요구하여야 한다. 차임액의 연체에 대하여 대법원은 "상가건물의 임차인이 갱신 전부터 차임연체액이 2기의 차임액에 이른 경우에도 임대차계약의 해지사유인 '임차인의 차임연체액이 2기의 차임액에 달하는 때'에 해당하므로(민 제604조), 특별한 사정이 없는 한 임대인은 2기 이상의 차임연체를 이유로 갱신된 임대차계약을 해지할 수 있다"고 한다(대법원 2014. 7. 24. 선고 2012다28486 판결). 현재는 3기 이상 연체한 경우에만 임대인이 임차인의 갱신 요구를 거절할 수 있도록 개정하였다. 임대인과 임차인은 임대차계약 기간 동안 중도해지를 아예 못하도록 하거나 거액의 위약금을 물도록 하여 계약을 장기로 체결하는 경우도 있다. 이때 중도해지 위약금은 6개월 내지 1년 정도의 차임에 해당하는 금액으로 정하는 것이 관행으로 되어 있다.

(3) 권리금

가. 권리금의 의의

상임법상 권리금이란 "임대차 목적물인 상가건물에서 영업을 하는 자 또는 영업을 하려는 자가 영업시설·비품, 거래처, 신용, 영업상의 노하우, 상가건물의 위치에 따른 영업상의 이점 등 유형·무형의 재산적 가치의 양도 또는 이용대가로서 임대인, 임차인에게 보증금과 차임 이외에 지급하는 금전 등의 대가를 말한다"고 규정하고 있다(상임법 제10조의3). 실무상 상가건물을 임차할 때 권리금을 주고받는 거래관행에 대하여 법이 침묵을 지키다가 2015년 상임법 개정 시에 처음으로 권리금에 대한 조항을 입법하였다. 타인의 건물을 빌려서 사업을 할 때 지급되는 권리금은 세계 어느 나라에도 없는 우리나라만이 가진 특유한 관행62)이다. 종래 민·상법상 권리금의 실체에 대하여 그 의미를 정확히 규명하지 못하여 분쟁으로 이어지는 경우가 많았고, 판례에서는 부분적으로 임차인의 권리금을 보호하는 실정이었다. 대법원은 "영업용 건물의 임대차에 수반되어 행하여지는 권리금의 지급은 임대차계약의 내용을 이루는 것은 아니고 권리금 자체는 거기의 영업시설·비품 등 유형물이나 거래처, 신용, 영업상의 노하우(know-how) 또는 점포 위치에 따른 영업상의 이점 등 무형의 재산적 가치의 양도 또는 일정 기간 동안의 이용대가라고 볼 것이다. 권리금이 임차인으로부터 임대인에게 지급된 경우 그 유형·무형의 재산적 가치의 양수 또는 약정기간 동안의 이용이 유효하게 이루어진 이상 임대인은 그 권리금의 반환의무를 지지 아니한다. 다만 임차인은 당초의 임대차에서 반대되

---

62) 외국에서도 임차인이 상가를 활성화시켜 상가의 가치를 높인 경우 가치의 상승분은 임차인의 몫이 되는 것으로 하지만 상가를 얻을 때부터 권리금을 주고받는 관행은 우리나라에 고유한 것이라 할 수 있다.

는 약정이 없는 한 임차권의 양도 또는 전대차의 기회에 부수하여 자신도 그 재산적 가치를 다른 사람에게 양도 또는 이용케 함으로써 권리금 상당액을 회수할 수 있을 것이다. 따라서 임대인이 그 임대차의 종료에 즈음하여 그 재산적 가치를 도로 양수한다든지 권리금 수수 후 일정한 기간 이상으로 그 임대차를 존속시켜 그 가치를 이용케 하기로 약정하였음에도 임대인의 사정으로 중도 해지됨으로써 약정기간 동안의 그 재산적 가치를 이용케 해주지 못하였다는 등의 특별한 사정이 있을 때에만 임대인은 그 권리금 전부 또는 일부의 반환의무를 진다고 할 것이다"라고 한다(대법원 2013. 12. 26. 선고 2013다63257 판결).

권리금은 신축건물의 주인인 임대인이 직접 받는 경우도 있지만 임차권을 양도할 때 전 임차인이 신규 임차인으로부터 받는 것이 통상적이다. 흔히들 권리금은 폭탄 돌리기에 비유하듯이 그 실체가 모호하고 권리금의 액수도 변화무상한 것이 권리금의 실상이다. 상권이나 입지의 성쇠에 따라 권리금이 증가되기도 하고 감소하여 소멸되는 일도 있다. 2015년 상임법 개정에서 권리금에 관한 조항을 입법한 것은 임대인의 횡포로 임차인이 지급한 권리금 중 한 푼도 받지 못하고 쫓겨나는 것을 방지하기 위한 최소한의 기준을 마련했다는 점에서 상당한 의미가 있다.

권리금 분쟁은 대략 일정한 유형으로 표출되고 있다. 예컨대 거액의 권리금을 지급하고 건물을 임차한 임차인이 열심히 노력하여 상가의 운영을 정상 궤도에 올려놓을 즈음 건물주가 나타나 자기 아들이 운영할 것이라면서 건물을 비워달라고 요구하는 경우이다. 임차인은 비분강개할 일이지만 임대인을 상대로 법적으로 대응할 뚜렷한 대책이 없다는 것이 문제이다. 상임법은 권리금에 관한 내용을 법제화했으나 권리금을 완전히 보호하는 것은 아니다. 상임법은 임대인이 장사가 잘되는 임차인과 계약 갱신을 거절하여 임차인의 권리금 회수기회를 박탈하는 것을 방지함에 있다. 권리금 자체를 완전히 보호하는 것이 아니라 권리금의 회수기회를 방해할 경우 임대인에게 손해배상책임을 부과하는 것에 불과하다. 권리금에 관한 내용은 산정기준과 회수방안이 아직도 불완전하기 때문에 입법적 또는 학문적 노력이 필요한 부분이다. 임차인이 임대차기간 또는 계약갱신요구권 존속기간 내에는 신규 임차인을 구하여 임차권의 양도 또는 새로운 임대차계약을 체결할 때 권리금을 받을 수 있는 기회가 보장되는 점에는 의문이 없다. 그러나 계약갱신요구권이 종료되었을 때 임차인이 새로운 임차인으로부터 권리금을 받을 수 있는지에 대하여 현재로서는 불투명하다. 이 경우 임차인에게 권리금 회수기회를 보장할 것인가에 대하여 서로 상이한 결론을 내린 하급심 판례가 있다. 어떤 판례는 "권리금 보호규정에 관하여 상가임대차법 제10조 제2항(임차인의 계약갱신요구권은 최초의 임대차기간을 포함한 전체 임대차기간이 5년(현재는 10년)을 초과하지 아니하는 범위에서만 행사할 수 있다)을 유추적용하는 것은 법원의 법률해석 권한의 한계를 일탈한 것이며, 신설된 권리금보호규정은 총 임대기간이 5년을 결과하였는지 여부와 무관히 임대인에게 임차인의 권리금 회수기회를 방해하지 않아야 할 것을 명령하고 있음은 법문상 명확하다"고 하여 권리금의 회수기회가 보장되는 것으로 보고(대전지방법원 2017. 5. 19. 선고 2016나108968 판결), 반대로 어떤 판례는 "임차인에게 상가임대차법 제10조 제1항 각 호에 해당사유가 있는 경우에는 임대인이 임차인에 대한 권리금회수 방해금지 의무가 있다고 보기 어려운 점, 임차인이 임대인에 대하여 계약갱신요구권을 행사할 수 없는 경우 권리금 보호규정은 그 적용이 없다고 봄이 타당하다"고 하여 권리금의 회수기회가 보장되지 않는 것으로 본다(서울서부지방법원 2016. 5. 26. 선고 2015가합37405 판결). 이 부분은 최소한 대법원 판결이 선고되어야 법리상 다툼은 해결될 것이다.

　국토교통부가 2016년 서울시와 6대 광역시에서 영업 중인 사업체를 대상으로 상가권리금 현황을 조사한 바 있다. 정부가 전국 대도시의 상가권리금 실태를 조사한 것은 이때가 처음이었다. 이 조사는 서울시, 부산시,

대구시, 인천시, 광주시, 대전시, 울산시, 세종시 지역의 8000개 점포(5개 업종)를 대상으로 진행되었다. 조사 결과 권리금이 있는 점포 비중은 숙박음식점이 89.2%로 가장 많았고, 지역별로는 인천시가 88.7%로 가장 높았고, 광주시(82.5%), 대구시(80.4%) 등의 순이었고 서울시는 60.6%로 가장 낮은 수준이었다. 권리금 액수는 서울시가 5,400만원으로 가장 비쌌고, 이어서 광주시(4,851만원), 대전시(4,302만원), 인천시(4,189만원) 등의 순이었다. 권리금이 있다고 답한 사업체 중 권리금이 3,000만원 이하인 업체는 51.0%로 절반이 넘었고, 1억원을 초과하는 경우는 9.2%로 나타났다. 권리금을 주고받으면서 계약서를 작성한 경우는 10.9%에 그친 것으로 조사되었고, 임차인이 계약 후 영업한 기간은 평균 6.2년으로 조사되었다.

나. 권리금의 유형

임차된 부동산을 주고받을 때 신규 임차인이 전 임차인에게 권리금을 지급하는 이유가 무엇인지가 궁금하다. 권리금을 주고받을 때에는 분명히 이유가 있을 것이다. 권리금의 내용을 구체화하여 내용을 살펴보아야 그 이유를 알 수 있다. 권리금은 바닥권리금, 시설권리금, 영업권리금으로 구분된다. 각 권리금의 내용은 <표27>에서 설명하는 바와 같다.

<표27> **권리금의 종류**

종류	내용
바닥권리금	점포가 자리한 상권과 입지에 따라 상권이 활성화될 것으로 전망해 주고받는 금액이다.
시설권리금	영업시설, 가구, 집기, 주방시설 등 유형물의 현재가치에 대한 대가를 말한다.
영업권리금	영업노하우, 거래처, 신용 등 점포가 가진 무형자산에 대한 대가를 말한다.

바닥권리금은 점포가 위치한 '자릿세'라 할 수 있다. 보통 상권과 입지가 좋은 곳인 역세권이나 도심지역의 상권에서는 높은 권리금 시세가 형성된다. 바닥권리금은 보증금과 임대료에 반영되어야 하는 것이 아닌지,

또 받는다고 해도 건물주가 받아야 하는 것이 아닌가에 대하여 의문을 제기하는 주장이 있다. 그러나 바닥권리금을 임차인의 노력과 비용으로 상권이 활성화되어 증가되는 장소적 이점이라고 정의할 경우 바닥권리금은 임차인에게 귀속된다고 할 수 있다. 시설권리금은 영업시설이나 설비 등 각종 인테리어를 설치하는데 들어간 비용을 뜻한다. 시설권리금은 시간이 지남에 따라 그 가치가 떨어져 감가상각을 하여 금액이 산정되어야 한다. 보통 감가상각은 3년 내지 5년에 걸쳐 상각을 하는 것이 일반적이다. 즉 3년인 경우에는 매년 33.3%씩 상각해야 하고, 5년인 경우에는 매년 20%씩 상각하는 식이다. 예컨대 시설비가 총 1억원 들어갔고 1년이 경과한 시점에서 평가할 경우 3년으로 가정하면 약 6천 6백만원이 되고, 5년으로 가정하면 8천만원이 된다. 혹자는 시설비로 1억원 가량 투자했기 때문에 1억원을 다 받아야 하는 것으로 생각하는 사람이 있다. 영업시설은 시간이 지남에 따라 효용이 감소되므로 감가상각을 하는 것이 합리적이다. 영업권리금은 미래에 창출될 이익을 의미하는 이익권리금을 포함하여 설명하기도 하고, 또 양자를 분리하여 설명하기도 한다. 영업권리금은 현재 운영 중인 사업과 동일 또는 유사한 사업을 할 경우 광고를 하지 않아도 기존의 수요자들을 흡수할 수 있다는 점에서 요구되는 금액이다. 병원이나 학원을 거래할 때 주로 거론되는 권리금으로 대략 6개월 내지 1년분의 영업이익을 기준으로 산정된다. 이들 세 가지 권리금은 겹치는 부분이 많아서 권리금 산정을 어렵게 한다. 실무에서는 유사 매장의 권리금 지급사례를 비교하여 권리금을 산정하는 것이 일반적이다. 같은 크기의 옆 건물은 권리금을 얼마 받았는데 우리는 얼마 받아야 한다는 식으로 정하는 것이 거래계의 현실이다.

    권리금을 주고받을 때 기존 임차인이나 중개업자의 말을 믿고서 매출장부 등을 확인하지 않고 임차하여 불의의 손해를 입는 사람도 있다. 실제 금전등록기나 POS자료를 보여주기도 하나 이들도 조작이 가능하므로

100% 신뢰해서는 아니 된다. 특히 초보창업자는 초보라는 티를 내어 권리금 장사의 희생양이 되는 경우가 있으므로 세심한 주의가 필요하다. 운전을 하다 보면 '초보운전'이라는 스티커를 붙이고 운전하는 차를 종종 볼 수 있다. '초보운전'이라는 표시는 후방 운전수에게 조심해달라는 신호 표시로 작용한다. 그러나 때로는 '초보운전'이라는 표시가 보험 사기꾼의 좋은 먹이감이 될 수 있음에 주의해야 하는 일이다. 상권이나 입지가 좋은 곳에는 권리금 시세가 형성되어 있으므로 사기를 당할 가능성은 별로 없다. 그러나 신축건물이나 상권이 별로인 지역에서는 권리금 산정기준이 불완전하여 권리금 장사의 희생양이 될 수 있으므로 주의를 요한다. 권리금은 당사자의 협상력에 의해 금액을 조정할 여지가 많은 부분이기도 하다. 어떤 분야에서 창업을 하든지 협상력(Bargaining power)은 창업자가 습득해야 할 가장 중요한 자산임을 명심할 필요가 있다.

다. 권리금의 회수

권리금은 반드시 회수되어야 하는 금액인가, 또 얼마를 회수하는 것이 바람직한가에 대해서는 모든 임차인이 고민하는 사항이다. 권리금은 보증금과 달리 임대차 종료 시 법적으로 돌려받을 수 있는 금액이 아닌 것임은 분명하다. 상임법은 임차인이 신규 임차인으로부터 권리금을 받을 수 있는 기회를 임대인이 방해하지 못하도록 했을 뿐 권리금의 회수를 보장하지는 않는다. 즉 임대인이 임차인의 권리금 회수기회를 방해할 때에는 임차인에게 이에 상응하는 손해배상책임을 지우는 정도이다. 임대인의 방해 행위 유형으로는 ① 임차인이 주선한 신규임차인이 되려는 자에게 권리금을 요구하거나 임차인이 주선한 신규임차인이 되려는 자로부터 권리금을 수수하는 행위, ② 임차인이 주선한 신규임차인이 되려는 자로 하여금 임차인에게 권리금을 지급하지 못하게 하는 행위, ③ 임차인이 주선한 신규임차인이 되려는 자에게 상가건물에 관한 조세, 공과금, 주변 상가건물의 차임 및 보증금, 그 밖의 부담에 따른 금액에 비추어 현저히 고액의 차임과 보증금을 요구하는 행위, ④ 그 밖에 정당한 사유 없이 임대인이 임차인이 주선한 신규임차인이 되려는 자와 임대차계약의 체결을 거절하는 행위 등이 있다(상임법 제10조의4 1항). 임대인의 손해배상책임이 인정될 경우 그 배상액은 신규 임차인이 임차인에게 지급하기로 한 권리금과 임대차 종료 당시의 권리금 중 낮은 금액을 넘지 못한다(상임법 제10조의4 3항). 배상액은 '임대차계약 체결 당시의 권리금'이 아니라 '임대차계약 종료 당시의 권리금'로 했기 때문에 실제로 자신이 지급한 금액보다 훨씬 적은 금액으로 결정될 수도 있다.

임대인은 임차인이 권리금을 회수할 수 있는 기회가 보장되도록 협력할 의무를 진다. 임대인의 협력의무는 임대차기간이 종료되기 3개월 전부터 임대차 종료 시까지 부담한다. 임대인은 임차인의 계약갱신요구권 행사 시에 갱신을 거절할 수 있는 사유 이외에도 ① 임차인이 주선한 신규임차인이 되려는 자가 보증금 또는 차임을 지급할 자력이 없는 경우, ② 임차인이 주선한 신규임차인이 되려는 자가 임차인으로서의 의무를 위반할 우려가 있거나 그 밖에 임대차를 유지하기 어려운 상당한 사유가 있는 경우, ③ 임대차 목적물인 상가건물을 1년 6개월 이상 영리목적으로 사용하지 아니한 경우, ④ 임대인이 선택한 신규임차인이 임차인과 권리금 계약을 체결하고 그 권리금을 지급한 경우에는 협력의무를 부담하지 않는다. 임대인이 협력할 필요가 없는 사유가 너무 포괄적이고 애매한 경우가 많아서 악용가능성이 있기 때문에 장래 권리금을 둘러싼 분쟁이 줄어들지 않을 것으로 평가되는 부분이다. 권리금은 건물주 입장에서도 아주 모호한 금액임이 틀림없다. 건물주가 권리금을 받는 경우는 몰라도 대부분 전 임차인이 권리금을 받아가는 것이 현재의 실정이다. 건물주는 자기가 받지도 않은 권리금 때문에 분쟁의 당사자가 되는 것에 억울해 하는 것은 당연하다. 임대인이 임대차 종료 시에 권리금을 반환키로 하는 약정을 맺는 등 특별한 사정이 있는 경우를 제외하고는 임대인이 권리금을 반환할 책임이 없다(대법원 1989. 2. 28. 선고 87다카824 판결). 건물주라고 해서 모두 부자이거나 나쁜 사람은 아닐 것이다. 은행 대출로 건물을 구입한 건물주는 소유자이지만 허울뿐인 소유자의 지위를 가지고 있다. 특히 건물을 재건축하거나 재개발하고자 할 때 권리금이 핵심 쟁점으로 떠올라 사회문제가 부각되는 경우도 있다. 법의 내용이 모호하여 법이 개입하기도 어렵고 그렇다고 회피하기도 어려워 어정쩡한 상태에 있는 것이 권리금 분쟁의 현 주소이다. 그리고 상가건물임대차보호법은 대규모 점포나 준대규모 점포의 일부인 경우와 국유재산이나 공유재산의 경우에는 권리금 보호대상에서 제외하고 있다(상임법 제10조의5). 전통시장 등 이에 포함되어 권리금을 보호받지 못하는 상인의 하소연은 흔히 들을 수 있는 이야기이다.

라. 권리금 보호를 위한 방안

권리금에 관한 내용이 법제화되었다 하더라도 불완전하기 때문에 임대차계약을 체결할 때 권리금에 관한 내용을 별도로 약정하는 것이 바람직하다. 임차인이 권리금의 피해자가 되지 않으려면 몇 가지 사항에 대해 주의할 필요가 있다. 첫째는 권리금을 수수할 때 이에 관한 사항을 별도의 계약서로 작성하는 것이 바람직하다. 판례도 "권리금계약은 임대차계약이나 임차권양도계약 등에 수반되어 체결되지만 임대차계약 등과는 별개의 계약이다"고 한다(대법원 2013. 5. 9. 선고 2012다115120 판결). 둘째는 계약 시 분쟁으로 이어질만한 사항에 대하여 사전에 합의를 하는 것이 바람직하다. 어떤 분쟁이든지 분쟁이 생긴 후에 해결책을 찾는 것보다는 사전에 예방책을 강구하는 것이 비용도 적게 들고 쉬운 방법이다 셋째는 권리금을 정할 때 배상받을 수 있는 한도에 대하여 합의를 하는 것도 하나의 방법이다. 임대인이 어느 정도 보상을 해야 상당한 보상이 되는가에 대하여 최소한의 기준을 정하여 두는 것이다. 넷째는 임차인이 임차인으로서의 의무를 위반해서는 아니 된다는 사실이다. 임차인이 장사가 잘 되지 않는다고 해서 임대료 지급을 연체하는 등 의무를 다하지 못한 경우에는 나중에 권리금을 받을 수 있는 기회가 박탈당할 가능성이 있다.

아무리 거액의 권리금을 주고 들어왔다 하더라도 장사가 잘 되지 않아 신규 임차인을 구하지 못할 경우 모든 노력이 허사로 끝날 수 있다. 무슨 일이 있어도 상권이 활성화되어야 권리금을 회수할 수 있는 기회가 보장되는 것이다. 권리금은 자신이 지급한 투자금의 대가가 아니라 영업활동의 대가로 회수되는 금액임을 알아야 한다. 장사는 생각만큼 되지 않고 투자한 권리금이 아까워 차일피일 미루다가 더 큰 손해를 불러올 수도 있다. 아무리 작은 사업이라도 결단을 해야 할 시기가 있는 법이다.

그리고 계약 체결 시 "권리금을 주고받지 않기로 한다"와 같은 특약을 맺었다고 해서 임차인이 권리금을 받지 못하는 것은 아니다. 이러한 특약은 무효이므로 임차인의 노력과 비용으로 상권을 활성화시켰을 경우 임차인이 신규 임차인으로부터 권리금을 받을 수 있다. 저자가 아는 J라는 초등학생을 상대로 학원을 운영하는 원장이 권리금 장사로 유명하다. J원장은 허름한 동네에 거의 권리금을 지급하지 않은 채 건물을 빌려서 학원을 차리고 열심히 운영을 한다. 대략 5년 정도 운영하면 그 학원이 수용할 수 있는 최대의 인원수를 모집하여 거액의 권리금을 받은 후 다른 사람에게 양도하는 식이다. J원장은 20여 년 동안 학원을 해서 벌어들인 수입보다 4번에 걸쳐 학원을 양도하면서 받은 권리금이 훨씬 많다고 자랑을 하는 것을 들은 적이 있다.

(4) 기타 사항

상가건물을 임차할 때에는 건물주나 임차인의 요청에 의해 다양한 약정을 맺는 일이 있다. 건물주는 자신의 건물에서 영위할 수 없는 사업을 제시하는 경우가 있음에 반해, 임차인은 같은 건물 내에 경쟁관계에 있는 다른 사업자에게 임대하지 못하도록 요청하여 약정을 하는 일이 있다. 전자는 임차인이 권리금의 회수 등을 위해 그 건물의 임차권을 다른 사람에게 양도할 때 방해요인으로 작용하는 일이 있다. 반대로 후자는 임대인이 유사사업을 하는 다른 사업자에게 임차하여 기존의 임차인에게 손해를 입히는 일이 있다. 예컨대 갑이 소유하는 K건물 2층에 커피점을 내면서 동종업체를 동일 건물 내에 입점 시키지 않기로 건물주와 합의를 했다고 가정해보자. 건물주는 K건물 1층에 제과점을 하는 사업자에게 임차를 했고, 그 사업자는 빵 위주로 사업을 하면서 사이드 메뉴로 커피까지 취급했을 경우 문제가 생길 수 있다. 1층 제과점에서 판매하는 커피가 맛이 있다거나 맛은 별로인데 접근성이 너무 좋아 1층을 선호하는 경우 분쟁으로 이어질 수 있다. 건물주는 커피점과 제과점은 다른 영역의 사업체이므로 문제가 없다고 주장함에 반해, 임차인은 접근성이 좋은 1층 매장에서 사이드 메뉴로 취급하는 것은 계약위반이 된다고 주장한다. 건물주와 임차인은 각자 자기 나름대로 할 말이 있는 셈이다. 이처럼 동일 건물에 경쟁업체를 입점을 시키지 않기로 약정한 경우 그 내용을 분명히 해야 분쟁으로 이어지지 않는다. 현실에서는 경업피지의무를 둘러싼 분쟁이 다양한 곳에서 발생한다. 대법원은 "상가 분양회사가 수분양자에게 특정영업을 정하여 분양한 이유는 수분양자에게 그 업종을 독점적으로 운영하도록 보장함으로써 이를 통하여 분양을 활성화하기 위한 것이고, 수분양자들 역시 지정품목이 보장된다는 전제 아래 분양회사와 계약을 체결한 것이므로, 지정업종에 대한 경업금지의무는 수분양자들에게만 적용되는 것이 아니라 분양회사에게도 적용되어 분양회사 역시 상가활성화를 저해하지 않는 범위 내에서만 다른 수분양자들의 업종변경을 승인할 의무가 있을 뿐 그 개점을 자유롭게 승인할 수 있는 것으로 해석할 수는 없다"고 한다(대법원 2005. 7. 14. 선고 2004다67011 판결). 또 "아파트 단지 내 상가점포 분양시 업종을 지정하면서 업종을 변경하고자 할 경우 입점 전에는 분양회사의 사전 서면승인을, 입점 후에는 상가자치관리위원회 및 입주자대표회의의 사전승인을 받기로 하되 이를 위반한 때에는 입점 후에도 매매계약을 해제할 수 있다고 약정한 경우, 상가점포를 분양받은 수분양자가 입점 후 분양 시 지정된 업종의 무단변경하였다면 무단업종변경금지의무불이행을 이유로 한 분양회사의 약정해제권의 행사는 유효하다"고 한다(대법원 1996. 8. 23. 선고 95다40557 결정).

타인의 건물을 빌려서 사업을 시작했지만 기대만큼 성과가 나오지 않을 경우 임차인은 손해를 줄이고자 다양한 대책을 마련할 수 있다. '가게 안의 가게(Shop in shop)'를 유치하여 임대료를 반반씩 부담하기로 하면 임대료 부담을 줄일 수 있다. 제과점과 커피점, 미용실과 네일아트처럼 상호 시너지 효과를 낼 수 연결고리를 만들면 둘 다 이익을 얻기 때문에 선호하는 경향이 있다. 그러나 임차인은 임대인의 동의 없이 그 권리를 양도하거나 임차물을 전대하지 못한다(민 제629조 1항). 건물주는 복잡한 법률관계에 엮이는 것을 싫어할 뿐만 아니라 임차인이 주인처럼 행세하는 모습에 달가워하지 않을 것이 분명하다. 만약 임차인이 임대인의 동의 없이 전대한 경우에는 임대차 해지사유가 됨은 물론이고 계약위반이 되어 보증금과 권리금을 회수하지 못할 수도 있다. 반대로 임대인이 동의를 할 때에는 전차인은 보증금은 물론 권리금도 받을 수 있는 기회가 보장된다. 전대는 아니지만 다른 사람에게 사업운영권을 맡기는 방식에는 위탁경영이라는 것이 있다. 위탁경영은 기존의 임차인이 그대로 임차인의 지위를 유지하면서 그 매장의 운영권을 다른 사람에게 맡기는 것을 뜻한다. 위탁경영은 임대인이 전대에 동의하지 않을 경우 임차인이 차선책으로 선택할 수 있는 하나의 방법이다. 그리고 계약서에 용도변경 시 임대인의 동의가 필요한 경우 사전에 임대인의 동의를 얻은 후에 변경을 해야 뒤탈이 생기지 않는다. 임대차계약 시 주차에 관한 사항도 해결해야 할 사항의 하나이다. 도심지역에서 사업을 하는 사람은 누구나 주차문제는 신경이 쓰이는 법이다. 타인의 건물을 얻을 때 주차문제를 어떻게 해결할 것인가에 합의를 해두는 것이 좋다. 건물주가 모든 세입자의 주차를 일괄적으로 해결할 것인가 그렇지 않으면 각 세입자가 알아서 해결할 것인지를 약정해야 분쟁의 여지를 줄일 수 있다. 사소한 문제 같지만 불법주차로 과태료가 나오기도 하면 이것이 원인이 되어 건물주와 임차인 간에 관계가 나빠질 수 있다. 세입자는 건물주와 관계가 나빠져서 자신에게 유리한 것은 하나도 없다. 또 임차인이 임대인과 계약을 체결할 때 언제부터 임차료를 지급할 것인가도 합의가 필요한 사항이다. 임차인 입장에서는 인테리어 기간 동안이나마 임대료나 관리비를 내지 않은 방안을 모색할 수 있다. 아직 사업을 시작하지도 않은 상태에서 임대료와 관리비를 내는 것이 임차인에게 부담으로 작용할 수 있기 때문이다.

4. 근로계약

국가적으로 창업은 자기 고용은 물론 타인 고용으로 이어져야 창업의 성과를 거둔 것이 된다. 1인기업 내지 가족기업으로 출발한 때에는 창업 시에는 혼자서 또는 가족구성원만으로 운영이 가능하지만 사업의 규모가 커지게 되면 타인을 고용해야 하는 상황이 온다. 영업주가 타인을 고용할 경우에는 이전에 생각지도 못한 문제들이 생긴다는 사실을 알아야 된다. 타인을 고용하게 되면 처음에는 자신의 수입으로 타인의 생계까지 책임을 진다는 생각에 마음이 뿌듯하기도 하다. 그러나 타인을 고용해서 일을 시킨다는 것은 생각만큼 쉬운 일이 아니라는 사실을 곧 깨닫게 된다. 어쨌든 타인을 고용할 경우 어떤 형태의 근로이던 반드시 근로계약서를 작성하여야 된다. 근로계약서는 정규직은 물론 임시직이나 아르바이트 학생을 고용해도 반드시 서면으로 작성하여 상대방에게 교부하여야 한다. 근로계약서의 내용은 최소한 근로기준법에서 정한 기준 이상으로 근로자에게 유리한 내용이어야 유효성이 인정된다. 근로기준법은 상시 5명 이상의 근로자를 사용하는 모든 사업 또는 사업장을 적용대상으로 하는 것이 원칙이다(동법 11조 1항). 상시 4명 이하의 근로자를 사용하는 사업 또는 사업장은 근로기준법의 일부 규정만이 적용될 뿐이다(동법 11조 2항). 그러나 임금이나 근로시간휴식 등 근로계약의 일반적 내용은 상시 4명 이하의 근로자를 고용하는 사업 또는 사업장에도 적용되므로 양자 간에 큰 차이가 없다(동법 시행령 7조). 근로계약서의 내용은 <표28>와 같이 당사자의 인적사항, 임금관련사항, 영업의 개시·종료시간, 근로시간, 휴게시간, 휴일·휴가사항, 근무장소와 업무의 내용 등이 중요한 사항이다.

<표28> 근로계약서의 중요한 내용

구분	근로기준법의 내용
근로계약	· 근로계약을 체결할 때 근로계약서를 서면으로 작성하여 근로자에게 교부해야 한다.
임금	· 법정수당인 연장근로수당, 야간근로수당, 휴일근로수당은 반드시 지급하여야 하고, 이 경우 통상임금의 50% 이상을 가산해 지급해야 한다. 가) 연장근로수당이란 법정근로시간을 초과한 근로시간, 즉 1일 8시간 또는 1주 40시간을 초과해 근무를 하는 경우 지급을 해야 하는 수당을 말한다. 나) 야간근로수당이란 근로기준법상 야간에 해당하는 시간, 즉 오후 10시부터 익일 6시까지 근무하는 경우 지급을 해야 하는 수당을 말한다. 다) 휴일근로수당이란 휴일에 근무하는 경우 지급을 해야 하는 수당을 말한다. · 1년 이상 근로한 근로자에게는 퇴직금을 지급해야 한다.
근로시간과 휴식	· 원칙적으로 1주간의 근로시간은 휴게시간을 제외하고 주 40시간을 초과할 수 없고, 1일의 근로시간은 휴게시간을 제외하고 8시간을 초과할 수 없다. · 사업주는 근로시간이 4시간인 경우는 30분 이상, 8시간 이상인 경우는 1시간 이상의 휴게시간을 주어야 한다.
4대 보험	· 4대 보험 가입의무(산재보험, 고용보험, 국민연금, 건강보험)는 근로자가 아닌 사업주가 부담한다. 따라서 근로자가 그 가입을 원치 않을 경우에도 미가입으로 인한 법적 책임은 사업주가 진다.
최저임금	· 임금은 최저임금 이상으로 반드시 지급하여야 한다.

사장님이 되는 순간부터 의무가 많아지고 책임이 무거워진다는 사실을 명심해야 된다. 처음에는 모든 사장님들이 돈을 많이 벌어서 종업원에게 후한 월급을 주기를 바란다. 그러나 사업을 하다 보면 영업 성적이 좋지

않아서 비정규직은 고사하고 아르바이트생도 고용하기 힘든 때가 있고, 또 때로는 근로자에게 주는 임금도 아까울 경우가 있다. 적자가 쌓이다 보면 차라리 자신보다는 종업원의 신세가 좋아 보이는 시기이기도 하다. 약삭빠른 사장님은 종업원에게 주는 월급이 아까워 편법을 쓰다가 낭패를 당하는 일도 있다. 예를 들면 종업원에게 휴식시간을 적게 주기 위하여 3시간 또는 7시간 일을 시키는 경우가 있고, 또 최저임금을 지급하지 않거나 아르바이트생을 자주 교체하여 임금을 떼먹는 일도 있다. 이러한 일을 자주 하다가는 종업원이 SNS에 그 사실을 알려 주인이 곤욕을 치루는 경우도 있다. 분명한 것은 모든 사업 또는 사업장은 근로기준법에서 정한 기준 이상으로 종업원을 대우해야 한다는 사실이다. 사장님이 된다는 것은 말처럼 쉬운 것이 아님을 알아야 된다. 남을 고용해서 일을 시키는 것도 쉽지 않지만 일을 시킬 때에는 반드시 그 대가를 지불해야 하는 것이 사장이 지켜야 할 의무이자 책임이다.

　회사가 성장하면서 고용을 늘리는 경우 창업자가 알아야 할 내용이 많아진다. 직원은 조그만 방심해도 금세 늘어나는 법이다. 사업부진이나 불황으로 일감이 없더라는 직원을 내보내기는 무척 까다롭다는 사실이다. 작은 회사에서 직원의 채용은 누군가의 연줄에 의하여 이루어지는 경우가 많아서 인정상 내보내는 것이 채용만큼 쉽지는 않다. 채용하기는 쉬워도 내보내기가 힘든 것이 사람이다. 일감이 줄어 할 일이 없음에도 불구하고 잉여 인력을 안고 가야 하는 운명을 한탄할 때도 있다. 저자가 아는 K사장은 인터넷 교육사업을 하여 꽤 성공하여 한때는 직원이 100여명이 될 정도로 사업규모가 커졌다. 그러나 대기업이 인터넷 교육사업에 뛰어들자 경쟁이 치열해져 수익이 나빠졌지만 인력 조정을 제때 못하여 그대로 주저앉고 만 사례이다. 타인의 고용을 늘리는 일은 개인적으로 국가적으로 바람직한 일이다. 그러나 기업의 생존을 위태롭게 할 때에는 명예퇴직이나 권고사직을 요구할 수 있어야 사업가라 할 수 있다. 내보기로 결정하면 단호하게 대처해야 하는 곳이 사업세계이다. 타인을 고용할 때는 그가 가진 현재의 능력은 물론 창의성까지 이용할 수 있는 자이어야 뛰어난 사업가가 될 수 있다. 일찍이 한비자는 "삼류 창업자는 자신의 능력만을 이용하고, 이류 창업자는 남의 힘을 이용하며, 일류 창업자는 남의 능력을 이용한다(下君盡己能, 中君盡人力, 上君盡人能)"고 한다. 역사에 큰 발자취를 남긴 세종대왕과 이순신 장군은 본인의 자질과 재능이 뛰어난 면도 있지만 신하나 부하의 능력이 출중했고, 이들의 기량을 이용할 줄 아는 리더십이 있었기 때문에 가능한 일이었다.

중소기업을 운영하는 사장님은 회사 내에서 가장 부지런한 사람은 사장 자신이라고 한다. 배고픈 시절을 겪었던 사장님들은 자신의 경험을 떠올리면서 한탄을 하는 일도 있다. 과거에는 돈이나 직위로 남을 부리는 것이 그렇게 어려운 일이 아니었다. 그러나 오늘날은 서울역의 노숙자들도 굶지 않고 떳떳하게 살아가는 세상이다. 요즘은 말이 사장이지 사장이 직원의 눈치를 보아야 하는 시대이다. 사장은 회사 내에서 가장 많이 가졌고, 또 책임도 가장 많이 지기 때문에 당연히 부지런해야 하는 존재이다. 사장은 직원들에게 주인의식을 가지라고 요구하지만 이는 말처럼 쉽게 이루어지지 않는다. 선진국이 될수록 돈이나 직위로 남에게 일을 시키는 것이 어려워진다는 사실을 알아야 된다. 영업주가 함부로 일을 시키다가 자칫하다가는 악덕기업주로 인터넷에 오르내리거나 노동법을 위반하여 처벌될 수도 있다. 사장이 직원을 잘 만나는 것도 직원이 사장을 잘 만나는 것도 행운이다. 사장은 물론 직원도 얼마든지 나쁜 사람이 있을 수 있다. 사장은 한 명이고 직원이 여러 명이 있을 경우 직원이 '사장 길들이기'를 시도하는 일도 있다. 이 싸움에서 밀리면 사업의 주도권은 사장이 아니라 직원이 가지게 된다. 사장이 사업 내용을 잘 알고 있어야 요령껏 일을 시킬 수 있고, 또 직원들에게 휘둘리지 않고 사업을 운영할 수 있다. 내가 하기 싫어하는 일은 남도 하기 싫어한다는 사실은 만고불변의 진리이다. 더군다나 남이 시켜서 하면 하던 일도 더 하기 싫어지는 법이다. 사장이 솔선수범하여 굳은 일까지 서슴없이 해야 종업원도 기꺼이 그 일을 할 것이다. 어느 국가든 가족기업이 다수를 차지하는 것은 희생을 금전으로 계산하지 않은 자는 가족뿐이기 때문이다. 미국에서도 전체 기업 중 80% 이상이 가족 구성원에 의하여 운영되는 것으로 보고된다. 가족기업은 공통의 가치관과 목표, 대가를 바라지 않은 희생정신과 굳건한 주인의식, 신뢰와 믿음에 기초한 경영 등에서 탁월한 장점을 가지고 있다.

5. 기타 계약

일반적으로 타인의 건물을 임차하는 경우 공인중개사의 소개를 통해 점포를 얻는다. 공인중개사를 통하여 계약을 체결하는 경우 그와 중개계약을 체결하고, 계약이 성사되면 중개인에게 중개수수료를 지급하여야 한다. 중개수수료는 법정한도가 정해져 있으므로 어떤 경우에도 이를 초과해서 수수할 수는 없다.[63] 중개수수료에 관한 규정들은 중개수수료 약정 중 소정의 한도를 초과하는 부분은 사법상의 효력이 없는 이른바 강행법규에 해당하고, 따라서 한도를 초과하는 부동산 중개수수료 약정은 그 한도를 초과하는 범위 내에서 무효이다(대법원 2007. 12. 20. 선고 2005다32159 판결). 그러나 실무상 상가건물을 소개할 때에는 법정한도를 넘어서 받는 경우가 허다하다. 때로는 중개수수료가 아깝기도 하고 더군다나 법령을 위반하면서 지급해야 하는가에 의문을 제기하는 일도 있다. 중개수수료는 중개 대상인 부동산의 매매나 임대차를 중개할 때에는 법정한도의 적용을 받는

---

[63] 공인중개사법 시행규칙 제20조 제1항에서는 "주택의 중개에 대한 보수는 중개의뢰인 쌍방으로부터 각각 받되, 그 일방으로부터 받을 수 있는 한도는 매매·교환의 경우에는 거래금액의 1천분의 9이내로 하고, 임대차 등의 경우에는 거래금액의 1천분의 8이내로 한다"고 규정하고 있다. 실제의 수수료는 시·도의 조례에 따라 거래금액 단위로 구분하여 이보다 낮은 수준에서 받고 있는 실정이다.

다. 일반적으로 컨설팅 수수료는 법정한도가 없기 때문에 권리금의 알선 등의 이유로 컨설팅 명목으로 돈을 수수하는 것이면 합법성이 인정된다. 대법원은 "공인중개사가 토지와 건물의 임차권 및 권리금, 시설비의 교환계약을 중개하고 그 사례 명목으로 포괄적으로 지급받은 금원 중 어느 금액까지가 구 부동산중개업법의 규율대상인 중개수수료에 해당하는지를 특정할 수 없어 같은 법이 정한 한도를 초과하여 중개수수료를 지급받았다고 단정할 수 없다"고 하고(대법원 2006. 9. 22. 선고 2005도6054 판결), 또 "영업용 건물의 영업시설·비품 등 유형물이나 거래처, 신용, 영업상의 노하우 또는 점포 위치에 따른 영업상의 이점 등 무형의 재산의 가치의 양도는 공인중개사법령에서 정한 중개대상물이라 할 수 없으므로, 그러한 유·무형의 재산적 가치의 양도에 대하여 권리금을 수수하도록 중개한 것은 위 법령이 규율하고 있는 중개행위에 해당하지 아니한다 할 것이고, 따라서 위 법령이 규정하고 있는 중개수수료 한도 역시 이러한 거래대상의 중개행위에는 적용되지 아니한다"라고 한다(대법원 2006. 2. 23. 선고 2006두156 판결). 그리고 아파트 분양권의 전매는 "특정한 아파트에 입주할 수 있는 권리가 아니라 아파트에 대한 추첨기일에 신청을 하여 당첨이 되면 아파트의 분양예정자로 선정될 수 있는 지위를 가리키는 데에 불과한 입주권은 부동산중개업법 제3조 2호 소정의 중개대상물인 건물에 해당한다고 보기 어렵다."고 하여 공인중개사법을 적용할 수 없다고 한다(대법원 1991. 4. 23. 선고 90도1287 판결). 수익성이 높은 점포나 상권의 핵심에 위치한 점포들은 중개업소를 통해 거래되는 경우는 드물고 비공식적인 방법을 통해 거래가 이루어지는 것이 대부분이다. 창업자들이 점포를 구할 때 주의해야 할 사항은 자기도 모르게 중개인 앞에서 투자자금의 규모와 하고자 하는 업종을 모두 털어놓는 일이 있다. 노련한 중개사들은 수익성보다 이들 정보를 근거로 해 거기에 알맞은 점포를 소개해주는 일도 있다. 그 점포가 장사가 되던 안 되던 그 결과는 임차인의 몫이 된다는 사실이다. 중개인과 임차인의 이해관계가 충돌하는 경우가 바로 이때이다.

임차인은 내부시설이나 설비 등을 갖추기 위하여 건설업자와 공사계약을 체결한 후 설비공사를 진행한다. 창업일이 미리 정해져 있는 경우 공사 진행에 시간을 다투는 일도 있다. 공사는 사전에 업체와 충분한 대화를 나눈 후 진행해야 업자는 시간을 절약할 수 있고, 또 임차인은 자신이 몰랐던 부분을 수정할 기회를 갖기도 한다. 임차인이 공사계약을 할 때에는 계약서, 시방서, 도면을 꼭 챙겨야 한다. 공사가 제대로 되지 않거나 시일이 경과할 때에는 이를 근거로 책임을 추궁할 수 있기 때문이다. 또 하자에 대한 보수나 추가적인 비용이 소요될 경우 누가 부담할 것인가에 대해서도 분명히 약정해두는 것이 좋다.

제 10 장
내 재산은 내가 지켜야 내 것이 된다

1. 나만의 기술과 비법 또 이를 나타내는 영업표지는 나의 중요한 재산이다

정보화 사회 내지 지식기반사회에서는 정보나 지적 창조물의 가치가 높아지고 이를 침해하는 사례가 증가됨에 따라 이를 보호하는 적절한 법적 창치를 마련하는 것이 필수적이다. 정보나 지식에 기반을 둔 지적재산권은 기업은 물론 국가나 개인에게도 중요한 자산이 되므로 그 중요성을 아무리 강조해도 지나치지 않다. 특히 영리사업을 수행하는 기업체는 다른 기업과 경쟁을 함에 있어 지적재산권이 중요한 공격수단이자 방어수단이 된다. 지적재산권은 다른 기업과 차별화를 시도하고 경쟁에서 우위를 차지하여 최종 승리자가 되는 지름길이다. 오늘날 지적재산권은 기업의 생사를 좌우할 정도로 그 비중이 커졌다. 세계화로 인하여 국경이 개방되고 기업 간의 경쟁이 더욱 치열해짐에 따라 다른 기업과 차별화할 수 있는 새로운 것을 찾을 수밖에 없는 세상이 되었다.

과거 산업화 시대에는 생산설비나 생산방법에 우위를 점하는 자가 단위당 생산비용을 최소화하여 기업세계에서 왕좌의 지위를 차지하였다. 그러나 정보화 사회 내지 지식기반사회에서는 기업환경과 경쟁시스템이 달라져 정보 내지 지적 창조물이 경쟁력의 원천이 되는 시대로 변하였다. 오늘날 마이크로 소프트나 애플은 물론 구글이나 페이스북처럼 정보 내지 지적 창조물에서 우위를 차지하는 기업이 짧은 기간 내에 초일류 기업으로

성장하여 왕성한 활동을 하고 있다. 창조니 혁신이니 하는 것도 결국은 지적으로 우위에 서는 새로운 제품이나 서비스를 창조하는 것이라 할 수 있다. 오늘날은 지적재산권의 비중이 높아져 때로는 자신의 경쟁력을 나타내는 유력한 징표가 되기도 한다.

지적재산권(Intellectual property)은 지적 활동의 결과로 얻어진 성과물 중 경제적 가치가 있는 것에 관한 권리를 뜻한다.64) 지적재산권은 무체재산(Intangible property)을 대상으로 하는 권리로서 독점적 지배는 가능하나 모방과 위조가 쉽다는 점에서 유체물에 관한 권리와는 구별된다. 지적재산권은 모방이나 위조가 쉬워서 남이 흉내를 내거나 따라 하기가 쉽고, 한 번 모방되어 권리가 침해되면 그 성과물은 거의 무용지물이 되어 버리는 성질을 갖는다. 이러한 결과는 창작자로 하여금 창작에 대한 대가를 회수하지 못하도록 해 창작자의 창작의욕을 꺾을 뿐만 아니라 문명이나 문화의 발전에도 악영향을 미친다.

지적재산권은 정보화 사회 내지 지식기반사회가 도래함에 따라 그 범주가 확대되어 아직도 발전과정에 있는 권리로 볼 수 있다. 인터넷의 상용화로 인한 각종 프로그램이나 데이터의 집적 또는 유전공학의 발전으로 인한 신품종 내지 개량품종에 이르기까지 지적재산권의 대상이 확대되는 추세에 있다. 이러한 시대적 변화를 감안해서 창업자는 자신이 가진 기술이나 비법 또는 이를 표시하는 영업표지에 관하여 법이 허용하는 범위 내에서 최대한 법적 안전장치를 마련하는 것이 중요하다. 자신만이 갖고 있는 전문성과 차별성을 나타내는 기술이나 영업표지에 관한 지식재산권은 시

---

64) 세계지적재산권기구(WIPO, World Intellectual Property Organization) 설립조약 제2조 제8항은 "지적재산권이란 문학·예술 및 과학적 저작물, 실연자의 실연, 음반 및 방송, 인간의 노력에 의한 모든 분야에서의 발명, 과학적 발견, 디자인, 상표, 서비스표, 상호 및 기타의 명칭, 부정경쟁으로부터의 보호 등에 관련된 권리와 그 밖에 산업, 과학, 문학 또는 예술분야의 지적활동에서 발생하는 모든 권리를 포함한다"라고 규정하고 있다.

장에서 진입장벽(Barriers to entry)으로 작용하여 경쟁자가 들어오지 못하게 하는 역할을 한다.65) 지식재산권은 작은 회사가 큰 회사를 이길 수 있는 강력한 무기가 됨은 물론이고 투자자를 유치하고 경쟁자를 물리칠 수 있는 무기가 된다. 개인의 창조적 재능과 기술을 이용하여 지적재산을 생성하고 이를 토대로 부와 고용을 창출할 수 있는 사업체를 만들 수 있어야 진정한 창업자의 길에 들어선 것으로 평가할 수 있다.

미국계 영국 시인이자 문학비평가인 엘리엇(T. S. Elliot)은 시인의 우열을 판별하는 가장 확실한 검증 중 하나는 시인이 시 언어를 빌려오는 방법을 보는 것이라고 한다. 그는 "미숙한 시인은 모방하고, 성숙한 시인은 훔친다(Immature poets imitate, mature poets steal)"라고 한다. 나쁜 시인은 모방해서 작품을 훼손시키지만 좋은 시인은 훔친 것을 더 좋은 것으로 만들 수 있다는 것이다. 파블로 피카소(Pablo R. Picasso)와 스티브 잡스(Steve Jobs)는 이 말에 이어서 "훌륭한 예술가는 베끼지만 위대한 예술가는 훔친다(Good artists copy, great artists steal)"라고 하여 더욱 유명한 말이 되었다. 경영의 귀재로 알려진 잭 웰치(Jack F. Welch)조차도 "최고의 성공 사례를 훔쳐라"라고 외친 적이 있다. 다만 동일 업종이 아니라 다른 업종에서 성공한 사례에 관심을 가져 흡수해서 가공하라는 것이다. 창업자가 아이디어나 아이템을 찾을 때 명심해야 하는 말이다. 훔치는 것은 죄가 되지만 베끼는 것은 죄가 되는지 분명하지 않은 점에서 상식적으로 이해가 되지 않는다. 그러나 이 말은 아이디어나 아이템을 어디에서 찾는가에 따라 그 처우가 달라지는 것으로 이해하면 뜻이 더욱 분명해진다. 아

---

65) 실무에서는 특허권이나 실용신권과 같은 지적재산권이 다른 기업을 공격하는 공격수단이기 보다는 다른 기업이 지적재산권 침해를 이유로 공격을 해올 때 방어수단으로 사용할 때 유용하다. 지적재산권의 침해가 명백하거나 또는 대기업이 다른 기업을 공격할 때 공격수단으로 사용되는 경우도 있지만, 중소기업에서는 특허권이나 실용신안권을 수집한 '특허 괴물'이나 경쟁업체에서 유사한 특허권이나 실용신안권을 갖고서 공격을 해올 때 자신이 가진 지적재산권은 유용한 방어방법이 되는 것으로 전해진다.

이디어나 아이템을 다른 영역에서 그대로 가져오는 것은 문제가 없지만 같은 영업에서 타인의 작품이나 상품을 그대로 베끼는 것은 문제가 된다는 의미이다. 즉 레오나르도 다 빈치(Leonardo da Vinci)의 작품에서 아이디어를 가져와 사업으로 연결시키는 것은 창조가 되지만 아이폰이나 갤럭시를 모방하여 휴대폰을 만드는 것은 아니 된다는 말이다.

창의력이란 기존의 아이디어를 새롭게 조합하여 기존에 없던 상품이나 서비스를 제공하는 능력을 뜻한다. 요즈음 국가적으로나 개인적으로 융합이니 통섭을 강조하는 것도 아이디어의 원천을 다양화하여 다른 영역에서 새로운 아이디어를 찾자는 움직임이다. 높은 산에 오를 때 멀리 볼 수 있듯이 뛰어난 창업자가 되려면 다양한 영역에서 새로운 것을 찾을 수 있어야 한다. 아리스토텔레스는 '모방은 창조의 어머니'라고 하며, 모방은 칭찬의 가장 진지한 표현이라고 한다. 모방을 거쳐 창조가 이루어지므로 모방이 창조의 시발점이 된다는 의미이다. 처음부터 새로운 것을 창조하려고 해도 창조가 뜻대로 이루어지지 않는다. 창조의 시발점은 모방이므로 모방을 자주 하다 보면 창조의 싹이 트이어 그 빛을 발할 수 있다. 뛰어난 예술가들도 과거의 예술작품으로부터 영감을 얻고 그들만의 사고로 새로운 방법과 형태를 동원하여 자신의 고유한 작품을 남긴다. 세상에 우연히 얻어지는 아이디어는 없다. 현대경영에서 자주 사용되는 벤치마킹은 모방과 창조의 중간쯤에 위치하고 있는 개념이다. 벤치마킹(Benchmarking)이란 자기 분야에서 뛰어난 성과를 내고 있는 최고 회사나 사업방식을 모델로 삼아 자기 혁신을 꾀하는 것을 뜻한다. 단순한 모방은 표절이 되지만 모방에다 창조성을 더하여 '창조적 모방', 즉 '진정한 의미의 벤치마킹'이 되는 것이다.

아이디어나 아이템을 찾는 것 못지않게 이를 지키는 것도 중요하다. 창업과정에서 법이 하는 일은 창업자가 개발한 아이디어나 아이템을 지키는 데 중요한 역할을 한다. 창업에 성공한 사업자의 대부분은 자신만의 기술이나 비법 등 특이한 아이템을 갖고 있으며, 그 아이템에 대하여 특허권 등을 취득하여 자기의 것을 방어하고 있다. 지적재산권은 그 분야에 있는 사람들에게 창업자를 알리는 수단이 되기도 한다. 때로는 지식재산권이 사업을 수행함에 있어 가장 중요한 마케팅 수단이자 성공을 이끄는 비결이 된다. 식당의 메뉴 하나에도 실용신안권이 붙어 있으면 무슨 비법이라도 있는 것처럼 보여 매출이 급증하기도 한다. 현행법상 인정되는 지적재산권은 특허권, 실용신안권, 디자인권, 상표권, 저작권과 저작인접권 등 여러 가지가 있다. 각각의 지적재산권은 개별법으로 규정하고 있으며, 종합적인 법체계는 정비 중에 있는 것으로 판단된다. 각종 지적재산권의 중요한 내용은 다음 <표29>에서 기술하는 바와 같다.

<표29> 지적재산권의 내용

법률	보호대상		정의	보호요건	보호기간
특허법	발명		자연법칙을 이용한 기술적 사상의 창작으로서 고도한 것	신규성, 산업상 이용가능성, 진보성	출원일 후 20년
실용신안법	고안		자연법칙을 이용한 기술적 사상의 창작인 고안	상동	출원일 후 10년
디자인보호법	디자인		물품의 형상·모양·색채 또는 이들을 결합한 것으로서 시각을 통하여 미감을 일으키게 하는 것	신규성, 산업상 이용가능성, 창작성	출원일 후 20년
상표법	상표		상품의 생산·가공 또는 판매를 업으로 하는 자가 자기상품을 타인상품과 식별하기 위하여 사용하는 것	현저성	등록 후 10년 (갱신가능)
저작권법	저작권	저작물	문학, 학술, 예술 등 인간의 사상 또는 감정을 표현한 창작물	문학 등의 범위, 창작성, 외부표현	생존기간 및 사후 70년
	저작인접권	저작인접물	실연, 방송, 음반 등	창작의 가치를 증진	행위 후 70년

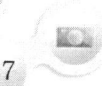

오늘날 기업 간에 경쟁이 치열해짐에 따라 기술뿐만 아니라 기업과 기업이 제공한 상품이나 서비스의 이미지를 표창하는 브랜드 가치의 중요성이 어느 때보다 강조되고 있다. 저자가 아는 지인 중에 섬유업체를 운영하는 L이라는 사장이 있다. L사장이 운영하는 회사는 등산용 텐트를 주로 주문자상표 부착 생산(OEM, Original Equipment Manufacture)방식으로 생산을 하고 있는 데, 이 회사에서 생산된 제품은 K사 마크를 달고 시중에 유통되며 그 가격은 자신이 납품한 단가의 3배 이상이라고 한다. 동일한 제품이라 할지라도 시장에서 팔리는 가격은 전혀 다르게 판매되는 것이 현실이다. K사가 갖는 브랜드의 값어치가 L사장의 경우보다 3배 이상으로 평가되는 것을 의미한다. 가격을 스스로 결정할 수 없는 사업을 해서 돈을 번 사업은 별로 없는 것으로 전해진다. 어떤 사업이든 독자적 브랜드를 가지고 상품이나 서비스를 출시해야 제 값을 받을 수 있다.

원래 브랜드란 특정한 기업의 제품이나 서비스를 식별하는데 사용되는 명칭·기호·디자인 등을 총칭하는 말이다. 브랜드의 유래에 대하여 여러 주장이 있지만 앵글로 색슨(Anglo-saxon)족의 이야기가 유력하다. 자신이 소유한 말을 식별하기 위해 불에 달군 인두로 말 엉덩이에 주인의 이름을 찍은 데서 유래된 것이라고 한다. 당시의 말은 부와 권력을 상징하는 수단이었다. 브랜드의 의미는 처음에는 자신의 상품을 타인의 상품과 구별하는 식별력에 중점을 두었다. 그러나 요즈음은 브랜드가 식별력보다는 자신의 상품이나 서비스의 가치와 차별에 더 큰 의미를 두는 방향으로 전개된다. 브랜드에서 중요한 것은 사람들이 기억하고 있는지 또는 떠올릴 수 있는지 하는 것이다. 오늘날 브랜드의 의미가 확대되어 기업 자체의 신뢰와 이미지를 나타내는 표지로 사용되는 경우가 일반적이다.

브랜드 간의 경쟁이 치열해짐에 따라 타인의 인기 브랜드를 모방하거나 유사 브랜드를 만들어 원조 브랜드를 위협하는 경우도 있다. 인기 브랜드 내지 1등 브랜드를 모방해 사용하는 브랜드를 미투 브랜드라고 한다. 미투 브랜드(Me-too brand)란 인기 브랜드나 1등 브랜드에 편승하여 원조와 유사한 브랜드를 만들어 사용하는 것을 뜻한다. 미투 브랜드의 등장은 원조 브랜드와의 경쟁과 정통성을 둘러싼 시비를 불러일으키고, 원조와 짝퉁 간의 족보싸움은 원조 브랜드에 대한 이미지마저 나쁘게 해 둘 다 망하는 일도 있다. 흔히들 유명 가수의 목소리와 외모를 흉내 내어 노래를 부르는 가수를 이미테이션 가수라고 부른다. 이미테이션 가수도 인기 가수의 브랜드를 모방한 경우라 할 수 있다. 이미테이션 가수가 이름까지도 원조 가수와 유사하게 사용하여 진짜와의 구별을 어렵게 하는 경우 문제가 생길 수 있다. 몇 년 전에 인기 가수 P는 L이라는 이미테이션 가수가 자신의 모방을 넘어 진짜처럼 활동하는 바람에 손해를 보았다며 소송을 낸 일이 있었다. 타인을 모방하는 것에 멈추지 않고 진짜처럼 활동하는 경우에는 민사상 손해배상책임은 물론 형사처벌의 대상이 되기도 한다. 모방은 모방에 그쳐야지 가짜가 진짜처럼 행세하는 경우에는 문제가 생기는 법이다.

원조와 짝퉁은 엄연히 구별됨에도 불구하고 원조가 원조로서 법적 보호장치가 제대로 마련되어 있지 않으면 원조의 보호에 허점이 들어난다. 재판과 소송은 진실을 두고 다투는 것이 아니라 누가 증거를 많이 갖고 있느냐에 따라 결론이 좌우되는 싸움이다. 어느 것이 원조인지 짝퉁인지를 구분하고 이를 뒷받침하는 증거가 충분할 때에는 원조로서 보호를 받을 수 있다. 그러나 원조에 대한 법적 보호장치가 제대로 마련되어 있지 않으면 재판제도의 한계로 인하여 원조의 보호에 문제가 생길 수 있다. 사업세계에서 소 잃고 외양간을 고치는 신세가 되지 않아야 된다. 창업자는 처음부터 외양간을 튼튼하게 만들어 자신만의 기술이나 비법 또는 이를 나타내는 영업표지라는 소를 잘 키울 수 있어야 한다. 사업규모가 미미할 때에는 지적재산권이 문제아로 등장하는 일은 별로 없지만 사업이 커지면서 모든 것이 달라진다. 사업이 커지면 남이 내 지식재산권을 침해할 가능성이 있는가 하면, 한편으로 나도 다른 사람의 지식재산권을 침해하여 그 보유자가 문제를 제기할 가능성이 있기 때문이다.

창업자가 가진 모든 기술이나 비법에 대하여 특허권 내지 실용신안권을 취득해야 하는 것은 아니다. 특허는 공개를 전제로 독점적 이익을 부여하는 제도이므로 우회적으로 또는 특허권의 침해가 되는지가 애매한 경우가 많이 생긴다. 특허분쟁은 시간과의 싸움이므로 쟁송이 길어져 소송에서 이긴다 해도 별로 실익이 없는가 하면, 또 강자를 상대로 특허소송을 제기할 때에는 시간과 비용 등이 너무 소요되어 실제 소송을 진행하기도 쉽지가 않다. 특허권 등을 취득할 경우에는 취득자에게 독점적 이용권을 부여하는 반면에 특허 등의 내용이 공개되므로 자신만의 기술이나 비법을 더 이상 유지할 수 없게 된다. 기술의 공개를 원하지 않을 경우 특허를 취득하지 않고서 기술이나 비법을 기업의 영업비밀로 유지하면서 이용하는 경우가 있다. 일본의 소재기업 중 세계적 기술을 가지고 있으면서 특허를 취득하지 않은 경우가 이에 해당한다.

일찍이 독일의 법학자 루돌프 폰 예링(Rudolf von Jhering)은 "권리 위에 잠자는 자는 보호받지 못한다"라고 한다. 이는 소멸시효에 관하여 사용되는 명언이지만 일반적으로 사용할 수 있는 말이다. 자기의 권리는 스스로 찾고 노력해서 이를 지켜야 자기의 재산이 될 수 있다. 자본주의 경제체제는 자기 밥그릇은 자기가 챙겨야 하는 구조이다. 남이 차려주는 밥은 진정으로 내 밥이 되지 못한다는 사실을 명심해야 한다. 현대경영에서 지적재산 관리능력은 중요한 덕목이므로 자기의 기술과 비법 또는 이를 나타내는 영업표지를 자기 것으로 지킬 수 있어야 된다. 여기서는 특허권이나 실용신안권을 비롯한 산업재산권, 상호나 상표처럼 영업표지를 나타내는 권리, 영업비밀의 보호, 부정경쟁행위, 저작권 등에 대하여 간략히 고찰하기로 한다.

2. 산업재산권

(1) 일반론

오늘날 기업경영에서 지적재산권의 중요성이 강조됨에 따라 세계적인 차원에서 이를 보호하는 경향이 있으며, 그 지적재산권의 보호범위와 정도는 시간이 지남에 따라 더욱 확대되는 추세이다. 지적재산권은 크게 산업활동과 관련되는 산업재산권과 개인 또는 단체의 지적 창작물인 저작권으로 구분된다. 산업재산권은 구체적으로 특허권, 실용신안권, 디자인권, 상표권 등으로 구분되고, 저작권은 저작권과 저적 인접권으로 구분된다. 이 권리들은 권리의 특성과 보호의 중요도에 따라 보호의 정도를 각각 달리한다. 산업재산권과 저작권은 인간의 정신적 창착활동의 결과물로서 법적으로 보호되는 지적재산권이라는 점에서 동일하다. 그러나 사업재산권과 저작권은 권리의 성질이 다르기 때문에 권리의 생성과 보호방법을 달리한다. 산업재산권은 등록을 해야 권리로 인정되어 보호를 받을 수 있음에 반해, 저작권은 창작의 완료와 동시에 권리가 인정되고 등록이 필요하지 않다는 점에서 구별된다. 양자의 중요한 차이점은 <표30>에서 설명하는 바와 같다.

<표30> 산업재산권과 저작권의 차이

구분	산업재산권	저작권
권리보호의 대상	· 발명·고안·디자인·상표 등이 대상	· 문학·학술·예술의 범위에 속하는 창작물 · 실연·방송·음반 등
권리의 발생	· 출원·심사등록의 절차를 거쳐서 권리가 발생	· 창작이 완성되는 순간 즉시 발생
권리보호의 정도	· 발명·고안·디자인·상표 등을 침해할 때 행위자의 고의·과실이 없었다 하더라도 권리침해가 인정됨	· 동일한 내용의 저작물이 우연히 독창적으로 창작된 경우 저작권 침해가 인정되지 아니 함
권리보호의 기간	· 특허권은 20년, 실용신안권은 10년, 디자인권은 15년, 상표권은 10년(갱신 가능)	· 생존하는 동안 및 사후 70년간 보호 · 행위 후 70년간 보호

(2) 특허권과 실용신안권

특허권이나 실용신안권은 산업재산권의 대표적인 형태로서 새로운 발명이나 신기술을 최초로 등록한 자에 대하여 일정 기간 동안 독점배타적으로 이용할 수 있는 권리를 부여하는 지적재산권이다.

특허의 대상인 발명은 "자연법칙을 이용한 기술적 사상의 창작으로서 고도한 것을 말한다"고 규정하고 있다(특허법 제2조). 특정한 발명이나 신기술에 대하여 특허권을 취득하기 위해서는 신규성, 산업상 이용가능성, 진보성66)이라는 세 가지 요건을 갖추어야 한다. 특허법은 권리주의, 심사주의, 선출원주의,67) 출원공개제도, 등록주의 등을 채택하여 법에서 정한 일정한 절차를 밟는 경우에만 특허권을 취득할 수 있도록 한다. 여기서 출원이란 어떤 지적재산권의 등록을 신청하는 것을 뜻하고, 등록은 신청에 대한 심사를 거쳐 완전한 권리가 확보된 상태를 뜻한다. 특허권자는 법률의 범위 내에서 그 특허발명의 실시를 독점하므로 타인이 이를 침해할 때에는 침해금지청구, 손해배상청구, 신용회복청구는 물론 특허침해죄로 고소도 할 수 있다. 도박기구나 아편흡식기 등 공공질서를 문란하게 하거나 공중위생을 해하는 발명 또는 국방상 필요한 때에는 특허로 등록할 수 없도록 규정하고 있다.68) 현실적으로 특허권의 의미는 상용화로 연결되어

---

66) 대법원 2005. 11. 10. 선고 2004후3546 판결(고안품이 상업적으로 성공하였다는 점은 진보성을 인정하는 하나의 자료로 참고할 수는 있지만, 상업적 성공 자체만으로 진보성이 인정된다고 할 수는 없고, 등록고안의 진보성에 대한 판단은 우선적으로 명세서에 기재된 내용 즉, 고안의 목적, 구성 및 효과를 토대로 선행 공지기술에 기하여 당해 기술분야에서 통상의 지식을 가진 자가 이를 극히 용이하게 고안할 수 있는지 여부에 따라 판단되어야 하는 것이므로 상업적 성공이 있다는 이유만으로 고안의 진보성을 인정할 수 없다).

67) 선출원주의란 먼저 출원한 자가 특허를 받을 자격을 인정하여 먼저 발명을 했다고 하더라도 다른 출원자보다 늦게 출원하면 특허를 받을 수 없는 것을 뜻한다. 반대로 선발명주의란 선원주의와 상반되는 개념으로 출원 순위에 관계없이 먼저 발명한 자가 특허를 받을 수 있는 것을 뜻한다.

68) 대법원 1991. 3. 12. 선고 90후250 판결(사람의 질병을 진단, 치료, 경감하고 예방하거

수익을 창출할 수 있는 특허가 되어야 살아 있는 특허가 된다. 그저 특허청에 등록만 되어 있을 뿐 상용화로 연결되지 않는 특허는 죽은 권리와 다름없어 의미가 없다. 특허가 상용화되지 못한 이유로는 여러 가지가 있지만 특허권자가 자신의 특허권에 매몰되어 너무 과대한 평가를 하는 것도 한 몫을 차지하고 있다. 특허권 유지에도 일정한 비용이 드는 만큼 특허권의 계속 유지에 대해서는 특허권자의 현명한 판단이 요구되는 부분이다.

실용신안이란 "자연법칙을 이용한 기술적 사상의 창작인 고안을 말한다"고 규정하고 있다(실용신안법 제2조). 고도의 기술발명은 특허의 대상이 되고 소발명 정도의 기술이 실용신안의 대상이 된다. 실무상 전혀 새로운 물건이나 방법 등을 창안하는 경우에는 발명이 되어 특허권의 대상이 됨에 반해, 기존의 물건을 개량하여 그 실용적 가치를 높이는 것은 고안이 되어 실용신안권의 대상이 된다.69) 실용신안은 특허보다 낮은 수준의 발명이기에 개인이나 소상인의 발명은 대부분이 실용신안권의 대상이다. 실용신안법은 특허의 대상은 될 수 없지만 법률상 보호할 가치가 있는 개량발명 내지 작은 발명을 보호하는 것이어서 특허법을 보완하는 역할을 하고, 또 법체계도 매우 유사한 모습을 띠고 있다. 실용신안법은 고안 중에서 물품의 형상, 구조, 조합에 관한 고안만이 실용신안의 대상으로 된다.70) 물질발명을 인정하는 특허와는 달리 물건에 대한 고안만이 그 대상

나 건강을 증진시키는 의약이나 의약의 조제방법 및 의약을 사용한 의료행위에 관한 발명은 산업에 이용할 수 있는 발명이라 할 수 없으므로 특허를 받을 수 없는 것이나, 다만 동물용 의약이나 치료방법 등의 발명은 산업상 이용할 수 있는 발명으로서 특허의 대상이 될 수 있는바, 출원발명이 동물의 질병만이 아니라 사람의 질병에도 사용할 수 있는 의약이나 의료행위에 관한 발명에 해당하는 경우에도 그 특허청구범위의 기재에서 동물에만 한정하여 특허청구함을 명시하고 있다면 이는 산업상 이용할 수 있는 발명으로서 특허의 대상이 된다}.

69) 양제민 외 4인, 스타트업도 법 없이 살 수 없다, 북랩(2016), 324면.
70) 대법원 1983. 11. 22. 선고 83후42 판결(실용신안법이 정하는 실용적 고안이라 함은 물품의 형상, 구조 또는 조합에 관한 자연법칙을 이용한 기술적 사상의 창작으로서 특허법이 정하는 자연을 정복하고 자연력을 이용하여 일정한 효과를 창출하고 이에

으로 된다. 여기서 고안은 극히 용이하게 고안할 수 없는 것인 경우 등록이 가능한 것으로 해석한다. 실용신안법은 실용신안의 등록을 출원, 간단한 형식심사, 등록으로 심사절차를 간소화하여 3개월 정도로 권리설정이 가능하도록 한다. 이는 짧은 시간 내에 사업화 내지 실시권을 부여하여 사용할 수 있도록 하기 위함이다. 특허나 실용신안에서 '실시'란 물품을 생산·사용·양도·대여 또는 수입하거나 그 물품의 양도 또는 대여의 청약(양도 또는 대여를 위한 전시를 포함)을 하는 행위를 뜻한다.

(3) 디자인권

오늘날 대부분의 기술이 진부화되어 기업 간의 기술격차가 거의 없어짐에 따라 디자인이 기업 경쟁력을 좌우하는 결정적인 요인으로 작용하는 시대가 되었다. 특허나 실용신안도 좋은 디자인과 결합되어야 소비자의 사랑을 받을 수 있는 제품이나 서비스가 될 수 있다. 삼성전자와 애플의 특허분쟁에서도 디자인권이 중요한 부분을 차지하는 것도 이 때문이다. 디자인권이란 디자인에 대한 권리를 말한다. 디자인보호법상 "디자인이란 물품의 형상·모양·색채 또는 이들을 결합한 것으로서 시각을 통하여 미감(美感)을 일으키게 하는 것을 말한다"고 규정하고 있다(동법 제2조). 디자인은 물품의 외형에 대한 인간의 지적활동의 결과물로서 산업상 이용되는 물품의 형태를 의미한다. 디자인은 실용신안과 마찬가지로 물품에 관한 고안이며, 어떤 경우에는 하나의 물품에 디자인과 실용신안이 중복해서 등록될 수 있다. 물품의 형상·모양·색체는 디자인권의 대상으로 함과 아울러 물품의 형상과 구조는 실용신안권의 대상으로 하여 중복적으로 보호받을 수

따라 인간의 수요를 충족하는 기술적 사상의 고도의 창작인 발명과 그 성질에서는 같으나 다만 고도의 것이 아닌 점에서 다를 뿐이다. 또 실용신안법에 의하여 장려, 보호, 육성되는 실용신안은 물품의 특수한 형상에 그치는 것이 아니라 그 실용성 즉 실용적 가치 나아가 그 기술적 고안이 대상이 되는 것이며 기술적 사상의 창작으로서 그 작용효과가 등록의 적부를 가리는 중요기준이 되는 것이다).

있다. 디자인은 물품의 외형에 관한 고안으로서 타인이 쉽게 모방할 수 있기 때문에 디자인권의 설정과 등록에 신중을 기해야 한다.

디자인을 보호하는 방법에는 특허권적 보호방법과 저작권적 보호방법이 있다. 전자는 일정한 요건을 갖춘 디자인을 등록하도록 하고 등록된 디자인에 대하여 독점배타적 효력을 인정하는 방법이고, 후자는 등록이라는 절차를 거치지 않더라도 법적으로 보호하는 방법이다. 우리 법제는 전자의 입장에 따라 등록을 한 디자인권을 보호하고 있다. 디자인권은 저작권 및 산업재산권과 중첩되는 경우가 있으므로 통합적이고 전략적인 관리가 요구되는 권리이다. 디자인권은 설정등록한 날부터 발생하여 디자인등록출원일 후 20년이 되는 날까지 존속한다(동법 제91조 1항). 대법원은 "의장법상의 의장은 물품의 형상, 모양이나 색채 또는 이들의 결합이 시각을 통하여 미감을 일으키게 하는 것으로서 물품을 떠나서는 존재할 수 없고, 물품과 일체불가분의 관계에 있으므로 물품에 동일성이 없을 때에는 그 물품의 표현인 의장 또한 유사성이 없다고 보아야 할 것인바, 물품의 동일성 여부는 물품의 용도, 기능 등에 비추어 거래통념상 동일 종류의 물품으로 인정할 수 있는지의 여부에 따라 결정해야 한다"라고 한다(대법원 1991. 7. 12. 선고 90후1994 판결). 디자인권이 성립되기 위해서는 물품성, 형태성, 시각성, 심미성이라는 요건을 갖추어야 한다. 디자인권은 등록이 되어야 등록자에게 독점사용권이 인정되며, 디자인권자는 업으로서 등록디자인 또는 이와 유사한 디자인을 실시할 권리를 독점한다(동법 제92조).

(4) 상표권 등

상표법은 상표, 단체표장, 증명표장, 업무표장 등을 규율하고 있다. 상표법상 "상표란 자기의 상품과 타인의 상품을 식별하기 위하여 사용하는 표장(標章)을 말하고", 또 여기서 사용하는 "표장이란 기호, 문자, 도형, 소리, 냄새, 입체적 형상, 홀로그램·동작 또는 색채 등으로서 그 구성이나 표현방식에 상관없이 상품의 출처를 나타내기 위하여 사용하는 모든 표시를 말한다"고 규정하고 있다(상표법 제2조). 오늘날 상표권의 대상이 확대되어 시각적 표현뿐만 아니라 소리나 냄새와 같이 청각적, 후각적 작용까지 포함하는 방향으로 확대되고 있다. 대법원은 "타인의 등록상표와 동일 또는 유사한 상표를 그 지정상품과 동일 또는 유사한 상품에 사용하는 행위는 그 상표권에 대한 침해행위가 된다. 여기서 유사상표의 사용행위에 해당하는지에 대한 판단은 두 상표가 해당 상품에 관한 거래실정을 바탕으로 그 외관, 호칭, 관념 등에 의하여 거래자나 일반 수요자에게 주는 인상, 기억, 연상 등을 전체적으로 종합할 때, 두 상표를 때와 장소를 달리하여 대하는 거래자나 일반 수요자가 상품 출처에 관하여 오인·혼동할 우려가 있는지 여부의 관점에서 이루어져야 한다"라고 한다(대법원 2007. 2. 26. 자 2006마805 결정). 상표권은 등록상표뿐만 아니라 미등록상표도 주지성이 있는 경우 보호되는 점에서 특이하다. 상표권은 지식재산권 중에서 유일하게 갱신이 가능하도록 해 존속기간(10년)이 반영구적인 점이 특징적이다.

근래 우리나라에서도 상품 간의 차별성이 줄어들고 브랜드 간의 경쟁이 치열해짐에 따라 과거에 비해 상표권 분쟁이 급증하고 있다. 개성공단에서 귀한 대접(?)을 받았던 것으로 유명한 초코파이라는 빵도 상표권 분쟁에 휘말린 적이 있었다. 일반 소비자는 원형의 작은 빵과자에 마쉬맬로우를 넣고 초콜릿을 바른 제품을 초코파이라고 인식한다. 1974년 동양제과에서 출시한 '오리온 초코파이'가 최초의 제품으로 무슨 이유인지 몰라도 상표등록을 하지 않았다. 초코파이가 인기를 끌자 롯데제과, 해태제과, 크라운제과 등에서 유사한 제품을 출시하면서 초코파이라는 이름을 붙여 판매하기 시작하였다. 특히 롯데제과는 1979년에 '롯데 초코파이'로 상표권 등록까지 하였다. 동양제과는 18년이 지난 1997년에 롯데제과를 상대로 '롯데 초코파이'의 상표등록을 취소해 달라는 소송을 제기하였다. 특허법원은

"여러 제조회사의 초코파이 제품은 그 앞에 붙은 "오리온", "롯데", "크라운", "해태" 등에 의하여 제품의 출처가 식별되게 되었다고 보여지므로 결국 "초코파이"는 그러한 상품의 보통명칭 내지 관용적 상표로 되어 자타 상품의 식별력을 상실하였다고 봄이 상당하다. 등록상표 "롯데+쵸코파이"가 인용상표 "오리온 초코파이"에 대비할 때 상품 출처의 오인·혼동을 일으킬 염려 또는 상품의 품질을 오인하게 하거나 수요자를 기만할 염려가 없다"고 한다(특허법원 1999. 7 .9. 선고 99허185 판결). 초코파이라는 용어가 이미 보통명칭 내지 관용적인 표현이 되어서 자타 상품을 식별하는 기준이 될 수 없다고 판단한 것이다. 만약 동양제과가 적시에 상표등록을 했다면 초코파이라는 용어는 동양제과만이 사용할 수 있을 것으로 추측된다. 그리고 유제품을 생산하는 남양유업과 매일유업 사이에도 요구르트에 이어 커피를 둘러싼 상표분쟁으로 유명하다. 매일유업이 '카페라테'와 'Caffe Latte'라는 표장을 사용한 커피음료를 출시하면서 독점적으로 사용하기 위해 사업표장을 출원한 것에 대하여 남양유업이 다툰 사례이다. 대법원은 "매일유업이 사용한 표장들은 이탈리아식 에스프레소 커피에 우유를 넣은 커피를 가리키는 보통명칭의 식별력이 없는 표장으로서 매일유업이 이를 특정상품에 사용함으로써 그의 상표나 상품을 표시하는 것으로 식별력을 취득하였다고 볼 수 없다"고 한다(대법원 2003. 8. 19. 선고 2002후321 판결). 상표는 자타 상품을 식별하는 기준이 되므로 보통명칭이 되면 식별력을 상실하는 것으로 본다. 과거 조미료 하면 미원을 연상하듯이 기업 입장에서는 상표명이 보통명칭으로 회자되기를 바라는 것은 당연하다. 이때 명심해야 할 사항은 적시에 상표등록을 해 두어야 자기만이 그 명칭을 사용할 수 있다는 사실이다.

　상표권 분쟁은 경쟁사의 상표와 비슷한 상표를 만들어 등록을 하면 소비자는 누가 원조인지에 대하여 헷갈리게 되면서 시작한다. 모방 업체는 원조 업체의 인기상품에 무임승차를 하는 것이 되므로 기업 입장에선 '손안 대고 코풀기' 전략을 구사하는 셈이다. 반면에 원조 업체는 그동안 상표를 알리기 위해 들어간 모든 비용을 날릴 수 있는 위기감에 빠지게 된다. 상표법상 출원상표가 '수요자를 기만할 염려가 있는 상표'에 해당하려면 다른 사람이 이미 사용하고 있는 상표나 그 사용상품이 반드시 저명하여야 하는 것은 아니지만 적어도 국내의 일반거래에 있어서 수요자나 거래자에게 그 상표나 상품이라고 하면 특정인의 상표나 상품이라고 인식될 수 있을 정도로 알려져 있어야 한다. 이러한 경우 사용상표와 동일·유사한 상표가 그 사용상품과 동일·유사한 지정상품에 사용되거나 또는 어떤 상표가 사용상표와 동일·유사하고 사용상표의 구체적인 사용실태나 두 상표가 사용되는 상품 사이의 경제적인 견련의 정도, 그 밖에 일반적인 거래의 실정 등에 비추어 그 상표가 사용상표의 상품과 동일·유사한 상품에 사용된 경우와 마찬가지로 사용상표의 권리자에 의하여 사용되는 것이라고 오인될 만한 특별한 사정이 있는 때에는 일반 수요자로 하여금 출처의 오인·혼동을 일으켜 수요자를 기만할 염려가 있다고 한다(대법원 2001. 8 .21. 선고 2001후584 판결).

3. 상호권

창업자는 자신의 영업을 표시하는 상호를 정하고 계약서나 간판 등에 사용한다. 상호는 상표와 함께 자신이나 상품을 나타내는 영업표지로서 중요한 역할을 한다. 상법에 규정된 상호선정과 상호권의 내용 중 궁금한 점 몇 가지 내용에 대하여 알아본다.

상법상 상호란 상인이 영업활동을 위해 사용하는 자기를 나타내는 명칭을 뜻한다. 상호는 상인을 표창하는 명칭이라는 점에서 상품의 동일성을 표창하는 상표와는 구별된다. 상인이 상호를 선정하면 상호를 독점적으로 사용할 권한이 있을 뿐이고 상표로 사용할 권한이 생기는 것은 아니다. 상호와 상표는 용도가 다르기 때문에 상호가 상표를 대신할 수 없는 것은 당연하다. 그러나 오늘날 기업의 인지도를 높이고 홍보효과를 위한 기업 이미지 통합(CI, Corporate Identity) 전략의 일환으로 상호와 상표를 일치시키는 일이 있다. 이를 '상표의 상호화' 또는 '상호의 상표화' 현상이라고 한다. 어떤 상표가 유명세를 타면 그 상표명을 상호로 선정해 사용하는 것이다. 하이트 맥주(원래 상호는 조선맥주)나 OB맥주(원래 상호는 동양맥주)가 자사의 대표주자격인 하이트맥주나 OB맥주 상표명을 상호로 선정해 사용하는 것이 그 예이다. 이러한 경우에는 상호와 상표의 기능이 중첩되어 법률상 보호되는 정도가 강화된다고 할 수 있다. 상호와 상표의 차이는 상표등록의 효력은 전국에 미치지만 상호등기의 효력은 특별시·광역시·시·군내에만 미친다는 점이다. 예컨대 창업자가 어떤 상품에 K라는 상표명을 등록하여 사용할 경우 누구라도 대한민국에서 동종의 상품에 K라는 상표명을 사용할 수 없다. 반대로 창업자가 먼저 대구에서 K회사를 설립했을 경우 을은 서울에서 동일 업종에서 같은 상호인 K회사를 설립하는 것이 가능하고, 더 나아가 을이 설립한 서울의 K회사가 대구에서 사업을 하고자 할 때 K사 지점으로 활동하는 것도 가능하다.

　상인은 그 성명 기타의 명칭으로 상호로 선정하여 사용할 수 있다. 인터넷 등기소에서 상호를 검색하여 업종별 동일상호가 아니면 어떤 명칭이든 상호등기를 할 수 있다. 우리나라는 원칙적으로 상호자유주의를 채택하기 때문에 업종이나 출신지역에 관계없이 어떤 명칭을 사용하더라도 관계가 없다. 상호는 명칭이므로 문자로 표시할 수 있고 또한 발음할 수 있어야 한다. 상호는 외국어로도 사용할 수 있으나 등기실무상 외국어는 등기할 수 없기 때문에 한글과 아라비아숫자로 기재하고 괄호 안에 병기하여 등기하는 실정이다. 상인이 자신을 나타내는 명칭으로 외국어를 그대로 사용하는 경우에 상호로 인정할 수 있는지가 문제된다. 상호의 등기여부와 상호의 선정과 보호는 다른 영역의 문제이므로, 외국어로 된 상호를 미등기상호로 사용하는 것은 상인의 자유이며 보호대상이 되는 것으로 본다. 회사의 상호와 자연인의 상호는 그 법적 취급을 달리한다. 회사의 상호는 반드시 등기해야 하는 강제적 등기사항임에 반하여 자연인의 상호는 선택에 따라 등기여부를 자유롭게 결정할 수 있는 임의적 등기사항이다. 상인이 상호를 등기하면 배타적 효력을 주장할 수 있으므로, 자연인도 전망성이나 경제성을 가진 사업에 사용하는 상호일 경우 상호등기를 하는 것이 바람직하다.

상호권은 인격권적 성질을 가진 재산권으로서 상법에서 보호하고 있다. 상호권에는 상인이 선정한 상호를 타인의 방해를 받지 않고 자유로이 사용할 수 있는 상호사용권과 타인이 자기 상호와 동일 또는 유사상호를 사용할 경우에 그 사용의 폐지를 청구할 수 있는 상호전용권이 있다. 상인은 등기여부에 관계없이 상호사용권과 상호전용권을 행사할 수 있다. 다만 등기상호는 미등기상호에 비하여 상호전용권의 보호에서 좀 더 유리한 면이 있다. 즉 상호전용권의 행사요건 중 몇 가지 사항에서 등기상호의 경우 미등기상호보다 요건이 완화되어 있다. 상호권자는 자신이 선정한 상호에 대한 침해가 있을 경우 그 침해자를 상대로 상호폐지청구권, 손해배상청구권, 상호등기말소청구권 등을 행사할 수 있다. 상호의 보호는 상법 외에도 '부정경쟁방지및영업비밀보호에관한법률'에서 상표 등과 함께 무체재산권을 특별히 보호하고 있다.

상호권의 보호는 등기상호와 미등기상호 간에 그 행사요건을 달리한다. 상법상 누구든지 부정한 목적으로 타인의 영업으로 오인할 수 있는 상호를 사용하지 못한다(상 제23조 1항). 미등기상호권자가 상호사용폐지권을 행사하기 위해서는 '부정한 목적', '타인의 영업으로 오인', '손해를 받을 염려'라는 세 가지 요건을 증명해야 된다. 여기서 '부정한 목적'이란 어느 명칭을 자기의 상호로 사용함으로써 일반인으로 하여금 자기의 영업을 그 명칭에 의하여 표시된 타인의 영업으로 오인시키려고 하는 의도를 가진 경우를 뜻한다(대법원 2004. 3. 26. 선고 2001다72081 판결). 상호의 사용은 상호권자의 상호와 동일 또는 유사한 상호를 법률상 또는 사실상 사용하는 것으로 충분하다. 동일 내지 유사상호의 사용은 대외적인 법률문서는 물론이고 간판·제품·계산서나 안내서 기타 인쇄물에 표시하거나 광고에 이용하는 것도 포함된다. 오인의 가능성 유무는 해당 상인과의 상거래에 임하는 일반인의 기준에서 결정하여야 하므로 영업의 종류·규모·성질·지역성 등 종합적인 사정을 고려한 후에 판단되어야 한다. 한편 등기상호권자는 미등기상호권자보다 두 가지 면에서 유리한 면이 있다. 하나는 동일한 특별시·광역시·시·군에서 동종영업으로 타인이 등기한 상호를 사용하는 자는 부정한 목적으로 사용하는 것으로 추정되는 점이고(상 제23조 4항), 다른 하나는 손해를 받을 염려가 없더라도 상호사용폐지청구권을 행사할 수 있는 점이다(상 제23조 2항). 그리고 상호의 부정사용으로 인하여 상호권자에게 손해가 생긴 경우에는 상호사용폐지청구권 외에도 침해자를 상대로 손해배상청구권을 행사할 수 있다(상 제23조 3항).

   경제현실에서는 요식업 등에서 상호와 상표의 사용을 둘러싸고 원조시비가 생겨 법적인 분쟁으로 비화되는 일이 자주 생긴다. 예컨대 A가 어떤 상호를 처음으로 사용하여 특정한 사업에서 크게 성공을 거둔 경우, B는 동일 또는 유사한 분야에서 영업을 하면서 A가 상호등기나 상표등록을 하지 않은 사실을 알고서 A보다 먼저 상호등기나 상표등록을 하고 한참 지난 후에 A에게 그 사용을 금지하는 소송을 제기하는 경우를 가정해보자. 이때 A는 자신이 B보다 먼저 상호를 사용하여 영업을 했다는 사실, B가 부정한 목적으로 자신의 상호를 사용했다는 사실, B로 인하여 A가 손해를 입었다는 사실을 입증해야 자신의 권리를 지킬 수 있다. 그러나 현실에서는 증거의 일실 등으로 인한 증명의 어려움과 소송에서 상당한 비용이 들어가는 점을 고려할 때 A가 반드시 소송에서 이긴다고 할 수 없고, 소송에서 이긴다 하더라도 그 동안 적지 않은 고통과 비용이 소요되므로 출혈이 너무 심하다. 특히 유행업종의 경우 상호 내지 상표권 분쟁이 끝나기 전에 그 유행이 사라져 소송의 승패와 관계없이 둘 다 손해를 보는 일이 많을 것이다. 개인사업자라 하더라도 자신의 상호가 의미 있는 경제적 가치를 창출하거나 또는 가능성이 있을 때에는 상호등기를 해두어야 확실한 보호를 받을 수 있음을 알아두는 것이 좋다. 때로는 등기상호 하나가 사업의 성패를 좌우하는 결정적인 요인이 되는 일이 있다.

4. 영업비밀

(1) 특허냐 영업비밀이냐

창업자가 자신만의 고유한 기술 내지 비법을 가지고 있을 때 창업에서 유리한 고지를 차지할 수 있다. 창업자가 창업을 하면서 남보다 뛰어난 점이 하나도 없다면 그 결과는 누가 보더라도 뻔하다. 기술 내지 비법이라고 해서 무슨 거창한 기술이나 비법일 필요는 없다. 그것이 생산방법이든, 유통방법이든, 접대방법이든 어떤 것이라도 관계가 없다. 창업자는 자신만의 기술이나 비법에 대하여 특허권 등을 취득하지 않고 영업비밀로 간직하면서 이를 이용하는 것도 가능하다. 특허는 기술의 공개를 전제로 하고서 일정 기간 동안 독점권을 부여하는 제도임은 앞서 기술한 바 있다. 기술이나 비법이 공개되면 모방이 쉽게 되고, 모방이 되어도 이를 방어할 적절한 대책이 없을 때에는 차라리 특허등록을 하지 않고 영업비밀로 간직하는 편이 유리하다. 코카콜라사가 콜라의 제조비법을 끝내 공개하지 않은 것이나 또는 유명한 맛집에서 음식을 만드는 레시피를 끝내 공개하지 않은 것도 바로 이 때문이다. 어느 방법이 유리할지는 창업자가 고민해야 할 어려운 경영과제이기도 하다. 일반적으로 ① 타인이 독자적으로 동일 기술을 개발하기 어려운 경우, ② 그 기술이 구현된 제품을 타인이 분석하여 해당 기술 내용을 알아내기 어려운 경우, ③ 특허를 취득하더라도 특허 침해를 발견하는 것이 곤란하여 특허권이 유명무실하게 될 가능성이 높은 경우, ④

해당 기술에 대한 특허 취득의 가능성이 낮은 경우 또는 기술 공개로 인한 손실이 크거나 특허권을 취득해도 그다지 이익이 되지 않을 경우에는 특허보다는 영업비밀로 간직하는 것이 유리하다.[71] 특허와 영업비밀의 중요한 차이점은 <표31>에서 설명하는 바와 같다.

<표31> 특허와 영업비밀의 비교[72]

구분	영업비밀	특허
목적	타인의 영업비밀을 침해하는 행위를 방지하여 전전한 거래질서를 유지	발명을 보호·장려하고 그 이용을 도모함으로써 기술의 발전을 촉진하여 산업발전에 이바지
보호조건	비공지성, 경제적 유용성, 비밀유지	신규성, 진보성, 산업상 이용가능성
보호대상	· 기술정보: 특허요건을 갖추지 아니한 기술, 설계방법, 설계도면, 실험데이터, 제조기술, 제조공정, 연구리포트 등 · 경영정보: 고객명부, 거래처명부, 판매계획, 입찰계획 등	기술적 발명: 자연법칙을 이용한 기술적 사상의 창작으로서 고도한 것
등록유무 및 권리성	· 등록절차가 없으며 일정한 요건이 충족되면 영업비밀로서 인정되고, 영업비밀이 침해를 받았을 경우 그 구제를 청구 · 배타적 권리를 부여하는 것은 아니며, 비밀로 유지 관리되고 있는 사실상태 그 자체를 보호함 · 제3자가 동일한 내용의 영업비밀을 독자적으로 개발하여 사용하더라도 이를 이유로 침해 주장을 할 수 없음 · 근래 '원본등록제도'를 통하여 영업비밀의 존재와 그 보유시점에 대한 입증을 용이하게 함	· 특허요건에 관한 심사 후, 설정등록에 의하여 독점배타적 권리가 발생 · 특허권자는 설정등록된 발명에 대하여 일정기간 동안 독점배타적 권리를 사용 · 제3자가 특허된 기술과 동일한 기술을 독자적으로 개발하였다 하더라도 특허권자의 실시허락을 얻지 않고 사용하면 특허권 침해에 해당
보호기간	비밀로서 관리되는 한 무한히 보장	설정등록일 후 출원일로부터 20년
공개	비공개	공개를 전제로 함
이전성	비밀유지를 전제로 실시계약으로 가능	실시권 설정 가능

---

71) 김병남, 영업비밀보호법 실무, 한국지식연구원, 2016, 137~138면.
72) 김병남, 앞의 책, 11~12면.

(2) 영업비밀의 의미

영업비밀(Trade secret)이란 특허나 저작권으로 하기에 부적합한 기술적 정보, 경영상 정보나 영업상 아이디어를 법적으로 보호하는 것을 뜻한다. 특허권이나 저작권으로 보호받기 어려운 기술적 정보나 비밀로 간직하고 있는 관리비결 등 경영상 정보 또는 영업상의 아이디어 등이 법적으로 보호받을 수 있는 영업비밀이다. 영업비밀은 특허권이나 저작권을 보완하는 기능을 하는 것으로 오늘날 그 가치가 더욱 높아지고 있다. 영업비밀은 그 자체를 공시하는 방법이 뚜렷하지 않으나 이가 침해되었을 때에는 손해배상 등을 주장할 수 있으므로 법적으로 보호되는 이익임에 틀림없다. 타인이 영업비밀을 침해하거나 방해하는 경우 영업비밀 보유자는 침해자를 상대로 민사상·형사상 책임을 추궁할 수 있다. 영업비밀은 보유자에게는 물론 사회적으로 유용해야 하므로 세금포탈, 분식회계, 경영자 비리 정보 등은 영업비밀이 될 수 없다.

영업비밀 보호제도에서 먼저 해결해야 할 과제는 무엇을 영업비밀로 볼 것인가이다. 부정경쟁방지법상 "영업비밀이란 공공연히 알려져 있지 아니하고 독립된 경제적 가치를 가지는 것으로서, 합리적인 노력에 의하여 비밀로 유지된 생산방법, 판매방법, 그 밖에 영업활동에 유용한 기술상 또는 경영상의 정보를 말한다"고 규정하고 있다(동법 제2조). 이처럼 영업비밀은 비공지성, 경제성, 비밀 관리성이 인정되어야 보호할 가치가 있는 정보로 인정된다. 위 법문의 내용을 좀 더 구체적으로 살펴보면 다음과 같다. 첫째는 비공지성이란 그 정보가 간행물 등의 매체에 실리는 등 불특정 다수인에게 알려져 있지 않기 때문에 보유자를 통하지 아니하고는 그 정보를 통상 입수할 수 없는 것을 뜻하고,[73] 둘째는 경제성이란 그 정보의 보

---

[73] 서울고등법원 1996. 2. 29. 선고 95나14420 판결(영업비밀은 절대적인 비밀을 뜻하는 것이 아니고 일부 또는 일정범위의 사람들이 알고 있다고 하더라도 비밀로서 유지되고 있으면 영업비밀에 해당될 수 있다).

유자가 그 정보의 사용을 통해 경쟁자에 대하여 경쟁상의 이익을 얻을 수 있거나 또는 그 정보의 취득이나 개발을 위해 상당한 비용이나 노력이 필요하다는 것을 뜻하고, 셋째는 비밀 관리성이란 그 정보가 비밀이라고 인식될 수 있는 표시를 하거나 고지를 하고 그 정보에 접근할 수 있는 대상자나 접근 방법을 제한하거나 그 정보에 접근한 자에게 비밀준수의무를 부과하는 등 객관적으로 그 정보가 비밀로 유지·관리되고 있다는 사실이 인식 가능한 상태인 것을 뜻한다.[74)]

심지어 과거에 실패한 연구데이터와 같은 정보(Negative information)도 실패한 내용을 반복하지 않고 그 실험을 생략해서 연구개발비를 절약하는 것 등으로 기업활동의 효율성을 높이는데 유용하므로 영업비밀이 될 수 있다.[75)] 영업비밀에 대한 대법원 판례도 위 법문의 내용과 유사하게 판단하고 있다. 대법원은 "그 정보의 보유자가 그 정보의 사용을 통해 경쟁자에 대하여 경쟁상의 이익을 얻을 수 있거나 또는 그 정보의 취득이나 개발을 위해 상당한 비용이나 노력이 필요하다. 그리고 영업비밀로서의 요건을 갖추었는지의 여부 및 영업비밀로서 특정이 되었는지 등을 판단함에 있어서는 사용자가 주장하는 영업비밀 자체의 내용뿐만 아니라 근로자의 근무

---

74) 대법원 2011. 7. 14. 선고 2009다12528 판결(구 부정경쟁방지 및 영업비밀보호에 관한 법률(2007. 12. 21. 법률 제8767호로 개정되기 전의 것) 제2조 제2호의 '영업비밀'은 공연히 알려져 있지 아니하고 독립된 경제적 가치를 가지는 것으로서, 상당한 노력에 의하여 비밀로 유지된 생산방법, 판매방법 그 밖에 영업활동에 유용한 기술상 또는 경영상의 정보를 말하는 것인데, 여기서 '공연히 알려져 있지 아니하다'는 것은 정보가 간행물 등의 매체에 실리는 등 불특정 다수인에게 알려져 있지 않기 때문에 보유자를 통하지 아니하고는 정보를 통상 입수할 수 없는 것을 말하고, '독립된 경제적 가치를 가진다'는 것은 정보 보유자가 정보의 사용을 통해 경쟁자에 대하여 경쟁상 이익을 얻을 수 있거나 또는 정보의 취득이나 개발을 위해 상당한 비용이나 노력이 필요하다는 것을 말하며, '상당한 노력에 의하여 비밀로 유지된다'는 것은 정보가 비밀이라고 인식될 수 있는 표시를 하거나 고지를 하고, 정보에 접근할 수 있는 대상자나 접근 방법을 제한하거나 정보에 접근한 자에게 비밀준수의무를 부과하는 등 객관적으로 정보가 비밀로 유지·관리되고 있다는 사실이 인식 가능한 상태인 것을 말한다).
75) 서울중앙지방법원 2002. 10. 1. 선고 2000가합54005 판결.

기간, 담당업무, 직책, 영업비밀에의 접근 가능성, 퇴사 후에 담당하는 업무의 내용과 성격 등 여러 사정을 고려하여야 한다"라고 한다(대법원 2009. 7. 9. 선고 2009도250 판결).

(3) 영업비밀의 보호

가. 영업비밀의 침해

영업비밀에 대한 침해는 내부자에 의한 침해와 외부자 또는 계약에 의한 침해가 있다. 내부자에 의한 침해는 재직 중의 침해와 전직이나 퇴직을 하면서 침해하는 경우가 있고, 외부자에 의한 침해는 외부인이 독자적으로 침해하는 경우와 내부자와의 공모에 의한 침해가 있다. 영업비밀에 대한 침해는 그 기업에 재직했거나 재직하는 자, 즉 내부자에 의한 침해가 압도적으로 다수를 차지한다. 사업을 하다 보면 모두가 동지가 될 때도 있고 때로는 적이 될 때도 있다. 특히 자신의 회사에서 임직원으로 근무한 자가 영업비밀을 빼돌려 경쟁사로 이직하거나 경쟁사를 차려서 자신과 경쟁을 벌일 경우 참담한 심정이 든다. 이는 인간적인 배신을 넘어 사업의 존망까지도 위태롭게 할 수 있는 위험한 일이다. 인간 세상에서 적은 멀리 있는 것이 아니기 때문에 항상 가까운 곳을 살펴보는 자세와 노력이 필요하다. 여기서 살핀다는 것은 정성을 다해서 인간적 의리를 가지게 하여 배신을 못하게 하거나 또는 감시를 철저히 하여 영업비밀을 빼돌리지 못하도록 하는 것을 뜻한다.

나. 선사용권과 원본증명제도

선사용권 제도는 발명의 내용을 공개하지 않고도 그 발명을 계속하여 사용할 수 있도록 하는 것을 뜻한다.76) 특허법 제103조에서 "특허출원 시에 그 특허출원된 발명의 내용을 알지 못하고 그 발명을 하거나 그 발명을

---

76) 김병문, 앞의 책. 138면.

한 사람으로부터 알게 되어 국내에서 그 발명의 실시사업을 하거나 이를 준비하고 있는 자는 그 실시하거나 준비하고 있는 발명 및 사업목적의 범위에서 그 특허 출원된 발명의 특허권에 대하여 통상실시권을 가진다"라고 규정하고 있다. 예컨대 동일한 내용의 발명이 후에 특허등록이 되더라도 선 발명자는 후발명 특허권에 대해 무상의 통상실시권, 즉 '선사용권'이라는 권리를 선발명자에게 주어지는 것을 뜻한다. 갑이 먼저 발명하거나 사용한 발명이나 영업비밀을 특허등록을 하지 않는 상태에서 을이 나중에 이를 발명하거나 훔쳐서 특허등록을 했다 하더라도 갑의 사용권을 보호해주는 것을 말한다. 그러나 갑과 을 중에서 누가 먼저 그 발명이나 영업비밀을 사용했는가에 대한 입증이 쉽지 않아서 분쟁이 끊이지 않는다.

선발명 내지 누구의 영업비밀인가를 둘러싼 입증의 어려움은 한국지식재산보호호원의 '영업비밀 원본증명제도'를 이용하여 해결할 수 있다. 영업비밀 보유자는 영업비밀이 포함된 전자문서의 원본여부를 증명받기 위하여 영업비밀 원본증명기관에 그 전자문서로부터 추출된 고유의 식별값을 등록한 경우에는 전자지문의 등록 당시에 해당 전자문서의 기재 내용대로 정보를 보유한 것으로 추정한다.77) 영업비밀에 대하여 미리 공신력을 갖춘 기관에 등록함으로써 복잡한 입증절차를 거치지 않고도 영업비밀을 인정받을 수 있음과 아울러 해당 영업비밀을 보유한 것으로 법률상 추정하는 효력이 인정된다. 영업비밀의 등록과 보관 과정에서 그 비밀이 누

---

77) '부정경쟁방지및영업비밀보호에관한법률' 제9조의2(영업비밀 원본 증명)
① 영업비밀 보유자는 영업비밀이 포함된 전자문서의 원본 여부를 증명받기 위하여 제9조의3에 따른 영업비밀 원본증명기관에 그 전자문서로부터 추출된 고유의 식별값[이하 "전자지문"(電子指紋)이라 한다]을 등록할 수 있다.
② 제9조의3에 따른 영업비밀 원본증명기관은 제1항에 따라 등록된 전자지문과 영업비밀 보유자가 보관하고 있는 전자문서로부터 추출된 전자지문이 같은 경우에는 그 전자문서가 전자지문으로 등록된 원본임을 증명하는 증명서(이하 "원본증명서"라 한다)를 발급할 수 있다.
③ 제2항에 따라 원본증명서를 발급받은 자는 제1항에 따른 전자지문의 등록 당시에 해당 전자문서의 기재 내용대로 정보를 보유한 것으로 추정한다.

출되는 것을 방지하기 위해 전자지문만을 사용하게 하여 우려를 없애고 있다.

다. 영업비밀의 보호방법

창업자가 주의해야 할 사항은 법적으로 영업비밀의 보호를 받기 위해서는 영업비밀의 관리에 만전을 기해야 한다는 사실이다. 실무에서는 내부직원에 의한 영업비밀의 침해를 방지하기 위하여 계약으로 영업비밀 준수의무를 약정하는 경우가 많다. 일반적으로 회사의 대표이사와 직원 간의 약정으로 직원에게 영업비밀유지와 동종업체 내지 경쟁업체로 전직하지 않을 의무를 부과하는 것을 경업금지약정(Non-competition agreement)이라고 한다. 경업금지약정은 특정 영업주를 위해 근무하다가 알게 된 영업비밀을 보유한 직원이 퇴직 후 일정 기간 동안 자기 또는 제3자를 위해 이를 사용하지 못하도록 하는 내용이 포함된다. 리니지로 유명한 엔씨소프트에서 리니지 3개발팀 직원 11명이 동종회사로 전직하자, 엔씨소프트는 위 직원과 이를 고용한 회사를 상대로 전직금지의무위반과 영업비밀 침해를 이유로 거액의 손해배상청구 소송(약 75억원)을 제기하였다. 제1심에서는 전직금지의무위반과 영업비밀 침해를 인정하여 20억원의 손해배상책임을 인정하였으나 제2심과 대법원에서는 전직금지의무위반으로 인한 손해는 인정하지 않고 영업비밀 침해만을 인정하였다.[78] 특히 영업비밀유지의무는 명시적인 약정이 있는 경우뿐만 아니라 신의칙상 또는 묵시적인 약정이 있었다고 볼 사정이 있는 경우까지 포함되는 것으로 해석한다. 대법원은 "계약관계 등에 의하여 영업비밀을 비밀로서 유지할 의무'라 함은 계약

---

[78] 대법원 2014. 3. 13. 선고 2011다17557 판결(갑 주식회사 소속 총괄팀장인 을이 소속 팀장과 팀원인 병 등에게 집단전직을 권유하였다는 이유로 갑 회사가 을과 집단전직에 가담한 병 등을 상대로 손해배상을 구한 사안에서, 제반 사정에 비추어 을의 권유행위가 일반적으로 허용되는 전직권유의 한계를 벗어나지 아니하였다는 등의 이유로 을이 위법하게 전직권유를 하였다고 볼 수 없다).

관계 존속 중은 물론 종료 후라도 또한 반드시 명시적으로 계약에 의하여 비밀유지의무를 부담하기로 약정한 경우뿐만 아니라 인적 신뢰관계의 특성 등에 비추어 신의칙상 또는 묵시적으로 그러한 의무를 부담하기로 약정하였다고 보아야 할 경우를 포함한다"라고 한다(대법원 1996. 12 .23. 선고 96다16605 판결).

영업주와 직원 사이의 이러한 약정은 사법상의 계약으로서 선량한 풍속 기타 사회질서(민 제103조)에 반하지 않는 한 유효하다.[79] 통상 경업금지 약정은 업종, 직원의 역할, 정보의 가치 또는 보호의 필요성 등에 따라 차이는 있으나 보통 1년 내지 3년 정도가 적정한 기간인 것으로 평가된다. 대법원은 보호할 만한 가치가 있는 영업주의 이익이 있는지 여부, 직원이 취급한 영업비밀의 종류, 직원의 퇴직 전에 근무한 직위, 전직금지나 제한의 기간·지역 및 대상 직종, 직원에 대한 대가의 지급 여부, 직원의 퇴직 경위 등을 종합적으로 고려한 후 그 약정서의 유효성 여부를 판단하고 있다(대법원 2010. 3. 11. 선고 2009다82244 판결).

내부직원이 다른 회사로 전직하여 영업비밀을 약간 변형하여 특허를 받더라도 그 특허는 무효가 되는 것으로 본다. 예컨대 갑이 경영하는 개인업체 연구개발부장 을이 병 회사로 전직하여 영업비밀을 병 회사의 직원들

---

[79] 서울지방법원 1995. 3. 27. 자 94카합12987 결정(영업비밀을 가지고 있는 자로 하여금 동종 업체에 전직하는 것 자체를 금지시키는 것은 영업비밀 침해행위에 대한 금지 또는 예방 청구권의 범위를 넘는 것으로서 영업비밀을 보호하기 위한 적절한 조치라고 볼 수 없을 뿐만 아니라 영업비밀을 가지고 있는 자의 인격을 과도하게 침해하는 결과로 되어 헌법상 직업선택의 자유에 대한 본질적인 침해가 될 것이나, 부정경쟁방지법상의 영업비밀에 관한 규정의 취지 및 내용, 영업비밀을 보호할 필요성이 있는 상태에 있고 영업비밀을 보호하기 위하여 많은 노력을 기울인 점, 영업비밀을 가지고 있는 자가 동종 업체에서 동종 제품 제조 등 업무에 종사하는 것을 금지하지 않고서는 영업비밀을 보호할 수 없는 점 등에 비추어 보면, 영업비밀을 보호하기 위하여 영업비밀을 가지고 있는 자를 경쟁 동종 업체의 동종 제품 제조·판매 및 그 보조 업무에 종사하지 못하게 하는 것이 헌법상 직업선택의 자유를 본질적으로 침해하는 것이라고 볼 수 없다).

에게 누설하고, 이를 바탕으로 해서 병회사가 특허를 받은 경우에 등록이 무효로 판시한 사례가 있다. 대법원은 "갑이 경영하는 개인업체 연구개발부장 을이 병 회사로 전직하여 갑의 영업비밀[이하 '모인(모인)대상발명'이라 한다]을 병 회사 직원들에게 누설함으로써 병 회사가 갑의 모인대상발명을 변형하여 명칭이 "떡을 내장하는 과자 및 그 제조방법"인 특허발명을 출원하여 특허등록을 받은 사안에서, 특허발명의 특징적인 부분인 '떡이 가진 장기간 보관할 수 없는 문제점을 해결하기 위한 떡생지 제조공정인 구성 2'는 모인대상발명의 구성과 실질적인 차이가 없고, 병 회사가 모인대상발명과 실질적으로 차이가 없는 구성 2에 모인대상발명에 없는 구성 1, 3, 4를 새로 부가하는 것은 통상의 기술자가 보통으로 채용하는 정도의 변경에 지나지 않고 그 변경으로 발명의 작용효과에 특별한 차이를 일으키지 않아서, 병 회사가 특허발명의 기술적 사상의 창작에 실질적으로 기여한 것이 없다는 이유로, 위 특허발명은 무권리자가 출원하여 특허를 받은 경우에 해당하여 특허법 제133조 제1항 제2호, 제33조 제1항 본문에 따라 그 등록이 무효이다"고 한다(대법원 2011. 9. 29. 선고 2009후2463 판결).

일반적으로 회사에 근무하는 직원은 '업무상 기밀사항 및 기타 중요한 사항은 재직 중은 물론, 퇴사 후에도 누설하지 않는다'라는 내용이 담긴 약정서나 서약서를 체결 또는 제출한다. 그러나 일반적인 영업비밀준수의무가 담긴 계약서 또는 서약서를 작성한 것만으로 안전한 보호장치가 되지 못한다. 통상 업무와 관련하여 작성된 정보에 관하여 보관책임자가 지정되어 있거나 별다른 보안장치 또는 보안관리규정이 없었고 또한 그 정보의 중요도에 따라 분류를 하거나 대외비 또는 기밀자료라는 특별한 표시를 하지도 않았으며, 연구원뿐만 아니라 생산직 사원들도 자유롭게 접근할 수 있는 경우에는 영업비밀의 유지로 보기 어려워 영업비밀로 인정되지 않는다. 통상 영업비밀의 관리는 다음과 같은 요건을 갖추었을 때 인정된다. 첫째는 재직 시나 퇴직 시에 비밀유지서약서를 작성해야 하고, 둘째는 영업비밀로 취급하는 정보에 '대외비/외부유출금지'와 같은 표시를 해 두어야 하고, 셋째는 보안관리자 내지 보안책임자를 두고서 그 정보를 지속적으로 관리해야 하고, 넷째는 정보의 중요도에 따라 그 정보에 접근할 수 있는 사람이나 지역에 제한이 있어야 하고, 다섯째는 보안 관련 규정을 마련하고서 보안의 중요성에 대하여 정기적으로 보안 교육을 실시하는 등 최대한의 조치를 취한 경우이다. 대법원도 "영업비밀"이란 상당한 노력에 의하여 비밀로 유지된 기술상 또는 경영상의 정보일 것이 요구되는데, 여기서 '상당한 노력에 의하여 비밀로 유지된다.'는 것은 그 정보가 비밀이라고 인식될 수 있는 표시를 하거나 고지를 하고, 그 정보에 접근할 수 있는 대상자나 접근 방법을 제한하거나 그 정보에 접근한 자에게 비밀준수의무를 부과하는 등 객관적으로 그 정보가 비밀로 유지·관리되고 있다는 사실이 인식 가능한 상태인 것을 말한다. 직원들이 취득·사용한 회사의 업무 관련 파일이 보관책임자가 지정되거나 보안장치·보안관리규정이 없었고 중요도에 따른 분류 또는 대외비·기밀자료 등의 표시도 없이 파일서버에 저장되어 회사 내에서 일반적으로 자유롭게 접근·열람·복사할 수 있었던 경우는 상당한 노력에 의하여 비밀로 유지된 정보라고 볼 수 없어 영업비밀에 해당하지 않는다"고 한다(대법원 2008. 7. 10. 선고 2008도3435 판결). 그러나 영업비밀로 인정되지 않더라도 공개되지 않고 자료의 개발이나 취득에 상당한 시간과 노력을 소요하여 경제상 이익을 얻을 수 있는 정도의 '영업상 주요한 자산'에 해당할 때에는 이를 침해하면 형사상 업무상 배임죄로 처벌되는 일이 있다. 대법원은 "회사 직원이 경쟁업체 또는 자신의 이익을 위하여 이용할 의사로 무단으로 자료를 반출하는 행위를 업무상배임죄로 의율할 때에는, 위 자료가 반드시 영업비밀에 해당할 필요까지는 없더라도, 적어도 불특정 다수인에게 공개되어 있지 않아 보유자를 통하지 아니하고는 이를 입수할 수 없고 보유자가 자료 취득이나 개발을 위해 상당한 시간, 노력 및 비용을 들인 것으로 이를 통해 경쟁상 이익을 얻을 수 있는 정도의 '영업상 주요한 자산'에 해당할 것을 요한다"라고 한다(대법원 2011. 6. 30. 선고 2009도3915 판결).[80]

영업비밀의 유출은 주로 임직원에 의해 이루어짐은 앞서 본 바 있다. 영업비밀의 유출이 의심되어 직원의 이메일을 함부로 열게 되면 형법이나 '정보통신망이용촉진및정보호등에관한법률' 위반죄로 처벌될 가능성이 있으므로 조심해야 할 사항이다. 컴퓨터 관련 솔루션 개발회사의 대표이사가 당사의 직원이 영업비밀을 빼돌린다는 소문이 있어 이를 확인할 목적으로 비밀번호로 설정한 컴퓨터를 열어 이메일 등을 확인한 것을 이유로 '전자기록등내용탐지죄'로 기소된 사례가 있다. 대법원은 "'회사의 직원이 회사의 이익을 빼돌린다.'는 소문을 확인할 목적으로, 비밀번호를 설정함으로써 비밀장치를 한 전자기록인 피해자가 사용하던 '개인용 컴퓨터의 하드디스크'를 떼어내어 다른 컴퓨터에 연결한 다음 의심이 드는 단어로 파일을 검색하여 메신저 대화 내용, 이메일 등을 출력한 사안에서, 피해자의 범죄 혐의를 구체적이고 합리적으로 의심할 수 있는 상황에서 피고인이 긴급히 확인하고 대처할 필요가 있었고, 그 열람의 범위를 범죄 혐의와 관련된 범위로 제한하였으며, 피해자가 입사시 회사 소유의 컴퓨터를 무단 사용하지 않고 업무 관련 결과물을 모두 회사에 귀속시키겠다고 약정하였고, 검색 결과 범죄행위를 확인할 수 있는 여러 자료가 발견된 사정 등에

---

80) 대법원 2009. 10. 15. 선고 2008도9433 판결(회사 직원이 영업비밀을 경쟁업체에 유출하거나 스스로의 이익을 위하여 이용할 목적으로 무단으로 반출하였다면 그 반출 시에 업무상배임죄의 기수가 된다. 영업비밀이 아니더라도 그 자료가 불특정 다수의 사람에게 공개되지 않았고 사용자가 상당한 시간, 노력 및 비용을 들여 제작한 영업상 주요한 자산인 경우에도 그 자료의 반출행위는 업무상배임죄를 구성하며, 회사 직원이 영업비밀이나 영업상 주요한 자산인 자료를 적법하게 반출하여 그 반출행위가 업무상배임죄에 해당하지 않는 경우라도 퇴사 시에 그 영업비밀 등을 회사에 반환하거나 폐기할 의무가 있음에도 경쟁업체에 유출하거나 스스로의 이익을 위하여 이용할 목적으로 이를 반환하거나 폐기하지 아니하였다면, 이러한 행위는 업무상배임죄에 해당한다).

비추어, 피고인의 그러한 행위는 사회통념상 허용될 수 있는 상당성이 있는 행위로서 형법 제20조의 '정당행위'에 해당한다"라고 하면서 무죄를 선고한 사례가 있다(대법원 2009. 12. 24. 선고 2007도6243 판결). 이처럼 긴급한 상황에서 범죄 혐의가 구체적이고 합리적으로 의심이 가는 경우에는 남의 컴퓨터를 여는 행위는 정당행위로 인정되어 범죄로 되지 않는다. 그러나 형법상 정당행위는 일정한 요건이 충족되었을 경우에만 제한적으로 인정되므로 법에서 정한 요건을 갖추고 있는지에 대하여 신중히 검토해야 할 것이다.

5. 부정경쟁행위

상호나 상표 등 영업표지와 영업비밀의 보호는 개별법뿐만 아니라 '부정경쟁방지및영업비밀보호에관한법률'에서 포괄적으로 보호하고 있으므로 이 법은 영업표지의 보호에 중요한 역할을 한다. 부정경쟁방지법은 공정한 시장질서의 확립을 목적으로 하는 법이라는 점에서 개별법과는 그 입법목적을 달리하는 법이다. 부정경쟁방지법상 부정경쟁행위로 인정되면 금지 또는 예방청구권, 손해배상청구권, 신용의 회복과 같은 민사적 구제는 물론 형사적 책임까지 청구할 수 있다. 실무상 사법상의 분쟁이라 하더라도 형사적 제재가 수반되는 경우 그 분쟁을 훨씬 빨리 실효적으로 해결할 수 있다. 예컨대 유명인을 상대로 대여금반환청구소송을 제기하면서 사기죄로 고소를 하는 것도 바로 이 때문이다. 유명인은 이미지로 먹고 사는 일이 많기 때문에 형사책임이 인정될 경우 이미지가 실추되어 치명상을 입을 수 있다. 형사책임은 분쟁을 조기에 해결할 수 있는 최선의 무기가 될 수 있으므로 사기죄 등 의심스러운 상황이 있을 때에는 먼저 고소를 하는 것도 하나의 방법이다. 유명인이 아니더라도 누구든지 감옥을 가는 것을 두려워하고, 또 수치로 생각하기 때문에 분쟁해결을 위해 최선을 다하는 것이 일반인의 태도이다.

　부정경쟁방지법상 "부정경쟁행위란 ① 국내에 널리 인식된 타인의 성명, 상호, 상표, 상품의 용기·포장, 그 밖에 타인의 상품임을 표시한 표지(標識)와 동일하거나 유사한 것을 사용하거나 이러한 것을 사용한 상품을 판매·반포 또는 수입·수출하여 타인의 상품과 혼동하게 하는 행위, ② 국내에 널리 인식된 타인의 성명, 상호, 표장, 그 밖에 타인의 영업임을 표시하는 표지와 동일하거나 유사한 것을 사용하여 타인의 영업상의 시설 또는 활동과 혼동하게 하는 행위 등을 말한다"고 규정하고 있다(동법 제2조). 부정경쟁행위는 상표권 침해행위와는 달리 반드시 등록된 상표(디자인)와 동일 또는 유사한 상표를 사용하는 것을 요하지 않고, 등록 여부와 관계없이 사실상 국내에 널리 인식된 타인의 성명, 상호, 상표, 상품의 용기, 포장 기타 타인의 상품임을 표시하는 표지와 동일 또는 유사한 것을 사용하거나 이러한 것을 사용한 상품의 판매 등을 하여 타인의 상품과 혼동을 일으키게 하거나 타인의 영업상의 시설 또는 활동과 혼동을 일으키게 하는 일체의 행위가 포함된다(대법원 1999. 4. 23. 선고 97도322 판결). 여기서 혼동은 상품자체 또는 상품주체가 동일한 것으로 오인하는 혼동(협의의 혼동)뿐만 아니라 상품주체 간에 경영상, 조직상, 재정상 또는 계약상 어떤 관계가 있는 것이 아닌가 하는 혼동(광의의 혼동)도 포함된다(대법원 1997. 12. 12. 선고 96도2650 판결). 국내에 널리 인식된 상품표지 또는 영업표지에 관한 부정경쟁행위로 인하여 자신의 영업상의 이익이 침해되거나 침해될 우려가 있어 그 행위의 금지 또는 예방을 청구할 수 있는 자에는 그러한 표지의 소유자뿐만 아니라 그 사용권자 등 그 표지의 사용에 관하여 고유하고 정당한 이익을 가지고 있는 자도 포함된다(대법원 1997. 2. 5. 선고 96마364 판결).

　부정경쟁행위로 인정되려면 먼저 사용한 영업표지가 국내에 널리 인식될 정도인 '주지성'을 갖추고 있어야 한다. 여기서 주지성이란 상호나 상표 등을 상당 기간 사용함에 따라 거래자나 일반 소비자들이 어떤 특정인의 영업이나 상품을 표시하는 것으로 널리 인식되어 있는 것을 뜻한다. 서울고등법원은 "타인의 영업임을 표시한 표지가 '국내에 널리 인식된'의 의미는 국내 전역에 걸쳐 모든 사람에게 주지되어 있음을 요하지 않고, 국내의 일정한 지역 범위 안에서 거래자 또는 수요자들 사이에 알려진 정도로써 족하며, 널리 알려진 표지인지 여부는 그 사용기간, 방법, 태양, 사용량, 거래범위 등과 거래의 실정 및 사회통념에 비추어 객관적으로 널리 알려졌느냐의 여부가 판단의 기준이 된다"고 한다(서울고등법원 2006.12.12. 선고 2005나35938 판결). 영업의 표지가 거래자나 수요자들에게 인식되는 정도는 영업의 종류, 성질, 거래의 종류, 형태 등 거래의 사정에 따라 다르기 때문에 영업 등 표지의 사용기간, 영업의 규모, 그 판매고, 선전광고의 종류·방법·빈도 및 비용, 영업에 관한 제3자의 기사, 평가 등의 제반 사정을 종합적으로 검토하여 판단되어야 한다. 국내에 널리 알려진 주지·저명상표의 경우 부정경쟁방지법에 의해 도메인 네임으로 사용하는 것도 금지된다. 대법원은 맥시칸양념통닭이 보통명칭이라고 할 수는 없을 뿐 아니라 가사 그것이 보통명칭에 불과하다고 하더라도 그 명칭은 1985년 이래 상당 기간의 사용에 의하여 식별력이 인정되어 그 사용자가 주지성을 취득함으로써 보통명칭의 범주에서 벗어났다고 봄이 상당하다 할 것이라 하여 '맥시칸양념통닭' 내지 '맥시칸치킨'이라는 것이 부정경쟁방지법의 보호대상이 되는 식별력을 가지는 것으로 판단하였다(대법원 1996.5.31. 선고 96도197 판결). 반면에 사업을 시작한지 얼마 되지 않아 그 상호나 상표를 아는 사람이 별로 없는 경우 그 상호나 상표를 사용하더라도 부정경쟁행위가 되지 않을 것이다. 이러한 경우에 대비하여 창업자는 자신의 영업을 나타내는 표지에 대하여 상호등기나 상표등록을 해야 법적으로 보호받을 수 있을 것이다.

6. 직무발명

(1) 직무발명이란

일반적으로 기업체나 연구소 등이 시설과 자금을 제공하고 연구자가 연구를 하여 발명한 것을 직무발명이라고 한다. 발명진흥법상 "직무발명이란 종업원, 법인의 임원 또는 공무원(이하 "종업원등"이라 한다)이 그 직무에 관하여 발명한 것이 성질상 사용자·법인 또는 국가나 지방자치단체(이하 "사용자등"이라 한다)의 업무 범위에 속하고 그 발명을 하게 된 행위가 종업원 등의 현재 또는 과거의 직무에 속하는 발명"이라고 규정하고 있다(동법 제2조). 오늘날 기술이 고도화됨에 따라 개인발명보다 기업체·연구소·대학 등에서 발명하는 직무발명의 비중이 점차로 높아지고 있다. 우리나라에서는 2010년 기준 전체 발명 중 직무발명이 차지하는 비율이 80%를 넘었고, 일본에서는 95% 이상이라고 한다.[81]

직무발명에서 어려운 문제는 발명에 참가한 사람이 여러 사람일 때 어느 정도 기여를 해여야 직무발명자로 인정되는가 여부이다. 오늘날 직무발명에는 큰 발명일수록 관여하는 사람이 많고 또한 여러 단계를 거치면서 완성된다. 각 참여자의 역할이 실질적 협력자일 경우에는 직무발명자로 인정되어 공동발명자가 되나 단순한 협력자일 경우에는 이에 해당하지 않는다. 직무발명자에 해당하는 실질적 협력자와 해당되지 않는 단순한 협력자를 구별하는 기준이 애매한 것도 문제이다. 판례도 "발명자 등재만으로는 특허권 자체에 대하여 어떠한 권리도 행사할 수 없다. 단지, 종업원이 성질상 사용자의 업무범위에 속하는 분야에서 발명을 하고 사용자가 직무발명에 대한 권리를 승계하여 특허를 출원한 경우에는 '직무발명보상금(발명진흥법 제15조)'을 청구할 권리가 발생하는바, 이러한 직무발명보상금을 청구하기 위하여는 이를 청구하는 자가 본인이 '특허의 발명자'임을 입

---

[81] 특허청, 직무발명제도(2011. 12), 4면.

증하여야 한다. 직무발명보상금 청구소송에서 특허원부에 기재된 발명자에 관한 추정력에 관하여, 특허원부에 발명자로 기재되어 있는 종업원은 진정한 발명자로 사실상 추정되어야 한다는 견해도 있지만, 현재 실무에서는 발명자 등재여부와 무관하게 발명자 결정에 관한 일반론에 따라 '어떠한 문제를 해결하기 위하여 기술적 수단을 새로 착상하고 이를 반복하여 실현하는 방법을 만들었는지 여부'를 심리하여 발명자인지 여부를 판단하고 있다"고 한다(서울동부지방법원 2011. 7. 22. 선고 2011노302 판결). <표32>에서 제시하는 내용은 직무발명자에 해당하는 경우와 그렇지 않는 경우를 판별하는 일응의 기준이 될 것이다.

<표32> 직무발명자 해당 여부 판단[82]

직무발명자에 해당하는 자	직무발명자가 아닌 자
① 어떤 문제를 해결하기 위한 기술적 수단을 착상하고 이를 반복하여 실현하는 방법을 만든 자 ② 발명을 구체화하기에는 약간의 불완전한 신규의 착상을 하고 타인에 의해 일반적 지식의 조건 내지 지도를 얻어 발명을 완성한 자 ③ 구체화하기에는 충분하지 않고 불완전한 타인의 착상에 대하여 다시 별도의 신규착상을 가미한 발명을 완성한 자 ④ 타인의 발명에 힌트를 얻고 다시 그 발명의 범위를 확장하거나 개량하여 발명을 한 자 ⑤ 도저히 구체화할 수 없는 정도의 타인의 착상에 대하여 그것을 구체화하는 기술적 수단을 생각하여 발명을 완성한 자	① 발명자에게 자금을 제공하여 설비 이용의 편의를 주는 등 발명의 완성을 원조하거나 위탁한 자 ② 조건만을 제시하고 그것을 해결할 착상을 제공하지 않은 자 ③ 발명을 구체화하기에는 약간의 불완전한 착상을 한 자에 대하여 단지 일반적 지식의 조언 또는 지도를 해주어 그 발명을 완성한 자 ④ 단지 해결해야 할 문제를 제시하였을 뿐 그것을 해결하는 기술적 수단을 구체적으로 제시하지 않았던 자 ⑤ 추상적인 착상만을 한 채 구체화할 어떤 수단을 생각하지 못하고 방임해둔 자 ⑥ 발명의 과정에서 연구자의 지시로 단순 데이터를 정리하거나 제시된 실험을 한 것에 지나지 않은 단순한 보조자

---

[82] 특허청, 앞의 책, 39~40면.

(2) 직무발명의 귀속

직무발명에서 가장 중요한 내용은 특허권이나 실용신안권을 누구의 명의로 취득할 수 있는가 하는 사항이다. 시설과 자금을 제공한 사용자측에 그 권리가 인정된다는 주의(사용자주의)와 아이디어를 내고 발명을 한 발명자(종업원)측에 그 권리가 인정된다는 주의(발명자주의)가 대립하고 있다. 발명진흥법은 "직무발명에 대하여 종업원 등이 특허, 실용신안등록, 디자인등록(이하 "특허등"이라 한다)을 받았거나 특허 등을 받을 수 있는 권리를 승계한 자가 특허 등을 받으면 사용자 등은 그 특허권, 실용신안권, 디자인권(이하 "특허권등"이라 한다)에 대하여 통상실시권(通常實施權)을 가진다"고 규정하고 있다(동법 제10조 1항).[83] 한편 종업원 등은 직무발명에 대하여 특허 등을 받을 수 있는 권리나 특허권 등을 계약이나 근무규정에 따라 사용자등에게 승계하게 하거나 전용실시권을 설정한 경우에는 정당한 보상을 받을 권리를 가진다고 규정한다(동법 제15조 1항). 직무발명[84]에 대하여 종업원 등이 권리를 가지는 경우에는 회사로 하여금 통상실시권을 가지게 하고, 반대로 사용자가 권리를 가지는 경우에는 종업원에 대하여 정당한 보상을 받도록 하여 양자의 균형을 맞추고 있다. 종업원은 사회적·경제적 약자의 위치에 있어 정당한 대가 없이 사용자가 그 권리를 승계하는 것을 방지하기 위하여 사용자에게 정당한 보상을 하도록 하고 있다.[85] 종업원이 사전에 근무규정이나 계약 등에 의하여 사용자에게 양

---

83) 서울중앙지방법원 2009. 11. 11 선고 2009가합72372 판결(A사의 종업원이 타 회사(B사)에 출장가서 직무발명을 한 경우 그 발명이 어느 회사의 직무발명이 되는지 문제되는바, 이때 출장기간 중 B사의 사원이 되어 B사에서 급여를 받고 B사의 지휘 내지 명령까지 받았다면 B사의, 그 반대라면 A사의 직무발명이 된다고 할 것이고, 이와 같은 법리는 종업원이 사내 창업을 위한 휴직을 하여 창업된 회사에서 근무하는 경우에도 마찬가지라 할 것이다).

84) 다만 직무발명 외의 종업원 등의 발명에 대하여 미리 사용자등에게 특허 등을 받을 수 있는 권리나 특허권 등을 승계시키거나 사용자등을 위하여 전용실시권(專用實施權)을 설정하도록 하는 계약이나 근무규정의 조항은 무효로 한다(동법 제10조 3항).

도하기로 한 합의가 없을 때에는 직무발명을 자기 명의로 특허등록을 하더라도 법적으로 아무런 문제가 생기지 않는다. 대법원은 "구 빌명진흥법 제8조 제1항, 제3항에 의하면, 직무발명에 대하여 특허를 받을 수 있는 권리는 발명자인 종업원에게 귀속하고 사용자는 다만 종업원이 특허를 받으면 그에 대하여 통상실시권을 가질 뿐이다. 따라서 직무발명에 대하여 특허를 받을 수 있는 권리를 미리 사용자에게 승계시키는 계약이나 근무규정이 있거나 발명의 완성 후에 이를 승계시키는 계약이 있었다는 등의 특별한 사정이 없는 한 종업원이 직무발명을 사용자가 아닌 종업원의 이름으로 특허출원하더라도 이는 자신의 권리를 행사하는 것으로서 업무상배임죄가 성립할 여지는 없다. 그리고 구 발명진흥법의 직무발명에 관한 제반 규정들의 취지에 비추어 보면, 종업원의 의사가 명시적으로 표시되거나 혹은 묵시적 의사를 추인할 수 있는 사정이 인정되는 경우 이외에는 직무발명에 대하여 그 특허를 받을 수 있는 권리를 사용자에게 승계시키는 합의가 성립되었다고 쉽사리 인정할 수 없다"고 한다(대법원 2012. 12. 27. 선고 2011도15093 판결). 따라서 창업자는 직무발명을 전용적으로 이용하기 위해서는 반드시 직무규정이나 사전 예약 등을 통해 사용자 명의로 등록할 수 있는 장치를 마련해 두어야 한다. 발명진흥법은 위 권리를 보장하기 위한 절차적 장치로서 발명완성사실의 통지(동법 제12조)와 승계여부의 통지(동법 제13조)를 규정하고 있다. 이를 통하여 발명에 대한 정보가 사용자와 종업원간에 충실하게 공유되어 종업원과 사용자간의 이익분배가 효과적으로 이루어질 수 있다.

---

85) 류태규 외 3인, 직무발명 활성화의 저해요인 분석 및 개선방안에 관한 연구- 국가연구개발사업의 특허관리를 중심으로 -, 특허청(2007. 13), 29면.

(3) 직무발명에 대한 보상

사용자 등은 보상에 대하여 보상형태와 보상액을 결정하기 위한 기준, 지급방법 등이 명시된 보상규정을 작성하고 종업원 등에게 문서로 통지하여야 한다. 대법원은 "직무발명에 관한 규정인 구 특허법 제17조 제1항의 '그 발명을 하게 된 행위가 피용자 등의 현재 또는 과거의 업무에 속하는 것'이라 함은 피용자가 담당하는 직무내용과 책임 범위로 보아 발명을 꾀하고 이를 수행하는 것이 당연히 예정되거나 또는 기대되는 경우를 뜻한다. 악기 회사의 공작과 지능직 사원으로 입사하여 회사를 퇴직할 때까지 공작과 내 여러 부서에 숙련공으로 근무하면서 금형제작, 센터핀압입기제작, 치공구개발 등의 업무에 종사한 자가 피아노 부품의 하나인 플랜지의 구멍에 붓싱을 효과적으로 감입하는 장치를 고안한 경우, 위 근무기간 중 위와 같은 고안을 시도하여 완성하려고 노력하는 것이 일반적으로 기대되므로 위 고안이 직무발명에 해당한다. 실용신안법은 발명자주의를 취하기 때문에 직무발명에 의한 고안의 실용신안을 받을 권리는 당연히 그 고안자인 피용자라 하겠으므로 그 사용자가 그 고안의 출원을 하기 위하여는 미리 그 고안자로부터 실용신안을 받을 권리를 양도받아야 할 것이다"라고 한다(대법원 1991. 12. 27. 선고 91후1113 판결).

직무발명에서 다툼이 되는 내용은 사용자가 지급해야 하는 정당한 보상액을 얼마로 책정할 것인가이다. 사용자는 종업원의 직무발명에 대하여 무상으로 사용할 수 있는 통상실시권을 가지고 있다. 따라서 사용자가 그 직무발명을 통해 얻은 이익은 통상실시권을 넘어 사용자가 특허를 받을 수 있는 권리 또는 특허권의 승계를 통해 그 직무발명을 독점적으로 실시하여 얻은 이익을 말한다. 직무발명이 있다고 해서 무조건 보상이 되는 것이 아님을 알아야 된다. 일본의 어느 화학회사에서 직무상 발명자에 대하여 약 20만원의 보상을 했다가 소송을 거치면서 약 120억원을 지급한 사례가 있다. 우리나라에서도 LG화학이나 삼성전자에서 직무발명의 보상과 관련하여 소송을 거치면서 수십억원을 보상한 사례가 있다. 직무발명에 대한 보상액을 결정함에 있어 그 구체적인 보상금의 액수는 특허발명 또는 실용신안으로 인하여 사용자가 얻을 이익(발명 및 고안을 이용한 제품의 매출액×실시료율)과 발명자의 보상률(내지 사용자의 공헌도) 및 이에 대한 발명자의 기여율(다수의 발명자가 관련된 경우에는 발명자 개개인의 기여도)을 종합적으로 고려하여 산정된다. 하급법원 판례에서 "회사의 직무발명규정에 '등록된 특허권을 양도 또는 기타의 방법으로 처분하였을 때' 보상금을 지급하도록 규정되어 있다고 하더라도, 특허법 제40조 제1항에 의하면 발명자인 종업원이 '특허권'을 사용자에게 승계시킨 경우뿐만 아니라 '특허 받을 수 있는 권리'를 승계시킨 경우에도 사용자에 대하여 정당한 보상을 청구할 수 있도록 규정되어 있고, 이러한 특허법의 규정은 발명자인 종업원을 보호하기 위한 강행규정으로서 이 규정에 위반되는 근무규정은 무효라고 할 것이다. 회사가 발명자인 종업원으로부터 발명에 관하여 특허 받을 수 있는 권리를 이미 승계받아 특허출원까지 마치고 나아가 그 승계받은 권리에 기하여 전용실시계약인 라이센스 계약을 체결하여 이익을 얻었다면, 발명자인 종업원은 등록된 특허권의 처분을 전제로 하는 회사의 직무발명규정에도 불구하고 회사에 대하여 정당한 보상금의 지급을 청구할 수 있다. 회사가 직무발명과 관련한 라이센스 계약에 따라 이미 얻은 계약금과 실시료뿐만 아니라 현재가치로 환산된 장래의 추정실시료를 합산한 총액을 직무발명으로 인하여 얻을 이익으로 정하고, 발명자들에 대한 보상율을 5%로, 발명자들 중 원고의 기여율을 30%로 정하여 직무발명보상금의 액수를 산정하는 것이 적정하다"고 한다(서울지방법원 북부지원 2003. 7. 3. 선고 2002가합3727 판결). 그러나 직무발명의 내용이 직무발명 출원 당시 이미 공지된 것이어서 이를 자유롭게 실시할 수 있었고 경쟁관계에 있는 제3자도 그와 같은 사정을 용이하게 알 수 있었던 것으로 보이는 경우에는 사용자가 직무발명 실시로 인하여 무상의 통상실시권을 넘는 독점적・배타적 이익을 얻고 있다고 단정할 수 없으므로, 직무발명과 관련하여 사용자가 종업원 등에게 실시보상금을 지급할 의무가 없다(대법원 2011. 9. 8. 선고 2009다91507 판결).

7. 저작권의 확대적용

창업을 하면서 인터넷에서 무단으로 좋은 그림이나 글씨 또는 유명인의 사진을 다운로드 받아 사용할 경우 문제가 생길 수 있다. 이들은 주로 타인의 저작권과 초상권 등을 침해하는 경우이다. 저작권은 주로 창작자 개인이 소유하는 권리이므로, 창업자가 저작권 침해를 당하는 경우보다 저작권을 침해하는 경우가 훨씬 많을 것이다. 저작권은 아이디어 자체를 보호하는 것이 아니라 그 아이디어를 표현하는 행위 내지 표현물을 보호하는 것이다. 창업자는 타인의 저작물을 사용할 때에는 타인의 저작권을 침해하는 것이 아닌가에 대하여 세심한 주의가 필요하다. 일부 법무법인 등은 저작권 침해사례의 적발을 전업으로 행하여 고소 등으로 겁을 주고 손해배상이나 저작권의 매입을 요구하는 일도 있다. 이 세상에 공짜는 없다. 창업자는 서체, 매장음악, 사진 등 저작권의 대상이 되는 무체재산을 이용할 경우 반드시 권리자의 동의를 받은 후에 사용해야 된다.

매장에서 별 생각 없이 음악을 함부로 틀다가 저작권 침해로 쟁송에 휘말리는 일이 생길 수 있다. 근래 한국음악저작권협회가 롯데 하이마트를 상대로 매장음악 서비스 무단 사용에 대한 소송에서 롯데 하이마트의 저작권 침해를 인정하여 2심과 대법원에서 승소판결을 받았다. 서울고등법원은 "가전제품 판매매장들을 운영하는 갑 주식회사가 사단법인 한국음악저작권협회(이하 '협회'라 한다)가 신탁받아 관리하는 음악저작물에 관하여 공중송신 이용허락만 받은 매장음악서비스 제공업체로부터 디지털 형태의 음원을 전송받아 영업장 면적 3,000㎡ 미만인 판매매장에서 재생하였는데, 협회가 저작권법 제105조 제5항에 따라 문화체육관광부장관의 승인을 얻어 정한 '저작권 사용료 징수규정'에는 3,000㎡ 미만의 전자양판점 등에 대한 공연사용료 징수규정이 마련되어 있지 않은 상태에서 갑 회사를 상대로 손해배상을 구한 사안에서, 저작권법 제105조 제5항은 문언상 협회가 직접 음악저작물 이용자들과 이용계약을 체결하고 계약에 따라 사용료를 지급받는 경우에 적용되고, 위 규정의 취지가 승인받은 사용료의 요율 또는 금액이 없는 경우에는 저작권 침해를 원인으로 손해배상청구의 소를 제기하는 것까지 금지하는 것이 아니라는 등의 이유로, 갑 회사가 협회의 공연권을 침해하였고 손해를 배상할 책임이 있다"고 한다(서울고등법원 2015. 12. 10. 선고 2014나2023643 판결). 이어서 대법원은 "매장음악서비스 제공업체들이 피고의 매장들에 전송한 이 사건 음악저작물 음원들이 '시중에 판매할 목적으로 제작된 음반'에 해당한다고 볼 수 없다."고 하면서 롯데하이마트(주)의 상고를 기각하고 원심의 내용을 그대로 인정하였다(대법원 2016. 8. 24. 선고 2016다204653 판결).

성형외과에서 유명 배우의 사진을 홈페이지에 잠시 동안 걸었다가 소송을 당하여 손해배상책임을 지는 사례도 있다. 오늘날 인격권을 보호하는 범위가 확대되어 프라이버시권이나 초상권 외에도 퍼블리시티권(Right of publicity)을 인정하는 경향이 있다. 퍼블리시티권은 영화배우나 운동선수 등 유명인의 성명이나 초상을 상품 등의 선전이나 광고에 활용되는 행위를 허락하는 권리를 뜻한다. 퍼블리시티권은 인격권에 바탕을 둔 재산권으로서 그 권리의 양도를 인정하여 상업적 이용에 초점을 맞춘 권리이다. 판례는 "퍼블리시티권(Right of Publicity)이라 함은 사람이 그가 가진 성명, 초상이나 기타의 동일성(identity)을 상업적으로 이용하고 통제할 수 있는 배타적 권리를 말하는데, 이러한 권리에 관하여 우리 법에 명문의 규정은 없으나 대부분의 국가가 법령 또는 판례에 의하여 이를 인정하고 있는 점, 이러한 동일성을 침해하는 것은 민법상의 불법행위에 해당하는 점, 사회의 발달에 따라 이러한 권리를 보호할 필요성이 점차 증대하고 있는 점, 유명인이 스스로의 노력에 의하여 획득한 명성, 사회적인 평가, 지명도 등으로부터 생기는 독립한 경제적 이익 또는 가치는 그 자체로 보호할 가치가 충분한 점 등에 비추어 해석상 이를 독립적인 권리로 인정할 수 있다. 또한, 이러한 퍼블리시티권은 유명인 뿐 아니라 일정한 경우 일반인에게도 인정될 수 있으며, 그 대상은 성명, 사진, 초상, 기타 개인의 이미지를 형상화하는 경우 특정인을 연상시키는 물건 등에 널리 인정될 수 있고, 퍼블리시티권의 대상이 초상일 경우 초상권 중 재산권으로서의 초상권과 동일한 권리가 된다"고 하여 이를 인정하기도 하고(서울동부지방법원 2006. 12. 21. 선고 2006가합6780 판결), 반대로 "우리나라에서도 근래에 이르러 연예, 스포츠 산업 및 광고산업의 급격한 발달로 유명인의 성명이나 초상 등을 광고에 이용하게 됨으로써 그에 따른 분쟁이 적지 않게 일어나고 있으므로 이를 규율하기 위하여 이른바 퍼블리시티권(Right of Publicity)이라는 새로운 권리 개념을 인정할 필요성은 수긍할 수 있으나, 성문법주의를 취하고 있는 우리나라에서 법률, 조약 등 실정법이나 확립된 관습법 등의 근거 없이 필요성이 있다는 사정만으로 물권과 유사한 독점·배타적 재산권인 퍼블리시티권을 인정하기는 어렵다고 할 것이며, 퍼블리시티권의 성립요건, 양도·상속성, 보호대상과 존속기간, 침해가 있는 경우의 구제수단 등을 구체적으로 규정하는 법률적인 근거가 마련되어야만 비로소 퍼블리시티권을 인정할 수 있을 것이다"고 하여 이를 부정하기도 한다(서울고등법원 2004. 4. 16. 선고 2000나42061 판결).

누군가의 정체성에 관한 특징을 갖고서 상품이나 서비스의 광고 및 판매에 사용할 때에는 사전에 보유자의 허락을 받는 것이 필요하다. 가령 이름이나 그를 나타내는 정체성(외모나 목소리 등)을 광고나 우편엽서, T셔츠나 커피 머그잔 등 상품이나 서비스의 이용에 사용하는 것도 금지된다. 유명인은 아니더라도 개인정보를 함부로 사용하다가는 민사상 책임은 물론 형사책임까지 부담하는 사례가 증가하는 추세이다.

제 11 장 창업주의 책임과 창업할 때 주의할 사항

1. 영업주는 어디까지 책임을 져야 하는가

　창업자는 어떤 업종을 선택하던 창업 초기에는 팔방미인이 되어야 한다. 자신이 창업한 모든 일을 알아야 되고 직원들을 감독하며 창업성공을 위해 항상 신중하게 처신해야 하는 자이다. 창업자가 되는 순간부터 근로자 시절의 사고부터 버릴 수 있어야 창업성공을 이끌 수 있는 자격이 있다. 사장은 주말도 없고 쉬어도 쉬는 것이 아니라 항상 사업을 생각해야 하는 신세이다. 사장노릇 하기가 얼마나 어렵고 힘든 일인지 직원일 때는 전혀 몰랐던 일이다. 흔히 사장은 호랑이 위에 매달려 있는 사람이고, 직원은 유원지 회전목마를 타고 있는 사람이라고 한다. 사장은 떨어지면 호랑이에 물려 죽지만 직원은 약간 다치는 정도의 상처만 입을 뿐이다. 이것이 사장과 직원의 차이이다. 사장이 되면 책임을 져야 하는 일이 너무 많이 생긴다. 사장이 되려면 사장의식을 가지고 사장처럼 일해야 진짜 사장이 되는 셈이다. 여기서 사장의식이란 사업의 운영과 결과에 대하여 책임을 지겠다는 자세와 마음가짐을 의미한다. 점포를 내어 사업을 하는 사장님은 점포 내에서 일어난 모든 일에 대하여 책임을 져야 한다. 시설이 잘못되었던 또는 직원의 실수가 있었던 간에 관계없이 이로 인한 책임은 무조건 사장의 몫임을 명심해야 한다.

　사장님이 책임지는 첫째 사유로는 점포 내의 시설이 잘못되거나 물건이 떨어져 고객이 다친 경우이다. 공작물 등의 점유자 또는 소유자는 공작물의 설치와 보존을 잘못하여 다른 사람이 손해를 입었다면 이를 배상해야 한다(민 제758조). 직접 잘못한 것은 아니지만 손해를 일으킬 수 있는 공작물을 방치하는 것 자체가 설치·보존의무 위반으로 책임을 지게 된다. 여기서 공작물이란 인공적 작업에 의하여 만들어진 물건으로서 토지의 공작물, 건물 내외의 설비, 동적인 설비 등 거의 모든 것이 포함된다. 대법원은 "공작물의 설치보존상의 하자라 함은 공작물이 그 용도에 따라 통상 갖추어야 할 안전성을 갖추지 못한 상태에 있음을 말하는 것이고, 공작물의 설치 및 보존에 있어서 항상 완전무결한 상태를 유지할 정도의 고도의 안전성을 갖추지 아니하였다 하여 그 공작물의 설치보존에 하자가 있는 것이라고는 할 수 없으므로, 공작물의 설치보존자에게 부과되는 방호조치의무의 정도는 그 공작물의 위험성에 비례하여 사회통념상 일반적으로 요구되는 정도의 것을 말한다"라고 한다(대법원 1992. 4. 24. 선고 91다7652 판결). 실내 골프장에서 골프를 치다가 공이 벽면을 맞고 튕겨 나와 대기석 소파에 앉아 있던 다른 손님이 다친 사례에서 골프장 주인의 책임을 인정한 사례가 있다. 판례는 "갑 운영의 실내 스크린 골프연습장에서, 을에 의하여 타격된 골프공이 스크린 하단 뒤쪽 벽면을 맞고 튕겨 나오는 바람에 대기석 소파에 앉아 있던 손님 병이 오른쪽 눈 부위를 맞아 녹내장 등 상해를 입은 사안에서, 갑은 골프연습장을 운영하면서 안전망을 설치하는 등 골프공이 스크린 등에 맞고 튕겨 나오지 않도록 함으로써 사고를 미연에 방지할 업무상 주의의무가 있음에도 이를 게을리하여 병이 상해를 입었으므로 병 등에게 이로 인한 손해를 배상할 책임이 있고, 한편 병이 갑 측이 마련한 대기석 소파까지 골프공이 날아올 경우를 대비하여 이를 예의주시하면서 피하여야 할 주의의무까지 부담한다고 보기 어려우므로 이를 갑의 책임 제한 사유로 삼을 수는 없다"고 한다(서울중앙지방법원 2012. 2. 14. 선고 2010가합113750 판결). 눈이 오거나 비가 올 때 건물 주위에 '미끄럼을 주의 하세요'라는 경고 표시가 붙여 있는 푯말을 자주 볼 수 있다. 이러한 표시는 사고가 발생했을 때 책임의 일부를 손님에게 떠넘기려는 점유자 또는 소유자의 숨은 의도가 있는 경고 표시로 해석할 수도 있다.

　사장님이 책임을 지는 둘째 사유로는 종업원의 부주의로 인해 고객이 손해를 입은 경우이다. 종업원의 잘못으로 고객이 다친 경우 주인이 지는 책임을 사용자책임이라고 한다. 사용자책임은 피용자가 사무집행에 관하여 제3자에게 손해를 가한 경우에 사용자 또는 사용자에 갈음하여 그 사무를 감독하는 자가 그에 대하여 지는 배상책임을 말한다(민 제756조). 여기서 사용자와 피용자의 관계는 반드시 고용계약이나 근로관계가 있어야 하는 것은 아니다. 사실상 어떤 사람이 다른 사람을 위하여 지휘 또는 감독을 받으면서 일해도 두 사람은 사용자와 피용자의 관계에 있는 것으로 본다(대법원 2003. 12. 26. 선고 2003다49542 판결). 심지어는 동업자 간에도 서로 지휘·감독할 지위를 인정하고 있다. 이에 대하여 대법원은 "동업관계에 있는 자들이 공동으로 처리하여야 할 업무를 동업자 중 1인에게 맡겨 그로 하여금 처리하도록 한 경우 다른 동업자는 그 업무집행자의 동업자인 동시에 사용자의 지위에 있다 할 것이므로, 업무집행과정에서 발생한 사고에 대하여 사용자로서 손해배상책임이 있다"고 한다(대법원 2006. 3. 10. 선고 2005다65562 판결). 사장은 종업원이 금지된 행위를 하더라도 외관상 직무와 연관성이 있으면 사용자책임을 져야 한다. 판례는 "여관 종업원이 주인을 대리하여 투숙객으로 부터 금원을 보관 받을 권한이 없다하더라도 위 금원의 보관을 의뢰받는 행위가 여관종업원으로서의 업무와 밀접한 관련이 있을 뿐 아니라 외관상 그 권한에 속하는 것으로 보여지므로 여관주인인 피고는 사용자책임을 부담한다"라고 한다(대구고등법원 1976. 4. 14. 선고 75나1116 판결). 이처럼 사용자책임을 광범하게 인정하는 이유는 복잡한 사회에서 고객이 피용자의 법적인 권한이나 그 범위를 일일이 확인하는 것이 거의 불가능하기 때문이다. 법률상은 사용자가 피용자를 선임하고 감독하는 데 필요한 주의의무를 다한 때에는 책임이 면제되지만 실제로 그런 일이 생길 가능성은 거의 없는 것이 문제이다.

사장은 시설의 잘못 또는 종업원의 잘못으로 제3자가 손해를 입은 경우 일체 책임을 부담하는 자이다. 다만 손해의 발생에 제3자의 잘못이 개입된 경우에는 손해배상액을 산정함에 있어 과실상계를 할 수 있다. 여기서 과실상계란 손해의 발생 또는 확대에 있어서 피해자에게도 과실이 있는 경우 손해배상액을 정함에 있어 피해자의 과실을 참작하는 것을 의미한다(민 제396조, 제763조). 예컨대 식당에서 어린이가 뛰어놀다가 다친 경우 또는 주인의 반대에도 불구하고 고객이 억지로 제품이나 서비스를 이용하다가 다친 경우 등이 이에 해당한다. 사장은 자신의 점포 내에서 사고가 발생하지 않도록 하는 것이 최선의 방책이고, 사고가 발생한 때에는 피해를 최소화하는 것이 차선의 방책이다. 이러한 사태에 대처하기 위하여 보험에 가입하여 위험에 대비하는 일도 있다. 고객 중에는 사고를 빙자해서 주인으로부터 거액의 배상금을 뜯어가는 악질적인 불량고객이 있다. 이를 대비하기 위해 사장은 점포 곳곳에 CCTV를 설치하여 사고의 진상을 파악할 수 있도록 하고, 또 점포 내에서 장난을 치지 못하도록 하는 경고 표시를 걸어두기도 한다. 이러한 조치는 사고의 원인을 명확히 규명함과 아울러 배상액을 줄이고자 하는 대책이 될 수 있다.

2. 공중접객업자의 책임

공중접객업이란 공중이 이용하기에 적합한 물적 설비와 인적 조직을 갖추어 이 설비와 조직의 이용에 의한 거래를 영업으로 하는 것을 뜻한다. 상법은 공중접객업자에 대하여 극장·여관·음식점 등을 예시하고 있으나 그 밖에도 목욕탕·이용소·골프장 등 그 형태와 유형은 매우 다양하다. 공중접객업자와 고객과의 관계는 고객이 시설을 이용하는 형태에 따라 임대차계약(숙박업 등), 매매계약(음식점 등), 도급계약(이·미용업 등) 등 여러 유형이 있다. 시설이용객은 반드시 해당 공중시설을 이용하는 자에 한정되지 않고 적어도 시설이용의사를 가지고 공중시설에 출입한 자까지도 포함된다. 예컨대 호텔의 숙박객을 방문한 자나 호텔에서 개최된 파티에 초대된 자 등도 공중접객업의 고객이 될 수 있다.

상법은 공중접객업자의 책임에 관하여 휴대품의 임치를 받은 경우와 그렇지 않은 경우를 구분하여 규정하고, 또 고가물에 대한 특칙을 인정하고 있다. 공중접객업자의 책임은 고객의 물건을 도난이나 분실 등으로 인해 입은 손해를 배상하기 위한 규정이다. 공중접객업자는 자기 또는 그 사용인이 고객으로부터 임치 받은 물건의 보관에 관하여 주의를 게을리 하지 아니하였음을 증명하지 아니하면 그 물건의 멸실 또는 훼손으로 인한 손해를 배상할 책임이 있다(상 제152조 1항). 공중접객업자가 지배하는 영역 내에 임치물을 보관하기로 하는 합의는 명시적이든 묵시적이든 관계가 없다. 대법원은 "상법 제152조 제1항의 규정에 의한 임치가 성립하려면 우선 공중접객업자와 고객 사이에 목적물보관에 관한 명시적 또는 묵시적 합의가 있음을 필요로 한다. 여관 부설주차장에 시정장치가 된 출입문이 설치되어 있거나 출입을 통제하는 관리인이 배치되어 있거나 기타 여관측에서 그 주차장에의 출입과 주차시설을 통제하거나 확인할 수 있는 조치가 되어 있다면, 그러한 주차장에 여관 투숙객이 주차한 차량에 관하여는 명시적인 위탁의 의사표시가 없어도 여관업자와 투숙객 사이에 임치의 합의가 있는 것으로 볼 수 있으나, 위와 같은 주차장 출입과 주차시설을 통제하거나 확인하는 시설이나 조치를 갖추지 않은 채 단지 주차의 장소만을 제공하는데 불과하여 그 주차장 출입과 주차시설을 여관측에서 통제하거나 확인하지 않고 있는 상황이라면, 부설주차장 관리자로서의 주의의무 위배 여부는 별론으로 하고 그러한 주차장에 주차한 것만으로는 여관업자와 투숙객 사이에 합의가 있는 것으로 볼 수 없고, 투숙객이 여관측에 주차사실을 고지하거나 차량열쇠를 맡겨 차량의 보관을 위탁한 경우에만 임치의 성립을 인정할 수 있다"고 한다(대법원 1992. 2. 11. 선고 91다21800 판결).

공중접객업자는 고객으로부터 임치를 받지 아니한 경우에도 그 시설 내에 휴대한 물건이 자기 또는 그 사용인의 과실로 인하여 멸실 또는 훼손된 때에는 그 손해를 배상할 책임이 있다(상 제152조 2항).[86] 이 책임은 공중접객시설을 이용하는 고객을 보호하기 위해 특별히 인정된 상법상의 법정책임이다. 공중접객업소에서 시설안전 및 질서유지는 공중접객업자의 기본적인 의무에 해당한다.[87] 설령 공중접객업자가 고객의 휴대물에 대하여 책임이 없음을 알린 경우에도 공중접객업자는 그 책임을 면하지 못한다(상 제152조 3항). 공중접객업자가 일방적으로 게시한 면책문구는 공중접객업자의 책임을 감면하는 면책특약이 될 수 없는 것이어서 면책게시의 효력은 인정되지 않는다. 일반적으로 고객이 공중접객업소를 이용할 때 '분실 시 책임을 지지 않습니다.'와 같은 면책문구의 게시는 흔히 볼 수 있는 모습이다. 이러한 면책문구의 게시는 법적으로 효력은 없지만 고객의

---

[86] 대구고등법원 1977.4.22. 선고 76나665 판결(대중목욕탕에서 옷장의 시정장치를 완벽하게 갖추지 못하였고 종업원들이 옷장 감시업무를 철저히 하지 아니하여 욕객의 소지품분실사고가 발생하였다면 영업주는 종업원들의 사용자로서 욕객이 입은 제반손해를 배상할 책임이 있다).

[87] 공중접객업자에 관한 사례는 아니지만 병원에서 고객의 휴대품 분실을 이유로 관리책임을 인정한 판례가 있어 여기서 소개한다. 대법원은 "환자가 병원에 입원하여 치료를 받는 경우에 있어서, 병원은 진료뿐만 아니라 환자에 대한 숙식의 제공을 비롯하여 간호, 보호 등 입원에 따른 포괄적 채무를 지는 것인 만큼, 병원은 병실에의 출입자를 통제·감독하든가 그것이 불가능하다면 최소한 입원환자에게 휴대품을 안전하게 보관할 수 있는 시정장치가 있는 사물함을 제공하는 등으로 입원환자의 휴대품 등의 도난을 방지함에 필요한 적절한 조치를 강구하여 줄 신의칙상의 보호의무가 있다고 할 것이고, 이를 소홀히 하여 입원환자와는 아무런 관련이 없는 자가 입원환자의 병실에 무단출입하여 입원환자의 휴대품 등을 절취하였다면 병원은 그로 인한 손해배상책임을 면하지 못한다. 또 입원환자에게 귀중품 등 물건보관에 관한 주의를 촉구하면서 도난 시에는 병원이 책임질 수 없다는 설명을 한 것만으로는 병원의 과실에 의한 손해배상책임까지 면제되는 것이라고 할 수 없다"고 하였다(대법원 2003. 4. 11. 선고 2002다63275 판결).

주의의무를 환기하는 조치로 보아 공중접객업자의 책임을 산정함에 있어 과실상계의 대상은 될 수 있다.

　화폐·유가증권·그 밖의 고가물에 대하여는 고객이 그 종류와 가액을 명시하여 임치하지 아니하면 공중접객업자는 그 물건의 멸실 또는 훼손으로 인한 손해를 배상할 책임이 없다(상 제153조). 고가물에 대한 특칙은 운송인의 경우와 동일하게 공중접객업자를 보호함과 아울러 고객에게 그 종류와 가액을 명시하여 임치하도록 하기 위함이다. 여기서 고가물이란 그 용적·중량에 비해서 사회통념상 현저하게 고가인 물건을 뜻한다. 고가물은 물건이 갖는 객관적·경제적 가치를 가지고 판단해야 하고 고객이 특별히 부여하는 주관적 가치는 고려할 필요가 없다. 따라서 시설이용객이 물건을 임치하지 않거나 임치하더라도 고가물이라는 사실을 밝히면서 종류와 가액을 명시하지 않은 때에는 공중접객업자에게 그 책임을 추궁할 수 없다. 예컨대 A가 S식당에서 식사를 마치고 나오던 중 자신의 구두가 없었진 사실을 알고서 주인 B에게 구두가격의 배상을 청구한 사례를 가정해보자. 보통 구두가격이 10만원 정도인 경우 영업주 B는 원칙적으로 10만원을 배상하면 된다. 신발관리에 대한 주의의무는 전적으로 영업주의 책임에 해당되기 때문이다. 만약 A의 구두가 생일 선물로 받은 100만원에 해당하는 경우, 이는 고가물에 해당하기 때문에 B에게 그 종류와 가액을 명시하고 보관을 위탁했을 때에만 100만원의 손해배상을 청구할 수 있다. 영업주 B는 책임을 면하려면 면책문구의 게시판을 붙이는 것만으로 부족하고, 열쇠가 있는 신발장을 만들어 고객들로 하여금 스스로 보관하도록 하는 조치를 취했을 경우에만 면책된다. 대법원은 "결혼식장에서 선물로 교환된 물건이라도 반드시 가격을 밝힐 수 없다고 할 수 없고, 본건에서 원고가 분실한 문제의 물건들은 고가물로 인정된다. 그러므로 원고가 그 물건의 종류와 가액을 밝혀 피고에게 맡긴 바 없다면 피고는 상법 제153조에 의하여 그 물건에 대한 손해배상책임이 없다"고 한다(대법원 1977. 2. 8. 선고

75다1732 판결).

3. 부당한 고객정보 활용에 대한 책임

정보통신업의 발달은 인간 삶에 신속함과 편리함을 가져다주는 순기능도 있지만 때로는 범죄에 악용되기도 하는 역기능도 있다. 언론매체에서는 하루가 멀다 하고 보이스 피싱 피해 사례를 보도하고 있다. 시도 때도 없이 보내는 대출광고문자 또는 보험가입문자를 받고서 기분 좋아할 사람은 별로 없을 것이다. 대출업체 또는 보험회사가 어떻게 내 정보를 입수했는가에 대하여 궁금해 하기도 하고 또는 이의를 제기하는 사람도 있다. 개인의 정보가 모두 전자화되어 있는 현대인에게는 개인의 정보가 곧 자신의 인격권을 나타내는 권리임과 동시에 재산권을 나타내는 권리에 해당한다. 개인의 정보가치가 중요해짐에 따라 타인이 이를 부당하게 사용할 경우에는 법적 책임을 인정하는 사례가 증가하고 있다.[88] 타인의 영업을 인수해서 창업하는 인수창업 또는 자신의 영업을 확장하는 과정에서 고객의 정보를 잘못 활용했다가 뜻하지 않게 낭패를 당하는 일도 있다. 일반적으로

---

[88] 서울중앙지방법원 2014. 11. 4. 선고 2013나49885 판결(국립대학교 교수 갑이, 인물정보 제공 사이트를 운영하면서 갑 등 국내 인물들의 성명, 직업, 학력, 경력 등 개인정보를 불특정 다수의 제3자에게 유료로 제공해 온 을 주식회사 등, 포털사이트를 운영하면서 을 회사 등과 업무제휴를 맺은 후 갑 등 국내 인물들의 개인정보에 대한 메타정보(성명, 직업 등의 기본적인 인물정보와 상세정보 유무 등)를 제공받아 불특정 다수의 제3자에게 무료로 제공하면서 상세한 정보는 제휴사가 유료로 제공한다는 취지의 안내 등을 해 온 병 주식회사 등, 종합법률정보 제공 사이트를 운영하면서 갑 등 국내 법과대학 교수들의 개인정보를 유료로 제공해 온 정 주식회사를 상대로 개인정보자기결정권 침해 등을 이유로 불법행위에 따른 손해배상을 구한 사안에서, 을 회사 등과 정 회사는 개인정보 제공 자체를 영업의 하나로 영위하는 회사로서 갑의 동의를 받지 않은 채 갑의 개인정보를 제3자에게 유료로 제공한 행위는 갑의 개인정보자기결정권을 침해하는 불법행위에 해당하고, 병 회사 등도 이윤 추구를 목적으로 포털사이트를 운영하는 회사로서 영업 목적으로 갑의 개인정보에 대한 메타정보를 을 회사 등으로부터 취득하여 불특정 다수의 제3자에게 제공한 점 등에 비추어 을 회사 등과 공동불법행위책임을 부담한다).

인수창업자는 전 주인의 고객에게 개업인사 겸 문안인사로 일괄적으로 문자를 보내면서 영업을 시작하는 경향이 있다. 인수창업 시 전 주인이 수집한 고객정보를 일괄적으로 양도받고서 이를 이용하여 영업을 시작할 경우 문제가 생길 수 있다. 미용실을 인수하면서 전 주인의 고객에게 축하인사를 보냈다가 어떻게 자기 정보를 알았느냐며 항의를 받고서 황당해 하는 미용실 인수인을 본 적이 있다. 어째든 고객의 정보는 고객의 것이므로 이를 이용하고자 할 경우 반드시 고객의 동의를 받는 것이 필수적이다. 인수창업자는 영업활동의 일환으로 보내는 것이지만 문자를 받는 고객은 자신이 원하지 않은 문자를 받았을 수도 있다. 고객이 자기 정보를 어떻게 입수했는지를 따지고 들면 입장이 난처해진다. 기존 고객의 계속 유지와 신규 고객의 창출은 영업활동의 기본이 되는 영업의 정석이다. 창업자가 인터넷에서 '회원가입신청서' 또는 '개인정보 수집 및 활용 동의서'를 다운로드 받아 고객의 정보를 수집할 때에도 자신도 모르게 고객의 세밀한 정보를 수집하여 문제를 일으키는 일도 있다.

'개인정보보호법' 제2조에서는 "개인정보란 살아 있는 개인에 관한 정보로서 성명, 주민등록번호 및 영상 등을 통하여 개인을 알아볼 수 있는 정보(해당 정보만으로는 특정 개인을 알아볼 수 없더라도 다른 정보와 쉽게 결합하여 알아볼 수 있는 것을 포함한다)를 말한다"고 규정하고 있다. 개인정보의 수집은 ① 정보주체의 동의를 받은 경우, ② 법률에 특별한 규정이 있거나 법령상 의무를 준수하기 위하여 불가피한 경우, ③ 공공기관이 법령 등에서 정하는 소관 업무의 수행을 위하여 불가피한 경우, ④ 정보주체와의 계약의 체결 및 이행을 위하여 불가피하게 필요한 경우, ⑤ 정보주체 또는 그 법정대리인이 의사표시를 할 수 없는 상태에 있거나 주소불명 등으로 사전 동의를 받을 수 없는 경우로서 명백히 정보주체 또는 제3자의 급박한 생명, 신체, 재산의 이익을 위하여 필요하다고 인정되는 경우, ⑥ 개인정보처리자의 정당한 이익을 달성하기 위하여 필요한 경우로서 명백하게 정보주체의 권리보다 우선하는 경우뿐이다(동법 제15조 1항). 개인정보를 수집할 때에는 ① 개인정보의 수집·이용 목적, ② 수집하려는 개인정보의 항목, ③ 개인정보의 보유 및 이용 기간, ④ 동의를 거부할 권리가 있다는 사실 및 동의 거부에 따른 불이익이 있는 경우에는 그 불이익의 내용을 정보주체에게 알려야 하고 또 이를 변경하는 경우에는 별도의 동의를 받아야 한다(동법 제15조 2항). 개인정보를 수집하는 경우에도 그 목적에 필요한 최소한의 범위 내에서 개인정보를 수집하여야 하고, 또 정보주체의 동의를 받거나 특수한 경우에만 제3자에게 그 정보를 제공할 수 있도록 규정한다. 영업의 전부 또는 일부의 양도·합병 등으로 개인정보를 다른 사람에게 이전하는 경우에는 ① 개인정보를 이전하려는 사실, ② 개인정보를 이전받는 자(이하 "영업양수자등"이라 한다)의 성명(법인의 경우에는 법인의 명칭을 말한다), 주소, 전화번호 및 그 밖의 연락처, ③ 정보주체가 개인정보의 이전을 원하지 아니하는 경우 조치할 수 있는 방법 및 절차 등을 정보주체에게 알려야 한다(동법 제27조 1항). 개인정보 중에서 주민등록번호와 같은 고유식별정보는 법령이 정한 경우를 제외하고는 수집이 금지되므로, 사업자는 아예 수집할 생각을 해서는 아니 된다.

　영업상 개인정보의 수집이 필요할 때에는 필수정보와 선택정보를 구분하고 최소한의 범위 내에서 수집하여야 한다. 여기서 필수정보는 이름과 전화번호와 같이 정말 필요한 최소한의 정보를 말하고, 선택정보는 없어도 되지만 있으면 좋은 정보를 말한다. 선택정보는 주소, 이메일 주소, 생년월일 정도로 이벤트 소식을 알리거나 생일축하 인사를 하기 위해 추가적으로 수집하는 정보이다. 개인정보를 수집한 자는 개인정보가 분실·도난·유출·위조·변조 또는 훼손되지 아니하도록 내부 관리계획 수립, 접속기록 보관 등 안전성 확보에 필요한 기술적·관리적 및 물리적 조치를 하여야 한다(동법 제29조). 개인정보의 안전조치의무와 관련하여 자금력이 있는 대기업은 관리할 역량을 갖추고 있지만 소매점을 운영하는 자영업자는 그러한 역량을 갖추지 못해 문제가 되는 일도 있다.

사업자가 수집한 개인정보가 신용정보에 해당될 경우에는 문제가 복잡해진다. 특히 가맹사업 거래에서 가맹본부가 가맹점사업자를 관리하기 위해 수집한 정보는 양자의 성격이 중복되는 경우가 많다. 신용정보는 개인적 이익을 위주로 하는 개인정보와는 달리 거래의 안전을 위해 제3자가 알아야 하는 내용이다. '신용정보의이용및보호에관한법률'은 특별한 규정이 있는 경우 '개인정보보호법'보다 우선하여 적용하도록 규정한다(동법 제3조2 2항). 개인신용정보를 타인에게 제공하는 경우에는 신용정보주체의 개별적 동의를 받아야 하는 것이 원칙이다(동법 제32조 1항). 그러나 일정한 사유가 있을 때 정보주체의 개별적 동의가 없더라도 개인신용정보를 제공해야 하는 경우가 있다. 가령 조세에 관한 법률에 따른 질문·검사 또는 조사를 위하여 관할관서의 장이 서면으로 요구하거나 조세에 관한 법률에 따라 제출의무가 있는 과세자료의 제공을 요구함에 따라 제공해야 하는 경우가 이에 해당한다(동법 제32조 6항 7호). 예컨대 국세청이 가맹점사업자의 매출현황과 이익을 파악하기 위해 가맹본부가 관리하는 POS(Point Of Sales)자료[89]를 요구할 경우 가맹본부는 양쪽의 눈치를 보아야 하는 딜레마에 빠진다. 가맹본부는 매출현황의 공개를 꺼리는 가맹점사업자의 입장을 고려하면 그 요구를 거부해야 하지만 국세청의 요구는 법령에 의한 법적인 의무에 해당하여 무시할 수 없는 것이 문제이다.

4. 주차에 대한 책임

대한민국에서 주차문제는 어제 오늘의 일이 아니고, 또 쉽게 해결할 수

---

[89] POS(판매 시점 관리 시스템)는 금전등록기와 컴퓨터 단말기의 기능이 결합되어 판매가 이루어지는 즉시 그 정보가 통합적으로 관리되고 매출액의 정산뿐만 아니라 물류 주문 내역이나 재고관리에 필요한 각종 정보를 수집·처리하는 시스템을 말한다. POS자료는 정보통신업이 발달하면서 등장한 통합정보관리시스템 중 하나이다. 국세청은 POS를 확보하면 각 매장의 매출액과 이익을 쉽게 파악할 수 있는 이점을 얻을 수 있다.

있는 사안도 아니다. 거리를 다니다 보면 온통 불법주차이고, 또 딱지가 끊기면 재수 없는 날이라고 생각하는 사람이 많다. 주차문제는 전 국민이 함께 고민해야 하고 또한 양보정신이 있을 때 해결할 수 있는 문제이다. 좁은 국토를 가진 우리나라에서 주차문제를 해결하겠다는 것은 어쩌면 불가능에 가까운 일이다. 원룸을 지을 때도 상가건물을 지을 때도 편법을 서서 주차문제를 해결하는 경우가 많다. 전통시장이 살아나지 못하는 이유로는 여러 가지가 있지만 주차문제도 큰 몫을 차지하고 있다. 차의 진입이 금지된 시장에서 많은 물건을 구입할 수 없기 때문에 저절로 시장이 고객들로부터 외면을 받게 된다. 전통시장의 현대화를 추진할 때 가정 먼저 떠오르는 주제가 주차장을 어떻게 확보할 것인가에 관한 내용이다. 주차문제는 대형주차장을 완비한 대기업과 주차가 필요 없는 아주 영세한 사업을 하는 자영업자는 이 문제의 고민으로부터 벗어나 있다. 희한하게도 대기업과 영세사업자가 고민하지 않아도 되는 공통분모가 있다는 것이 신기할 따름이다. 주차문제는 주차할 수 있는 고객보다 더 많은 고객을 받아들일 때 문제가 생긴다. 자동차 이용이 일상화된 현재의 여건 하에서 차를 몰고 오는 것을 금지하면 사업을 하지 않겠다는 의사를 표명하는 소리로 들릴 수 있다. 어떤 영업이든 더 많은 고객을 유치하기 위해 수단과 방법을 가리지 않고 고객을 받아들이는 것이 상인의 오래된 습관이자 관행이다.

　사업자와 고객 중간에서 주차문제를 해결해주는 업체가 생기고 있다. 주차요원이 고객의 차를 대신 주차해주고 일정한 수수료를 받는 것을 발레파킹(Vallet parking)이라고 한다. 백화점, 호텔, 음식점, 상점 등에서 손님의 차를 대신 주차해주고 소정의 수수료를 받는 것이 그 예이다. 문제는 발레파킹을 한 차가 불법주차로 과태료가 부과되는 경우 누가 책임을 질 것인가 여부이다. 원칙적으로 발레파킹을 한 자가 잘못 주차하여 과태료가 부과된 것이므로 발레파킹을 한 자가 책임을 져야 한다. 그러나 발레파킹을 하는 자는 아르바이트로 일해 주소지가 분명치 않아 그를 찾을 수 없는 경우도 있다. 고객 중에는 영업점에 와서 이 문제를 따지는 일이 늘어나고 있다. 사장님이 머뭇거리면 고객은 인터넷에 이 사실을 알리겠다고 으름장을 놓으면서 과태료의 반환을 요구하기도 한다. 사장님은 이 문제가 더 크게 부각되지 않도록 하기 위해 못이긴 척하고 대신 반환해주곤 한다.

더 큰 문제는 발레파킹한 차가 훼손당하거나 도난당했을 경우 그 책임을 누가 부담할 것인가 하는 문제이다. 영업주가 영업배상책임보험에 가입한 경우에는 보험으로 해결할 수 있다. 영업주가 이 보험에 가입하지 않은 경우에는 어떻게 해결할 것인지가 궁금하다. 차주는 우선 발레파킹을 한 자와 영업주를 상대로 손해배상책임을 청구할 수 있다. 발레파킹을 맡긴 차량이 주차대행을 한 자의 잘못으로 차량이 파손된 사례가 있기에 여기서 소개한다. P사의 대표이사인 K가 피고 회사가 운영하는 식당에 와서 주차대행을 맡은 S에게 주차를 맡겼는데, S가 기어를 후진에 놓은 채 운전석 문을 닫지 않고 내리는 바람에 위 차량이 후진하면서 문이 주차장 벽에 부딪혀 차량이 파손되었고, 이에 원고는 음식점 주인을 상대로 손해배상금을 청구한 사안이다. 피고는 C와 주차대행계약을 체결하고, C는 주차대행을 위해 S를 고용한 상태였다. 판례는 위 주차대행 업무가 외형상 이 사건 식당의 업무로 보일 뿐만 아니라 위 주차대행계약은 음식점 운영 회사의 지휘 아래 주차대행 노무만을 제공하는 노무도급계약으로서 도급인인 음식점 운영 회사는 수급인의 피용자의 위 불법행위에 대하여 사용자책임이 인정된다고 한다(서울중앙지방법원 2013. 9. 12. 선고 2012가단114132 판결). 민법 제756조의 사용자책임에서 인정되는 사용자와 피용자의 관계는 법적으로 유효하지 않더라도 사실상 지휘·감독을 하는 관계만 있으면 충분하다. 발레파킹을 남에게 완전히 맡겼다 하더라도 영업주는 영업소 내에서 일어난 일에 대하여 자유로울 수 없음이 명백하다. 영업주는 영업소 내에서 일어난 일에 대하여 일차적으로 책임을 져야 하는 주체이다.

발레파킹을 맡긴 차가 주차요원의 잘못으로 분실된 사례도 있다. K가

강남구 A빌딩에 있는 D커피점에 들러 이 빌딩 주차 업무를 맡고 있는 J에게 주차의 대행과 보관을 맡겼고, J는 빌딩 앞 인도에 주차해 놓고 그 열쇠를 주차관리실에 걸어 놓았는데 누군가가 그 열쇠를 훔쳐 위 차량을 타고 도주한 사안이다. B회사는 매달 주차관리비로 커피점 운영자인 H로부터 100만원을 받았으며, 이 빌딩의 주차업무를 일괄적으로 G에게 맡긴 상태인 것이 밝혀졌다. 원고 K는 위 빌딩의 주차관리실에서 주차관리업무를 맡고 있는 J의 사용자인 G, 그 빌딩을 소유한 B회사, D커피점 운영자인 H를 상대로 손해배상책임을 청구하였다. 판례는 건물주 B회사와 주차관리업무를 맡았던 G의 손해배상책임을 인정하면서 커피점 주인인 H의 책임을 인정하지 않는 것으로 판단하였다(서울중앙지방법원 2012. 6. 14. 선고 2011가단155341 판결). H는 B회사에 별도로 주차관리비를 납부하기 때문에 주차관리 및 보관의무는 B회사가 부담해야 하고, 또 H는 주차관리 업무를 수행하는 G 및 J 간에 아무런 계약을 체결한 사실이 없음은 물론 그들과의 사이에 실질적인 지휘·감독관계가 있다거나 객관적·규범적으로 볼 때 그들을 지휘·감독해야 할 지위에 있다고 볼 아무런 증거가 없다고 한다. 이 사건에서 다행인 점은 원고의 청구금액이 약 7천만원 이었으나 피고들의 책임은 약 2천만원 정도로 그쳤다는 점이다. 위 사례에서 볼 때 영업주가 건물주에게 주차관리비를 별도로 내는 경우에는 발레파킹으로 인한 책임에서 벗어날 수 있다.

주차문제는 영업주가 고민해야 할 중요한 업무의 하나인 것은 분명하다. 고객을 직접 대면해서 영업을 하는 사업자는 서비스의 질을 높이기 위해서도 발레파킹을 선호할 수밖에 없는 것이 현실이다. 발레파킹을 외부에 용역을 준다고 해서 모든 문제가 해결되는 것이 아니다. 영업주가 영업배상책임보험에 가입하든지 또는 용역업체가 보험에 가입해서 이 문제를 해결할 수 있다. 영업주는 발레파킹을 하는 자의 잘못으로 인한 제3자의 손해에 대하여 일차적으로 책임을 져야 한다는 사실을 명심해야 한다. 다만 내부적으로 발레파킹을 할 용역업체를 선택할 때 불법주차로 인한 각종 책임이나 또는 차량의 파손이나 도난 등으로 인한 책임은 발레파킹 업체가 부담하는 것으로 약정할 수 있다. 발레파킹 업체도 어느 정도 신용이 있는 자이어야 책임을 부담할 능력이 있을 것이다. 결국 영업주는 발레파킹의 잘못으로 책임을 질 일이 생기면 고객에게 먼저 배상을 하고, 다음으로 해당 업체와의 계약으로 이 문제를 풀어야 하는 것이 현재 선택할 수 있는 최선의 대비책이다.

5. 명의대여자의 책임

상인이 타인에게 자기의 성명 또는 상호를 사용하여 영업을 할 것을 허락한 경우에는 자기를 영업주로 오인하여 거래한 제3자에 대하여 그 타인과 연대하여 변제할 책임이 있다(상 제24조). 여기서 명의대여라 함은 타인에게 자기의 성명 또는 상호를 사용하여 영업할 것을 허락하는 행위를 뜻한다. 일반적으로 영업상 타인의 명성이나 신용을 이용할 필요가 있는 경우 또는 행정관청의 특허나 면허 등이 필요한 경우에 명의대여가 이루어지는 경향이 있다. 명의대여자의 책임은 명의대여자를 거래의 주체로 오인한 거래상대방을 보호하기 위해 인정된 외관법리로 인한 책임이다. 명의대여의 유형에는 적법한 명의대여, 위법한 명의대여[90] 그리고 상호의 임대차[91] 등 여러 유형이 있다. 명의대여자는 상법상의 책임 이외에도 다른

---

[90] 대법원 1988. 2. 9. 선고 87다카1304 판결(농약관리법 제10조에 의하면 농약판매업을 하고자 하는 자는 일정한 자격과 시설을 갖추어 등록을 하도록 되어 있는바, 이는 농약의 성질로 보아 무자격자가 판매업을 할 경우 국민보건에 위해를 끼칠 염려가 있기 때문이며 따라서 그 등록명의를 다른 사람에게 빌려준다든지 하는 일은 금지되고 있다 할 것이다. 그러나 만일 그 등록명의를 대여하였다거나 그 명의로 등록할 것을 다른 사람에게 허락하였다면 농약의 판매업에 관한 한 등록명의자 스스로 영업주라는 것을 나타낸 것이라 할 것이고 상법 제24조에 의한 명의대여자로서 농약거래로 인하여 생긴 채무를 변제할 책임이 있다고 할 것이다).

[91] 상호만의 임대차는 상호만의 양도가 허용되지 않은 법리에 비추어 허용되지 않는다.

법적 책임을 부담해야 하는 일도 있다. 예컨대 A가 B의 명의를 빌려 사업을 하는 경우 A가 세금을 납부하지 아니할 때에는 B가 세금을 대신 납부해야 하는 경우도 있고 또는 심지어 A의 잘못으로 B가 형사책임을 져야 하는 일도 있다. 현행법상 조세의 회피 또는 강제집행의 면탈을 목적으로 타인의 명의로 사업자등록을 한 것이 밝혀지면 대여자와 차용자 모두가 형사책임을 지게 된다(조세범처벌법 제11조).

명의대여자에게 상법 제24조의 책임을 지우기 위해서는 다음과 같은 세 가지 요건을 갖추어야 한다. 첫째는 명의차용자의 영업이 명의대여자의 영업으로 오인하기에 적합한 명의대여가 있어야 한다. 여기서 명의는 성명이나 상호는 물론 아호·예명·약칭·통칭은 물론 성명이나 상호 등의 명칭에 지점·출장소·현장사무소 기타 명의대여자의 영업소로 볼 수 있는 것이면 무엇이든 관계없다. 명의차용자는 명의대여자로부터 직접 명의대여를 받은 경우는 물론 직접 명의대여를 받은 자로부터 명의대여자의 명의로 영업할 것을 허락받은 자도 포함된다.92) 명의대여자가 영업을 하는 경우에는 명의의 동일성과 영업외관의 동일성까지 인정되어야 대여자에게 책임을 물을 수 있다. 둘째는 명의대여자가 명의차용자에게 자기의 성명 또는 상호를 사용하여 영업할 것을 허락하여야 한다. 명의대여자의 허락은 구두 또는 서면에 의한 명시적 허락뿐만 아니라 묵시적 허락도 포함된다. 타인이 자신의 성명이나 상호를 사용하는 것을 알고 이를 저지하지 아니하거나

상호와 영업이 일체로 임대차되는 합법적인 경우는 물론이고 상호만의 임대차가 되는 위법적인 경우에도 상법 제24조가 적용되어 임대인이 책임을 지는 일이 있다.

92) 대판 2008. 10. 23, 2008다46555 판결(건설업 면허를 대여한 자는 자기의 성명 또는 상호를 사용하여 건설업을 할 것을 허락하였다고 할 것인데, 건설업에서는 공정에 따라 하도급거래를 수반하는 것이 일반적이어서 특별한 사정이 없는 한 건설업 면허를 대여 받은 자가 그 면허를 사용하여 면허를 대여한 자의 명의로 하도급거래를 하는 것도 허락하였다고 봄이 상당하므로, 면허를 대여한 자를 영업의 주체로 오인한 하수급인에 대하여도 명의대여자로서의 책임을 지고, 면허를 대여 받은 자를 대리 또는 대행한 자가 면허를 대여한 자의 명의로 하도급거래를 한 경우에도 마찬가지이다).

묵인한 경우가 묵시적 허락에 해당한다. 대법원은 "갑, 을, 병 3인이 나이트클럽의 공동사업자로 사업자등록이 되어 있고, 그에 따른 부가가치세 세적관리카드에도 갑, 을, 병이 40%, 30% 및 30%의 지분을 가지고 있는 것으로 등록되어 있을 뿐 아니라, 나이트클럽의 신용카드 가맹점에 대한 예금주 명의도 그 중 1인으로 되어 있는 경우, 갑, 을, 병이 나이트클럽을 실제로 경영한 사실을 인정할 수 없다고 하더라도 그들의 명의를 사용하게 하여 영업상의 외관을 나타낸 것은 틀림없다"고 한다(대법원 2001. 4. 13. 선고 2000다10512 판결). 그리고 동업을 하다가 그만두더라도 과거의 명칭을 그대로 사용하여 영업활동을 한 경우 명의대여자의 책임이 인정된다. 대법원은 "명의자가 타인과 동업계약을 체결하고 공동 명의로 사업자등록을 한 후 타인으로 하여금 사업을 운영하도록 허락하였고, 거래 상대방도 명의자를 위 사업의 공동사업주로 오인하여 거래를 하여온 경우에는, 그 후 명의자가 동업관계에서 탈퇴하고 사업자등록을 타인 단독 명의로 변경하였다 하더라도 이를 거래 상대방에게 알리는 등의 조치를 취하지 아니하여 여전히 공동사업주인 것으로 오인하게 하였다면 명의자는 탈퇴 이후에 타인과 거래 상대방 사이에 이루어진 거래에 대하여도 상법 제24조에 의한 명의대여자로서의 책임을 부담한다"라고 한다(대법원 2008. 1. 24. 선고 2006다21330 판결). 명의사용의 허락은 단순히 명의사용 자체만을 허락하는 경우뿐만 아니라 대리상계약, 도급계약, 영업의 임대계약 등과 함께 사용을 허락한 경우도 포함된다. 셋째는 명의차용자와 거래한 상대방은 명의대여자를 영업주로 오인하여야 한다. 여기서 제3자는 명의차용자와 영업상의 거래를 한 직접의 상대방은 물론이고 거래상대방 이외의 제3자도 보호대상이 될 수 있다. 거래상대방의 오인에 악의 또는 중대한 과실이 있을 때에는 이들을 보호할 필요가 없기 때문에 명의대여자의 책임이 인정되지 않는다. 대법원은 "상법 제24조의 규정에 의한 명의대여자의 책임은 명의자를 영업주로 오인하여 거래한 제3자를 보호하기 위한 것이므로 거래 상대방이 명의대여사실을 알았거나 모른 데 대하여 중대한 과실이 있는 때에는 책임을 지지 않는바, 이때 거래의 상대방이 명의대여사실을 알았거나 모든 데 대한 중대한 과실이 있었는지 여부에 대하여는 면책을 주장하는 명의대여자들이 입증책임을 부담한다"라고 한다(대법원 2001. 4. 13. 선고 2000다10512 판결).

명의대여자는 상법 제24조의 요건을 갖춘 경우 명의차용자의 영업상의 거래에 대하여 영업주로서의 책임을 부담한다. 명의대여자와 명의차용자는 거래상대방에 대하여 부진정연대책임을 진다. 따라서 거래상대방은 명의대여자와 명의차용자 중 그가 임의로 선택한 누구로부터도 책임을 추궁할 수 있다. 명의대여자의 책임은 영업상의 거래로 인한 채무에 한정되므로 불법행위책임이나 영업과 관련 없는 채무에 대해서는 책임을 지지 않는다. 대법원은 명의대여가 있는 경우 민법 제756조의 사용관계가 있느냐의 여부는 실제 고용관계에 있느냐 혹은 실제 명의대여자가 명의차용자를 지휘·감독을 하였느냐와 관계없이 객관적·규범적으로 보아 사용자가 불법행위자를 지휘·감독해야 할 지위에 있었느냐의 여부를 기준으로 결정하여야 한다(대법원 2005. 2. 25. 선고 2003다36133 판결). 영업상의 책임은 거래상의 이행책임 자체에 한정되지 않고 목적물에 관한 담보책임이나 불이행시의 손해배상책임 그리고 계약해제시의 원상회복의무 등 영업거래에 따르는 모든 책임이 포함되는 것으로 보아야 한다.

실제 이사나 감사가 아니면서 등기부상 이사나 감사로 기재되어 있는 명목상의 이사나 감사가 책임을 지는 것도 명의대여자의 책임과 유사하다. 현재는 자본금 10억원 미만의 회사가 설립되는 경우 1인이사 체제가 가능하므로 과거에 비해 이름을 빌릴 필요성이 거의 사라졌다. 그러나 어떤 사유로 타인의 이름을 빌려서 이사나 감사로 등기하더라도 이름을 빌려준 자는 회사의 이사나 감사가 되고, 그는 이사와 감사 역할을 수행해야 책임을 지지 않을 것이다. 술 한 잔 얻어먹고 이름뿐인 이사나 감사로 재직하는 것은 경우에 따라서는 치명상을 입을 수 것임을 명심해야 하는 일이다. 회사에 출근하지 않았다거나 또는 보수를 받은 적이 없었다는 등의 사유는 정당한 변명이 되지 않는다. 대법원은 "주식회사의 업무집행을 담당하지 않는 평이사는 이사회의 일원으로서 이사회를 통하여 대표이사를 비롯한 업무담당이사의 업무집행을 감시하는 것이 통상적인 것이기는 하나 평이사의 임무는 단지 이사회에 상정된 의안에 대하여 찬부의 의사표시를 하는 데에 그치지 않으며 대표이사를 비롯한 업무담당이사의 전반적인 업무집행을 감시할 수 있는 것이므로, 업무담당이사의 업무집행이 위법하다고 의심할 만한 사유가 있었음에도 불구하고 평이사가 감시의무를 위반하여 이를 방치할 때에는, 이로 말미암아 회사가 입은 손해에 대하여 배상책임을 면할 수 없다"고 한다(대법원 1985. 6. 25. 선고 84다카1954 판결). 만약 경영을 맡는 자가 형사상 범죄가 되는 행위를 한 때에는 공범으로 엮일 수도 있으므로 이름뿐인 이사나 감사를 절대로 맡아서는 아니 된다.

6. 주식의 명의신탁

세법상 과점주주의 2차납세의무와 간주취득세제도[93])에 의하여 회사 지분의 50%를 초과하여 가진 자에게 무거운 책임을 지우고 있다.[94]) 종래에

---

[93]) 과반수를 초과하는 지분을 가진 과점주주는 법인이 납부하지 못한 세금에 대하여 2차 납세의무를 지고(국세기본법 39조 1항, 지방세기본법 47조), 또 법인이 취득하는 부동산 등에 대하여 간주취득세를 납부(지방세법 7조 5항)해야 하는 세법상 무거운 부담을 진다.

[94]) 매년 연말에 공개되는 세금체납자의 명단에 수백억원 내자 수척억원을 체납하는 것을 의아스럽게 생각하는 사람들이 있다. 통상 세금은 재산이 있고 또한 재산의 이동이 있을 때 부과되는 것이어서 세무당국의 징수에 임무해태가 있는 것이 아닌지 의심하기도 한다. 그러나 이들 체납자의 대부분은 과점주주로서 회사를 운영하다가 회사가 제금을 못내 과점주주가 2차납세의무를 부담한 결과로 생긴 것임을 알면 어느 정도 이해가 될 것이다. 과점주주는 회사지배권을 확실히 장악할 수 있는 구조이지만 위험성이 높은 사업을 할 경우 회사의 체납세금을 자신이 부담할 수 있음을 명심해야 한다.

는 회사를 설립할 때 발기인의 수를 7인 또는 3인 이상으로 요구했기 때문에 명의신탁을 해야 할 일말의 이유는 있었다.95) 그러나 현재는 자본금 10억원 미만의 주식회사를 설립하는 경우에는 1인 발기인을 인정하므로 명의신탁을 해야 할 법률적 근거가 없어진 것으로 보아야 한다. 실무에서는 과점주주가 되지 않기 위하여 주식의 명의신탁을 자주 이용하는 것으로 전해진다. 개인사업체를 법인사업체로 전환하는 과정에서 종업원의 사기진작 등을 위하여 또는 친인척 기업에서 친밀감의 표시로 주금을 납부하는 주식의 실제 주인과 명의상의 주인을 다르게 하는 일도 있다.

통상 주식의 명의신탁이란 해당 주식에 관한 소유권 명의를 다른 사람 이름으로 기재해 놓은 것을 뜻한다. 예컨대 갑이 A회사를 설립할 때 실질적으로 자기 돈으로 주식을 인수하면서 주주명부상 주주는 갑이 아닌 다른 사람인 을 등으로 하는 것이 그 예이다. 여기서 실제로 주식대금을 납부한 자를 실질주주(실질상의 주주)라 하고, 주주명부에 주주로 기재되어 있는 자를 명의주주(명의상 또는 형식상의 주주)라고 한다. 과거에는 주식의 명의신탁이 공공연히 허용되었고 법률이나 판례도 진실주의에 의하여 실제 주인을 보호하는 편이어서 특별히 문제가 되지 않았다. 그러나 현재는 실명제의 강화 및 단체법률관계의 획일적 처리를 위해서 명의주주를 더욱 보호하는 추세에 있으므로 세심한 주의를 요하는 사항이 되었다.

주식의 명의신탁은 회사설립 내지 신주발행을 할 때 타인명의로 주식을 인수하거나 또는 타인명의로 주식을 양수하는 때에 발생한다. 통상 주식의 명의신탁은 실질주주인 신탁자와 명의주주인 수탁자 사이에 명의신탁계약을 체결하고 이를 공증하여 소유권 확인증서를 따로 작성하는 방식으로 이루어진다. 주식의 명의신탁계약서에는 신탁자와 수탁자의 인적사항, 주

---

95) 1996. 9. 30. 이전의 상법은 주식회사를 설립할 때 7인 이상의 발기인이 있어야 하고, 또 2001. 7. 23. 이전의 상법은 3인 이상의 발기인이 있어야 주식회사를 설립할 수 있었다. 상법상 발기인은 1주 이상의 주식을 인수해야 하므로(상 293조), 발기인이 되는 자에게 예우차원에서 주식의 명의신탁이 이루어지는 경우가 많았다.

식 관련 사항, 주식의 소유권 내용, 주주의 권리행사에 관한 내용 등을 정확히 기재해 놓아야 후일 분쟁이 생기는 것을 방지할 수 있다. 주식의 명의신탁은 부동산의 명의신탁[96]이나 예금의 명의신탁[97]과는 달리 실명제를 위반했다는 이유로 처벌대상이 되는 것은 아니다. 다만 상속세 및 증여세법 제45조의2 제1항은 "권리의 이전이나 그 행사에 등기 등을 요하는 재산(토지와 건물을 제외한다. 이하 이 조에서 같다)에 있어서 실제소유자와 명의자가 다른 경우에는 국세기본법 제14조의 규정에 불구하고 그 명의자로 등기 등을 한 날에 그 재산의 가액을 명의자가 실제소유자로부터 증여받은 것으로 본다"고 하여 증여한 것으로 간주한다. 다만 동조 단서에서는 예외를 두어 "조세회피의 목적 없이 타인의 명의로 재산의 등기 등을 하거나 소유권을 취득한 실제소유자 명의로 명의개서를 하지 아니한 경우"에는 의제증여로 보지 않는다. 주식의 명의신탁은 조세면탈이나 공법상의 규제를 회피하기 위하여 또는 세원을 숨기기 위하여 주로 이용되는 것이어서 이를 방지하기 위한 것이 세법상의 조치이다.

주식의 명의신탁을 하면서 계약서를 작성하지 않거나 또는 이를 공증하지 않아서 명의신탁의 내용이 불분명한 때 서로 자기가 주주라고 주장할 때 문제가 생긴다. 주식의 명의신탁에서 실제 주금을 납입한 실질주주와 명의만 빌려준 자에 불과한 명의주주 중 누구를 주주로 인정할 것인지가 궁금하다. 상법은 가설인의 명의 또는 타인의 승낙 없이 그 명의로 주식을 인수한 때에는 실제의 주식인수인이 납입책임을 지고, 또 타인의 승낙을 얻어 그 명의로 주식을 인수한 때에는 명의대여자와 명의차용자가 연대납

---

[96] '부동산실권리자명의등기에관한법률'은 부동산의 명의신탁약정을 금지(3조 1항)함과 아울러 이를 위반한 경우에는 각종 과징금(5조)과 이행강제금(6조)을 부과하고, 또 형사법의 처벌대상(7조)으로 하여 엄격히 규제한다.

[97] '금융실명거래및비밀보장에관한법률'(금융실명제법'은 금융거래를 실명으로 하도록 함과 아울러 이를 위반한 경우에는 비실명자산소득에 대한 차등과세(5조)를 하고, 또 과태료(조)와 형사처벌(6조)을 부과하는 등 엄격히 규제하고 있다.

입책임을 지는 것으로 규정한다(상 제332조). 상법은 주식인수인의 주금납입책임에 대하여 규정한 것일 뿐 누가 주주인가에 대해서는 명확히 밝히고 있지 아니 하다. 학설은 타인의 승낙을 얻어 주식을 인수한 경우 주주명부에 주주로 기재되어 있는 명의대여자가 주주가 된다는 형식설과 실질적으로 주금을 납부한 명의차용자가 주주가 된다는 실질설이 대립한다. 근래 대법원은 종래의 입장을 변경하여 형식설에 따라 주주명부상의 주주만을 주주로 인정한다. 판례는 "주식을 양수하였으나 주주명부에 명의개서를 하지 아니하여 주주명부에는 양도인이 주주로 기재되어 있는 경우뿐만 아니라, 주식을 인수·양수하려는 자가 타인의 명의를 빌려 회사의 주식을 인수·양수하고 타인의 명의로 주주명부에의 기재까지 마친 경우에는 회사에 대한 관계에서는 주주명부상의 주주만이 주주권을 적법하게 행사할 수 있다"고 한다(대법원 2017. 3. 23. 선고 2015다248342 판결).

경제가 발전되고 세상이 밝아진다는 것은 투명성이 강화되는 시대라고 할 수 있다. 주식의 명의신탁은 부동산이나 예금처럼 실명제위반으로 처벌되거나 과징금과 과태료의 처분대상이 되는 것은 아니지만, 주식의 실제 주인과 그 명의인을 다르게 기재하는 실명제를 위반한 것이어서 법이 바뀌면 언제든지 처벌될 가능성이 있는 사항이다. 현재는 발기인의 수를 1인 이상으로 했기 때문에 상법에서 이를 인정할 근거가 없고, 또 이를 정당화할 합리적 이유를 찾는 것도 쉽지는 않다. 눈앞의 이익이나 세금이 무서워 주식의 명의신탁을 했다가는 그 주식을 영영 돌려받지 못할 수도 있다. 개인기업체를 법인기업체로 전환하면서 동료 내지 직원의 사기진작 차원에서 잠시 동안 주식을 그들의 명의로 해놓았을 경우를 가정해보자. 이러한 경우에는 주식명의신탁계약서는 고사하고 공증을 받는다는 것은 거의 불가능한 일이다. 나중에 명의인이 진짜 주인에게 주식을 돌려주는 경우에는 세금 문제 이외에는 다른 문제는 생기지 않는다. 그러나 명의주주 자신이 진짜 주주라고 주장할 경우에는 실제 주인인 실질주주가 주금을 자기가 납부했다는 영수증만으로는 부족한 것이 현실이다. 주식가치가 높아진 상태에서 실질주주와 명의주주 사이에 분쟁이 발생하여 패소한 경우에는 돈 잃고 친구 잃는 겪이 되는 신세이다. 주식의 명의신탁은 처음부터 하지 않는 것이 최선책이고, 불가피한 사유로 명의신탁을 할 때에는 명의신탁계약서와 공증까지 받아 놓아야 차선책이 될 수 있다.

7. 악성 민원인에 대한 대처방법

현대 경영학의 아버지 피터 드러커는 고객이 기업의 중심이라고 한다. 아무리 우수한 제품을 생산하는 기업이라도 고객이 없으면 기업은 생존을 할 수 없는 것은 당연하다. 고객의 존재는 기업을 생존을 좌우하는 일이므로 기업 입장에서 보면 고객을 중시할 수밖에 없다. '고객이 왕'이라는 표현은 주위에서 흔히 들을 수 있는 말이다. 기업이 제품이나 서비스를 팔기 위해서는 고객을 왕처럼 대우해야 하는 점에서 정확한 말이기도 하다. 아무리 우수한 제품을 생산하더라도 그 제품을 사줄 고객이 없으면 수익을 창출할 수 없어 무너질 것이기 때문이다. 그러나 고객이 실제 왕처럼 행동하는 경우에는 문제가 생길 수 있다. 통상 왕은 무소불위의 권력을 휘두르는 사람을 가리키는 말로 사용된다. 고객이 스스로 왕으로 자처하고 영업주를 괴롭히는 일은 민사상은 물론 형사상 처벌의 대상이 된다. 근래 기업을 협박하거나 악질적인 민원을 제기하여 공갈죄, 사기죄, 업무방해죄, 협박죄 등으로 처벌되는 사례가 증가하고 있다.

일반적으로 블랙 컨슈머(Black consumer)란 기업 등을 상대로 부당한 이익을 취하고자 제품을 구매한 후 고의적으로 악성 민원을 제기하는 자를 뜻한다. 자신이 구매한 상품의 하자를 문제 삼아 기업을 상대로 과도한 피해보상금을 요구하거나 또는 거짓으로 피해를 본 것처럼 꾸며 보상을 요구하는 등 여러 유형이 있다. 처음에는 기업 이미지를 생각하여 이들의 주장이 거짓임을 알면서 받아주었으나 최근에는 입장이 바뀌어 적극적으로 대처하는 기업이 증가하고 있다.

블랙 컨슈머는 외관상 경제적인 소비생활을 하는 스마트 컨슈머(Smart consumer)와의 구별이 애매한 경우도 있다. 일반적으로 스마트 컨슈머는 일반 소비자들이 잘 알지 못하는 숨은 혜택을 꼼꼼히 챙기면서 이곳저곳 가격을 비교해 합리적인 소비를 하는 사람을 가리키는 말이다. 최근 온라인 중소업체들을 상대로 블랙 컨슈머가 도를 넘어 횡포를 부리는 것으로 보도되고 있다. 예를 들면 온라인에서 한 번에 많은 상품을 구매한 고객이 모든 상품을 반품으로 처리하는 경우 또는 연말에 비싼 옷을 구매했다가 반품으로 처리하는 경우 등이 이에 해당한다. 온라인 구매의 특성상 육안으로 판단하지 못한 부분이 있으므로 다양한 제품을 구매한 후 최종적으로 결정하는 것은 똑똑한 소비자의 행동으로 볼 수도 있다. 그러나 그 정도가 지나칠 때에는 기업의 입장에서 보면 블랙 컨슈머로 생각할 수밖에 없는 행태이다. 나쁜 기업과 착한 기업의 구별이 어렵듯이 블랙 컨슈머와 스마트 컨슈머의 구별이 어려운 것도 사실이다.

물건을 구입한 고객이 제품교환보다는 과다한 금전적 보상을 요구하는 경우 또는 언론이나 인터넷에 관련 사실을 공개하겠다며 엄포를 놓는 경우는 소비자의 수준을 넘어서는 행위의 표본이다. 블랙 컨슈머가 보통의 소비자와 가장 구별되는 것은 기업에 직접 보상을 요구하는 점이다. 실제로 2013년 대한상공회의소가 조사한 설문에서 응답 기업의 83.7%는 소비자의 악성 클레임을 그대로 수용한다고 답했고, 법적 대응을 통해 적극적으로 대처한다는 응답은 14.3%에 불과했다. 기업이 부당한 요구를 들어줄 수밖에 없는 이유로는 기업 이미지 훼손 우려(90.0%)가 가장 많았고, 고소·고발 등 상황 악화 우려(5.3%)와 업무방해를 견디기 어려워지는 점(4.1%) 등이 그 뒤를 이었다. 최근 블랙 컨슈머로 추정되는 자의 민원제기로 영업정지를 당할 위기에 처했던 군포시에 소재하는 제과점을 운영하는 을이 오랜 소송 끝에 오명을 벗게 되었다. 갑 주식회사 가맹점인 제과점을 운영하던 을은 2013년 3월 14일 한 묶음짜리 '카파렐후루츠캔디'를 병에게 판매한 것이 화근이었다. 구입한 3통 중 1통이 유통기한이 지난 제품이라는 이유로 신고하여 영업주가 경찰조사와 행정조사까지 받게 되었다. 군포시는 같은 해 8월 을에게 영업정지 15일 처분을 내렸고, 을은 영업정지가 부당하다는 이유로 소송을 했으나 1심과 2심에서 패소판결을 받았다. 대법원은 "갑 주식회사 가맹점인 제과점을 운영하는 을이 병에게 유통기한이 지난 캔디를 판매하였다는 이유로 관할 시장이 을에게 15일의 영업정지 처분을 한 사안에서, 병이 제과점을 찾아가거나 전화하여 항의하지 않고 구매일로부터 4일이 지나서야 갑 회사 본사에 전화하여 항의하였고, 을과의 대화를 회피하면서 갑 회사 직원에게 구매한 가격의 100배에 상당하는 돈을 보상할 것을 요구하다가 합의가 되지 않은 점 등을 종합하면 병 등의 진술을 선뜻 받아들이기 어려운데도, 병 등의 진술 및 그에 바탕하는 증거들만을 받아들여 을이 병에게 유통기한이 지난 캔디를 판매하였다고 본 원심판단에 위법이 있다"고 한다(대법원 2014. 3. 24. 선고 2015두44295 판결). 대법원은 영업정지 처분이 잘못된 것으로 판단하여 사건을 원심으로 돌려보낸 것이다. 통상 유통기한이 지난 물건을 구입하면 판매자에게 먼저 항의하고 환불이나 교환을 요구하는 것이 일반적인 행동이다. 그러나 병은 을에게 전혀 연락을 취하지 않고 갑 본사만을 상대했고 또한 제품 가격의 100배인 250만원을 요구했다는 점에서 의심을 받기에 충분한 것으로 판단된다.

  영업주는 고객이 블랙 컨슈머로 판단될 때에는 무시해서는 안 되지만 이에 너무 많은 시간을 허비하지 않도록 해야 한다. 상대방의 주장이 지나치게 끈질긴 경우에는 법적인 대응도 불사한다는 각오로 임해야 한다. 근래 기업들은 블랙 컨슈머의 특징을 유형화해서 적극적으로 대처하고 있는 것으로 전해진다. 전형적인 블랙 컨슈머의 행동으로는 ① 환불이나 교환은

뒷전이고 금전 보상부터 먼저 요구하는 경우, ② 처음부터 피해 사실을 언론에 공개하겠다고 협박하는 경우, ③ 피해 정황이나 정도에 대해 계속 말을 바꾸는 경우, ④ 과거에도 비슷한 행위를 했던 경력이 있는 경우, ⑤ 고성을 질러 공포 분위기를 조성하는 경우, ⑥ 무조건 임원이나 사장부터 나오라고 요구하는 경우, ⑦ 공개 사과 등 무리한 요구를 하는 경우 등이 있다. 가장 안타까운 사실은 블랙 컨슈머의 민원에 대응할 능력이 부족한 소규모 업체가 블랙 컨슈머로부터 직접적으로 피해를 입는 주된 피해자라는 사실이다. 대기업은 블랙 컨슈머에 대한 매뉴얼을 갖추고 체계적으로 대응하고 있기 때문에 쉽게 접근하지 못하는 상황이다.

제 12 장　이 세상에 국가로부터 자유로운 사업은 없다

1. 사업에 대한 규제는 어디까지인가

창업하고자 하는 업종이나 아이템이 허가, 등록, 신고를 요하는 사업일 경우에는 행정당국으로부터 사업허가나 등록 내지 신고를 한 후에야 사업자등록을 할 수 있다. 왜냐하면 사업자등록을 신청할 때 구비서류로서 사업허가증 사본이나, 사업등록증 사본 또는 신고필증 사본을 요구하기 때문이다. 업종에 따라 일정 면적을 초과하는 경우 면허증의 소지를 요구하거나 또는 관련 교육을 받도록 요구하는 때에는 이들 요건도 구비하여야 한다. 사업상 업종에 따라 건물의 용도나 소방시설, 방화시설, 위생시설, 환경시설, 안전시설 등을 갖추어야 사업을 영위할 수 있는 일도 있다. 창업자는 자신이 창업하는 업종에 관한 법률의 내용을 알고서 창업을 해야 뒤탈이 없고, 또 모르는 사항이나 궁금한 점이 있으면 해당관청에 문의를 하여 정확히 이해한 후에 창업을 해야 한다. 법의 무지는 용서받지 못한다는 법언은 행정법 영역에서 가장 적합한 경우가 많이 생긴다. 법이 너무 많고 자주 개정되기 때문에 그 규정을 몰랐다고 해도 법이 존재하는 이상 법에 위반되는 행위는 모두 위법행위로 처벌된다. 행정형벌을 제외한 대부분의 행정벌칙은 당사자의 고의·과실을 묻지 않고 책임을 추궁하기 때문에 몰랐다는 사정이 변명거리가 되지 못한다. 행정관청의 허가, 등록, 신고 등이 필요한 사업의 내용은 창업자가 임대차계약을 체결하기 전에 정확히 알고 있어야 된다. 만약 임대차계약이 체결된 후에 해당 건물이 자신이 하고자 하는 사업의 허가나 등록을 받을 수 없는 건물로 판명될 경우 창업자는 낭패를 당할 수 있기 때문이다. 애초부터 용도변경이 불가능한 경우도 있고, 또 용도변경이 가능하다고 해도 그 변경에 상당한 비용이 소요되어 비용부담을 둘러싸고 분쟁이 생기는 일도 있다. 사업상 무지로 인해 발생한 비용은 사업가 자신이 부담해야 하는 것은 사업세계의 기본에 해당하는 상식적인 내용이다.

자본주의 경제체제라고 해도 국가로부터 완전히 자유로운 사업은 거의 없다. 국가는 여러 가지 이유에서 개인 사업에 규제 또는 조정을 하는 역할을 한다. 국가는 국민의 안전, 환경, 위생, 건강, 경제적·사회적 사유 등의 이유로 어떤 사업은 허가대상으로 하고, 또 어떤 사업은 등록이나 신고 대상으로 한다. 국가가 사업자의 활동에 개입하는 것을 통칭하여 규제라고 한다. 일반적으로 규제란 국가가 일정한 질서를 부여하기 위해 국민의 일정한 활동에 대하여 제한을 가하는 것을 뜻한다. 규제는 그 목적과 이념에 따라 경제적 규제와 사회적 규제, 그 성격에 따라 적극적 규제와 소극적 규제, 그 방법과 수단에 따라 권력적 규제와 비권력적 규제로 구분하기도 한다. 규제의 내용과 대상이 무엇이든 국가의 인·하가가 필요한 사업을 행할 때에는 반드시 관할행정청으로부터 인·허가를 받은 후에 사업을 해야 한다. 규제를 바라보는 시각은 법을 집행하는 당국과 규제를 받는 사업자 간에는 차이가 있을 수밖에 없다. 사업자는 자신이 하는 사업에 규제가 너무 많고, 또 단속이 형평성에 어긋나 자의적이라고 불평을 하는 경우가 있다. 반대로 규제는 사업자의 무분별한 행동을 사전에 차단하기 위한 것이므로 나름대로의 이유가 있고, 법을 집행하는 당국은 법의 정당성 여부를 떠나 법을 위반했기 때문에 단속을 할 수밖에 없고 또한 현재의 근무여건 상 모든 법위반을 적발하는 것은 불가능한 일이라고 한다. 주변에서 흔히 볼 수 있는 일벌백계로 하는 단속은 대부분 이에 해당하는 것이다. 예컨대 주차위반 단속, 금연구역위반 단속, 에너지 절약위반 단속 등의 사례를 보면 법집행 과정에서 생기는 충돌과 고충을 이해할 수 있다.

자본주의 시장경제는 가격의 자동조절기능에 의해 효율적인 분배가 이루어짐과 동시에 사익과 공익이 조화를 이루는 과정에서 사회적 후생이 극대화되는 것을 목표로 하는 체제이다. 그러나 경제현실에서는 독과점 업체의 등장, 외부효과, 공공재의 존재, 소득분배의 불평등 등으로 인하여 시장기구가 제 역할을 수행하지 못하는 경우가 있다. 이를 시장의 실패(Market failure)라고 한다. 국가는 시장의 실패를 바로잡기 위하여 경제에 개입하는 것이 정당화되는 경우가 있다. 그러나 국가의 개입이 지나칠 때에는 시장실패를 바로잡지 못하면서 또한 다른 비효율을 일으키는 규제가 될 수도 있다. 규제남용으로 인한 실패를 정부의 실패(Government failure) 또는 규제의 실패(Regulation failure)라고 한다. 자본주의 경제체제는 시장의 실패가 과도할 경우에 국가의 개입이 시작되고, 또 정부의 비효율이 심각할 경우에 규제완화를 시도하는 식으로 순환적으로 운영되는 구조이다.

근래 규제완화조치는 신자유주의에 바탕을 두고서 경제 활성화를 위해 정부의 규제를 최소화해야 한다는 흐름 속에서 등장한 방안이다. 정부의 규제가 선(善)인가 악(惡)인가는 획일적 기준으로 구별 짓기가 어려운 것이 현실이다. 국민의 안전과 환경, 보건을 위한 규제는 선이 되지만 개인의 창의성과 기업의 혁신성을 억제하는 규제는 악이 된다. 그러나 어떤 규제도 선과 악이라는 양면성을 가지고 있기 때문에 일률적으로 판단하기는 어려울 수밖에 없다. 정부의 규제는 각국이 처한 경제환경과 시장여건을 고려할 때 그때마다 달라질 수 있는 것이 규제의 속성이다. 문제는 한 번 규제가 시작되면 관성의 법칙에 의해 그 규제를 철폐하기란 쉽지 않은 것이라는 사실이다. 법률은 만들기는 쉬워도 한 번 만들어진 법률을 없애기란 쉽지 않은 법이다. 어떤 법이든 법이 존재하면 그 법에 이해관계를 가지는 당사자가 있기 마련이다. 법의 존재로 이익을 얻는 자는 그 법이 폐

지되는 것을 극렬히 반대하는 것은 불문가지이다.

현행법상 각 업종별로 규율하는 업법(業法)이 있어 그 분야의 사업자를 특별히 규제하고 있다. 정부의 규제는 경제환경과 시장여건의 변화, 새로운 사업의 등장, 정부의 성격 등 여러 변수에 의하여 변할 수 있는 영역이다. 정부규제의 변천에 따라 진입장벽과 가격결정이 달라져 때로는 흥하는 사업이 있고 때로는 망하는 사업도 있다. 어떤 사업에 진입장벽이 생겨 다른 사업자가 들어오지 못하게 되면 그 사업자는 독점적 이익을 누리게 된다. 우리나라에서 1970년대까지는 도시지역의 물 부족과 위생적 이유에서 목욕장업에 거리제한을 두었기 때문에 당시 동네의 최고 부자는 목욕탕주인이었다. 먼저 진입한 사업자는 진입장벽으로 인하여 다른 자가 시장에 진입하지 못해 그 동네에서 유일하게 목욕탕을 운영할 수 있었다. 또 1980년대까지 에너지 절약과 환경적 이유에서 주유소 사업에 거리제한을 두었기 때문에 주유소를 운영하는 자는 독점적 이익을 얻은 시절도 있었다. 그러나 지금은 둘 다 법정요건을 갖추면 누구나 창업을 할 수 있기 때문에 진입장벽이 없어져 경쟁이 치열한 업종으로 바뀌었다. 이와 반대로 대리운전이나 발레파킹과 같이 새로이 등장한 업종은 이들을 규제하는 업법(業法)이 없어 규제의 사각지대에 놓이는 일도 있다. 상조회사의 경우처럼 새로운 법이 생겨 규제를 받기 시작한 업종도 있다. 정부의 규제는 어떤 업종에서 문제가 생긴 후에 사후적으로 개입하는 것이므로 때로는 시기를 놓치는 경우가 있다. 시중에 떠도는 말 중에는 정부의 규제가 시작되기 전에 그 업종에서 돈을 벌고 손을 털어야 한다는 말이 있다. 규제가 시작되면 사전적 또는 사후적으로 감시가 심하기 때문에 수익을 내는 일이 쉽지 않은 것이 현실이다.

정부규제가 완화되고 있지만 아직도 정부의 인·허가를 요구하는 업종이 많은 것이 현실이다. 자신이 창업하고자 하는 업종이 허가사항인지, 등록사항 또는 신고사항인지를 알아보고 소정의 절차를 밟아야 한다. 행정관청이 갖고 있는 재량권의 정도에 따라 허가, 인가, 승인, 등록, 수리 등의 순으로 구분할 수 있다. 허가가 가장 강력한 행정처분이고 신고는 가장 낮은 수준의 규제이다. 여기서 허가란 개인의 자연적 자유를 잠정적으로 제한하고 일정한 경우 그 제한을 해제하여 원래의 자유를 회복시켜주는 행정행위를 뜻한다. 허가는 상대적 금지를 해제하는 조치로써 일정한 행위를 사전에 통제하는 기능을 한다. 등록은 공증의 일종으로 일정한 사실 등의 존재를 인식하여 표시하는 행위를 뜻하고, 공증은 특정한 사실 또는 법률관계의 존재를 공적으로 증명하는 행정행위를 뜻하고, 또 수리란 타인의 행정청에 대한 행위를 유효한 것으로 받아들이는 행정행위를 뜻한다. 특별한 사정이 없는 한 법정요건을 갖춘 신고는 수리되어야 하므로 수리는 기속행위의 일종이다. 신고나 등록 등의 명칭을 사용하더라도 자체 완성적으로 효력이 생기는 경우는 신고서가 접수기관에 도달할 때에 효력이 발생한다. 이러한 경우는 법적으로 수리를 필요로 하지 않는 것이기 때문이다. 수리가 필요한 신고에 있어서 신고가 법정요건이 미비한 경우에는 행정청은 보정명령을 하게 되며, 소정의 기한까지 보정되지 아니하는 경우에는 수리가 거절되는 것으로 본다. 행정관청은 이들 각각에 대하여 법령에 맞게끔 업무를 처리하여야 한다. 대법원은 "구 관광진흥법(2002. 1. 26. 법률 제6633호로 개정되기 전의 것) 제8조 등 관계 규정의 형식이나 체제 또는 문언 등을 종합하여 보면, 관광사업의 양도·양수에 의한 지위승계신고에 대하여는 적법·유효한 사업양도가 있고, 양수인에게 구 관광진흥법 제7조 제1항 각 호의 결격사유가 없는 한 행정청이 다른 사유를 들어 수리를 거절할 수 없다고 할 것이므로, 위 신고의 수리에 관한 처분을 재량행위라고 볼 수 없다"고 한다(대법원 2007. 6. 29. 선고 2006두4097 판결).

학교정화구역 안에서는 주점, 노래연습장, 컴퓨터 게임장, 만화대여점 등의 사업을 영위할 수 없다. 학교보건법상 학교의 보건·위생 및 학습 환경을 보호하기 위해 지정된 구역을 학교환경위생정화구역이라고 한다. 학교정화구역은 학교출입문(학교설립예정지의 경우에는 설립될 학교의 출입문 설치 예정 위치를 말한다)으로부터 직선거리로 50미터까지인 지역을 절대정화구역이라 하고, 학교경계선 또는 학교설립예정지경계선으로부터 직선거리로 200미터까지인 지역 중 절대정화구역을 제외한 지역을 상대정화구역이라고 한다(동법 제5조 1항, 동법 시행령 제3조 1항). 상대정화구역 내에서 일부 업종은 학교환경위생정화위원회의 심의를 거쳐 학습과 학교보건위생에 나쁜 영향을 주지 아니한다고 인정하는 행위 및 시설은 허용된다(동법 제6조 1항). 학교정화구역 내에서 금지된 업종은 영화관, 유흥주점과 단란주점, 호텔과 여관여인숙, 특수목욕장 중 증기탕, 액화가스 저장소 및 제조소, 무도장과 무도학원, 전화방, 비디오감상실, 오락실, 노래연습장, 안마시술소, 기타 청소년의 학습환경에 악영향을 끼치는 업소 등이다. 일반적으로 두 학교 간의 거리가 400m 이내이면 그 사이에는 청소년에 유해한 사업은 할 수 없기 때문에 상권이 활성화되지 못하는 것이 일반적이다, 학교정화구역은 그린벨트와 같은 역할을 하기 때문에 학교가 들어서면 기존의 주민들이 반대를 하는 이유도 여기에 있다. 공익과 사익이 충돌되는 대표적인 영역 중 하나이다.

2. 공무원의 재량권 범위와 그 한계

어떤 업종을 선택하여 창업하든지 창업자는 행정당국과의 관계를 맺을 수밖에 없다. 요즈음은 많이 개선되었지만 관계부서를 찾아가 상담을 하다 보면 왠지 모르게 기를 죽이는 소리를 한다. 해서는 아니 되는 것이 왜 그렇게 많은지를 알게 되면서 창업의 어려움을 피부로 느끼게 된다. 허가나 등록을 신청할 때에도 신청서의 내용에 자구 하나를 놓고 몇 번을 다시 찾아야 하는 일도 있다. 정부가 권장한 창업을 해도 창업자와 행정당국 사이에 시각이 근본적으로 다르다는 것을 알 수 있다. 공무원은 몸을 사리기에 바빠서 이해관계가 엇갈리는 일에 깊이 관여하려고 하지 않은 속성이 있다. 창업자가 인생을 걸고 하는 일이지만 담당자는 좀처럼 협조하는 자세를 보이지 않은 것이 현실이다. 특히 민원이 많이 생기는 업종이나 이해관계가 극명하게 대립되는 업종일 경우 시원한 답변을 들을 수 없는 것이 일반적이다. 반대로 창업자는 정부가 권장해서 창업한 것임에도 불구하고 정부의 협조가 부족하다고 불평을 한다. 동일한 법조항을 가지고도 서로 상이하게 해석하여 창업자가 곤란을 겪는 일도 있다. 민관군이라고 하지만 현실에서는 관이 민간인보다 우위에 있는 것이 솔직한 표현이다. 당위와 현실의 불일치는 어느 시대 어느 국가에도 존재하는 것이 인간의 역사이다. 담당공무원과 마찰로 인해 창업을 못하거나 늦추어지는 경우 그 손해는 결국 창업자의 몫이 되는 것임을 알아야 한다. 담당공무원에게 접근할 때에는 법에서 정한 요건을 갖추고 상냥한 태도로 성실하게 임하는 것이 좋다. 누가 뒷배를 봐주는 것과 같이 행세하거나 큰소리쳐서 막무가내로 관공서의 일을 처리하는 것은 옛날에 통한 방식이다.

  어떤 업종은 규제가 워낙 많다 보니 담당공무원도 그 내용을 정확히 이해하지 못하는 경우도 있다. 저자가 아는 지인 중에 토지의 형질변경을 둘러싸고 담당공무원의 반대에도 불구하고 소송까지 가져가는 경우를 본 적이 있다. 법관은 형질변경의 내용을 잘 모르기 때문에 다소 엉뚱한 판결을 내리는 것을 기대한 것이라고 했다. 법치주의 내지 법치행정이라고 하지만 현실에서는 많은 부분이 공무원의 재량에 맡겨져 있는 것을 피부로 느낄 수 있다. 현대행정이 복잡하고 다양해짐에 따라 법규 자체도 추상적이고 불확정적 개념을 사용해야 하는 일이 많아지는 것도 문제이다. 일반적으로 재량이란 행정청에 대하여 당해 행위를 할 것인가와 법적으로 허용되는 다수의 행위 중에서 어떤 행위를 할 것인가에 대하여 결정권을 가지고 있는 것을 뜻한다. 법적으로 재량행위는 행정감독이나 행정심판을 통해 부당성을 따질 수 있어도 위법성이 없기 때문에 재판통제의 대상은 되지 않는다. 재량행위를 기속재량행위와 자유재량행위로 구분하고 기속재량행위를 기속행위와 같은 성질을 갖고 있는 것으로 처리하는 것이 현재의 다수설이다. 일반적으로 새로이 권리를 설정하여 주는 특허는 재량행위로 해석하는 경향이 있음에 반해, 인간이 본래 가지는 자유를 회복하여 주는 허가는 기속행위로 해석하는 경향이 있다. 허가라도 환경보전이나 문화재 보호 등의 이익을 고려해야 하는 경우에는 그 한도 내에서 재량행위로 해석할 수도 있다. 대법원은 "산림 내에서의 토사채취는 국토 및 자연의 유지와 환경의 보전에 직접적으로 영향을 미치는 행위이므로 법령이 규정하는 토사채취의 제한지역에 해당하는 경우는 물론이거니와 그러한 제한지역에 해당하지 않더라도 허가관청은 토사채취허가신청 대상 토지의 형상과 위치 및 그 주위의 상황 등을 고려하여 국토 및 자연의 유지와 환경보전 등 중대한 공익상 필요가 있다고 인정될 때에는 그 허가를 거부할 수 있다"고 한다(대법원 2007. 6. 15. 선고 2005두9736 판결).

법치행정의 강화로 인해 자유재량행위가 인정되는 영역은 줄어들고 기속재량행위가 인정되는 영역이 확대되고 있다. 원칙적으로 기속행위이지만 예외적으로 중대한 공익을 이유로 인·허가를 거부할 수 있는 기속재량행위를 인정하는 경우도 있다. 대법원은 "광업권의 행사를 보장하면서 광산개발에 따른 자연경관의 훼손, 상수원의 수질오염 등 공익침해를 방지하기 위한 목적에서 광물채굴에 앞서 채광계획인가를 받도록 한 제도의 취지와 공익을 실현하여야 하는 행정의 합목적성에 비추어 볼 때, 채광계획이 중대한 공익에 배치된다고 할 때에는 인가를 거부할 수 있다고 보아야 하고, 채광계획을 불인가하는 경우에는 정당한 사유가 제시되어야 하며 자의적으로 불인가를 하여서는 아니 될 것이므로 채광계획인가는 기속재량행위에 속하는 것으로 보아야 한다"라고 한다(대법원 1993. 5. 27. 선고 92누19477 판결), 또 "행정행위가 그 재량성의 유무 및 범위와 관련하여 이른바 기속행위 내지 기속재량행위와 재량행위 내지 자유재량행위로 구분된다고 할 때, 그 구분은 당해 행위의 근거가 된 법규의 체제·형식과 그 문언, 당해 행위가 속하는 행정 분야의 주된 목적과 특성, 당해 행위 자체의 개별적 성질과 유형 등을 모두 고려하여 판단하여야 하고, 이렇게 구분되는 양자에 대한 사법심사는, 전자의 경우 그 법규에 대한 원칙적인 기속성으로 인하여 법원이 사실인정과 관련 법규의 해석·적용을 통하여 일정한 결론을 도출한 후 그 결론에 비추어 행정청이 한 판단의 적법 여부를 독자의 입장에서 판정하는 방식에 의하게 되나, 후자의 경우 행정청의 재량에 기한 공익판단의 여지를 감안하여 법원은 독자의 결론을 도출함이 없이 당해 행위에 재량권의 일탈·남용이 있는지 여부만을 심사하게 되고, 이러한 재량권의 일탈·남용 여부에 대한 심사는 사실오인, 비례·평등의 원칙 위배, 당해 행위의 목적 위반이나 동기의 부정 유무 등을 그 판단 대상으로 한다"라고 한다(대법원 2001. 2. 9. 선고 98두17593 판결). 재량행위도 재량권의 일탈·남용의 경우에는 위법한 처분이 된다. 재량권의 일탈은 그 외적 한계를 벗어난 것을 말하고, 재량권의 남용은 그 내적 한계를 벗어나는 것을 말한다. 대법원은 "개선명령에 불응하고 3개월여나 영업을 계속하다가 재적발되었고 개선명령을 이행한 것도 재적발 이후 20여 일이 경과된 시점일 뿐 아니라 영업정지기간이 시작되는 날에도 영업을 하다가 형사입건까지 된 목욕장업자에게 한 15일 간의 영업정지처분이 재량권을 남용하였다고 보기 어렵다"고 한다(대법원 1993. 6. 29. 선고 92누19149 판결).

공무원의 재량권이 넓은 것은 법규의 공백이나 불확정개념을 사용한 것에도 원인이 있지만 사실판단이 어려운 것에도 원인이 있다. 어떤 사업자가 법규의 적용을 회피하기 위해 편법을 쓰거나 또는 행정당국을 기망하여 판단을 흐리게 하는 경우도 있다. 요리에도 메인 요리와 사이드 요리가 있듯이 사업에도 주된 사업과 보조 사업이 있다. 여기서 사이드 요리나 보조 사업은 어디까지나 메인 요리 또는 주된 사업을 보조하는 역할에 그쳐야 한다는 사실이다. 사이드 요리 또는 보조 사업이 요리 또는 영업의 주된 부분이 되면 법적 규제는 달라져야 하는 것이다. 보조 사업 부분에 대한 법적 규제가 덜 엄격하여 주된 사업을 위장으로 이용되는 경우 문제가 생긴다. 가령 식품접객업은 유흥주점, 단란주점, 일반음식점, 휴게음식점, 제과점 등으로 구분되고, 이들 각 업종은 유흥접객원의 존재여부, 손님 노래 가능여부, 식사와 부수적인 음주 가능여부, 음주행위금지와 같이 각 사업장에서 가능한 부분과 불가능한 부분을 명확히 구분하고 있다. 실제로는 보조 사업이 주된 사업으로 둔갑하는 경우에 형식과 실제와의 괴리가 생겨 범법행위로 처벌되는 일이 있다. 노래방에서 술을 팔거나 도우미를 고용하여 영업을 하면 처벌되는 것이 이에 해당한다. 사업자가 사업자등록증에 있는 업종과는 달리 명목은 부수 사업이지만 실제로는 주된 사업을 하는 경우에 공무원도 고민에 빠진다. 명백한 법위반이 있는 경우에는 법대로 처벌할 수 있지만 양쪽의 경계선에 맞물려 있는 경우 사실판단이 어렵기는 공무원도 마찬가지이다.

업종 중에는 자격요건을 갖추지 않으면 창업 자체가 불가능한 경우도 있다. 이러한 종류의 업종은 병원, 약국, 식품제조업, 자동차수리업, 부동산 중개업 등의 경우에 각종 자격증이 있어야 창업을 할 수 있다. 어떤 자격증이든 제1회 자격증을 취득하는 것이 사업상 유리한 기회를 가질 수 있는 것은 명백한 사실이다. 처음 시행되는 시험은 대체로 쉬운 문제로 출제되는 경향이 있고, 또 동종업의 전국적 조직을 장악할 가능성이 있으므로 유리한 지위에 있는 것만은 분명하다. 창업자는 항상 매서운 눈을 가지고 세상의 변화를 읽을 수 있는 안목을 가지고 있어야 한다. 시대의 흐름이 변함에 따라 서서히 죽어가는 자격증이 있는가 하면, 반대로 서서히 떠오르는 자격증도 있기 때문이다. 현대사회는 변화가 심한 만큼 뜨는 업종과 사라지는 업종이 많이 생기는 것이 시대의 보편적인 흐름이다. 남보다 빨리 시대의 흐름을 읽을 수 있어야 유능한 창업자가 될 수 있다. 시대의 흐름이 우리보다 앞서 있는 미국과 일본 등 선진국의 경제환경과 규제를 분석한 후 우리 실정에 적합한 사업방향을 예측하는 사람도 있다.

　사업에서 정체가 불분명한 규제가 많다는 것은 담당공무원으로 하여금 갈등과 고민에 빠지게 한다. 창업활성화를 위해 규제를 풀자고 해도 공무원의 재량권을 벗어나는 영역이 대부분이다. 창업의 필요성이 인정되더라도 담당자는 법령에서 벗어난 행위는 할 수 없는 것이 현실이다. 어떤 업종은 지역에 따라 편차가 크기 때문에 규제에 혼란을 초래하는 경우도 있다. 동일한 행위에 대하여 어떤 지역에서는 처벌되고 어떤 지역에서는 처벌되지 않은 것은 형평성의 원칙에 어긋난다고 주장할 수 있다. 지역경제의 활성화를 위해 야외영업을 허용하는 지역이 있고 불허하는 지역이 있는 것이 대표적인 사례이다. 또 동일한 법위반이 있더라도 법위반으로 적발되는 경우는 소수에 불과하기 때문에 처벌에서도 논란이 일고 있다. 공무원을 총동원해서 감시를 하더라도 모든 법위반 사항을 적발하기는 현재로선 거의 불가능한 일이다. 시범 케이스로 적발되는 것이 표적 적발의 시비가 생기는 것도 바로 이 때문이다. 규제가 많아지면 많아질수록 규제를 받는 자뿐만 아니라 규제를 위반하는 자를 단속해야 하는 공무원들도 힘들기는 매한가지이다.

3. 옥외광고의 허용범위

　상인은 자기 상품이나 서비스를 알리고 판매하기 위하여 수많은 광고활동을 하고 있다. 대형업체는 TV나 신문 등 각종 미디어를 통해 광고를 하지만 소형업체는 이러한 광고는 엄두도 내지 못하고 전단지나 광고지를 돌리는 정도이다. 광고에는 구전 마케팅이라고 하는 입소문이 무엇보다 중요하다. 입소문은 시간이 걸린다는 단점이 있지만 비용이 거의 들지 않을 뿐더러 한 번 소문이 나면 그 효과는 어마어마하다. 입소문을 활용할 때

주의해야 할 사항이 하나 있다. 나쁜 소식은 좋은 소식보다 훨씬 빨리 전파된다는 사실이다. 입소문을 이용한 광고는 철저한 준비와 실수가 없어야 광고효과를 얻을 수 있다. 입소문 광고를 목적으로 하는 창업자는 절대로 실수를 해서는 아니 된다.

점포마다 고객이 쉽게 찾을 수 있도록 하기 위해 자신을 나타내는 간판은 물론 각종 옥외광고를 하고 있다. 오늘날 옥외광고는 상업활동이 복잡해지고 다양해짐에 따라 그 종류와 범위가 확대되고 있다. 간판의 난립과 무질서한 설치는 도시미관을 해칠 뿐만 아니라 거기에 거주하는 사람의 건강까지 해치는 경우도 있다. 특히 밤에 여기저기서 비추어대는 빛을 이용한 광고는 빛 공해라 부를 만큼 지역주민의 정서뿐만 아니라 건강을 해치는 일이다. 광고에 대한 규제는 옥외광고물법을 비롯한 각종 법률과 조례 등에서 규제를 하고 있다. 창업자는 창업 후 간판을 설치할 때에는 관련 법규와 조례를 정확히 알기 위해 행정당국에 문의를 한 후에 설치하는 것이 바람직하다. 광고에 관한 법규가 복잡하고 또 지역마다 차이가 있으므로 그 내용을 정확히 알고 간판을 설치해야 뒤탈이 생기지 않을 것이다.

옥외광고물법 제2조에서는 "옥외광고물이란 공중에게 항상 또는 일정기간 계속 노출되어 공중이 자유로이 통행하는 장소에서 볼 수 있는 것(대통령령으로 정하는 교통시설 또는 교통수단에 표시되는 것을 포함한다)으로서 간판·디지털광고물(디지털 디스플레이를 이용하여 정보·광고를 제공하는 것으로서 대통령령으로 정하는 것을 말한다)·입간판·현수막·벽보·전단과 그 밖에 이와 유사한 것을 말한다"고 규정하고 있다. 옥외광고물의 종류로는 벽면이용간판, 돌출간판, 공연간판, 옥상간판, 지주이용간판, 입간판, 현수막, 애드벌룬, 벽보, 전단, 공공시설물이용 광고물, 교통시설이용 광고물, 교통수단이용 광고물, 선전탑, 아취광고물, 창문이용 광고물 등이 있다. 간판은 설치장소에 따라 또는 구조상의 종류에 따라 다양한 유형으로 구분된다. 옥외광고는 광고물 주위를 통행하는 통행인을 대상으로 한 광고로서 그 위치 또는 광고물의 크기에 따라 광고효과가 다르게 나타난다. 옥외광고는 장소의 선택이 자유롭고 매체수명이 반영구적이며 또한 광고효과가 지속적이라는 점에서 장점을 가지고 있다. 반대로 옥외광고는 광고물의 크기와 장소 선택에 제한이 따르고 법적 규제도 심하며 또한 광고효과도 검증이 쉽지 않다는 단점도 있다.

옥외광고는 크게 설치허가를 받아야 하는 경우와 신고만 하면 되는 것으로 구분된다. 옥외광고물(간판)은 반드시 사전에 허가 내지 신고를 받은 후에 설치(표시)를 해야 문제가 생기지 않는다. 신고대상 광고물은 신고만 하면 되지만 허가대상은 법정기준에 적합한 광고물로 허가를 받은 후에 설치해야 뒤에 뒤탈이 생기지 않는다. 허가대상 내지 신고대상임에도 불구하고 허가나 신고를 받거나 하지 않고 표시한 광고물은 모두 불법광고물이다. 법정기준이 엄격하기 때문에 법정기준에 적합한 광고물로는 만족하지 못하는 사업가가 있다. 이들은 법에서 정한 기준을 벗어나지 않으면서 광고효과가 있는 광고물을 찾아야 하는 신세이다. 광고의 창의성은 그 내용뿐만 아니라 종류에도 요구된다고 할 수 있다. 허가사항인 옥외광고와 신고사항인 옥외광고의 대략적인 내용은 <표33>에서 제시하는 바와 같다.

<표33> 옥외광고의 허가대상과 신고대상[98]

허가대상	신고대상
1. 벽면 이용 간판 가. 한 변의 길이가 10m인 것 나. 건물의 4층 이상 층의 옆 벽면 또는 뒷 벽면에 설치하는 것으로서 타사 광고를 표시하는 것 2. 신고 대상이 아닌 나머지 돌출간판 3. 공연간판으로서 최초로 표시하는 것 4. 옥상간판 5. 지주 이용 간판 중 윗부분까지의 높이가 지면으로부터 4m 이상인 것	1. 벽면 이용 간판 가. 면적이 5제곱미터 이상인 것. 다만, 건물의 출입구 양 옆에 세로로 표시하는 것은 제외한다. 나. 건물의 4층 이상 층에 표시하는 것 2. 최초로 표시하는 공연간판을 제외한 공연간판 3. 돌출간판 가. 의료기관, 약국의 표지 또는 이용업소·미용업소의 표지 등을 표시하는 것

---

[98] '옥외광고물등의관리와옥외광고산업진흥에관한법률' 시행령 제4조, 제5조.

6. 에드벌룬 7. 공공시설물 이용 광고물 8. 교통시설 이용 광고물(지하도·지하철역·철도역·공항 또는 항만의 시설내부에 표시하는 것 제외) 9. 교통수단 이용 광고물로서 다음에 해당하는 것 가. 사업용 자동차 나. 사업용 화물자동차 다. 항공기 등 중 비행선 10. 선전탑 11. 아치광고물 12. 전기를 이용한 광고물로서 다음에 해당하는 것 가. 광원이 직접 노출되어 표시되는 네온류 또는 전광류 광고물 중 광고내용의 변화를 주지 아니하는 광고물 나. 네온류 또는 전광류 등을 이용하여 동영상 등 광고내용을 평면적으로 수시로 변화하도록 한 디지털광고물 다. 디지털홀로그램, 전자빔 등을 이용하여 광고내용을 공간적·입체적으로 수시로 변화하도록 한 디지털광고물빛이 점멸하기 라. 동영상 변화가 있는 네온류 또는 전광류 광고물 13. 위 각호의 분류에 해당하지 않는 광고물로서 정책위원회의 심의를 거쳐 행정안전부장관이 정하여 고시한 특정광고물 14. 옥외광고물 중 관리법 시행령 제4조 제1항 각호의 광고물을 설치하기 위한 게시시설 15. 면적이 30㎡를 초과하는 현수막 게시시설	나. 윗부분까지의 높이가 지면으로부터 5m 미만인 것 다. 한 면의 면적이 1㎡ 미만인 것 4. 윗부분까지의 높이가 지면으로부터 4미터 미만인 지주 이용 간판 5. 입간판 건물의 벽에 기대어 놓거나 지면에 세워두는 등 고정되지 아니한 목재, 아크릴 또는 조례로 정하는 재료로 만들어진 게시시설에 문자·도형 등을 표시하는 광고물 6. 현수막(가로등 현수기(懸垂旗)를 포함한다) 7. 허가대상 교통수단 이용 광고물을 제외한 교통수단 이용 광고물 8. 벽보 9. 전단 10. 옥외광고물 등 관리법 시행령 제5조 제1항 각호의 광고물을 설치하기 위한 게시시설(면적이 30㎡를 초과하는 현수막 게시시설은 제외)

 옥외광고물(간판)의 설치(표시)에 법적 제한이 있음에도 불구하고 일부러 이를 무시하고 광고활동을 하는 경우가 있다. 주변에 아파트 분양광고나 나이트클럽 광고에서 불법현수막이나 불법포스터를 마구잡이로 붙이는

광경을 쉽게 목격할 수 있다. 운전석 앞부분만 제외하고 차량 전체를 랩핑(Wwrapping)한 채 시내를 돌아다니는 차도 흔히 볼 수 있는 모습이다. 이들은 범법행위로 인한 과태료 부과를 예상하면서 자신의 존재를 알리는 광고활동을 하는 자이다. 광고로 인해 얻을 수 있는 예상수익이 과태료 부과로 인해 입는 손실보다 클 때에는 법에 위반되는 행위임을 알면서도 과감하게 광고활동을 하는 자이다. 범법행위로 인한 과태료는 일정한 한도가 정해져 있기에 그 한도보다 큰 수익이 기대되는 경우에는 범법행위를 서슴지 않고 저지른다. 나이트클럽 등을 운영하는 사업가는 한 달에 수백만원 이상씩 과태료를 부담하면서도 계속 불법광고활동을 하는 일이 있다. 이들은 광고효과가 있으면 수단과 방법을 가리지 않고 광고활동을 하는 것이 사업가의 본성이라고 주장한다. 선진국 문턱에 들어선 우리나라의 사업방식으로 권장할만한 내용은 아닌 것으로 평가된다. 이러한 행위를 계속할 때에는 담당공무원이 과태료에 이어서 형사고발까지 하여 거액의 벌금을 물리기도 한다. 과태료는 기록에 남지 않은 행정벌에 불과하지만 벌금은 형벌로서 기록에 남고 전과자로 되는 무서운 벌임을 알아야 한다.

사업세계에서 합법과 불법의 경계선을 잘 알고 이를 잘 활용할 줄 아는 사람을 뛰어난 기업가로 평가받던 시절도 있었다. 탈세와 절세[99]의 구별만큼 어려운 것이 합법과 불법의 경계선을 넘나드는 사업가들이다. 혹자는 우리나라의 사업가는 교도소 담장 위를 걷는 자와 유사한 신세라고 한탄을 하는 일도 있다. 기업의 생존과 성장을 위해서는 불법과 탈법을 저지르지 않고 사업을 하기가 그만큼 어렵다는 것을 나타내는 표현이다. 따지고 보면 온통 불법 같지만 합법적으로 사업체를 운영해야 하는 사람이 사업

---

99) 탈세(Tax evasion)는 고의로 사실을 은폐·왜곡하는 등 불법적인 방법을 동원해서 세금 부담을 줄이는 행위를 말하고, 절세(Tax saving)는 세법인 허용하는 범위 내에서 합법적으로 세금을 줄이는 행위를 말한다. 탈세는 불법행위로 조세법상 엄하게 처벌되지만 절세는 합법적으로 이용되는 세금 절약 방법이다. 절세도 정도가 심하면 탈세가 되기 쉬우므로 절세든 탈세든 모두 조심해야 하는 사항이다.

가이다. 세상일에는 빛이 있으면 어둠이 있듯이 사업가의 운명도 빛과 어둠을 모두 가진 존재와 비슷하다. 비용·편익분석은 합법세계에만 있는 것이 아니고 합법과 불법이 겹치는 경계선에도 얼마든지 있기 때문이다.

4. 악화가 양화를 몰아내는 자영업 세계

"악화(惡貨)가 양화(良貨)를 구축(驅逐)한다(Bad money drives out good money)"라는 말을 들어보았을 것이다. 이는 16세기 영국의 재무관이었던 토마스 그레샴(Thomas Gresham)이 주장한 말로서 나쁜 돈이 좋은 돈을 몰아내는 현상을 가리키는 표현이다. 이를 '그레샴의 법칙(Gresham's Law)'이라고도 한다. 좀 더 정확한 표현은 "교환비가 법으로 정해져 있을 경우 나쁜 돈이 좋은 돈을 몰아낸다(Bad money drives out good money if their exchange rate is set by law)"는 의미로 사용되는 말이다. 지폐가 상용화되지 않았던 옛날에는 교환수단으로 지폐 대신에 주화(금, 은, 구리 등)를 사용한 적이 있었다. 주화가 가치척도수단으로 화폐역할을 주도적으로 수행했던 시절이었다. 누군가가 주화에 다른 불순물이 첨가된 주화를 유통시켰을 경우, 불순물이 섞이지 않은 좋은 주화는 집에 두고(순전히 금 등으로 팔아도 됨) 불순물이 섞인 나쁜 주화만이 통용되는 것을 빗댄 말이다. 사람들은 똑똑하기 때문에 같은 값이면 좋은 물건은 자신만이 간직하고 나쁜 물건을 먼저 시장에 유통시키는 것을 선호한다. 결국 시장에서 통용되는 물건은 나쁜 물건뿐일 때 이 말이 적용되는 경우이다. 대원군 시절의 당백전 발행이나 근래 북한의 화폐개혁에서 이와 비슷한 현상이 일어났다. '돈에 대한 신뢰' 내지 '그 돈을 발행한 정부에 대한 신뢰'가 무너질 때에는 과도한 인플레이션이 발생하고 경제에 혼란이 가중되어 경제상황을 파국으로 몰아넣는 일도 있다.

그레샴의 법칙은 돈뿐만 아니라 사회적 현상이나 경제의 다른 영역에도 적용될 수 있는 법칙이다. 정품 소프트웨어보다 불법 복제물이 인기를 끄는 것이나 또는 정품 석유보다 유사석유가 인기를 끄는 것도 이 법칙이 통용되는 분야라고 할 수 있다. 세금이 부과되는 양질의 제품 대신에 세금이 부과되지 않은 저질 제품이 시장에 판을 치는 것과 같이 불법이 합법을 이기게 되면 정직한 사람이 손해를 보는 사회가 된다. 어느 시대 어느 국가를 막론하고 국가의 통제로부터 벗어나 있는 지하경제라는 것이 있다. 지하경제란 과세의 대상이나 정부의 규제로부터 벗어나서 각종 합법적·불법적인 수단이 동원되어 경제활동이 이루어지는 곳을 뜻한다. 마약거래나 매춘행위 등과 같이 거래 자체가 불법이어서 들어나지 않은 경우도 있고 또는 골동품 투자나 부동산 투기와 같이 거래 자체는 유효하나 세원으로 포착하기 어려워 지하경제로 남는 경우도 있다. 지하경제의 규모는 선진국의 경우 대략 GDP 대비 10% 내에 그치지만 우리나라는 2015년 20% 내외에서 점차 줄어드는 것으로 보고된다. IMF가 추산한 한국의 지하경제 규모는 <표34>에서 설명하는 바와 같다.

<표34> IMF가 추산한 한국의 지하경제 규모[100]

1991년	1995년	2000년	2005년	2010년	2015년
29.13%	27.48%	27.5%	26.03%	22.97%	19.83%

우리나라 지하경제의 대표적인 유형은 사채, 부동산 투기, 서화나 골동품 등의 투자, 아파트 입주권의 프리미엄, 특정업소허가에 따르는 권리금 등이 있다. 지하경제의 존재는 소득의 불균형을 심화시키고 경제성장을 저해하는 원인이 되기 때문에 어떤 정부도 이를 줄이려고 노력하고 있다. 공정한 사회가 되려면 지하경제의 규모를 최소화하는 것이 전제조건으로 된다. 이들은 경제활동을 하면서 세금도 내지 않고, 또 지하경제에서 모은 돈을 뇌물공여 또는 다른 불공정성을 만들기 위해 사용되기 때문에 공정

---

[100] 중앙일보, 2018. 3. 10, 19면.

성을 해치는 암적인 존재이다. 지하경제는 특수한 사람만이 저지르는 것이 아님을 알아야 한다. 물건이나 서비스를 제공받고 대금을 결제할 때 카드 또는 현금결제의 선택을 요구하면서 현금결제를 할 때에는 5~20% 정도 할인을 해주는 경우를 볼 수 있다. 이들 대부분은 탈세가 의심스러운 사업장이라고 할 수 있다. 탈세가 아니라면 현금거래를 선호할 특별한 이유가 없기 때문이다. 지하경제의 존재와 활성화는 그레샴의 법칙이 적용되는 대표적인 영역이라 할 수 있다.

몇 년 전에 우리 사회에서 푸드 트럭이 화제가 된 적이 있었다. 푸드 트럭이란 식품위생법에 따라 지방자치단체장에게 식품접객업으로 영업신고 승인을 받은 음식판매자동차를 뜻한다. 푸드 트럭 승인을 받은 자는 유원·관광시설, 체육시설, 도시공원, 하천, 학교, 고속국도졸음쉼터, 국유·공유재산 및 '지자체 조례로 정하는 시설' 등에서 주로 휴게음식점영업(음료, 아이스크림, 분식 등)과 제과점영업을 판매할 수 있다. 푸드 트럭을 합법화시킨 것은 잘한 일이지만 푸드 트럭을 이용한 장사는 당초의 의도와는 달리 신통치 않은 것으로 전해진다. 이들이 사용할 수 있는 차량과 영업장소에 엄격한 법적 제한이 있기 때문에 합법적으로 장사를 할 공간을 찾는 것이 쉽지 않은 일이었다. 하루 벌어 하루 먹고사는 노점상을 생각하면 푸드 트럭을 이용해서라도 생계를 유지했으면 좋을 것만 같다. 그러나 곰곰이 생각해보면 점포를 얻어 사업자등록을 하고 세금을 꼬박꼬박 내면서 장사를 하는 자영업자의 이익과 충돌하는 것이 문제이다. 현재 우리나라의 점포여건상 장사가 될 만한 곳은 대부분 합법적인 자영업자들이 활동하고 있다. 사업자등록을 해서 꼬박꼬박 세금을 내고 각종 법률의 규제를 받으면서 영업을 하는 자영업자의 목소리를 무시할 수는 없다. 일부 푸드 트럭 사업자는 합법화되기 이전의 상황이 더 좋았다고 주장한다. 당시에는 차량 불법개조와 불법영업을 이유로 항시 긴장감 속에서 장사를 하긴 했지만 장사가 되는 곳이면 어느 곳에라도 갈 수 있었기 때문에 수익은 괜찮은 수준이라고 푸념을 한다.

　혹자는 법은 강자의 이익을 보호하기 위한 도구라고 한다. 이는 소피스트의 한 사람인 트라시마코스(Thrasymachos)가 주장한 "정의는 강자에게 이익이 되는 것 이외의 아무 것도 아니다"고 한 말에서 유래한다. 인류의 역사를 살펴보면 이 말이 진실에 가까운 것임을 알 수 있다. 그러나 민주주의가 성숙되고 똑똑한 개인들이 국가사회의 중심이 됨에 따라 이 말의 정확도는 점차 낮아지고 있다. 오히려 오늘날은 빈곤층이 거주하는 곳과 영업활동에 법이 자기 역할을 못하는 경우가 증가되고 있다. 여기서는 빈곤층의 존재가 국가의 잘못인지 그 개인의 잘못인지에 대하여 깊이 논의하지 않기로 한다. 불법노점상이 판을 치는 곳을 보면 법의 존재이유와 그 역할을 다시 생각하게끔 한다. 불법노점을 이유로 단속을 해도 그 효과는 미미한 수준이다. 단속을 하면 우선은 그 자리를 떠나겠지만 또 다시 돌아오거나 또는 다른 장소에서 불법노점을 할 가능성이 있기 때문이다. 먹고 살아야 하는 것이 인생이기에 누구도 이들을 향해 손가락질을 하지 못할 것이다. 불법노점상들이 나름대로의 질서를 유지하고 장사를 할 때에는 법의 개입을 최소화하는 것이 오히려 정의에 가까울지도 모른다. 상생과 공생이라는 공동체의 삶을 생각할 때 누구에게나 삶의 근거지를 확보해주는 것이 공동체의 의무이자 책임에 해당되기 때문이다. 2010년 마이클 샌델(Michael Sandel)의 「정의란 무엇인가」라는 책이 국내에 소개되어 선풍적으로 인기를 끈 적이 있었다. '정의'라는 무거운 주제를 다루는 사회과학서임에도 불구하고 오랜 동안 베스트셀러로 자리매김을 하여 출판계와 독자들을 놀라게 하였다. 이 책의 골자는 공동체 복원을 위해 공동체의식과 공동선을 추구하는 삶을 살라고 주장한다. 쉽게 말하면 비슷한 생각을 하면서 함께 살아갈 수 세상이 정의에 가까운 사회라고 할 수 있다. 법의 존재이유와 그 한계에 대하여 끝없는 고민과 갈등을 안겨주는 주제이기도 하다.

자영업자의 적은 대기업이 아니고 동일 업종에 종사하는 자영업자라고 했던가. 동종 영업을 하는 자는 서로 경쟁자이기 때문에 누군가가 악의적인 민원을 제기하여 골치를 썩이는 자영업자들은 의외로 많다. 2010년 경쟁업체에 타격을 입히기 위해 식빵에서 쥐가 나왔다는 글을 유포한 '쥐식빵 사건'은 이에 해당하는 대표적인 사례이다. 일부 사업자는 청소년을 유혹하여 술을 마시게 하고서 이를 당국에 알려 경쟁업체에 영업정지를 당하게 하는 일도 있다. 대한민국에서 자영업자 간의 경쟁은 격심하기 때문에 때로는 해서는 안 되는 수단과 방법을 동원하고 있다. 경쟁업체를 세무서나 구청에 탈세 또는 위생불량 등 악의적인 민원을 제기하여 곤란한 상황을 만드는 일도 있다. 행정관청에 신고가 들어오면 그 관청은 이를 처리할 의무가 있으므로 직접 방문하거나 또는 보고서나 경위서의 제출을 요구하게 된다. 우리나라의 영업 여건상 위생시설, 소방시설, 환경시설, 안전시설 등 법적인 요건을 다 갖추고 영업을 하는 자는 많지 않을 것이다. 영업주는 성심성의를 다해 준비를 하여 보고를 할 수밖에 없는 것이 현재 취할 수 있는 최선의 방책이다. 이러한 과정에서 사업자는 행정조사로 인한 시간과 비용과 같은 물질적 손해는 물론 정신적으로 심한 스트레스를 받아야 하는 것이 너무나 안타까운 현실이다.

사업을 하다보면 사업장의 규모를 좀 더 늘이기 위해 점포 앞의 공용공간을 이용하는 경우 문제가 생길 수 있다. 도시미관을 해치지 않고 통행인의 보행에 지장을 주지 않은 한 설령 법을 위반했다 하더라도 큰 문제가 되지 않는다. 현실적으로 모든 매장의 사소한 법위반까지 단속대상으로 하기에는 현재의 행정력으로 거의 불가능한 일이다. 그러나 주변 사업자의 고발이 있는 경우에는 상황이 달라진다. 혹시 불법시설물이 있거나 불법영업을 한 사실이 적발될 때에는 시정명령과 함께 과태료 내지 영업정지를 당할 수도 있다. 재수가 없으면 형사처벌의 대상이 되어 검찰과 법원에 불려나가고 벌금이 부과될 수 있음을 각오해야 된다. 우리나라 업법(業法)의 대부분은 범법행위에 대하여 형사처벌의 대상으로 하는 것이 특징적이다. 자영업자는 주변 자영업자와 원만한 관계를 유지해야 이러한 문제를 슬기롭게 극복할 수 있다. 인간관계에서 너무 가깝지도 너무 멀지도 않을 정도로 지내는 것이 상책이라는 말은 이 경우에 적합한 표현이다. 불법영업이 바람직한 것은 아니지만 부득이한 사정으로 불법영업을 해야 할 경우에는 피해자가 없도록 함과 아울러 주변 상인의 고발이나 진정이 없도록 하는 방법을 터득해야 하는 것이다. 이웃사촌이라는 말은 사촌처럼 친하게 지내야 탈이 없는 관계로 되는 것을 표현하는 말이기도 하다. 자영업 세계에서 이웃 간의 분쟁은 둘 다 망하게 하는 요인이 될 수 있음을 명심해야 한다. 이웃 간에 서로 고발이나 진정을 하다보면 서로 관청에 호출되어 불려가고 영업정지를 당하는 등 그 분쟁이 확대되어 비극으로 끝나는 일이 많다. 너무 법에 얽매이어 상대방을 공격하다 보면 자신도 공격을 받아 모두가 손해를 입을 수 있다는 사실을 알고 사업을 하는 것이 현명한 태도이다.

5. 유산을 남길 것인가 유산비용을 남길 것인가

통상 유산이라고 하면 부모 등이 죽었을 때 자녀들에게 남겨진 상속재산을 뜻한다. 부모가 남긴 상속재산에는 적극재산과 소극재산이 있다. 적극재산이 소극재산보다 많을 때에는 자녀의 삶에 보탬이 되어 후손들의 생활을 편하게 할 수 있음에 반해, 소극재산(채무)이 적극재산보다 많을 때에는 후손들에게 부담을 주어 그들의 생활을 괴롭히기도 한다. 법적으로는 상속인이 상속의 포기(민 제1041조)나 한정승인(민 제1028조)을 하여 피상속인의 채무를 상속인이 부담할 이유가 없다. 그러나 부모가 타인에게 지는 채무를 다 변제하지 못한 때, 설령 그 채무가 상속의 포기나 소멸시효의 완성 등으로 자녀가 법적으로 책임을 질 이유가 없더라도 사실상 자녀의 정상적인 생활에 지장을 주는 일이 있다. 2018년 후반기에 일어난 '빚투 운동'이 이에 해당하는 사례라 할 수 있다. 가수나 연기자 등 연예인들은 이미지 관리가 생명줄이나 다름없는 데 그에게 부모의 사기나 채무불이행과 같은 부정적인 소식을 전하여 이미지에 타격을 입히고 정상적인 활동을 못하게 하는 것은 부모의 빚이 그 후손에게 부담으로 작용하는 사례이다.

유산비용(Legacy cost)이란 회사가 종업원뿐만 아니라 퇴직자와 그 가족의 평생을 위해 부담하는 의료보험과 연금 비용 등이 너무 과대하여 회사의 성장과 존속에 부담을 주는 것을 뜻한다. 2009년 세계금융위기가 도래했을 때, GM을 비롯한 포드와 크라이슬러 등 미국의 3대 자동차회사가 과거 미국자동차노조연맹(UAW)의 요구를 수용해 회사 부담으로 퇴직자들에게 평생 의료혜택을 제공하고 경영실적에 관계없이 노동자 해고를 엄격히 제한한 것이 회사의 존속과 성장에 걸림돌로 작용한 것을 빗대어 사용한 말이다. 유산비용은 개인사업자와 법인사업자를 각각 달리 보아야 한다. 회사를 비롯한 법인사업자는 자연인과는 독립된 권리주체로서 그 자체 영속적으로 활동하는 자이다. 법인사업자는 대주주나 최고경영지의 사망과는 관계없이 계속적으로 활동하는 것이 정상적인 모습이다. 영속적인 존재인 법인사업자는 지금 잘 나간다고 해서 구성원들이 과도한 몫을 차지할 경우에는 법인의 존속과 성장에 지장을 주어 미래의 구성원들에게 피해를 입힐 수도 있다.

유산비용은 개인[101]이나 기업보다는 국가의 정책과 관련하여 발생하는 경우가 많다. 예컨대 국민연금 개혁에 있어서 현세대에게 만족을 주기 위하여 지급률을 높이고 지급안전장치를 마련하는 것은 결국 후세대에게 과중한 부담을 안기는 것과 다름없다. 또 현재의 일자리 창출을 위하여 세금으로 운영되는 공무원 수를 과도하게 증가시키는 것은 결국 후세대에게 부담을 주어 유산비용을 남기는 것이 된다. 선진국 문턱에 들어서다가 IMF 외환위기 겪으면서 주저앉은 대부분의 국가들도 그 원인 중의 하나가 적정 규모 이상의 공무원 수라는 보고가 있다. 정치가 어려운 것도 현재뿐만 아니라 미래세대의 몫까지 고려하고 정책을 펼쳐야 하기 때문이다. 개인이나 기업은 물론 국가도 유산을 물려줄지언정 유산비용을 남기는 일을 하지 말아야 할 것이다.

---

101) 2018년 후반기에 일어난 '빚투 운동'도 유산비용의 일종으로 설명할 수 있다. 부모의 빚이 자녀의 정상적인 경제생활에 지장을 주어 사실상 자녀에게 경제적인 피해를 입히는 것은 선대(부모)의 잘못이 후대(자녀)에게 부담으로 남기는 경우이다.

제 13 장 창업자금의 조달과 그 회수

1. 자금조달이란

(1) 자금조달의 중요성

창업자의 자본조달방식으로는 자기자본의 조달, 엔젤투자가의 투자, 벤처캐피탈을 비롯한 금융기관의 투자 등이 있다. 엔젤투자자와 금융기관 등에 의한 투자는 자기자본으로 투자되는 경우와 타인자본으로 투자되는 경우가 있다. 사업에서 '돈'이 하는 역할은 자동차 운행에서 연료가 하는 역할과 비슷하다. 연료가 없으면 자동차를 운행할 수 없듯이 돈이 없으면 사업은 물론 창업 자체를 꿈꿀 수 없는 것은 당연하다. 돈은 창업의 핵심 요소이므로, 창업할 때 창업자금의 중요성은 아무리 강조해도 지나치지 않을 것이. 창업 시 창업자금의 조달과 관련해서 결정해야 할 내용은 창업자금의 총규모, 창업자금의 조달방법과 조달시기 등이다. 창업자금은 가능한 시제품(Prototype)을 만들어 생산체제를 완비하고 마케팅을 할 수 있을 정도로 넉넉한 것이 좋다. 창업자금은 최소한 창업을 해서 현금이 창출될 때까지 버틸 수 있는 정도가 되어야 한다. 실제로 창업 후 매출을 일으켜 현금이 들어오기까지는 상당한 시일이 걸릴 수 있다. 그러나 현실에서는 갑부의 아들처럼 금수저로 태어나지 않은 한 돈 걱정 없이 창업할 수 있는 자는 별로 없을 것이다. 미국에서도 창업 실패의 가장 중요한 원인은 자본조달의 실패라고 한다.

(2) 자금의 유형

사업에 필요한 자금은 크게 시설자금과 운전자금으로 구분된다. 시설자금은 시제품을 만들어 생산체제를 구축하는 데 드는 일체의 비용으로서 사업장 마련과 생산설비의 구입비 등을 말하고, 한편 운전자금은 사업을 영위함에 있어 필요한 재료구입비, 인건비, 운영경비 등을 말한다. 일반적으로 제조업은 시제품을 만드는 단계, 생산설비를 갖추는 단계, 제품에 대한 마케팅과 영업활동·홍보와 광고를 하는 단계의 순으로 진행된다. 흔히 시제품을 만드는 것을 갖고서 창업의 성공이라고 착각하는 사람이 있다. 때로는 창업진흥대회에서 수상을 한 성적으로 창업자금을 유치하는 일도 있다. 창업대회에서의 입상은 창업의 준비에 불과하고, 이가 곧 창업의 성공을 의미하는 것은 아니다. 이 단계에서 창업자금을 유치할 때에는 몇 가지 주의할 사항이 있다. 저자가 아는 어느 지인은 시제품을 만드는 단계에서 출처가 불투명한 돈을 받았다가 낭패를 당한 일이 있었다. 그 시제품은 주차장에 주차된 차량과 운전수를 연결하는 프로그램으로 주차관리의 편의성을 제공하기 위한 것이었는데, 시제품이 매출로 연결되지 않자 투자자가 조폭처럼 행동하여 프로그램을 통째로 빼앗겨버린 사례이다. 창업 초기에 자금사정이 좋지 않아 정체가 불투명한 돈을 받았다가 사업이 뜻대로 풀리지 않으면 사업권을 빼앗길 수 있다는 사실을 각오해야 한다. 따라서 창업을 꿈꾸는 자는 자기가 모은 돈이던 가까운 친인척이나 친구로부터 빌린 돈이든 자금압박을 받지 않고 사용할 수 있는 최소한의 창업자금을 마련하는 것은 필수적이다.

(3) 자금의 성격

외부에서 자금조달을 할 때에는 그 자금의 성격을 분명히 하는 것이 좋다. 사업에 필요한 자금은 내부에서 볼 때는 기업의 자금조달이 되는 것임에 비해 외부에서 볼 때는 투자자금이 되는 속성을 가지고 있다. 외부의 투자자금은 순수한 대출인가 그렇지 않으면 손익을 같이 하는 지분투자인가를 명확히 해야 한다. 사업상 외부로부터 투자자금을 받을 때 그 자금의 성격을 애매하게 처리하여 사업의 성패와 관계없이 분쟁으로 이어지는 일이 있다. 당사자의 법률지식의 부족 또는 자신의 욕심을 숨긴 채 사업의 성패에 따라 각기 다른 주장을 하기 위해 일부러 투자자금의 성격을 애매하게 만드는 경우도 있다. 이처럼 투자자금의 성격이 불분명한 때에는 그 사업이 성공하든 실패하든 분쟁으로 이어지는 것은 거의 필연적인 수순이다. 프로야구단 히어로즈의 오너인 L이 재미사업가 H로부터 20억을 받아 야구단 운영에 사용한 자금의 성격을 둘러싸고 소송을 벌이고 있다. L은 대출로 받은 것이라고 주장함에 반해 H는 지분 40%에 대한 투자한 자금이라고 주장한다. 이와 유사한 사례는 과거 영화제작이나 출판계에도 발생한 적이 있었다. 투자를 받은 자는 그 자금을 이용한 사업이 성공할 때에는 대출이 유리한 반면에 실패할 때에는 지분투자가 유리하다. 반면에 투자한 자는 투자를 받는 자와는 반대로 사업이 성공할 경우 지분투자가 유리하고 실패할 때에는 대출이 유리하다. 만약 히어로즈 야구단이 인기가 없어 파산을 했을 경우 L과 H는 과연 어떤 주장을 했을지도 궁금하다. 현재는 L의 입장이 많이 궁색해보이고 또한 다른 사건에 연루되어 형사책임을 지는 상황이어서 매우 난처한 입장인 것으로 판단된다. 화장실 들어갈 때의 마음과 화장실 나올 때의 마음이 같지 않은 것은 세상사 어디에도 통하는 불변의 진리(?)이다. 결국 외부에서 자금을 제공하거나 받을 때에는 그 자금이 소비대차인가, 민법상의 조합 또는 상법상의 익명조합인가에 대하여 그 법적 성격을 분명히 해야 불필요한 분쟁이 생기는 것을 방지할 수 있다.

그리고 위 사례에서 L은 프로야구단 명의로 돈을 받았기 때문에 줄 수 있는 지분이 없다고 주장한다. 이는 법인 명의로 자금을 유치할 때 흔히 생기는 일이다. 계약이 법인 명의로 되어 있으면 회사가 신주를 발행해 주면 된다. 만약 회사 사정으로 신주를 발행할 수 없을 때에는 신주 가격에 상응하는 손해배상을 해야 한다. 반대로 계약이 대주주 개인 명의로 되어 있으면 대주주가 보유한 구주를 주면 된다. 여기서 신주와 구주는 계약 당시에 이미 발행된 주식인가 그렇지 않는가에 따라 양자를 구분한다. 대표이사가 지분을 100% 소유한 회사라 하더라도 자연인 대표이사 개인 명의와 법인 명의는 법적으로 엄연히 구별되는 존재이므로 계약 시 주의해야 할 사항이다. 대표자 개인 명의로 할 것인가 법인 명의로 할 것인가에 대하여 혼동이 있거나 복잡하여 헷갈릴 때에는 양자 모두를 당사자로 참여시켜 계약을 체결하는 것도 하나의 방법이다.

어떤 식으로 창업을 하든 창업자금은 일정 수준 자기자본으로 하는 것이 좋다. 흔히들 사업은 '나의 돈'으로 하는 것이 아니라 '남의 돈'으로 하는 것이라고 한다. 이는 사업이 일정 궤도에 오른 경우나 처음부터 사기를 목적으로 사업을 시작하는 경우에 적합한 말이다. 창업자는 창업 초기에 신용도가 낮고 담보용 재산이 별로 없기 때문에 남의 돈을 빌리기도 쉽지 않은 일이다. 특별한 아이디어를 가진 경우를 제외하고는 타인으로부터 지분투자를 유치하기도 어려운 것이 지금의 현실이다. 창업자금을 얼마로 할 것인지는 업종이나 규모에 따라 다르겠지만 대략 1년 정도 버틸 수 있는 금액이 되어야 한다. 창업계획은 자금조달이 가능한 경우에만 실행할 수 있는 일이므로 창업자금의 조달이 무엇보다 중요하다. 그러나 돈만 있으면 무조건 창업을 성공으로 이끈다는 사고는 금물이다. 창업은 사업 아이템이 있고 이를 활용할 수 있는 자금이 필요한 것이지 그 이상도 이하도 아니다. 사업가는 적정한 자금을 가지고 사업에 전력을 다해야 하므로, 필요 이상의 돈이 있을 때에는 오히려 자신을 망치는 독이 될 수도 있다.

(4) 익명조합의 특수성

통상 외부의 자금제공자가 경영에는 참여하지 않으면서 이익분배를 약정한 때에는 상법상의 익명조합에 해당된다. 익명조합이란 당사자의 일방이 상대방의 영업을 위하여 출자하고 상대방은 그 영업으로 인한 이익을 분배할 것을 약정하는 것을 뜻한다(상 제78조). 익명조합은 공동기업의 한 형태이나 공동기업으로서의 의미는 익명조합원과 영업자의 내부관계에서 찾을 수 있을 뿐이다. 익명조합의 대외적인 모습은 영업자의 단독기업으로 활동하는 존재이다. 익명조합의 목적은 자본가(익명조합원)와 기업가(영업자)가 합쳐서 공동으로 기업을 운영하는 데 있다. 익명조합은 공동사업자 중 어느 일방이 법률상의 제약이나 개인적 사정으로 전면에 나서서 사업을 수행하지 못할 사정이 있을 경우에 유용성이 있는 사업방식이다. 익명조합원은 영업을 위해 출자를 하고 또한 영업자는 영업으로 인한 이익을 분배하는 점에서 익명조합은 공동기업임에 틀림없다. 익명조합에서의 영업은 특정되어 있어야 한다. 막연히 영업자가 수익성이 있는 사업을 하여 이익이 나면 분배한다는 약정은 익명조합이 되지 못한다. 여기서 이익이란 영업자가 영업활동을 하여 얻은 증가된 재산액으로서 불확정적인 것을 뜻하며, 이익의 분배는 영업자가 그 이익을 익명조합원에게 돌려주는 것을 의미한다. 따라서 이익의 유무를 불문하고 매월 일정액을 익명조합원에게 지급하는 약정이 있을 경우 이는 익명조합에 해당한다고 보기 어렵다(대법원 1983. 5. 10 선고 81다650 판결). 익명조합이 인정될 경우 익명조합원이 출자한 재산은 법률상 영업자의 재산이 된다(상 제79조). 따라서 조합 또는 내적 조합과 달리 익명조합의 경우에는 익명조합원이 영업을 위하여 출자한 금전 기타의 재산은 상대편인 영업자의 재산이 되므로 영업자는 타인의 재물을 보관하는 자의 지위에 있지 않고, 따라서 영업자가 영업이익금 등을 임의로 소비하더라도 횡령죄가 성립되지는 않는다(대법원 2011. 11 .24 선고 2010도5014 판결).

2. 자본조달의 유형

(1) 자기자본과 타인자본

창업자금의 조달방법에는 크게 자기자본조달과 금융기관 등으로부터 빌리는 타인자본조달이 있다. 여기서 자기자본이란 창업자가 변제를 하지 않아도 되는 자금으로서 지분발행을 통하여 조달하는 자본임을 뜻하고, 반대로 타인자본이란 사채나 은행차용과 같이 변제를 해야 하는 자본을 뜻한다. 창업자가 어떤 방법으로 자금조달을 하는 것이 현명한 방법인가에 대해서는 한 마디로 대답하기 어려운 주제이다. 자기자본은 변제할 필요가 없어서 모든 자금을 자기자본으로 조달하는 것이 유리한 것처럼 보인다. 그러나 창업자가 자기자본을 조달하기 위해서는 그 만큼 자기의 지분을 포기해야 하고, 또 세금 등의 문제를 고려할 때 그렇게 바람직한 것은 아니다. 통상 이자는 세법상 비용으로 처리되므로 세금을 절약할 수 있는 면이 있다. 빚 없이 사업을 하는 것이 보기에는 좋을지 몰라도 바람직한 사업가의 행위는 아닌 것으로 판단된다. 이자 이상의 수익을 낼 수 있는 아이템이 있다면 대출을 일으켜 사업을 하는 것이 사업의 본질에 더 가까운 모습이라 할 수 있다.

창업 시 조달하는 자기자본과 타인자본에는 각각의 장점과 단점이 있다. 자기자본은 변제를 하지 않아도 되는 자금이나 투자자의 경영권에 대한 간섭이나 감시가 부담이 되는 자금이다. 반대로 타인자본은 이자부담은 있으나 창업자의 지분율을 지킬 수 있는 장점이 있다. 창업자가 투자자금을 유치할 때에는 을의 입장에서 투자자금을 받는 경우가 대부분이다. 이는 곧 투자자의 입장에서 투자의 유형과 그 내용이 결정되는 것을 의미한다. 투자자는 창업 초기에는 그 아이템의 성공을 전혀 판단할 수 없고, 또 창업자에게 일종의 부담을 주기 위해서 지분투자보다는 대출을 선호하는 경향이 있다. 그러다가 그 아이템이 곧 성공으로 이어질 것 같으면 지분투자를 원하는 경우가 있다. 이러한 경우에 대비하여 대출과 주식을 혼합한 전환사채나 신주인수권부사채에 투자하기를 원하는 일도 있다. 이들은 처음에는 사채(社債)의 형식을 띠고 있으나 나중에는 주식이나 신주인수권으로 갈아탈 수 있는 권리가 붙어있는 특수사채이다. 그리고 주식도 일반주식 이외에 상환주식, 전환주식, 의결권 없는 주식 등이 있으므로 각자의 사정에 따라 적합한 주식을 발행하여 투자를 받을 수 있다. 특히 실무에서 선호하는 상환전환우선주는 상환을 전제로 전환선택권이 붙은 우선주로서 회사채 이자보다 높은 배당수익률을 약속하고, 또 주가가 상승하면 보통주로 전환할 수 있어 투자자에게 매력이 있는 주식이다. 자본시장이 발달하면 할수록 법이 허용하는 범위 내에서 새로운 상품이 개발되므로 창업자와 투자자는 이를 적절히 활용할 필요가 있다.

　사업가는 늘 자금 부족에 시달린다. 창업자가 소정의 자기자본을 마련한 후 창업을 한 경우 그 자금이 고갈될 경우 우선 타인으로부터 자금을 차용해야 사업을 영위할 수 있다. 차용할 자금이 적은 금액인 경우에는 지인들로부터 빌릴 수 있다. 그러나 지인이나 친척으로부터 자금을 빌려서 사업을 하는 것은 위험한 발상이다. 사업을 하다가 망하면 집안이 풍지박살이 나고 일가친척 모두가 원수가 되는 일이 있다. 이는 곧 연줄을 이용하여 십시일반으로 돈을 빌려서 사업을 하다가 망한 경우이다. 과거에는 빚 보증이 남발되어 이러한 일이 흔하게 발생하였다. 그러나 요즈음은 금융권에서 보증제도가 거의 사라졌기 때문에 연쇄적으로 망하는 일이 거의 없을 것이다. 창업자는 창업 초기에는 자신의 신용이 낮아서 대출을 받기도 힘들고, 또 대출을 받는다고 하더라도 단기 위주의 소규모 액수에 불과하다. 특히 우리나라 대출시장은 부동산 담보대출과 대표이사의 연대보증을 요구하는 전당포식 대출방식에 의존하는 형태이므로, 이는 불가피한 현상이라고 보아야 한다. 창업자가 돈을 빌릴 때 조심해야 할 사항은 두 자리 숫자 이상의 이자를 물고 돈을 빌리는 경우이다. 저성장 시대에 접어든 우리나라에서 두 자리 숫자 이상의 이자를 감당할 수 있는 사업 아이템이 거의 없다. 남의 돈은 항상 그 대가가 따르기 때문에 돈의 위험성과 소중함을 알고 돈을 빌려야 하는 것이다. 사업가는 돈의 무서움을 알고 그 의미를 몸소 체득한 사람이라야 그 분야에서 성공할 가능성이 있다. 나의 돈이 소중하듯이 남의 돈도 소중하다는 사실을 아는 자야말로 진정한 사업가라 할 수 있다. 사업가에게 자금은 인체에서 피와 같은 역할을 하는 것을 앞에서 기술한 바 있다. 건강도 건강할 때 지켜야 하듯이 사업자금도 가능한 멀리 바라보면서 자금조달에 차질이 없도록 미리 자금계획을 세운 후에 조달하는 것이 바람직하다. 창업자가 시간에 쫓기어 무리하게 자금조달을 하다보면 엉뚱한 자금이 포함되어 두고두고 골칫거리로 되는 일이 있다. 창업자가 단기간에 투자를 받으려고 투자유치에 목을 걸고 몸부림치면 안 되는 것이 투자의 속성이다.

(2) 창업자와 투자자의 협상

기회형 창업 내지 벤처창업에서는 창업 시부터 타인으로부터 자기자본을 조달하는 일이 있다. 창업자의 투자유치는 많은 시간과 노력이 소요되는 지루한 협상과정을 거치면서 이루어진다. 때로는 사업 아이템 개발에 기울이는 정성보다 더 많은 에너지를 소모해야 하는 힘든 일이기도 하다. 투자자도 창업자 못지않게 힘들기는 매한가지이다. 투자자의 입장에서 볼 때 자신이 투자하고 싶은 회사는 돈이 필요 없다고 함에 반해, 투자를 요청하는 회사는 아이템이 불투명하여 겁이 나는 사업이기 때문이다.

자기자본의 조달 시 가장 어려운 사항은 창업기업의 가치를 어떻게 산정하고, 또 지분투자에 대한 대가로 얼마를 받아야 하는가에 관한 내용이다. 창업기업의 평가는 창업한 기업을 금전적으로 평가한 구체적 숫자로써 지분투자의 대가를 정하는 기준이 된다. 상장기업이나 설립된 지 오래된 기업은 나름대로의 평가기준이 있어서 가치평가가 어느 정도 용이하게 이루어진다. 기업가치 평가방법에는 순자산가치 평가방법, 수익가치 평가방법, 시장가치 평가방법, 비교기업가치 평가방법, 위 방법을 혼합한 평가방법 등 여러 유형이 있다. 통상 기업가치의 평가는 미래에 예상되는 매출과 비용을 일정한 할인율을 갖고서 하는 순현금흐름(Net cash flow)의 현재가치를 산정하여 평가하는 방식이다. 이것도 어디까지나 미래에 예상되는 수익과 비용을 기준으로 산정되며, 또 할인율을 어떻게 정하느냐에 따라 그 가치가 달라지는 단점이 있다. 그러나 창업 직후의 기업은 사업 아이디어나 아이템만 있을 뿐 수익과 자산도 없고 또한 비교 대상이 되는 기업도 별로 없어서 어떤 평가방법을 채택하든 그 기준이 불완전하기는 매한가지이다. 자본시장이 발달한 미국에서는 자본조달의 과정에 엔젤투자가와 벤처캐피탈로 연결되어 있음은 앞서 본 바 있다. 우리나라에서도 1차 벤처붐이 일어난 1990년대 말에는 이러한 방식이 작동된 적이 있었다. 그러나 벤처버블이 꺼진 이후 엔젤투자가는 거의 사라졌고, 또 벤처캐피탈도 몸을 사리기 시작하여 투자유치가 더욱 어렵게 되었다. 그러나 근래에는 정부의 창업활성화에 대한 정책과 미국 IT기업의 성공사례에 자극받아 벤처캐피탈을 비롯한 투자자가 지분투자에 관심을 갖기 시작하였다. 창업 직후 아이템만 갖고 평가할 때에는 논리보다 투자자의 직관에 의존하여 결정되는 경우가 많다. 이때 누구의 직관에 의존하는 것이 현명한 방법인지가 궁금하다. 통상 엔젤투자자는 성공한 벤처기업인이나 대기업 임원을 지낸 인물 위주로 구성되는 경우가 많다. 불교 선승들이 자신의 득도 단계를 시험할 때 자주 사용하는 말이 있다. "도인이 도인을 알아보고, 성인이 성인을 알아본다"고 했던가. 유성인(唯聖人)이라야 능지성인(能知聖人)이라 하여 오직 성인만이 성인을 볼 수 있다고 한다. 벤처기업을 창업하여 성공한 기업인이나 대기업 임원들이 엔젤투자자나 벤처캐피탈의 평가위원이 되는 것은 어쩌면 당연한 일이다. 이들은 창업기업에 투자는 물론 멘토가 되어 창업기업이 성장할 수 있는 길을 열어주는 역할도 한다. 이렇게 하는 것이 개인적으로나 국가적으로 창업활성화에 도움이 되는 일임이 분명하다. 창업자는 가능한 유명한 엔젤투자자나 벤처캐피탈로부터 투자를 받는 것이 유리하다. 유명인으로부터 투자를 받았다는 사실은 그 자체로 명성을 얻을 수 있기 때문에 반은 성공했다고 볼 수 있다. 유명인으로부터 투자를 받으면 투자자가 갖고 있는 인적 네트워크를 활용할 수도 있고, 또 나중에 창업기업의 매각 시 투자기관이 중개인이 되어 매수인을 주선해 주기도 하는 것이다.

창업자가 엔젤투자자나 벤처캐피탈로부터 투자자금을 유치할 때 얼마에 어느 정도의 지분을 양도해야 하는가도 결정하기 어려운 문제이다. 또 한번에 필요한 자금을 모두 유치할 것인가 그렇지 않으면 여러 번에 걸쳐서 자금을 유치할 것인가도 고민해야 하는 사항이다. 창업 아이템이 시제품으로 완성되어감에 따라 그 가치가 증가할 때에는 여러 번에 걸쳐서 투자를 받는 것이 창업자에게 유리하다. 기술자들이 벤처창업을 할 때에는 자신의 기술을 너무 과대평가하여 투자유치에 실패를 하는 일이 있다. 모든 것에는 때가 있는 만큼 투자유치도 적절한 시기에 이루어져야 값어치가 있다. 이는 기술자들도 창업을 한 이상 시장과 경영을 알아야 하는 이유이기도 하다. 창업자의 투자유치는 투자자와 지루한 협상과정과 단판을 거치면서 완성되어 간다. 평가대상 자체가 너무 불완전하고, 또 미래의 상황도 불투명하기 때문에 자칫 과거 명성이나 목소리 큰 사람이 이길 수 있는 게임이다. 판단하기 어려운 지루한 투자협상을 할 때 고려할 심리학 원칙이 있다. 심리학자 대니얼 카드만(Daniel Kahneman)과 아모스 트버스키(Amos Tversky)가 주장한 '정박효과(Anchoring effect)' 내지 '닻 내림 효과'라는 것이 있다. 이는 어떤 판단을 내릴 때 처음에 제시한 기준에 영향을 받아서 최종판단은 그 근처에서 이루어지는 것을 뜻한다. 어떤 판단이나 결정을 할 때 최초 정보에 몰입하여 다른 정보를 수용하지 않거나 또는 약간 수정하는 수준에 머무는 경우에는 이 원칙이 적용되는 예이다. 닻을 내린

배가 크게 움직이지 않듯이 처음 접한 정보가 기준점이 되어 판단에 영향을 미치는 일종의 편향(왜곡) 현상으로 이해되는 내용이다. 물론 터무니없이 높은 또는 낮은 가격을 제시할 경우 그 협상은 깨어져 버릴 수 있다. 그러나 양 당사자 모두 특정 가격을 제시하는 것이 부담스러운 때에는 과감하게 창업자가 먼저 가격을 제시하는 것도 하나의 방법이다.

창업자가 투자유치를 할 때 창업자의 지분율을 어느 정도 포기해야 할 것인가도 어려운 사항이다. 미국의 구글이나 페이스북과 같은 초대형 기업의 경우에는 창업자가 20% 내외의 지분만 가지고 그 나머지로 투자유치를 받기도 한다. 그러나 우리나라의 경우에는 법인을 설립했다 하더라도 소유자 의식이 강하게 남아 있으므로 창업자의 지분은 미국의 경우보다는 더 많이 갖고 있어야 한다. 현실적으로 상장기업의 경우에는 대략 30% 내외의 지분율을, 또 비상장기업의 경우에는 50%를 초과한 지분율을 갖고 있어야 안정적으로 경영권을 행사할 수 있다. 지분투자를 받을 경우 투자자는 주주가 되는 자이므로, 투자자로부터 경영권에 대한 간섭과 감시를 받을 수 있음을 각오해야 한다. 회사의 경영권을 쥐고 있는 지배주주의 주식보유비율에 따라 할 수 있는 권한과 역할은 차이가 있음은 앞서 본 바 있다. 외부투자자의 지분비율이 50% 이상인 때에는 창업자라도 잘못하면 자신의 회사에서 쫓겨날 수 있음을 각오하는 것이 좋다. 스티브 잡스가 자신이 창업한 애플에서 쫓겨난 사례는 이를 증명하는 바이다. 창업자가 명심할 일은 너무 자신의 지분율에 연연하지 말고 사업의 규모를 키우는 데 집중해야 한다는 사실이다. 규모가 10억원 회사의 지분율 70%를 가졌다고 해서 규모가 100억원 회사의 지분율 30%를 갖는 회사보다는 어떤 면에서나 못함을 하는 것이 중요하다. 창업자에 대한 투자는 창업아이템보다 창업자에 대한 신뢰와 신용이 우선적으로 고려됨을 모든 창업자가 명심해야 하는 내용이다.

(3) 사업계획서의 작성

창업자가 대출을 받거나 투자를 유치할 때에는 사업계획서 내지 투자계획서를 작성해야 한다. 사업계획서는 창업자에게 장래 나아가야 할 사업의 이정표가 됨과 아울러 투자자에게는 투자의 근거자료가 되는 것이다. 사업계획서는 각종 용도에 따라 조금씩은 다를 수 있다. 사업계획서는 요구하는 자의 용도에 맞게끔 자신감을 갖고서 작성하는 것이 좋다. 사업계획서는 대출자나 투자자에게 대출이나 투자의 정당성을 증명하는 근거자료가 되는 것이어서 창업자가 자신감이 없을 경우 대출이나 투자를 받는 것이 쉽지가 않다. 사업계획서는 어떤 일을 해서 돈을 벌겠다는 사실을 정리한 자료로서 평소 생각한 내용과 회의내용 등을 간단명료하게 기술하는 것으로 충분하다. 투자의 성사는 사업계획서에 담은 아이템도 중요하지만 창업자의 가치관과 자질이 더 중요한 요소로 작용하는 경우가 많다. 때로는 사업계획서를 작성하느라 소중한 시간을 너무 많이 허비하고 현실성이 없음을 알면서 무리하게 계획서를 작성하는 일이 있다. 인간사 모든 것이 그러하듯이 계획은 계획일 뿐 계획이 그대로 실현되는 일은 거의 없다. 남에게 보여주기 위한 사업계획서나 심사관의 평가와 질문에 맞춘 사업계획서는 그야말로 계획서 이상의 의미가 없다. 변화에 적응하고 위기관리를 잘 하면서 전략적인 대응을 잘해야 하는 것이 사업이다. 사업계획서를 작성할 때에는 있는 사실을 그대로 기술해야지 곧 들통이 날 거짓말을 하거나 과장된 표현은 금물이다. 창업자에게 대출이나 투자를 하는 그룹도 나름대로 전문가인 데, 당장은 이들을 속일 수 있을지 몰라도 시간이 지나면 들통이 나기 마련이다. 이런 일이 한 번 있고 나면 나중에 좋은 아이템을 갖고 있더라도 이들은 두 번 다시 관계 맺기를 원하지 않을 것이다. 결국 사업가에게 가장 중요한 밑천인 신뢰와 신용을 잃어버리는 셈이다. 창업자의 사업계획서는 사업상 중요한 파트너와 관계를 맺는 연결고리가 될 수 있음을 알고 작성해야 한다.

3. 정책자금의 활용

근래 정부는 기업의 고용창출이 여의치 않자 창업활성화를 위한 각종 정책을 발표하고 있다. 대기업 위주의 경제성장정책이 고용창출로 연결되지 않은 것을 확인을 한 후 청년실업의 해결책으로 창업만이 살 길이라고 주장하는 것이다. 창업의 저변을 확대하는 것이 경제발전과 고용창출로 연결되어 경제의 활력소가 됨을 이해한 결과이기도 하다. 중소벤처기업부를 비롯한 각 정부부처와 지방자치단체가 다양한 정책자금을 마련하는 등 각종 창업지원제도를 운영하고 있다. 대학에서도 창업선도대학과 창업센터 등 각종 기관을 설립하여 창업을 지원하고, 이들 기관을 중심으로 다양한 창업교육을 실시하고 있다. 창업자는 자본조달을 다원화하고 정부의 정책자금을 적절히 활용할 줄 알아야 진정한 의미로 사업가의 길에 들어섰다고 할 수 있다.

종래 창업의지는 있으나 창업자금을 마련하지 못해 창업을 포기하는 예비창업자에게는 위 정책자금과 창업교육은 많은 도움이 될 것이다. 그러나 아직도 정부의 정책자금에 관심은 있으나 지원요건이나 그 절차를 잘 몰라 기회를 놓치는 일이 있다. 특히 사회에 첫출발을 하는 젊은이들이 무엇을 어떻게 해야 할지 방향조차 잡지 못하는 것을 보면 안타까운 마음이 든다. '소상공인 육성', '정책자금 지원' 등은 말뿐인 허구적인 정책이라고 비판하는 사람이 있다. 이는 정책자금에 대한 정보를 잘못 입수하였거나 이를 활용할 능력과 의지가 부족한 사람의 변명이 아닌가 싶다. 창업에 있어 가장 중요한 것은 정확한 정보수집이고, 이를 위한 노력이 있어야 소기의 목적을 성취할 수 있다. 창업을 꿈꾸는 젊은이들은 연초부터 중소벤처기업부를 비롯한 정부의 각 부처와 지방자치단체의 사이트를 검색하여 자기에 맞는 기회를 찾는 것이 중요하다. 예비창업자는 정부 지원금을 받기 위하여 사전에 철저히 준비하는 정신자세와 각오가 되어 있을 때 지원을 받을 수 있다. 창업지원기관에서 일하는 사람은 창업자만큼 절박하거나 절실하지 않기 때문에 이들의 말을 100% 믿어서도 아니 된다. 창업자는 처음부터 끝까지 자신의 일을 자신이 해결한다는 자세를 지녀야 성공창업으로 이끌 수 있는 자격이 있는 자이다.

정부의 지원금은 창업유형에 따라 경쟁률이 심하여 엄격한 심사절차를 거쳐야 하는 경우가 있다. 정책자금은 한정되어 있고 지원자가 너무 많이 몰리기 때문에 거기에 적합한 소수의 사람만이 받는 것이다. 지원자는 어떤 자금을 신청하던 지원기관에서 요구하는 서류를 완벽하게 준비하고 사업계획서를 정성스럽게 작성해 제출할 수 있어야 된다. 정부의 창업자금은 개인의 신용등급에 따라 다를 수 있으며, 또 소정의 창업교육의 받아야 하는 경우도 있어 소정의 요건을 갖추고 있어야 된다. 자금이 나를 찾아오는 것이 아니라 내가 자금을 찾아가야 한다는 사실 말이다. 항상 준비된 자만이 창업자금을 받을 수 있다는 사실을 명심해야 한다. 창업자금에 따라서는 소상공인, 여성, 장애인처럼 그 자격을 제한하여 특별히 지원하는 경우도 있다. 특히 정책자금을 지원받을 경우 창업자가 세금체납이나 신용이 불량하면 그 대상에서 아예 빼버리는 경우가 있다. 창업자는 늘 세금과 신용을 챙겨야 자신이 원하는 지원금을 받을 수 있다는 사실을 명심할 필요가 있다.

정부의 정책자금은 무상과 유상으로 구분하여 지급되고 있다. 무상으로 지급되는 금액은 소액으로 창업 초기에 일시적으로 지급되는 정도이다. 대부분의 정책자금은 장기로 낮은 금리의 대출 위주로 구성되어 있다. 정부의 정책자금은 자기자본인 지분투자로 지원하는 일은 거의 없다. 왜냐하면 정부나 지방자치단체가 직접 지분투자를 하면 대상기업은 공기업이 되거나 공공성을 훼손할 우려가 있기 때문이다. 창업자는 창업 시뿐만 아니라 창업 후에도 각종 정책자금을 활용할 수 있어야 된다. 한 번 정책자금을 지원받으면 그 후에 연결되는 지원금도 받을 수 있는 기회가 주어지는 것이 통상적이다. 정부의 정책자금은 시중 금융기관의 자금에 비해 장기·저리의 대출로 되어 있으므로 창업자의 부담을 덜어줄 수 있다. 그러나 아무리 장기·저리의 대출이라 할지라도 언젠가는 갚아야 하는 자금임을 알아야 한다. 자본주의 경제에는 공짜가 없는 것이 불문율이다. 사업세계에서 공짜는 사업가를 망치는 독약이 될 수 있다. 자신의 노력과 능력으로 성취한 것이 아니면 그것이 무엇이든 소중함을 모르고 함부로 낭비할 위험성이 있기 때문이다. 정부는 아무리 창업활성화가 필요하다 할지라도 좀비기업을 양산하는 시스템을 구축하는 일을 절대로 해서는 아니 된다.

4. 투자금의 회수

(1) 출구전략의 중요성

창업기업에 지분투자를 하는 자는 투자금의 회수에 관심을 가지는 것은 당연하다. 사업세계에서 재미삼아 또는 봉사정신으로 투자를 하는 사람은 없을 것이다. 창업자금은 투자자금을 회수하는 출구전략(Exit strategy)이 뚜렷하지 않으면 창업기업에 대한 투자가 잘 이루어지지 않은 것이 투자의 속성이다. 출구가 분명해야 입구에서 투자가 수월하게 이루어지는 식이다. 따라서 창업자는 창업자금을 조달할 때부터 출구전략을 수립하고 이를 실천할 수 있도록 노력해야 한다. 이러한 출구전략은 투자자로 하여금 투자위험을 줄임과 아울러 투자계획을 수립할 수 있도록 해 투자자가 투자결정을 하는 데 도움을 줄 것이다. 창업자에 대한 투자자의 신뢰감은 창업아이템의 우수성은 물론 출구전략이 분명할 때 더욱 빛을 발하는 경우가 많다. 현실에서 창업자와 투자자의 관계는 투자가 이루어진 후에 그 지위가 역전되는 것을 자주 목격할 수 있다. 투자 전에는 투자자가 갑의 지위에서 투자여부를 결정하지만 투자 후에는 오히려 창업자가 갑이 되어 그 지위에 변화가 생기는 것이다. 그러나 이러한 현상은 창업자가 잘못 생각한 일임을 명심하는 것이 좋다. 투자자는 채권자보다 자신을 더 믿어주는 존재라는 사실을 알면 초심을 계속 유지하는 것이야말로 진짜 사업가의 태도이다. 이러한 점에서 출구전략은 투자자로 하여금 창업자를 압박할 수 있는 카드가 되는 일이기도 하다.

투자금의 회수는 기업을 상장시켜 시장을 통해 주식을 매각하는 방법 또는 투자기업을 다른 기업에 매각하는 방법 등 여러 유형이 있다. 상법 및 '자본시장과금융투자업에관한법률'은 증권시장에 상장된 유가증권을 발행한 법인을 상장법인이라고 한다(상 제542조의2 1항, 자본시장법 제9조 15항 1호). 통상 기업의 상장(IPO, Initial Public Offering)이란 증권거래소에 상장하여 불특정 다수인을 상대로 주식을 발행하고 공개시장을 통해서 주식거래가 이루어지는 것을 뜻한다. 기업공개는 주주의 수가 많고 주식이 분산되어 있고 주식의 양도에 제한이 없는 경우에 이루어진다. 현재 우리나라 상장기업의 수는 대략 유가증권 시장에 1,000개사 이상, 코스닥 시장에 1,000개사 이상 도합 2,000개사 이상이다. 기업의 상장은 상장요건이 까다로워 생각만큼 쉽게 이루어지지 않은 것이 현실이다. 1990년대 말의 벤처붐은 인터넷과 IT기술이 등장하여 발전한 것도 있지만 1996년 개장된 코스닥 시장이 한 몫을 한 것은 사실이다. 투자금의 회수는 상장을 제외하면 투자기업을 다른 기업에 매각하여 그 대금을 분배하는 방법밖에 없다. 창업자가 설립하고 그가 지배주주로 경영권을 장악하고 있다고 해도 창업회사는 엄연히 창업자와 법적으로 분리되는 존재이다. 그러나 우리나라에서는 창업자와 창업회사를 동일시하는 의식이 강하고, 또 창업기업을 다른 기업에 매각하는 것을 부도덕한 일이라고 생각하는 사람이 의외로 많은 것이 문제이다.

(2) M&A의 활성화

기업의 매각은 M&A의 일종으로 기업을 역동적으로 움직이게 함과 동시에 경영권 시장에 경쟁을 붙이는 역할을 하는 것이다. 우리나라 상장기업 중에서 지배주주가 직접 경영권을 행사하는 소유자기업의 비율이 높아서 소유와 경영이 분리되는 주식회사의 운영원리에 벗어나는 것처럼 보일 수 있다. 우리나라는 물론 외국에서도 대규모 회사가 아닌 한 소유와 경영이 분리된 회사의 수는 의외로 적다는 것을 알 수 있다. 물론 일부 M&A 사례에서는 근로자와 소수주주를 희생시키고 먹튀(?)의 배를 불리는 것과 같은 부정적인 역할을 하는 경우도 있었다. 과거 비정상적인 인수·합병과 주가조작으로 수많은 피해자를 양산한 나쁜 사례들이 M&A에 대한 부정적인 시각을 키운 것은 사실이다. 그러나 어떤 제도나 정책이던 나름대로의 장점과 단점을 가지고 있다. M&A의 부작용이 있다고 해서 M&A를 어렵게 하여 M&A가 가진 장점을 살리지 못하도록 하는 것은 현명한 방법이 아니다. 다른 국가에 비하여 벤처창업과 기업매각이 성행하는 미국과 이스라엘은 M&A를 통하여 기술개발을 장려하는 경우가 대부분이다. 기술자가 창업한 회사가 어느 정도 성장하면 다른 기업에 매각하고 또 다시 기술개발을 위한 회사를 창업하는 식으로 선순환의 구조가 정착되어 있다. 이렇게 될 경우 투자자는 보다 안심하고 기술개발회사에 투자를 할 수 있을 것이다. 따라서 우리나라에서도 M&A에 대한 시각을 바꾸어 M&A의 활성화가 곧 창업과 그 기업에 대한 투자를 활성화시킬 수 있는 방안임을 인식하는 것이 필요하다. M&A의 활성화가 출구전략과 입구전략의 핵심이 될 수 있는 사실을 아는 것이 중요하다.

우리나라 기업사에서 M&A는 창업자에게 영광을 안겨주기보다는 회한과 눈물을 안겨주는 경우가 많았다. 종래 우리나라 기업 중에는 2인 내지 3인 정도의 동업자가 뭉쳐 회사를 설립하는 경우가 흔한 일이었다. 이들 회사는 각 분야에서 성공을 거두었지만 1대주주와 2대주주의 대립으로 비극적인 결말을 맞이하는 경우가 종종 있었다. 1대주주와 2대주주 사이에 갈등과 대립이 깊어지면 1대주주는 2대주주를 회사 밖으로 몰아내고, 2대주주는 경쟁관계에 있는 다른 회사에 자신의 주식을 매각하는 식으로 분쟁이 격화된다. 경쟁업체는 대상기업에 비하여 규모도 크고 경쟁력이 있기 때문에 대상기업을 인수하거나 파멸시켜 1대주주를 쉽게 경영권에서 배제시킬 수 있다. '너 죽고 나 죽자'는 식의 끝없는 감정싸움은 모두에게 비극을 가져오는 일이다. 주식회사에서 투자금의 회수는 이익배당과 경영권에 참여하여 임금을 받아가는 방식으로 이루어진다. 때로는 자본금의 감소를 통하여 투자자금을 회수하는 일도 있다. 경영권을 장악한 주주는 합법적으로 임금을, 불법적으로 거래처로부터 리베이트를 받는 식으로 자신의 투자금을 회수할 수 있는 길이 있다. 그러나 경영권에서 배제된 주주는 이익배당도 임금도 거의 받지 못하는 신세가 되는 경우가 허다하다. 회사 규모가 몇 백억원 되더라도 상당한 지분을 가진 주주가 한 푼도 회수하지 못하는 사례가 이에 해당하는 것이다. 억울한 심정에 법에 호소를 해보지만 원하는 결과를 얻는 일이 쉽지 않은 길임을 깨닫게 된다. 기업세계에서도 법보다 주주 간의 신뢰가 우선임을 명심하는 것이 좋다. 이러한 점에서 LG의 구씨 일가와 GS의 허씨 일가의 만남과 헤어짐 또한 네이버의 이해진과 카카오 톡 김범수의 만남과 헤어짐은 내공이 깊은 고수들의 이야기가 아닐 수 없다.

    M&A가 어려운 것은 법제도나 M&A에 대한 부정적인 문화도 한 몫을 하지만 당사자에게 책임이 있는 경우도 있다. 창업회사를 사 주어야 하는 대기업은 창업기업을 고사시켜 창업기업이 개발한 기술을 거의 공짜로 가져가려는 심리가 있다. 반대로 창업기업은 자신이 개발한 기술을 너무 과대평가하여 터무니없는 가격을 요구하여 협상의 문을 스스로 닫아버리는 경우도 있다. 창업기업은 기술을 개발하면서 들어간 매몰비용에 연연하여 적정한 가격을 제시하지 못하는 일도 있다. 여기서 매몰비용(Sunk cost)이란 미래의 수익에 도움이 되지 않는 매몰되어 버려서 회수할 수 없는 비용을 뜻한다. 매몰비용은 기술개발이나 광고에 투자한 시간과 비용이 아까워

수익가치가 없음에도 불구하고 계속 붙잡고 있을 때 사용되는 말이다. 적절한 시기에 적정한 가격으로 매각을 하는 것은 양도인과 양수인 모두에게 도움이 되는 일이다. 사업에서 타이밍은 죽은 아이템을 살리기도 하고 살아 있는 아이템을 죽이기도 하는 법이다. 창업기업에 투자를 한 주주는 법이 허용하는 범위 내에서 주주 간 또는 주주와 회사 간의 계약으로 자신을 이익을 지킬 수 있는 방안을 마련해두는 것이 좋다. 결국 M&A의 활성화야말로 기업의 매각을 쉽게 할 수 있음과 함께 이것이 곧 창업과 창업기업에 대한 투자를 활성화할 수 있는 길임을 알아야 한다.

제 14 장 기업의 승계

1. 기업승계란

(1) 기업승계의 중요성

기업은 창업에서 출발하여 성장을 거쳐 소멸하는 과정은 생로병사(生老病死)의 운명을 지닌 자연인과 비슷하다. 그러나 기업의 대표적인 형태인 주식회사는 영속적인 존재로서 그 생명력을 무한대로 하고 있는 점에서 자연인과는 구별되는 존재이다. 주식회사가 영속적인 존재라고 해서 영원히 존재할 수 있는 것이 아니다. 실제로 주식회사의 생명력은 대략 30년 정도인 것으로 알려져 자연인의 수명보다 짧은 것으로 전해진다. 법적으로 살아있는 존재이지만 사업을 하지 않은 휴면회사[102]나 식물인간처럼 아주 미미한 정도의 사업을 해서 명줄만 이어가는 주식회사[103]도 적지 않은 것

---

[102] 휴면회사란 실제로 폐업을 하고도 등기부상 그대로 존재하는 회사를 뜻한다. 휴면회사는 탈세나 거래에 악용되는 일이 있고 또한 등기와 실제가 불일치하여 타인의 상호선정의 자유를 방해하는 등 부작용이 있으므로 엄격한 관리가 요구된다. 범죄나 나쁜 일을 할 때 자주 이용되는 대포폰이나 대포차도 휴면회사 명의로 되어 있는 경우가 많으므로, 휴면회사의 흔적을 찾아 이를 없애는 것은 사회적으로도 중요하다. 상법은 일정기간 휴면상태에 있는 회사는 일정한 절차를 거쳐서 그 기간이 만료한 때에 해산한 것으로 본다(상 제520조의2조).

[103] 우리나라에 존재하는 주식회사의 수가 얼마인가는 각 기관의 통계자료에 따라 상당한 차이가 있다. 법원 등기부에 기재되어 있는 수와 국세청에서 관리하는 수가 다른 것은 등기만 되어 있을 뿐 전혀 활동을 하지 않거나 활동을 하더라도 세금을 낼 정도가 아닌 법인이 있기 때문이다. 법원 등기부는 법인의 실적여하를 불문하고 등기만 되어 있으면 통계에 잡히지만 국세청 자료는 세금을 납부해야 통계에 잡히기 때문에 양자 간에 차이가 있는 것은 당연하다.

으로 전해진다. 또 법인은 법률에 의하여 권리능력이 부여된 권리주체이므로 자연인과 달리 위장으로 설립되어 활동하는 경우도 있다. 자연인과 법인은 똑같이 권리의무의 주체가 되는 권리능력자이지만 법적 취급에는 많은 부분에서 차이가 있다. 이성과 감정을 가진 인간과 법적 편의성을 위하여 법인격이 부여된 법인 사이에 법적 취급을 달리하는 것은 어쩌면 당연한 일이다.

 영리법인은 사유재산권의 대상이 되므로 소유주가 죽으면 상속재산이 되어 상속인에게 승계된다. 우리나라에서는 학교나 병원과 같이 법적으로 상속이 되지 않은 비영리법인뿐만 아니라 교회와 같은 종교재산까지 후손들이 승계하는 경우가 있어서 상속의 의미가 많이 변질되고 있다. 기업의 승계는 기업의 본질과 규모에 따라 차이가 날 수밖에 없는 것이 문제이다. 기업의 승계는 기업의 동일성을 유지하면서 승계하는 것이 중요하다. 자영업으로 운영되는 개인사업자와 법인으로 운영되는 법인사업자는 둘 다 승계대상이 되는 존재이다. 법인기업의 승계는 지배주주[104]가 존재하는 경우와 주식이 분산되어 지배주주가 존재하지 않은 경우에는 승계의 의미와 성격이 달라진다. 흔히 기업의 승계를 계주 달리기에 비유하여 바통 터치의 중요성을 강조하고 있다. 2016년 8월 브라질 리우 올림픽 대회에서 일본 육상대표팀이 400m 계주달리기에서 단거리 육상의 강국인 자메이카에 이어 2위를 차지하여 세계를 깜짝 놀라게 하였다. 일본팀은 마지막 주자가 바통을 받을 때에는 가장 빨리 달리기도 했다. '세계에서 가장 빠른 사나이' 우사인 볼트가 마지막 주자로 나선 자메이카에 패해 아쉬움은 있었지

---

[104] 종래에는 주식의 보유정도에 따라 대주주와 소수주주로 구분하는 것이 일반적이었다. 그러나 경제현실에서는 경영권을 장악하는 주주를 대주주 대신에 지배주주라 하고 소수주주 대신에 소액주주라는 명칭이 사용되는 경우도 있다. 소수주주의 주식가액은 회사의 규모에 따라 천차만별이므로 지분율과 더불어 금액을 감안하여 사용하는 소액주주라는 말이 보다 더 현실에 적합한 면이 있다. 여기서는 대주주 대신에 지배주주라 하고 소수주주 대신에 소액주주라는 명칭을 사용하기로 한다.

만 영원한 우승후보국인 미국보다 빨리 달려 강력한 인상을 남겼다. 일본은 이미 2008년 중국 베이징 올림픽에서 아시아 최초로 400m 계주달리기에서 동메달을 획득한 전적이 있다. 신체조건에서 상대적으로 불리한 아시아권 국가들이 육상에서 큰 성과를 거두지 못한 상황을 감안할 때, 일본팀이 올림픽 은메달이라는 엄청난 성과를 얻은 비결이 무엇인지가 궁금하다. 400m 계주달리기의 백미는 바통을 주고받을 때 혼잡한 상황을 누가 빨리 극복하는가에 있다. 동네 체육대회의 마지막 종목은 계주달리기인 경우가 많고, 바통을 주고받으면서 떨어뜨리거나 잘못 전달하여 순위가 뒤바뀌는 모습을 흔히 볼 수 있는 모습이다. 일본팀은 바통 터치 방식에서 '오버 핸드 패스(Over hand pass)' 방식을 채택하는 다른 국가와는 달리 '언더 핸드 패스(Under hand pass)' 방식을 채택하여 재미를 보았다고 한다. 통상 '언더 핸드 패스' 방식은 실수를 최소화하고 바통 터치의 확실성을 극대화할 수 있고, 또 주고받는 시간을 단축할 수 있다는 장점이 있다. 반대로 이 방식은 사실 엄청난 훈련이 필요하고 선수 간에 호흡이 뒷받침되어야 가능한 정교한 바통 연결 방식이기도 하다. 기업의 승계도 계주대회에서 바통을 주고받는 것과 같이 승계를 잘하면 기업이 흥하기도 하고, 반대로 잘못하면 기업이 쇠퇴하거나 사라지는 일도 있다. 이러한 의미에서 기업의 승계는 창업 못지않게 중요한 일임에 틀림없다. 정치권력이던 기업권력이던 최고권력자(실권자)가 변동되면 그를 보좌하는 핵심 인물들과 정책의 방향이 바뀌어 일정 기간 혼란을 겪을 수밖에 없다.[105] 혼란이 불가피한 현상이라고 해도 그 와중에서 성장하는 경우도 있고 실패하는 경우가 있는 것이 현실이다. 일본 육상 계주팀이 바통 터치를 잘하여 우수한 성적을

---

[105] 우리나라 대통령 선거에서 보수세력과 진보세력이 죽을 각오와 있는 힘을 다해서 싸우는 것도 따지고 보면 감투와 자리싸움의 성격이 강하다. 통상 대통령이 바뀌게 되면 굵직한 자리만 해도 1,500개 내지 2,000여개의 자리에 변동이 있는 것으로 알려져 있다. 흔히 정치권 언저리에 머물면서 온갖 미사여구를 구사하는 사람도 결국은 자신에게 돌아올 한 자리를 차지하기 위함이라고 하는 것이 솔직한 표현이다.

얻을 수 있듯이 기업승계를 잘하여 기업의 전통을 살리면서 발전할 수 있는 계기를 마련하는 것이 중요하다. 기업승계의 준비과정와 승계절차는 기업의 영속성과 발전사에 있어서 매우 중요한 위치를 차지한다고 할 수 있다.

(2) 기업승계의 유형

기업승계란 기업의 영속성을 유지하기 위하여 기업의 소유권과 경영권을 자녀나 다른 사람에게 물려주는 것과 관련되는 모든 사항을 뜻한다. 기업승계를 가업승계 또는 경영권 승계로 표현하는 주장이 있다. 이는 승계의 대상이 기업의 소유권인가 그렇지 않으면 기업의 경영권인가에 따른 구별이기도 하다. 기업승계는 승계의 대상, 승계인의 자격과 출신, 승계의 주도자 등 다양한 기준에 의해 여러 유형으로 구분된다. 기업승계의 대표적인 유형 몇 가지에 대하여 설명해보자. 첫째는 승계의 대상이 소유권인가 또는 경영권뿐인가 하는 것에 관한 문제이다. 통상 경영권은 소유권에 종속되므로 소유권이 이전되면 경영권은 자동적으로 이전되는 것으로 이해하는 것이 일반적이다. 지배주주가 있는 경우에는 누가 지배주주의 주식을 승계하느냐에 따라 기업의 승계가 결정된다. 지배주식을 승계한 자는 직접 또는 그가 지명한 자를 통해 경영권을 장악할 수 있다. 그러나 주식이 분산되어 지배주주가 없는 경우에는 누가 최고경영자(CEO)의 지위를 승계하느냐에 초점이 맞추어져 있다. 이때 중요한 것은 누가 승계의 주도권을 쥐고 후임자를 결정할 수 있는가이다. 둘째는 누가 그 기업의 승계인이 되는가 하는 문제이다. 핏줄에 따라 자녀들이 승계인이 되는 경우가 있는가 하면 전문경영인이 승계인이 되는 경우도 있다. 지배주주가 있는 경우에는 자녀들이 주식을 상속받아 기업을 승계하는 것을 가업승계(Ownership succession)라고 하고, 반대로 지배주주가 없는 경우에는 전문경영인이 기업을 승계하는 것을 경영권 승계(Mmanagement succession)라고 한다. 셋째는 후계자를 기업내부에서 찾을 것인가 또는 외부에서 찾을 것인가 하는 문제이다. 통상 후계자는 내부의 사람으로 승계시키는 것이 원칙이지만 외부의 저명한 인물을 초빙하여 승계시키는 일도 있다. 넷째는 후계자를 결정할 때 누가 주도권을 쥐고 후계자의 결정 과정과 그 절차를 지배하는가 하는 문제이다. 법적으로는 이사회가 대표이사(대표집행임원)를 선출할 수 있지만(상 제389조 1항, 제408조의2 3항) 정부의 입김 등 외부세력이 주도권을 쥐고 있는 경우도 있다.

　기업승계는 다양한 유형으로 구분할 수 있지만 크게 보면 두 가지 유형으로 구분할 수 있다. 하나는 자녀들을 포함한 창업자의 가문 출신이 창업자가 운영하는 기업을 승계하는 가업승계이고, 다른 하나는 비교적 큰 기업에서 경영권을 승계하는 경영권 승계이다. 가업승계에는 개인사업자로 운영되는 자영업의 승계는 물론 지배주주가 있는 법인을 승계하는 것까지 포함된다. 가업승계는 가문의 일원이 기업운영에 대한 권리와 의무를 계승한다는 점에서 가문에 속하는 신분, 재산, 직업 등이 자손대대로 물려받는 세습과는 다른 개념이다. 현재 우리나라의 기업승계는 승계의 형태에 따라 중점적으로 논의되는 사항과 그 내용을 달리하고 있다. 가업승계에는 상속세를 포함한 각종 세제상의 혜택을 어디까지 줄 것인가에 초점이 모아져 있다. 어느 정도 규모를 가진 중소기업의 창업자 입장에서 보면 기업의 영속성과 발전을 위해 자녀들이 승계자가 되는 것이 순리라고 생각한다. 자녀들이 후계자가 되었을 때 현실적으로 가장 고민되는 사항은 상속인이 내야 하는 상속세 부담이다. 상속세는 증여세와 함께 세율이 높기 때문에 부자들이 걱정하는 가장 고통스러운 세금이다. 상속세에서 집중적으로 논의되는 사항은 기업승계를 위해 세율을 낮추어 줄 것인가 그렇지 않으면 부의 세습을 방지하기 위해 높은 세율을 그대로 유지할 것인가이다. 이 부분은 뒤에서 자세히 논의하기로 한다. 한편 경영권 승계에는 정치권이나 관료의 입김을 어떻게 하면 줄일 수 있는가에 초점이 맞추어져 있다. 현재 우리나라에서 소유와 경영이 분리되어 있는 은행이나 포스코와 같은 정부의 입김이 강하게 미치는 기업의 경영실적은 신통치 않은 것으로 전해진다. 이들 회사들이 경쟁력이 떨어지는 이유로는 여러 가지가 예시되고 있다. 그 중에서 최고경영자를 비롯한 주요 임원의 인사가 외부의 입김으로부터 자유롭지 못한 점이 중요한 요인으로 작용한다. 경영자의 선임이 경영능력과 리더십에 의해 결정되지 않으면 경영자는 외부세력을 의식해서 경영에 전념할 수 없는 것이 현실이다. 정권의 교체에 따라 경영진의 교체가 자주 이루어지는 경우 기업의 경쟁력을 유지할 수 없음은 물론 기업의 영속성까지 잃을 수 있는 심각한 일임을 알아야 한다.

'경영권의 이전'을 M&A의 본질로 이해할 때 M&A도 기업승계의 일종으로 볼 수 있다. M&A가 일어날 경우 대상기업에 경영권의 변동이 생기는 것이 일반적이다. M&A란 둘 이상의 회사가 법적으로 하나의 회사로 되는 합병과 대상회사의 자산 또는 주식을 인수함으로써 회사의 경영권을 취득하는 기업의 인수 또는 매수를 포괄하는 말이다. M&A는 기업 그 자체를 상품처럼 사고파는 거래라고 할 수 있다. M&A의 유형 중 가장 주목받는 유형은 당사자의 의사, 좀 더 정확히는 대상회사의 경영진 내지 지배주주의 의사 여하에 따라 구분되는 우호적 M&A와 적대적 M&A이다. 우호적 M&A는 거래당사자의 합의에 의하여 M&A가 성사되는 것을 뜻하고, 반대로 적대적 M&A는 대상회사의 경영진 내지 지배주주의 반대에도 불구하고 M&A가 이루어지는 것을 뜻한다.106) 적대적 M&A는 지분의 매집을 통하여 또는 의결권대리행사 위임장권유(상 제368조 1항)를 통하여 다수 지분을 확보한 자가 회사의 소유권 내지 경영권을 차지하게 된다. 우호적

---

106) 경영자 내지 지배주주의 동의라는 형식적 기준만으로 우호적 M&A와 적대적 M&A를 명확하게 구별할 수 없는 경우가 있다. 예컨대 외형은 우호적 M&A이지만 적대적 M&A의 암시 내지 위협 속에서 마지못해 우호적 M&A의 모습을 띠는 경우가 있는가 하면, 반대로 적대적 M&A도 그 성공이 확실해질 때에는 사후의 통합 등을 고려하여 우호적 M&A의 모습으로 마무리를 짓는 경우도 있기 때문이다.

M&A이던 또는 적대적 M&A이던 후계자가 뚜렷이 존재하지 않거나 기업의 실적이 악화될 때에 시도되는 점에서 기업승계와 관련을 가질 수밖에 없다. 창업자가 M&A를 승계방법의 하나로 생각할 때에는 장기적인 대책을 세워 M&A를 추진하여야 기업의 영속성은 물론 제대로 된 값을 받을 수 있을 것이다.

기업승계는 기업을 둘러싼 부와 권력이 이전되는 것이므로 때로는 후계자들이 서로 차지하려고 격렬한 싸움을 벌이는 일이 있다. 2016년에 발생한 롯데그룹 형제간의 다툼도 그룹의 소유권과 경영권을 누가 차지할 것인가에 초점이 모아져 있었다. 기업승계는 오너나 최고경영자가 주도권을 쥐고 추진할 때에는 큰 문제가 발생하지 않은 법이다. 그러나 후계자가 될 사람이 주도권을 잡고 추진할 때에는 피바람을 몰고 오는 등 적지 않은 갈등과 충돌이 일어나는 일이 있다.107) 또 오너의 갑작스러운 죽음으로 준비가 덜된 자녀들이 기업을 승계할 때에는 기업의 수명을 단축시키는 역할을 하는 일도 있다. 기업의 승계에도 준비가 되어 있는 경우와 그렇지 않은 경우에는 엄청난 차이가 있다. 1997년 IMF 외환위기 와중에서 30대 대기업 집단 중에서 12개가 없어지거나 다른 기업에 매각되어 역사에서 사라졌다. 외환위기라는 특수한 사정이 있었지만 일부 기업은 창업자의 갑작스러운 죽음으로 나이 어린 2세가 승계하여 무리하게 사업규모를 확대한 것도 한 몫을 차지한 것으로 전해진다.108) 창업자는 창업한 기업이 어느 정도 정착

---

107) TV 막장 드라마의 단골 소재로 활용되는 의식이 희미한 아버지 앞에서 아버지 기업을 서로 차지하려고 자녀들이 온갖 술수와 독수를 사용하여 원수보다 못한 형제가 되는 것은 물론 심지어는 아버지의 명까지 단축시키는 일까지 저지르기도 한다.
108) 지금은 역사에서 사라진 기업이나 한 때는 30대 재벌에 포함되었던 쌍용그룹, 세한그룹, 삼미그룹 등은 창업자의 갑작스러운 죽음으로 2세들이 30대 초반의 나이에 그룹의 지배권을 물려받은 경우들이다. 2세들은 젊은이다운 패기로 무리하게 사업확장을 도모하다가 외환위기를 맞이하여 그룹의 명줄을 끊어놓는 역할을 하여 비운을 맛본 사례들이다. 준비되지 않는 2세들이 가업승계를 해야 하는 운명은 가족기업이 안고 있는 단점의 하나이기도 하다.

되고 성장하면 승계를 고민해야 하는 숙명적인 과제를 안고 있는 존재이다. 기업승계는 미리미리 준비하고 대책을 세워놓아야 승계가 원활히 이루어질 수 있을 뿐만 아니라 세금 등을 절약할 수 있어 경제적으로도 이익이 된다.

2. 소유와 경영의 분리 논쟁

주식회사는 법적으로 소유와 경영이 분리된 기업이다. 반대로 개인기업이나 인적회사는 출자자가 자동적으로 경영권을 가질 수 있으므로 소유와 경영이 일치되는 기업이다.109) 주식회사는 주주의 지위 자체에 근거하여 업무집행기관이 되는 것이 아니고, 주주는 주주총회를 통하여 회사의 업무를 집행할 자를 선임할 수 있는 권한을 가질 뿐이다. 이는 출자자로서의 사원자격과 경영을 담당하는 기관자격이 분리되는 것을 의미한다(타자기관, 제3자 기관). 가령 주식회사의 지배주주, 설령 1인회사의 지분 100%를 소유한 1인주주라 하더라도 그 자체로서 업무집행자가 되는 것이 아니고 주주총회에서 자신을 이사로 선임함으로써 회사의 기관이 될 수 있다. 이러한 점에서 주식회사는 소유와 경영이 분리된 기업이라 할 수 있다. 주식회사의 경영권은 이사회 및 대표이사가 행사하므로 과반수이상의 이사를 차지하는 쪽이 경영권을 가지는 것으로 이해된다. 이사의 선·해임은 주주총회의 권한사항이므로, 결국 회사의 지배권과 경영권은 의결권 있는 주식을 많이 확보하는 지배주주가 차지하게 된다. 결국 경영권의 이전은 지배주식의 양도에 따르는 부수적인 효과에 불과한 것으로 평가할 수 있다.110) 사유재산제도 하에서 소유자가 직접 또는 간접으로 소유권을 행사

---

109) 개인기업은 소유권법리에 의하여 소유자가 그 소유물을 사용, 수익, 처분할 권리가 있고(민 제211조), 또 인적회사의 대표적 형태인 합명회사는 사원이 정관에 다른 규정이 없는 때에는 회사의 업무를 집행할 권리와 의무가 있으므로(상 제200조 1항) 소유의 경영의 일치를 법적으로 인정하고 있다.
110) 대법원 2014.10.27. 선고 2013다29424 판결(지배주식의 양도와 함께 경영권이 주식양도인으로부터 주식양수인에게 이전하는 경우 그와 같은 경영권의 이전은 지배주식

하는 것은 그의 자유이다. 소유와 경영의 분리여부는 경영권을 장악하고 있는 지배자의 책임과 맞물려 있는 상법의 핵심 주제이기도 하다. 자영업자나 합명회사 사원은 무한책임을 지기 때문에 경영권을 자동적으로 보유하게 하고, 반대로 주식회사는 주주가 유한책임을 지기 때문에 경영권을 소유권으로부터 분리시킨 것으로 볼 수 있다. 회사의 지배주주에게도 유한책임의 법리를 그대로 적용할 것인가에 대해서는 다양한 주장이 있을 수 있는 분야이다. 회사 경영권을 장악하고 있는 지배주주가 회사를 파탄시킬 경우 유한책임의 혜택을 어디까지 부여할 것인가에 대하여 법과 국민의 정서 사이에 충돌이 생기는 것도 바로 이 때문이다.111)

소유와 경영의 분리는 기업지배구조와 관련하여 경영학 등에서는 회사법상의 의미와 다르게 이해하는 경우가 있다. 자연인 지배주주가 경영권을 행사하는 기업을 소유자 기업이라고 하고, 주식이 분산되어 자연인 지배주주가 없어 전문경영인이 경영권을 행사하는 기업을 경영자 기업이라고 한다. 여기서 후자의 기업을 진정한 의미로 소유와 경영이 분리된 기업으로 이해하는 식이다. 지배주주가 있는 경우에도 후계자가 어리거나 경영권을 승계할 마땅한 사람이 없어 전문경영인이 경영권을 행사하는 경우가 있다. 그러나 이러한 기업에서는 지배주주가 언제든지 경영권을 차지할 수 있기 때문에 경영자 기업으로 보기는 어렵다. 영국과 미국에서는 기업이 성장하면 소유와 경영이 분리되는 것을 자연스러운 현상으로 받아들이는 경향이 있다. 소유와 경영이 분리되어 전문경영인이 기업을 경영하도록 하는 것이 바람직한 모형으로 인식한다. 그러나 영미국가에서도 기업의 규모가 커졌

의 양도에 따르는 부수적인 효과에 불과하다).
111) 2016년 9월 한진해운의 법정관리를 두고 지배주주 측의 추가출자를 요구하는 국민의 목소리가 높아지고 있다. 경영권을 지배했던 전 최고경영자는 유한책임의 법리를 주장하고 있지만 국민 대다수의 정서는 대략 1,000억원의 자산을 가진 지배주주가 추가출자를 하는 것이 이치에 맞는 일로 생각한다. 이는 주주유한책임의 법리와 국민의 정서 사이에 간극이 있음을 보여주는 대표적인 사례이기도 하다.

음에도 불구하고 지배주주가 경영권을 장악하는 소유자 기업이 있음은 물론 대다수 국가에서는 지배주주가 경영권을 장악하는 소유자 기업이 절대 다수를 차지하고 있다. 우리나라의 경우 상장기업을 포함한 거의 대부분의 주식회사에서 지배주주 또는 지배주주와 그 관계회사가 다수의 주식을 보유하고서 직접 또는 간접적으로 경영권을 행사하고 있다.112) 이러한 점에서 진정한 의미로 소유와 경영이 분리된 주식회사는 그리 많지 않은 것으로 보고된다. 소유자 기업과 경영자 기업은 각 국가의 자본주의 형성과정, 자본시장의 규모나 발달정도, 사회제도 등과 관련이 있으므로 어느 것이 우월한 기업형태라고 말할 수 없다. 소유와 경영의 분리만이 글로벌 스탠더드(Global standard)에 적합하다는 인식은 잘못된 것으로 평가할 수 있다. 따라서 경영자 기업이 선이고 소유자 기업은 악이라고 단정하는 것은 그리 바람직한 태도가 아니다. 어떤 형태의 기업이 우수한 성과를 내고 투명하게 운영될 수 있느냐가 논의의 핵심주제이다. 문제는 소유자 기업이나 경영자 기업에서 지배주주나 경영자가 회사의 이익보다 자기 개인의 이익을 우선적으로 취득하는 자기거래(Self-dealing)를 어떻게 하면 방지할 것인가에 관심이 집중되고 있다.

  우리나라의 기업형태는 규모의 대소를 불문하고 소유자 기업이 절대 다수를 차지하고 있음은 앞서 기술한 바 있다. 상위 10대 기업 또는 20대 기업 중에서 경영자 기업은 공기업과 은행을 제외하고는 과거의 기아자동차와 현재의 포스코 등 손에 꼽을 수 있는 정도이다. 이들 회사는 불법행위 또는 임원의 인사에 잡음을 내고, 또 경영실적이 신통치 않아 경영자 기업이 우수하거나 바람직하다는 주장이 그다지 설득력을 얻지 못하고 있다. 그렇다고 해서 소유자 기업이 우수하거나 바람직하다는 주장은 절대로 아

---

112) 우리나라에서는 주주 수가 많고 또한 주식이 분산된 상장회사라 하더라도 자연인 지배주주가 경영권을 장악하거나 자연인 지배주주와 그 관계회사가 결합하여 경영권을 장악한 회사의 비율이 외국에 비해 높은 것이 사실이다.

니다. 상장회사는 규모가 커짐에 따라 자본조달을 자주 하여 지배주주의 지분율이 낮아지고, 또 상속 등을 거치면서 지분이 분산되어 개인보다는 가문이 지배하는 형태로 바뀌게 된다, 삼성전자나 현대자동차처럼 세계적 규모로 성장한 회사가 계속 소유자 기업으로 머무는 것은 정상적인 상황이 아니라는 주장이 있다. 우리 경제계에서 자주 논의되는 최대 화두는 엄청난 힘을 가진 재벌의 경제력을 어떻게 규제할 것인가이다. 우리나라 재벌들은 대규모 기업집단을 형성하여 상호주 보유형태 또는 지주회사체제로 운영되고 있다. 상호주 보유형태로 복잡하게 얽혀있는 지배구조는 적은 지분으로 대규모 기업집단을 지배하기 위해 편법적으로 고안된 비정상적인 지배형태이다.113) 현재 재벌에 대한 국민들의 인식은 '공부는 잘하지만 모범생은 아닌 것 같다'와 같은 느낌을 가진 것처럼 보인다. 재벌을 '공공의 적' 또는 '절대 악'이라고 하는 것은 너무 극단적인 주장이다. 만약 재벌이 정말 악마 같은 존재라면 젊은이들이 삼성전자나 현대자동차에 입사하려고 발버둥치지 않을 뿐만 아니라 이를 권장하는 분위기도 없을 것이다. 재벌을 옹호하는 측은 재벌의 승계를 원활하게 추진하기 위하여 황제주114) 또는 세금상의 혜택을 부여하자고 한다. 그러나 이 주장은 몇 가지 문제가 선결되어야 논의될 수 있는 분야이기도 하다. 첫째는 기업의 승계

---

113) 예컨대 갑이 지배주주로서 A회사를 지배한 상태에서 A회사가 B회사를 지배하고, B회사는 C회사를 또 C회사는 A회사를 지배하는 지분이 연결되어 있는 경우를 가정해보자. B회사와 C회사에 갑보다 직·간접적으로 많은 지분을 가진 주주가 없을 경우 갑은 A회사, B회사, C회사 모두를 지배할 수 있다. 회사의 규모가 비슷할 경우 가공자본(A→B→C→A)을 형성하여 갑은 자기 돈 한 푼도 들이지 않고 세 개의 회사를 지배할 수 있는 공고한 지분을 확보할 수 있다. 종래 우리나라 재벌의 지배구조는 필즈상 수상자도 풀지 못할 정도로 복잡하게 얽혀있는 지분구조를 가져 후진성을 면치 못하고 있었다. 정부는 재벌규제의 일환으로 지주회사체제로의 변화를 유도하는 등 여러 방법을 동원하여 지배구조를 개선시키려고 노력하고 있다.

114) 황제주(황금주, Golden share)란 1주만 갖고 있어도 주주총회나 이사회의 결의사항 중 정관에서 정한 일정한 사항에 대하여 거부권(동의권)을 행사할 수 있는 주식을 뜻한다. 황제주는 복수의결권주식과 함께 1주 1의결권을 부여하고 있는 상법상의 주주평등의 원칙(상 제369조 1항)의 예외에 해당되는 주식이다.

가 곧 부의 세습으로 연결되는 것은 그리 바람직한 현상은 아니라는 사실이다. 자본주의체제는 자본에 의해 사회가 움직이는 것을 공식적으로 인정한 사회이다. 쉬운 말로 표현하면 자본(돈)이 모든 것에 우선시되는 것을 인정하는 사회이다. 아무런 부담 없이 부의 세습을 인정하면 우리 사회는 신판 귀족주의를 도입하는 것과 거의 같은 결과가 될 것이다. 신분제 사회를 극복한 현대사회에서는 혈연에 의한 신분이나 지위가 자식에게 이어지는 세습 현상을 차단하는 것이 일반적이다. 부의 세습을 억제하고자 고율의 상속세를 부과하는 것도 이러한 이유에서 비롯된다. 기업의 승계가 단순한 부의 세습이 아니라 승계의 장점으로 예시되는 내용으로 국민을 설득할 수 있어야 한다. 가업승계가 되어야 기존의 거래처 계속유지, 고용안정, 경영노하우 전수, 뛰어난 애사심과 책임감 등을 유지하여 기업의 영속성을 유지할 수 있다고 주장한다. 가업승계가 인정될 때 일본이나 독일처럼 우리나라에서도 경쟁력 있는 장수기업이 탄생할 수 있는 것으로 기대하는 것이다. 그러나 애사심과 책임감 부분을 제외하고는 그다지 설득력이 있는 주장이 되지 못하는 것이 현재의 상황이다. 창업자와 그 후손들은 창업자가 세운 기업을 자기 기업이라 생각하고 키웠기 때문에 애사심과 책임감은 누구 못지않게 강한 것은 사실이다. 그러나 다른 부분은 다른 사람이 경영한다고 해서 거래처를 마구 바꾸고 근로자를 쫓아내는 등의 행위는 마음대로 할 수 있는 성질이 아니다. 삼성전자나 현대자동차처럼 너무 커버린 기업을 가족기업의 울타리 속에 계속 묶어두는 것이 바람직한 태도인가는 의문이 드는 것도 사실이다.115) 둘째는 창업자의 후손들이 누구

---

115) 시중에 떠도는 농담 중에 아들을 둔 부모가 효도를 받으려면 아들을 너무 큰 인물로 키워서는 아니 된다는 말이 있다. 큰 인물이 되면 국가의 부름을 받거나 돈 많은 처갓집에 빼앗길 가능성이 높기 때문이라고 한다. 소식(小食)이 장수에 유리하듯이 기업도 적정한 규모일 때에는 장수기업이 되는 것이 어렵지 않은 법이다. 그러나 세계적 규모로 성장한 기업은 장수기업이 되는 것은 물론 가업승계의 대상으로 하기에는 어딘가 무거운 면이 있는 것으로 평가된다.

보다 기업을 경영할 능력과 자세가 뛰어나다는 점을 입증해야 한다는 사실이다. 창업자에게 기업을 승계할 능력이 있는 자식이 있는 것은 대단한 행운이다. 왕조사회에서 왕자교육이 중요하듯이 창업자의 2세교육도 후계자 수업에 맞추어져 진행되어야 한다. 기존의 거래관계 계속유지, 원만한 노사관리, 기업의 기술이나 노하우의 전수 등은 후계자 수업을 통하여 철저히 준비시켜야 하는 내용이다. 우리나라 재벌 2세들 중 부모의 엄격한 교육과 훈련 과정을 겪으면서 후계자가 되는 경우도 있다. 동원산업은 회사의 이미지에 맞게 2세들로 하여금 배를 타게 해서 밑바닥 경험을 거친 것으로 유명하다. 세상 모든 부모들은 자식들이 자기보다 편안하고 안락한 삶을 살기를 원할 것이다. 밑바닥 생활과 현장경험이 부족한 사람은 남을 배려하고 이해하는 능력이 떨어져 좋은 리더가 되기 어려운 것이 현실이다. 창업자가 후계자 수업을 위해 고육지책(苦肉之策)을 사용한 것도 남을 배려하고 소통하는 좋은 경영자로 키우기 위함이다. 능력이 떨어지는 자를 무리하게 후계자로 선정했을 때 생기는 비극은 혼자만의 비극만이 아닌 것이 문제이다. 망나니짓을 하는데도 창업자의 후손이라고 해서 무조건 이들에게 승계시켜 주자는 주장은 북한의 비극적인 왕조체제의 계승을 보는 것과 같이 슬픈 일이다. 인류의 역사는 소중하게 생각하는 가치, 즉 권력·지위·재산·직업 등을 피의 흐름으로부터 끊어내는 과정으로 평가할 수 있다. 이러한 점에서 부의 세습을 아무런 대가 없이 처리하자는 주장은 역사를 거꾸로 되돌리는 것과 비슷한 주장이다. 혈연에 대한 집착이 강한 한국인은 어느 누구도 이로부터 자유롭지 못하고, 또 꼭 부정적으로 평가할 필요는 없다. LPGA에서 탁월한 성적을 내는 여자 선수들 뒤에는 반드시 아버지가 있는 것도 혈연에 대한 집착이 긍정적으로 작용한 경우이다. 혈연의식이 강한 것을 무조건 나무랄 일은 아니지만 정도가 지나치면 모두에게 해가 됨을 깨달아야 한다. 저출산 시대의 흐름에 따라 가업을 승계할 후계자가 없거나 뚜렷하지 않은 경우가 많이 생기는 것도 문제이다. 과거에는 여러 명의 자녀 중 가장 똑똑한 놈을 지정하여 교육과 훈련을 통하여 최고경영자 수업을 시켜 기업승계를 할 수 있었다. 그러나 현재는 자식을 적게 낳기 때문에 하나 또는 둘 중에서 선택해야 하므로 확률적으로 우수한 승계자가 나오기 훨씬 힘들어진 상황이다. 재벌의 승계가 어려워진 것은 세법의 엄격함뿐만 아니라 능력과 자질을 갖춘 후계자를 준비하는 것이 쉽지 않기 때문이다. 저자가 아는 꽤 괜찮은 중소기업을 운영하는 A사장은 자녀가 둘 있는 데, 둘 다 의사가 되어 자기 일을 열심히 하고 있다. 60대 중반에 접어든 A사장은 자기 기업을 승계할 사람이 없다고 푸념을 하는 것을 들은 적이 있다. 저자는 A사장에게 나이가 더 들기 전에 그 기업을 다른 사람에게 넘기라고 조언을 하였다. M&A가 기업승계의 한 방법이라고 하는 것도 이러한 경우이다. 창업자의 후손들이 승계해야만 기업의 영속성이 유지되는 것은 아니다. 창업자와 그 후손들이 착각하는 것 중의 하나가 자신의 가문이 승계해야 기업의 영속성이 유지되는 것으로 이해하는 것이다. 그러나 창업자를 빼고는 기업 그 자체가 존속되는 경우이면 기업의 영속성은 유지되는 것으로 보아야 한다. 창업자가 평생 일구어 온 기업을 남에게 판다는 것은 말처럼 쉽지 않은 일임이 분명하다. 계속기업(Going concern)의 의미에 대하여 다양한 주장이 있지만 다른 사람이 승계하는 것도 영속성을 유지하는 일로 보는 것이 바람직하다.

 소유와 경영이 분리된 경영자 기업도 부정행위로부터 완전히 자유로울 수 없다. 소유자 기업이 경영권을 장악한 지배주주가 사적 이익을 위해 경영권을 남용하는 일이 있듯이 경영자 기업도 경영자가 주주의 이익을 위해 경영을 하기 보다는 자신의 이익을 위해 경영을 하는 일이 있다. 예컨대 경영자는 자신의 지위 보장 등 개인적 이익을 위해 위험성이 따르는 고수익성 사업보다는 위험성이 낮은 저수익성 사업을 선호하는 경우가 있다. 경영자 기업에서 경영자가 자신의 이익이 아닌 주주의 이익을 위하여 회사를 경영하도록 경영자를 통제하는 데 여러 가지 비용이 소요된다. 이를 대리인비용(Agency cost)이라고 한다. 통상 대리인 비용의 규모는 경영자가 소유하는 주식의 비율과 반비례한다고 볼 수 있다. 소유와 경영이 일치되는 소유자 기업이 많은 우리나라에서는 대리인 비용은 주주와 경영자와의 관계라기보다 경영권을 장악한 지배주주와 소액주주 등의 관계로 이해할 수 있다. 자기거래를 통해 회사의 부를 지배주주나 경영자 개인에게 가져갈 가능성은 경영자 기업보다 소유자 기업이 훨씬 용이하고 또한 많다는 것이 문제이다. 재벌 상속에서 흔히 등장하는 수법 중 하나는 장래가 유망한 회사를 설립하고 그 지분을 자녀들이 보유하게 한 후 관계회사를 동원하여 그 회사를 부당하게 지원하여 성장시키는 방식이다. 자녀들은 특별한 기여를 한 일이 없음에도 불구하고 성장의 열매를 독차지할 수 있다. 이는 그룹에 속한 다른 회사의 부가 자녀들이 보유한 새로운 회사에 이전되는 결과로 되는 것이다.

3. 기업승계의 준비

기업승계는 계주 경기의 바통 터치와 같이 두 주자 간의 속도, 호흡, 위치 등이 절묘하게 맞아떨어져야 소기의 성과를 거둘 수 있다. 기업승계는 소유자 기업이던 경영자 기업이던 모두에게 중요한 일이다. 형식적으로는 회사의 이사회에서 후계자가 선임되지만 실질적으로 준비된 후계자가 있을 때에는 이사회의 선임절차는 그야말로 형식적인 절차에 불과하다. 기업의 영속성과 발전을 위해 준비된 후계자가 있어야 승계절차가 원활히 진행됨을 알 수 있다. 기업승계는 시간이 걸리는 작업이므로 차분하고 확실하게 준비해야 성과를 거둘 수 있는 영역이다. 후계자의 양성은 소유자 기업과 경영자 기업이 각각 다른 절차와 과정을 거치면서 완성되어 간다.

소유자 기업은 대개 자녀들이 기업승계를 하는 경우가 일반적이다. 기업승계는 지배주식의 이전을 통해 이루어진다. 기업을 승계할 적임자가 있고, 또 그가 상속세를 납부할 능력이 있는 때에는 특별히 문제될 것이 없다. 그러나 두 가지 요건 중 어느 하나라도 갖추지 못할 경우 승계가 원활히 진행되지 않는다. 창업자는 스스로 선택하여 창업의 길을 개척하였고 또한 기업을 운영하면서 산전수전을 겪었으므로 인간의 본성에 대한 통찰력이 누구보다 깊을 수밖에 없다. 이러한 통찰력 덕분에 규모가 큰 기업의 조직을 쉽게 장악하는 데 문제가 없을 수 있다. 자신이 사업하는 것 자체를 좋아하고, 또 능력과 자질이 뛰어났기 때문에 기업을 성장시켰을 수도 있었다. 그러나 창업자의 2세나 3세는 스스로 선택하기보다 부모의 권유 또는 불가피한 상황이 그를 사업세계로 이끄는 경우가 많다.

사업가로서의 자질이 떨어지고 열정이 없음에도 불구하고 승계자로 되었을 때에는 대상기업을 위험에 빠뜨리는 일도 있다. 반듯한 기업을 키우는 일은 수십 년이 걸리지만 기업을 망치는 일은 순식간에 일어난다. 사업가의 자질과 열정이 부족할 경우 사업에 대한 흥미와 집중력이 떨어지는 현상이 생긴다. 최고경영자의 집중력이 떨어지는 순간 권력누수가 발생하여 최적의 자원분배를 못하고 기업실적은 엉망진창이 된다. 최고경영자가 무능하면 사내정치가 만연하고 정실인사가 이루어져 기업이 나아가야 할 방향을 잃어버리는 현상이 생길 수 있다. 정치세계에서 최고권력자가 무능할 경우 2인자, 3인자들이 자기 개인의 이익을 위해 설치는 것을 많이 보았을 것이다. 조선을 멸망하게 한 것도 후기에 어린 임금이 등장하여 왕역할을 제대로 하지 못해 그 틈을 비집고 들어간 외척들이 자신들의 이익을 위해 국가의 전권을 휘둘렀기 때문이다. 경영에서도 경영권에 공백이 생기면 누구든지 그 틈을 비집고 들어가 사익을 추구하는 현상이 일어난다. 노회한 참모들은 최고경영자가 기업을 경영할 자질과 열정이 있는지 여부를 누구보다 먼저 알아차리고, 최고경영자가 회사경영에 관심이 없을 경우 자신의 밥그릇부터 챙기는 일이 벌어진다. 조직에서 오랜 기간을 보내면서 임원직에 오를 정도이면 무능한 최고경영자를 다루는 일에는 일가견이 있는 인물이다. 참모들에게 휘둘리는 후계자가 되지 않으려면 일찍부터 후계자 교육과 훈련을 시키는 것이 중요하다. "일류 아버지 아래에서 이류 아들이 나온다"는 말이 있듯이 아버지가 이름을 떨치면 그 아들들은 대부분 아버지 그늘에 가려져 큰 인물이 되지 못하는 것이 인간세상의 이치이자 비극이다.

통상 후계자를 거론하는 일은 '창업자의 죽음'을 전제로 하는 문제이기 때문에 창업자를 제외하고는 누구도 꺼내기 힘든 주제이다. 성공한 창업자는 자수성가를 한 사람이기 때문에 자의식이 강하고 본능적으로 자신의 죽음을 전제로 하는 후계자 문제를 거론하는 것에 대하여 강한 거부감을 가지고 있다. 창업자의 갑작스러운 죽음으로 조직이 와해되고 거래처가 끊어져 망하는 기업이 의외로 많다는 것을 알아야 한다. 가업을 승계할 후계자가 있는 경우에는 창업자가 힘이 있을 때부터 승계계획(Succession planning)을 마련하는 것이 좋다. 창업자 본인이 승계문제를 능동적이고 적극적으로 대처하는 것이 최선의 방법이자 유일한 방법이다. 중국 최초로 통일제국을 완성한 진제국도 시황제의 갑작스러운 죽음으로 제국이 무너졌다. 후계자가 준비되어 있었다면 환관 조고가 장난을 쳐서 제국이 무너지는 일을 방지할 수 있었을 것이다. 기업의 영속성을 유지하고 지속적으로 발전하기 위해서는 창업자의 자녀들이 후계자가 되는 것을 누구보다 환영해야 하는 사람은 창업자 본인이다. 창업자는 사업에서 잔뼈가 굵은 사람이기 때문에 사업의 속성과 생리를 누구보다 잘 알고 있다. 사업에서 배워야 할 내용은 학교에서 배운 것과는 분명히 다를 것이다. 미국 아이비리그의 유수의 MBA를 나왔다고 해서 훌륭한 후계자가 될 수 있는 것이 아니다. 1995년 2월 22일 LG그룹의 구자경 회장이 맏아들 구본무 회장에게 '회장 자리'를 물려준 사례는 정신이 총명할 때 승계를 한 좋은 본보기이다. 후계자가 선정되고 경영권의 이양이 가시화되면 충성심의 대상이 바뀌게 되므로 창업자는 배신감과 무력감에 빠질 수 있다. 그래서 일부 창업자는 자기가 죽을 때까지 승계를 준비시키지 않은 경우도 있다. 그리고 "능력이 없는 자식에게 기업을 물려줄 수 없다"면서 끝까지 고집을 부리다가 본의 아니게 가업을 물려주는 경우도 있다. 사람은 나이를 먹어감에 따라 힘이 빠지고 기억력이 떨어져 정상적인 활동을 못하는 것이 통상의 모습이다. 후계자의 선임이 창업자의 의사보다 자녀들의 힘에 의하여 좌우될 때에는 형제간의 불화의 원인이 됨은 물론이고 결국 비난의 화살이 창업자 자신에게 돌아오는 경우도 있다. 셰익스피어(William Shakespeare)의 4대 비극 작품 중 하나인 「리어왕」에서 주인공은 "배은망덕한 자식을 갖는 것이 뱀의 이빨에 물리는 것보다 더 아프다"고 독백을 하는 것을 본 적이 있다. 인생에서 가장 뼈아픈 일은 자식에게 배반당하는 부모의 심정일 것이다. 막장 드라마의 소재로 활용되는 자녀나 고문변호사의 유언장 조작도 이런 경우에 발생하기 쉬운 일이다. 승계의 주도권을 창업자가 쥐고 추진해야 이런 일이 일어나는 것을 막을 수 있다. 자녀가 여러 명 있을 때에는 미리미리 지분정리를 해서 자신의 사망 후 분쟁이 일어나는 사태를 방지하는 것이 무엇보다 중요하다.

　경영자 기업의 기업승계도 누가 승계의 주도권을 쥐고 있는지가 중요하다. 형식상은 이사회가 최고경영자가 선임할 수 있지만 사전에 예정된 인물이 있을 때에는 그를 선임하는 것이 일반적이다. 미국 GE 사례와 같이 현 최고경영자의 성적이 좋은 때에는 그가 후임자를 선임하게 된다. '경영의 신'으로 불린 GE의 전 회장 잭 웰치는 퇴임하기 9년 전인 1991년 한 인터뷰에서 "앞으로 내가 결정해야 할 가장 중요한 사항은 후계자를 고르는 것이다. 나는 거의 매일 누구를 후계자로 선정할 것인가를 고민하면서 많은 시간을 보내고 있다"고 말했다고 한다. 피터 드러커도 위대한 최고경영자가 치러야 할 마지막 시험은 후계자를 선택하고 그가 회사를 잘 경영할 수 있도록 양보하는 일이라고 한다. 경영자 기업도 최고경영자의 갑작스러운 죽음 등 유고사태가 발생하여 경영권에 공백이 생기는 경우 기업 자체가 휘청거리는 일이 생길 수 있다. 2004년 4월 29일 맥도날드의 짐 칸탈루포(Jim Cantalupo) 회장이 새벽 4시에 심장마비로 갑작스럽게 죽었다. 맥도날드는 아침 7시에 이사회 화상회의를 개최하여 최고운영책임자(COO, Chief Operating Officer)인 찰리 벨(Charlie Bell)을 최고경영자로 선임하였다. 준비된 후계자와 승계계획이 마련되어 있었기 때문에 경영권 공백을 방지할 수 있는 시스템을 가동할 수 있었다. 물론 이 사례는 미국의 경영자 기업이 취한 승계에 관한 내용이지만 준비되어 있는 경우와 그렇지 않은 경우에는 후계자 선임에 있어 엄청난 차이가 있을 것이다. 반대로 최고경영자의 성적이 신통찮은 경우 자신도 쫓겨나는 신세에 후임자를 선임하지 못하는 것이 일반적이다. 이러한 기업은 상당 기간 동안 표류할 가능성이 있고, 또 분쟁에 휩싸여 기업이 휘청거리는 일도 있다. 우리나라의 경영자 기업은 최고경영자의 선임에 있어 외부 입김에서 자유롭지 못하여 후진성을 벗어나지 못하는 것이 문제이다. 정경유착은 당해 기업은 물론 국가의 존망까지 위태롭게 하는 아주 나쁜 현상임은 모두가 경계를 해야 하는 일이다.

4. 기업승계와 비용

(1) 상속세에 관한 논쟁

기업승계에서 가장 문제되는 사항은 자녀들이 부담해야 하는 상속세 부담이다. 상속세만큼 극명하게 대립되는 주장이 있는 곳은 별로 없다. 한편에서는 상속세를 부과할 정당한 이유가 없다면서 없애는 것이 바람직하다고 주장하고, 다른 한편에서는 상속은 불로소득이기 때문에 전부 또는 대부분을 국가가 세금으로 징수해야 한다고 주장한다. 상속은 불로소득적 성격이 짙은 것이 사실이다. 물론 상속인이 상속재산의 형성에 기여한 경우에는 자신의 몫을 주장할 수 있다. 그러나 대부분은 누구의 자식이라는 이유로 상속인이 된다. 아버지와의 관계가 나빠져 원수로 지낸 자라도 범법행위를 하지 않은 한 상속인이 되는 데 아무런 지장이 없다. 1997년 8월 6일 대한항공 747여객기가 괌 공항에 착륙하기 직전에 추락한 사건이 있었다. 탑승객 254명 중 229명이 사망하여 비행기 추락사건 중 대형참사로 기록되는 사고이었다. 사망자 중에는 1,000억대의 자산을 가진 A상호신용금고 B회장이 있었는데, B회장은 그의 아들과 딸을 포함한 손자, 손녀 등 직계가족 8명이 모두 현장에서 사망하고 유일하게 사위 C는 개인적인 일로 그 비행기에 탑승하지 않았다. B회장의 형제들과 사위 사이에 상속 분쟁이 일어났고, 분쟁의 쟁점은 동시사망에도 대습상속을 인정할 것인지로 유명세를 탄 사건이다. 결국 사위 C가 승소하여 상속재산을 차지하였는데, C가 B회장의 재산형성에 얼마나 기여했는지가 궁금하다. 상속은 부부 간 또는 피의 흐름에 따른 가까운 친척들 사이에 이루어지기 때문에 때로는 엉뚱한 사람이 상속재산을 가져가는 일이 생긴다. 저자가 아는 지인 A는 부인 B와 어머니 그리고 자녀 2명을 차에 태우고 운전하다가 상대방 차의 불법유턴으로 사고를 당하여 부인 B를 제외한 사람들은 모두 그 자리에서 사망하고, 부인 B는 사고 발생 2시간 후 병원에서 사망하는 대형참사가 발생했다. 상속재산 대부분은 B의 부모들에게 돌아가게 되어 시댁식구와 친정식구가 다투는 것을 본 적이 있다. 남계위주로 사고하는 전통적 시각에서 볼 때에는 이치에 맞지 않는 일이지만 남녀평등시대에 살아가는 현대인이 받아들어야 하는 것이 상속제도이다.

(2) 상속세의 세율

우리나라 상속세의 세율은 <표35>과 같이 10%에서 50%로 하여 일본과 함께 상당히 높은 국가에 해당한다. 과거 일부 재벌들이 편법상속을 행하자 이를 근절하기 위해 2003년부터 완전포괄주의[116]를 채택하여 변칙

---

[116] 법에서 열거되지 않은 사유라도 '사실상 상속증여'에 해당되면 모두 과세를 하는 제도를 뜻한다, 2003년 상속법이 개정되기 전에는 법에서 정한 사유가 있을 때에만 과세하는 열거주의를 채택하여 새로운 방식을 동원하여 상속세법을 빠져나가는 일이

적인 방법으로 상속하는 것을 금지하고 있다. 상속세를 줄이기 위한 방안에는 과세표준을 줄이는 방법밖에 없다. 상속재산의 평가액을 줄이는 방법과 공제항목을 최대화하는 것이 상속세의 절세 대책이라 할 수 있다. 아인슈타인도 해결하지 못한 것이 세법의 애매한 항목이라고 했던가. 상속재산 중에 기업이 포함될 경우 상속세 산정에서 기업가치의 평가가 중요하다. 주식의 평가는 상장주식은 시장가격을 중심으로 가격을 산정하고, 비상장주식은 순손익가치와 순자산가치를 가중평균[117]하여 가격을 산정한다(동법 제63조 1항). 기업의 지배주식을 상속받는 경우에는 주식이나 출자지분의 평가액에다 20~30%를 할증하여 부과되기 때문에 상속인 입장에서는 적지 않은 부담으로 작용한다(동법 제63조 3항). 주식평가액의 할증은 M&A거래에서 기업을 사고팔 때 경영권 프리미엄에 관한 대가로 볼 수 있다. 상속을 경영권 프리미엄을 붙여 사고파는 M&A와 동일하게 볼 수 있는가에 대해서는 의문이 있다. 우리나라와 유사한 상속세법을 가진 일본에서는 상속세에 대한 조세저항이 적은 것은 평가액을 시가의 60~70% 정도로 하는 운영의 묘를 살리고 있는 것으로 전해진다. 실제로 그렇다면 우리나라에서 가업을 승계하는 자는 일본보다 2배 정도 세금을 더 납부하는 것으로 평가된다. 상속세 때문에 가업을 승계할 수 없다는 비판이 일자 정부는 특례조항을 통해 가업승계를 길을 열어주고 있다.

<표35> 상속세 세율[118]

과세표준	세율
1억원 이하	과세표준의 100분의 10
1억원 초과 5억원 이하	1천만원 +(1억원을 초과하는 금액의 100분의 20)

많았기 때문에 이를 시정하기 위하여 완전포괄주의를 채택한 것이다.
117) 비상장주식 1주당 평가액은 일반적인 경우 (1주당 순손익가치 X 3 + 1주당 순자산가치 x 2)/5로 하고, 부동산과다법인인 경우 (1주당 순손익가치 X 2 + 1주당 순자산가치 X 3)/5로 한다(동법 시행령 제54조 1항).
118) '상속세및증여세법' 제26조 참조.

5억원 초과 10억원 이하	9천만원 +(5억원을 초과하는 금액의 100분의 30)
10억원 초과 30억원 이하	2억4천만원 +(10억원을 초과하는 금액의 100분의 40)
30억원 초과	10억4천만원 +(30억원을 초과하는 금액의 100분의 50)

(3) 가업승계제도

정부는 가업승계를 원활히 하기 위하여 '상속세및증여세법'에서 특례를 인정하고 있다(동법 제18조 2항). 가업승계에 대한 지원제도 중 가장 혁신적인 내용이 가업상속공제에 관한 내용이다. 가업상속공제란 중소기업 등의 원활한 가업승계를 지원하기 위해 거주자인 피상속인이 생전에 10년 이상 영위한 중소기업 등을 상속인에게 정상적으로 승계한 경우에 최대 500억원까지 상속공제를 하여 가업승계에 따른 상속세 부담을 크게 덜어주는 제도이다. 가업상속공제액은 가업상속재산가액 전액(200억원~500억원 한도)을 피상속인의 가업영위기간에 따라 상속재산에서 공제되는 한도액을 의미한다. 피상속인의 가업영위기간에 따라 상속공제 한도액을 달리 규정하고 있는 점이 특징적이다. 피상속인의 가업영위기간이 10년 이상 20년 미만 계속하여 경영한 경우에는 200억원, 20년 이상 30년 미만 계속하여 경영한 경우에는 300억원, 피상속인이 30 이상 계속하여 경영한 경우에는 500억원을 공제한다(동법 제18조 2항). 가업상속공제를 적용받기 위해서는 <표36>에 설명하는 적용요건이 충족되어야 한다.[119]

---

[119] 대법원 2014. 3. 13 선고 2013두17206 판결(법인의 형태로 기업을 경영한 경우 구 조세특례제한법(2010.1.1.법률 제9921호로 개정되기 전의 것)제30조의6 제1항과 구 상속세 및 증여세법(2010.1.1.법률 제9916호로 개정되기 전의 것)제18조 제2항 제1호의 '가업'에 해당하려면 구 상속세 및 증여세법 시행령(2010.2.18.대통령령 제22042호로 개정되기 전의 것)제15조 제3항이 정한 대로 피상속인이나 증여자인 부모가 최대주주 또는 최대출자자로서 10년 이상 계속하여 특수관계자의 주식 또는 출자 지분(이하 '주식 등'이라 한다)을 합하여 일정 비율 이상으로 주식 등의 지분을 보유할 것이 요구된다).

<표36> 가업상속공제의 적용요건[120]

요건	기준	내용	비고
기업	중소기업	· 상속개시일이 속하는 과세연도의 직전 과세연도 말 현재 조세제한특례법 시행령 제2조에 따른 중소기업 · 자산총액이 5천억원 미만	· 업종기준 (한국표준산업분류) · 규모기준(중소기업기본법 시행령 별표1) · 독립성기준
	중견기업	규모확대 등으로 중소기업에서 제외된 기업으로서 직전사업연도 매출액이 3,000억원 미만인 기업(상호출자제한기업집단 내 기업은 제외)	
	계속경영위임	피상속인이 10년 이상 계속하여 경영한 기업	
	주식보유기준	10년 이상 계속하여 피상속인을 포함한 최대주주 등 지분 50%(상장법인은 30%) 이상을 계속해서 보유	
피상속인	대표이사의 재직요건(3중 1 충족)	가업 영위기간의 50% 이상 재직	
		10년 이상의 기간 (상속인이 피상속인의 대표이사 등의 직을 승계하여 승계한 날부터 상속개시일까지 계속 재직한 경우)	
		상속개시일부터 소급하여 10년 중 5년 이상의 기간	
상속인	연령	18세 이상	
	가업종사	상속개시일 전 2년 이상 가업에 종사	· 예외규정 피상속인 65세 이전에 사망하거나 피상속인이 천재지변 및 인재 등으로 사망 · 병역·질병 등의 사유로 가업에 종사하지 못한 기간은 가업에 종사하는 기간으로 봄
	취임기준	· 신고기한까지 임원에 취임 · 신고기한부터 2년 이내 대표이사 취임	

---

120) '상속세및증여세법' 시행령 제15조 참조.

조세특례제한법상 가업승계에 대한 증여세과세특례는 18세 이상인 거주자가 가업을 10년 이상 계속하여 영위한 60세 이상의 부모로부터 해당 가업의 승계를 목적으로 주식 또는 출자지분을 증여받아 가업을 승계하는 것을 뜻한다. 가업승계에 대한 과세특례는 증여세 과세가액에서 5억원을 공제하고 30억까지는 세율을 10%로 하여 증여세를 부과한다(동법 제30조의6). 증여세 특례규정은 법인의 주식이 증여되는 경우에만 적용되고 개입사업자는 적용받지 못한다(동법 제30조의6 1항). 가업특례규정의 내용은 <표37>에서 설명하는 바와 같다. 이는 증여세 과세가 증여세과세표준에 초과누진세율로 구성된 증여세율로 부과되는 원칙에 비하여 커다란 특혜임에 틀림없다. 가업승계 증여특례제도란 증여 시에 부과되는 증여세의 납세를 유예시켜주는 제도를 말한다. 가업상속공제가 상속 시에 부과되는 상속세를 할인 또는 면제해주는 혜택임에 비해 증여세 과세특례는 증여세의 납부를 뒤로 미루는 유예제도에 불과하다. 그러나 증여특례를 받은 자가 가업상속공제를 받을 때에는 사후요건의 충족 시 납부한 세금을 돌려받을 수 있다. 그리고 조세특례제한법은 창업자금에 대한 증여세 과세특례를 인정하고 있다. 즉 18세 이상인 거주자가 중소기업을 창업할 목적으로 60세 이상의 부모로부터 토지·건물 등 양도소득세가 과세되는 재산을 제외한 재산을 증여받는 경우에는 증여세과세가액에서 5억원을 공제하고 30억을 한도로 세율을 100분의 10으로 하여 증여세를 부과한다. 이 경우 창업자금을 2회 이상 증여받거나 부모로부터 각각 증여받는 경우에는 각각의 증여세과세가액을 합산하여 적용한다(동법 제30조의5). 국가경제적으로 창업활성화가 중요한 사항이기 때문에 중소기업의 창업을 목적으로 한 창업자금에 대하여 세제상의 혜택을 부여하고 있다.

<표37> 가업승계에 대한 증여세 과세특례[121]

구분	내용
증여자	· 60세 이상의 부모 · 10년 이상 최대주주로서 기업을 경영해 함 · 증여자와 그의 특수관계인의 주식 수의 합이 50% 이상일 것
수증자	· 18세 이상인 거주자
기업재산의 범위	· 주식 또는 출자지분
중소기업의 범위	· 조세제한특례법 제5조 제1항에 열거된 업종을 영위할 것 · 중견기업도 과세특례 대상임(직접 사업연도 매출액 3,000억원 미만)
승계의 기한	· 수증자 또는 배우자가 증여세 신고기한까지 가업에 종사 · 증여일로부터 5년 이내에 대표이사에 취임하여야 함
신청 기한	· 증여세 신청 기한까지 특례 신청을 하여야 함
사후 관리	다음 사유 발생 시 증여세 부과(이자상당액 1일 3/10,000 가산) · 5년 이내 대표이사에 취임하지 않거나 7년까지 대표이사직을 유지하지 않은 경우 · 주된 업종의 변경, 1년 이상 휴업 또는 폐업한 경우 · 증여받은 주식 등 지분이 줄어드는 경우 또는 특수관계인의 주식 처분 등으로 지분율이 낮아져 최대주주 등에 해당하지 아니한 경우

가업승계에 대한 특례규정을 두고도 보수진영과 진보진영 간에 의견이 팽팽하게 대립되고 있다. 가업승계에 찬성하는 견해는 가족기업이 장수기업이 되는 추세에 비추어 가업승계를 할 경우 세제상의 혜택을 주는 것이 마땅하다고 주장한다. 세계적인 기술력을 가진 장수 중소기업은 국가경제에서 중요한 역할을 하는 것이 분명하다. 가업승계가 되어 가업을 계속적으로 영위할 경우 법인이 내는 법인세, 근로자가 내는 소득세, 거래에 따르는 부가가치세의 합이 상속세 이상이 되어 세수에도 지장이 없다는 것이다. 가업승계는 세제상의 혜택 못지않게 창업주가 쌓아온 기술이나 경영전략 등을 승계할 수 있어 기업의 발전에도 도움이 될 수 있다. 반대로 가업승계에 부정적인 견해는 가업승계의 허용은 핑계일 뿐이고 결국 부의

---

121) 조세특례제한법 제30조의6 참조.

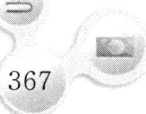

세습이 되어서 더 이상 방치할 수 없다고 주장한다. 우리 사회의 불공정성의 원천은 부모의 부가 자식에게 상속되는 제도에 있으므로, 이를 끊어내는 작업이라말로 공정한 사회를 실현하기 위한 필요한 일이라고 한다. 수백억원의 재산을 물려받으면서 상속세를 한 푼도 내지 않은 것은 형평성의 원칙에 어긋날 뿐만 아니라 국가세수의 확보에도 방해요인이 되는 것으로 이해한다. 결국 가업승계가 기업의 승계가 되는지 그렇지 않으면 부의 세습이 되는지는 시간을 두고서 장기적으로 판단해야 할 과제이다. 정권의 성격에 따라 법령을 자꾸 바꾸는 것은 국민을 피곤하게 하는 일임이 분명하다. 이러한 논쟁은 대다수 국민의 현실적 삶과는 관계가 없으나 국가사회에 중요한 문제이므로 관심을 가질 필요가 있다.

대략 20억원 내지 30억원 정도의 재산은 관리만 잘하면 상속세를 한 푼도 내지 않아도 되는 것으로 전해진다. 상속재산이 30억원이 되는 경우도 흔하지 않고 더군다나 수백억 내지 수천억 되는 경우는 거의 없을 것이다. 소규모로 창업한 창업자 입장에서는 꿈같은 이야기일지도 모른다. 창업한 기업이 수백억원 내지 수천억원의 규모로 성장할지 그렇지 않으면 쪽박을 찰지는 아무도 모를 일이다. 인간은 꿈과 희망을 먹고 사는 존재이므로 자신이 창업한 기업이 잘되는 쪽을 그려보는 것도 그리 나쁜 일은 아니다. 오늘날 우리 사회에서도 부모의 직업이 자식들에게 이어지는 것을 자주 목격할 수 있다. 의사집안에서 의사가 나고, 법조인 집안에서 법조인이 나고, 연예인 집안에서 연예인이 배출되는 것이 이에 해당한다. 이러한 경우 부모세대가 영위한 사업의 방식과 노하우, 고객, 인맥 등을 이어받을 수 있으므로 사업을 하기에 유리한 점이 많은 것은 사실이다. 직업의 승계는 부모의 권유가 있는 경우도 있지만 자녀들이 어려서부터 부모를 동경하여 닮고자 하는 마음으로 본인이 자원을 했을 수도 있다. 부모의 직업을 물려받을 때에는 자식들이 의사시험이나 변호사시험에 통과해야 하는 등 그 직업수행에 필요한 자격요건을 갖추어야 된다. 우리 사회는 돈에 대해서는 이중성을 가지고 있는 듯하다. 사회 곳곳에서 돈의 힘과 위력을 절감하면서도 좀처럼 부자의 권위를 인정하지 않고, 또 부자도 부자행세를 하지 못하는 것이 현실이다. 이건희 회장이 세계적인 갑부라고 해도 몇 천평 또는 몇 만평 규모로 대궐을 지어서 살 수 없이 곳이 한국이다. 대학입시에서 기부입학제를 불허한다든가 로스쿨시험에서 부모의 입김이 작용하는 것에 알레르기 반응을 보이는 것도 부모의 돈이나 힘이 작용하여 자식에게 전수되는 것은 꺼리기 때문이다. 돈의 힘이 모든 것을 좌우하는 것을 방지하기 위한 함묵적인 사회적 합의라고 할 수 있다. 2016년 내내 최대 이슈가 된 '김영란법'으로 알려진 '부정청탁및금품등수수의금지에관한법률'도 사회 곳곳에 만연되어 있는 연고의식과 부정한 자본논리를 끊어보자는 시도에서 제정된 법이다.

한국 사회가 한 단계 더 도약하고 성숙되기 위해서는 연줄에 의존하는 시스템이 극복되어야 한다. 오죽했으면 경조사의 부조금이나 선물 값까지 법으로 정해야 하겠는가. '흙수저·금수저 논쟁'도 자본논리만 있고 다른 논리가 들어설 여지가 없는 사회는 활기가 없고 정체된 사회를 빗댄 부정적인 표현이다. 가업승계가 경제 활성화와 사회변화에 도움을 주는 기업승계로 작용할 것인지 그렇지 않으면 단순히 부의 세습에 불과한 것인지는 일차적으로 가업승계자가 풀어야 할 숙제이기도 하다.

[참고자료]

- 권도균, 스타트업 경영수업, 로고폴리스, 2015
- 고윤기/김대호, 중소기업 CEO가 꼭 알아야 할 법률 이야기, (주)양문, 2016
- 공병호, 대한민국 기업흥망사, 해냄출판사, 2011
  사장학, 해냄출판사, 2009
- 김기백, 가업승계 : 100년 기업을 만든다, 행복한미래, 2016
- 김병남, 영업비밀보호법 실무, 한국지식재산연구원, 2016
- 김영문, 창업학, 법문사, 2009
- 김은남, 이런 협동조합이 성공한다, 개마고원, 2015
- 김현대/하종란/차형석, 협동조합, 참 좋다, 푸른지식, 2012
- 김현진/김현수, 청년 CEO를 꿈꿔라, 예문당, 2010
- 김태욱/노진화, 브랜드 스토리, 브랜드가 말하게 하라, 커뮤니케이션북스, 2012
- 나국주, 소송 없는 경영, 21세기북스, 2012
- 대니얼 카너먼(이진원 옮김), 생각에 관한 생각: 우리의 행동을 지배하는 생각의 반란, 김영사, 2011
- 대니 밀러/이사벨 르 브르통 밀러(김현정 옮김), 가족기업이 장수기업을 만든다, 황금가지, 2009
- 댄세노르/사울싱어(윤종록 옮김), 창업국가, 다홀미디어, 2010
- 롤프 옌센(신정환 옮김), 드림 소사이어티 : 꿈과 감성을 파는 사회, 한국능률협회, 2000
- 류석희 외 2인, 창업경영과 법률, 법률출판사, 2015

- 박상진, 상속·증여·가업승계의 비밀, 미래와경영, 2012
- 박성채, 창업 그 후, 미래의창, 2015
- 박평호, 개인창업&법인창업 쉽게 배우기, 한스미디어, 2013
- 배기홍, 스타트업 바이블, 파이카, 2010
- 배원기, 가업승계의 기술, 매경출판, 2008
- 법제처, 프랜차이즈(가맹계약), 생각쉼표 & 휴먼컬처아리랑, 2014
- 사토 지애(김정환 옮김), 실패에서 무엇을 배울까, 21세기북스, 2014
- 서창현/박상욱, 창업의 비밀, 원앤원북스, 2010
- 셸 퍼킨스(서동춘 옮김), 디자인 창업 & 경영에 대한 모든 것, 시그마북스, 2012
- 손영화, 창업과 법, 삼영사, 2017
- 송영식/이상정, 저작권법개설, 세창출판사, 2015
- 신용한, 동업하라, 21세기북스, 2012
- 안계환, 성공하는 1인 창조기업, 교학사, 2012
- 양준철/김소현, 위대한 IT 벤처의 탄생, 지앤선, 2013
- 양재상 제외 4인, 스타트업도 법 없이 살 수 없다, 북랩, 2016
- 엄정웅, 내 가계에 꼭 필요한 창업법률, 재승출판사, 2016
- 유성은, 스토리 창업경영, 핀앤씨미디어, 2013
    스토리 기업가정신, 피앤씨미디어, 2015
    스토리 창업과 경영사례, 피앤씨미디어, 2017
- 윤선희, 지적재산권법, 박영사, 2018
- 윤정구, 100년 기업의 변화경영, 지식노마드, 2010
- 윤경훈, 실패에서 배우는 경영, KMAC, 2016

- 이강원, 청년창업, 내가 사장이다, 원앤원북스, 2003
- 이대중, 협동조합, 참 쉽다, 푸른지식, 2013
- 이병욱, 창업 비밀과외, FKI미디어, 2012
- 이보영, 창조경제와 창업법률, 동방문화사, 2014
- 이승배, 기업가정신과 청년창업, 조명문화사, 2013
- 임진혁/이장희, 사내 기업가정신, 좋은땅, 2017
- 정성훈, 사람을 움직이는 100가지 심리법칙, 케이앤제이, 2011
- 정쾌영, 창업법강의, 박영사, 2018
- 조영선, 지적재산법, 박영사, 2017
- 짐 콜린스(이무열 옮김), 좋은 기업을 넘어 위대한 기업으로, 김영사, 2010
- 최효찬, 한국의 1인주식회사, 한국경제신문, 2007
- 피터 드러커(이재규 옮김), 기업가정신, 한국경제신문, 2013
- 피터 언더우드, 퍼스트 무버, 황금자지, 2012
- 하타무라 요타로(정택상 옮김), 실패를 감추는 사람, 실패를 살리는 사람, 세종서적, 2001
- 한정화, 기업가정신의 힘, 21세기북스, 2011
- 허건, 독한 창업, 미래의창, 2014
- 황상열, 미친 실패력, 더로드, 2017
- 홍성도, 벤처기업컨설팅, 무역경영사, 2012
- 히스리치/키르니(이건희 옮김), 사내창업, 경문사, 2016

저자소개

- **약력**
    - 경북대학교 법과대학 법학과 졸업(학사)
    - 경북대학교 일반대학원 법학과 졸업(석사, 박사)
    - 부산대학교 학술연구교수 역임
    - 경희대학교 객원교수 역임
    - 울산청년창업센터 자문위원 역임
    - 한국자산설계(주) 대표이사 역임
    - 대진대학교 초빙교수
    - 세명대학교 강사

- **저서와 논문**
    - 상법연습(법영사, 1997)
    - 상법(공저, 삼우사, 2003)
    - 최신 기업법(동방문화사, 2014)
    - 창업과 법률 이야기(동방문화사, 2017)
    - 주주대표소송과 경영판단의 원칙, 이사의 정보접근권, 종속회사의 파산과 지배회사 주주의 보호 등 다수 논문

창업과 법

지은이 / 김 대 연
펴낸이 / 조 형 근
펴낸곳 / 도서출판 동방문화사

인 쇄 / 2019. 1. 20
제2쇄 / 2020. 3. 20
제3쇄 / 2022. 2. 16

저자와의 합의 인지생략

서울시 서초구 방배로 16길 13, 지층
전 화 / 02) 3473-7294   팩 스 / 02) 587-7294
메 일 / 34737294@hanmail.net   등록/서울 제22-1433호

파본은 바꿔 드립니다.   본서의 무단복제행위를 금합니다.
정 가 / 25,000원   ISBN 979-11-86456-81-1 93360